Dietz Berlin / Analysen

Florian Butollo / Sabine Nuss (Hrsg.)

Marx und die Roboter

Vernetzte Produktion, Künstliche Intelligenz und lebendige Arbeit

Dietz Berlin

Editorische Vorbemerkung
Der Gebrauch von männlichen und weiblichen Wortformen ist im Buch nicht einheitlich; einige Autorinnen und Autoren haben sich ihre eigenen Schreibweisen vorbehalten. In der Regel wird durch den abwechselnden Gebrauch beider Formen angezeigt, dass beide Geschlechter gemeint sind. Die Rechtschreibung in Zitaten aus älteren Texten wurde moderat der heutigen Rechtschreibung angepasst.

Bibliografische Informationen der Deutschen Nationalbibliothek.
Die Deutsche Nationalbibliothek verzeichnet diese Publikation in der Deutschen Nationalbibliografie; detaillierte bibliografische Daten sind im Internet über http://dnb.dnb.de abrufbar.

Gefördert von der Rosa-Luxemburg-Stiftung

2. Auflage 2023

Franz-Mehring-Platz 1, 10243 Berlin

Gestaltung: Andreas Homann
Lektorat: Christian Frings
Druck und Bindung: CPI, Leck
Printed in Germany
ISBN 978-3-320-02362-1

Inhalt

II Roboter in der Fabrik – Vision und Wirklichkeit

III Digitale Arbeit und vernetzte Produktion

IV Plattform-Kapitalismus auf dem Prüfstand

Anhang

Einleitung der Herausgeber

Domin: »Was meinen Sie, welcher Arbeiter der praktisch beste ist?«

Helene: »Der Beste? Vielleicht jener, der – der – Wenn er ehrlich – und ergeben ist.«

Domin: »Nein, sondern der billigste. Der, welcher die geringsten Bedürfnisse hat. Der junge Werstand erfand einen Arbeiter mit der kleinsten Menge Bedürfnisse.
Er musste ihn vereinfachen. Er warf alles hinaus, was nicht unmittelbar der Arbeit dient. Damit warf er auch alles, was den Menschen verteuert, hinaus. Damit warf er eigentlich den Menschen hinaus und erschuf den Roboter.«
KAREL ČAPEK: W. U. R. WERSTANDS UNIVERSAL ROBOTS, PRAG/LEIPZIG 1922

Ist diesmal wirklich alles anders?

Als der tschechische Schriftsteller Karel Čapek Anfang des 20. Jahrhunderts das utopische Drama »Werstands Universal Robots« (im Original *Rossumovi Univerzální Roboti)* verfasste, konnte er nicht ahnen, welchen Siegeszug Roboter tatsächlich nehmen würden. Sein Stück erzählt von einem Unternehmen, das künstlich geschaffene Menschen verkauft. Massenweise werden diese Roboter als billige Arbeiter in der Industrie eingesetzt, bis sie die gesamte Weltwirtschaft verändern. Am Ende rebellieren die Kunstmenschen und vernichten die Menschheit. Das Stück gilt als Ursprung des Begriffs »Roboter«; in den Folgejahrzehnten wurde die Utopie eines »künstlichen Menschen« in Form einer Maschine schrittweise Realität.

Auch wenn der Mensch mitnichten aus der Fabrik hinausgeworfen wurde und moderne Industrieanlagen kaum jenen humanoiden Robotern ähneln, die Čapek vorschwebten, so hat die Automatisierung die Arbeitswelt entschieden geprägt – von den hochautomatisierten Prozessen in der Automobilproduktion, über den Ersatz von Tätigkeiten durch Software bis hin zu sogenannten Chatbots, textbasierten Dialogsystemen, die telefonische Servicehotlines ersetzen oder ergänzen. Die Wortschöpfung »Industrie 4.0« suggeriert nun einen weiteren technologischen Schub, da neue, leistungsfähigere Generationen von automatisierten Systemen mit Umgebungssensibilität (Sensorik) und Lernvermögen (Künstliche Intelligenz, KI) ausgestattet und über das sogenannte Internet der Dinge vernetzt werden können.

Dies ermöglicht zwar Fortschritte in der Robotik, zentral erscheinen daneben aber vor allem die mit riesigen Datenmengen (Big Data) angereicherten Informationsströme, mit denen Unternehmen und ganze Wertschöpfungsketten schneller auf Veränderungen in der Konsumentennachfrage angepasst werden sollen. Anwendungsfelder solcher Technologien beschränken sich längst nicht auf die Fertigung materieller Güter. Automatisierung durch Software betrifft auch »immaterielle« Arbeit wie die Tätigkeit in Call Centern, in der Sachbearbeitung bei Banken und Versicherungen oder sogar in der Programmierung von Software. Cloud-basierte Plattformen, eine IT-Infrastruktur, die über Internet verfügbar gemacht wird, ermöglichen zudem neue Formen der Arbeitsteilung im »Informationsraum«.[1] Das Spektrum reicht hier von intensiverer Kollaboration hochqualifizierter Wissensarbeiterinnen in räumlich verteilten Innovationsprozessen bis hin zu den fragmentierten Tätigkeiten prekärer Clickworker.

»Immer wieder wird Science Fiction zur Realität«, schreiben Brynjolfsson und McAfee in ihrem vielbeachteten Buch »The Second Machine Age«.[2] Sprunghafte oder sichtbare Entwicklungen in der Technologie treten angeblich als etwas nie Dagewesenes in Erscheinung, als »Revolution«, von der lediglich gewiss zu sein scheint, dass nichts so sein wird, wie es früher war. Wissenschaftler, Fachjournalistinnen oder Protagonisten der digitalen Ökonomie warnen schon länger vor technologischer Massenarbeitslosigkeit, der Übernahme der Macht durch Künstliche Intelligenz oder gleich beidem. Hintergrund dieser Prognosen ist, dass sich in den ersten Jahrzehnten des digitalen Zeitalters die Rechenleistung zwar stetig verdoppelte und zu einer Veränderung der Produktions- und Konsumweise führte, dass nun aber aufgrund eines exponentiellen Wachstums dieser Technologie in den nächsten Jahren mit einem qualitativen Umschlag zu rechnen sei. Von einer »KI-Revolution« spricht Kevin Drum; in seinem vielbeachteten Beitrag »You Will Lose Your Job to a Robot—and Sooner Than You Think« schreibt er: »Intelligente Roboter sind nicht nur so gut wie wir, sondern auch billiger, schneller und zuverlässiger als Menschen. Und sie können 168 Stunden pro Woche arbeiten, nicht nur 40. Kein Kapitalist mit klarem Verstand würde weiterhin Menschen beschäftigen.«[3]

1 Andreas Boes/Tobias Kämpf/Barbara Langes/Thomas Lühr: »Lean« und »agil« im Büro. Neue Formen der Organisation von Kopfarbeit in der digitalen Transformation, Bielefeld 2018.

2 Erik Brynjolfsson/Andrew McAfee: The Second Machine Age. Wie die nächste digitale Revolution unser aller Leben verändern wird, Kulmbach 2014.

3 Kevin Drum: You Will Lose Your Job to a Robot — and Sooner Than You Think. Automation helped bring on the age of Trump. What will AI bring?, in: MotherJones, November/December 2017, unter: www.motherjones.com/politics/2017/10/you-will-lose-your-job-to-a-robot-and-sooner-than-you-think.

Eine solche Sichtweise macht Technik zum Fetisch; mit höheren Kräften ausgestattet bricht sie gleichsam von außen über die Gesellschaft herein und revolutioniert diese – ein technologischer Determinismus. So führen Brynjolfsson und McAfee die Polarisierung der Arbeitswelt in hoch- und niedrigqualifizierte Tätigkeiten seit den 1980er-Jahren auf die Technik selbst zurück – und nicht etwa auf die rasante Deregulierung der Reagan-Ära. Auch in kritischeren Analysen wird oft von technischer Entwicklung auf gesellschaftliche Effekte geschlossen, wenn zum Beispiel vor künftiger Vollautomatisierung gewarnt wird, der man nur mit einem bedingungslosen Grundeinkommen begegnen könne.[4]

Mitunter verweisen an Marx orientierte kapitalismuskritische Analysen auf das berühmte Maschinenfragment, ein von Marx selbst so nicht genannter Textabschnitt aus den »Grundrissen«. Marx habe dort schon Mitte des 19. Jahrhunderts die Vollautomatisierung beschrieben und hellsichtig vorhergesagt – als Möglichkeit zur Überwindung des Kapitalismus. In diesen Manuskripten aus den Jahren der ersten Weltwirtschaftskrise 1857/58 versuchte Marx, seine jahrelangen ökonomischen Studien angesichts einer vermeintlich bevorstehenden Revolution zügig zusammenzufassen. In seiner Auseinandersetzung mit der Entwicklung der großen Industrie und den Auswirkungen von Maschinerie stellt er fest, dass die »unmittelbare Arbeit« des Menschen immer mehr aufhöre, Quelle des Reichtums zu sein, sodass auch die Arbeitszeit aufhören müsse, das Maß des Reichtums zu sein, und damit auch der Tauschwert aufhöre, das Maß des Gebrauchswerts zu sein: »[D]amit bricht die auf dem Tauschwert ruhende Produktion zusammen [...]«[5]

4 Paul Mason: Postkapitalismus. Grundrisse einer kommenden Ökonomie, Berlin 2016; Nick Srnicek/Alex Williams: Die Zukunft erfinden. Postkapitalismus und eine Welt ohne Arbeit, Berlin 2016.

5 Karl Marx: Grundrisse der Kritik der politischen Ökonomie, in: Karl Marx/Friedrich Engels: Werke [MEW], Berlin 1956ff., Bd. 42, S. 601. Ob dies aber der marxschen Weisheit letzter Schluss war, ist hoch umstritten. In den späteren analytischen Schriften finden sich solche apodiktischen Folgerungen nicht mehr. Vgl. Michael Heinrich: The Fragment on Machines. A Marxian Misconception in the »Grundrisse« and its Overcoming in »Capital«, in: Riccardo Bellofiore/Guido Starosta/Peter D. Thomas (Hrsg.): In Marx's Laboratory: Critical Interpretations of the Grundrisse, Leiden 2013, S. 197–212.

Neben diesen sich auf Marx beziehenden utopistischen Fortschreibungen aktueller Entwicklung werden auch sozio-technische Dystopien formuliert, etwa jene von einer lückenlosen digitalen Kontrolle der Arbeit oder einer Atomisierung der gesamten Arbeiterklasse in ein Heer soloselbstständiger Crowdworker. Solche Konfliktfelder prägen die Arbeitswelt der Zukunft und Gegenwart tatsächlich, wie Streikende bei Amazon und Beschäftigte bei Mechanical Turk, Foodora oder UBER berichten. Eine Verabsolutierung neuer Tendenzen der Automatisierung, der digitalen Kontrolle oder der Arbeit auf Plattformen reproduziert jedoch einen Technikfetisch, der einer differenzierten Deutung des zeitgenössischen Kapitalismus, aus der sich politische Strategien ableiten ließen, im Wege steht.

Digitalisierung und Entwicklung der Produktivkraft

Die Beiträge in diesem Band zeichnen ein nicht weniger kritisches, aber differenziertes Bild der aktuellen Veränderungen. Ausgangspunkt ist dabei der marxsche Begriff der Produktivkraft. Dieser hilft aus mehreren Gründen bei einer fundierteren Einschätzung der aktuellen sozio-technischen Entwicklungen.

Erstens sensibilisiert Marx' Verwendung des Begriffs dafür, dass die Entwicklung der Produktivkräfte nicht Selbstzweck, sondern bloßes Mittel für die Kapitalakkumulation ist. Das Niveau der Produktivkraft ist nicht allein durch den Stand der Technik als solcher bestimmt, sondern »durch mannigfache Umstände [...], unter anderen durch den Durchschnittsgrad des Geschickes der Arbeiter, die Entwicklungsstufe der Wissenschaft und ihrer technologischen Anwendbarkeit, die gesellschaftliche Kombination des Produktionsprozesses, den Umfang und die Wirkungsfähigkeit der Produktionsprozesses, und durch Naturverhältnisse«.[6]

In der Konkurrenz sind Unternehmen nun stets bestrebt, die Produktivkraft der Arbeit zu erhöhen, »wodurch die zur

6 Karl Marx: Das Kapital, Bd. 1, MEW, Bd. 23, S. 54.

Produktion einer Ware gesellschaftlich erheischte Arbeitszeit verkürzt wird, ein kleineres Quantum Arbeit also die Kraft erwirbt, ein größeres Quantum Gebrauchswert zu produzieren«.[7] Die Entwicklung der Produktivkräfte ist kein exogener Faktor, sondern in das Kapitalverhältnis eingeschrieben, und die Entwicklung neuer Technologien und deren Einsatz ist in hohem Maße von diesem Verhältnis geprägt. Für die Deutung des aktuellen Technologieschubs ergibt sich daraus die Notwendigkeit, den Technikeinsatz im Rahmen der Strategien des Kapitals zu verstehen: Inwiefern dient er der Erhöhung des relativen Mehrwerts und dessen Realisierung, etwa indem durch Produktinnovation oder neue Formen der Interaktion mit den Kunden Marktvorteile gegenüber der Konkurrenz gewonnen werden sollen.

So verstanden verweist der Produktivkraftbegriff die Digitalisierung auf einen, materialistisch betrachtet, bescheideneren Platz. Sie bietet sozio-technische Lösungen, die in historisch spezifische Akkumulationsstrategien integriert werden. Sie passt sich ein in Tendenzen der Flexibilisierung, Finanzialisierung, Prekarisierung und der systemischen Rationalisierung ganzer Wertschöpfungsketten, die kennzeichnend für die Produktionsmodelle der jüngeren Vergangenheit sind. Neben ihrem Beitrag zur Rationalisierung der *Produktion* von Mehrwert dient die Digitalisierung auch Strategien zur Erhöhung der Umschlagsgeschwindigkeit von Waren, der Diversifizierung des Angebots und der Verbesserung der Produktqualität – Maßnahmen, mit denen Konkurrenzvorteile bei der *Realisierung* des Mehrwerts erzielt werden sollen.

Zweitens zwingt der Begriff der Produktivkraft zu einer genaueren Bestimmung dessen, was tatsächlich neu und revolutionär ist, und was nicht. Marx schreibt im Kapital: »Die moderne Industrie betrachtet und behandelt die vorhandene Form eines Produktionsprozesses nie als definitiv. Ihre technische Basis ist daher revolutionär, während die aller früheren Produktionsweisen wesentlich konservativ war.«[8] Aus dieser

7 Ebd., S. 333.

8 Ebd., S. 510–511.

historischen Perspektive erscheinen die aktuellen Umbrüche mehr oder weniger in der Kontinuität vorangegangener, im Grunde permanenter Umbrüche. Zwar thematisieren sowohl die an Schumpeter angelehnte Theorie langer Wellen als auch die Regulationstheorie, dass der Kapitalismus sich mit der Entwicklung neuer Basistechnologien sehr wohl zu »häuten« vermag. Doch stellt sich die Frage, welcher Grad an Veränderung es rechtfertigt, von einer qualitativ neuen Phase zu sprechen. In der jüngeren Diskussion haben sich eine Reihe von »Bindestrich-Kapitalismen« (Sabine Pfeiffer) etabliert, wie zum Beispiel der oft beschworene »digitale Kapitalismus« (Nachtwey/Staab), der »Überwachungskapitalismus« (Zuboff), der »Plattform-Kapitalismus« (Srnicek) oder der »kybernetische Kapitalismus« (Schaupp).[9] Diese Beiträge liefern bestechende Analysen bestimmter Aspekte der digitalen Ökonomie. Eine Gesamtschau dessen, wie sie sich in den Gesamtzusammenhang kapitalistischer Akkumulation einbetten und welche Schlussfolgerungen daraus zu ziehen sind, steht aber noch aus.

Ein dritter Aspekt ergibt sich aus einem erweiterten Verständnis von Produktivkraft, das auch die Bedeutung von Kooperation, Qualifikation, Stand der Wissenschaft oder Hierarchien für ihr Entwicklungsniveau berücksichtigt. Der Einsatz neuer Formen der Robotik und der entsprechenden Abstimmung von Arbeits- und Produktionsprozessen bringt aufwendigere, andere und neue Formen der Kooperation mit sich, sowie Veränderungen von Qualifikationsanforderungen, Aufgabenzuschnitten und Kontrollformen. Der methodische Fehler in den meisten Prognosen zur Vollautomatisierung liegt darin, dass diese notwendige Vermittlung nicht mitgedacht wird, was zu jenem Kurzschluss zwischen abstraktem techni-

9 Simon Schaupp: Vergessene Horizonte. Der kybernetische Kapitalismus und seine Alternativen, in: Paul Buckermann/Anne Koppenburger/Simon Schaupp (Hrsg.): Kybernetik, Kapitalismus, Revolutionen. Emanzipatorische Perspektiven im technologischen Wandel, Münster 2017; Nick Srnicek: Plattform-Kapitalismus, Hamburg 2018; Oliver Nachtwey/Philipp Staab: Das Produktionsmodell des digitalen Kapitalismus, in: Sabine Maasen/Jan-Hendrik Passoth (Hrsg.): Soziologie des Digitalen – Digitale Soziologie, Sonderband der Zeitschrift Soziale Welt, 2019 (i.E.); Shoshana Zuboff: Das Zeitalter des Überwachungskapitalismus, Frankfurt a. M./New York 2018.

schen Potenzial und Arbeitsmarktentwicklung führt. Vielfach ist jedoch zu beobachten, wie der Einsatz neuer Technologien das menschliche Arbeitsvermögen stärker fordert und ohne eine aufwendige Neugestaltung der Arbeitsorganisation kaum zu realisieren ist.[10] Ein Grund dafür liegt in der zunehmenden Komplexität von Fertigungsprozessen, deren Ausmaß erst deutlich wird, wenn wir nicht nur den einzelnen Betrieb, sondern das ganze Ensemble von »immateriellen« Tätigkeiten wie Forschung und Entwicklung, Marketing, Koordination der Teilprozesse usw. betrachten, das die Produktion erst möglich macht. Auch neue Ansätze der Arbeitsorganisation wie »agiles Arbeiten« im Angestelltenbereich reflektieren gestiegene Flexibilitätsanforderungen. Verbunden damit sind auch höhere Anforderungen an die Fähigkeit zu »sozialen Innovationen«, mit denen das abstrakte Potenzial der Technik erst zu einem funktionierenden sozio-technischen Organismus zusammengesetzt werden kann.

Dieser Blick auf den Gesamtorganismus der Wertschöpfung eröffnet eine andere Perspektive auf die Grenzen von Automatisierung. Der abstrakten Möglichkeit, bestimmte Arbeitstätigkeiten durch Maschinen zu ersetzen, steht die zunehmende Komplexität von Prozessen gegenüber, die ständig an veränderte Umweltbedingungen angepasst werden müssen. Statt von der Automatisierung eines als statisch angenommenen Arbeitsprozesses auszugehen, muss das Bild dynamisiert, der stetige Wandel der Verfahren in Rechnung gestellt werden. Die Vollautomatisierung in der Automobilindustrie wäre vermutlich schon erreicht, wenn die Produktentwicklung auf dem Stand von Fords Modell T geblieben wäre, das verhältnismäßig einfach aufgebaut und Anfang des 20. Jahrhunderts nur in einer Ausführung hergestellt wurde. Aber die Autoindustrie ist von schnellen Innovations- und Produktzyklen, einer hohen Produktvielfalt und komplexen Produktarchitekturen geprägt. Hinzu kommt die Entstehung ganz neuer Anforderungen und Sektoren, wie zum Beispiel der IT-Industrie in den letzten Jahr-

10 Vgl. die Beiträge von Dorothea Schmidt, Sabine Pfeiffer und Nadine Müller in diesem Band.

zehnten, in denen Arbeit auf neue Weise zur Produktion von Mehrwert eingesetzt wird. Marx' Kapitel über die »industrielle Reservearmee« im »Kapital« bietet einen Anknüpfungspunkt für diese »dynamischere« Sichtweise.[11] Für Marx steht nicht der stetige Aufbau einer immer höheren Sockelarbeitslosigkeit im Vordergrund, sondern die zyklische Aufnahme und Abstoßung eines Teils der Arbeitskräfte in die Kapitalakkumulation, gemäß der Logik, Prozesse stets zu rationalisieren und Arbeit »auf neuer Stufenleiter« zu vernutzen, in neuen Funktionen, in neuen Sektoren, zur Befriedigung neuen Konsums, der wiederum aufwendigere Fertigungsprozesse erfordert.

Diese Interpretation verweist auf eine vierte gewinnbringende Perspektive zur Deutung des Gegenwartskapitalismus: die Beziehung zwischen Produktivkraftentwicklung und Produktionsverhältnissen. Unternehmensverbände und Marktforschungsinstitute prognostizieren enorme Wachstumseffekte durch den Einsatz von Robotik, Internet der Dinge und KI – und blenden dabei vollkommen aus, dass schon die sogenannte dritte industrielle Revolution, die Einführung der Mikroelektronik in wirtschaftliche Prozesse ab Anfang der 1970er-Jahre, kaum Wachstum nach sich gezogen hat. Der aktuelle Technologieschub findet im Kontext einer langen Phase schwachen Wirtschaftswachstums statt. Dies prägt die Formen des Einsatzes von Technologie und setzt ihm zugleich Grenzen. Kim Moody weist in seinem Beitrag in diesem Band auf die gegenwärtige Investitionszurückhaltung hin, die im krassen Gegensatz zu der Behauptung steht, Unternehmen könnten sich durch den digitalen Technologieeinsatz ins Land aus Milch und Honig katapultieren. Ganz im Gegenteil erfordern Digitalisierungsstrategien höhere Investitionen in Kapitalgüter und in die Neugestaltung sozialer Prozesse. Ihre Refinanzierung und Rentabilität ist angesichts stagnierender und umkämpfter Märkte alles andere als sicher. Die sogenannte vierte industrielle Revolution verläuft daher – jenseits des Diskurses – nicht als Umwälzung, sondern eher als ein zaghafter

11 MEW, Bd. 23, S. 657–677.

Suchprozess, in dem Unternehmen ausgewählte Einzelprozesse verändern, um die Produktivität zu steigern. Ob es sich tatsächlich rentiert, ist offen. Ein Pumpenhersteller aus dem Westerwald zum Beispiel digitalisierte Produktionsprozesse nach dem Rezept der Industrie 4.0. Er konnte dadurch zwar diversifizieren, also mehr unterschiedliche Pumpen für den industriellen Einsatz herstellen, um nicht mehr von wenigen Großkunden abhängig zu sein. Aber die Kunden waren nicht bereit, die höheren Preise für die individualisierten Produkte zu bezahlen. Hier führten die Investitionen in Digitalisierung zu keinen höheren Profiten und faktisch bedeutete Industrie 4.0 eine Senkung der Arbeitsproduktivität.[12]

Dieser Fall mag ein besonders drastisches Beispiel sein, doch verbirgt sich dahinter ein allgemeines Problem kapitalistischer Akkumulation: Die theoretisch denkbaren Potenziale neuer Technologien stoßen an die sozialen Grenzen von Produktionsverhältnissen, in die der Zwang zu ständigem Wachstum eingeschrieben ist. Die Tendenz des Kapitals, durch Einsparung lebendiger Arbeit Kosten zu senken, steht im Widerspruch dazu, dass die Ausbeutung lebendiger Arbeit die einzige Quelle für die Verwertung des Kapitals darstellt. Dies äußert sich auch in der Fixierung auf Technikanwendungen, mit denen durch eine Kombination von Nutzerdatenanalyse und flexibler Anpassung der Herstellungsprozesse Marktanteile erobert werden sollen. Solche Anwendungen können Unternehmen zwar Konkurrenzvorteile bieten, aber das Marktvolumen nimmt dadurch insgesamt nicht zu. Die Hoffnung auf ein technologieinduziertes Wachstum bleibt somit ein »falsches Versprechen«[13] und die Möglichkeiten, diejenigen Technologien weiterzuentwickeln, die tatsächlich den gesellschaftlichen Nutzen vergrößern könnten, bleiben trotz des Hypes um Industrie 4.0 und KI beschränkt.

12 Konrad Fischer: Vorwärts in die Vergangenheit, in: Wirtschaftswoche, 18.1.2019.

13 Philipp Staab: Falsche Versprechen. Wachstum im digitalen Kapitalismus, Hamburg 2016.

Die Beiträge in diesem Band

Die kurze Skizze einer Deutung des aktuellen Technologieschubs mit dem Begriff der Produktivkraft verweist auf eine Aufgabe, die noch eingelöst werden muss. Auch die in diesem Band veröffentlichten Beiträge stellen nur Bausteine eines solchen Projekts dar. In der Gesamtschau zeichnen sie aber ein vielfältiges und genaues Bild, das nötig ist, um theoretisch verallgemeinern zu können.

Den Band eröffnet Judy Wajcman mit einer Sammelbesprechung mehrerer aktueller Bücher, die sich mit den Auswirkungen von Automatisierung und Robotik auf die Zukunft von Arbeitsplätzen befassen. Die meisten Texte in diesem Genre prognostizieren, dass die gegenwärtige Phase der digitalen Technologie in bisher ungekannter Weise zu einem massiven Verlust von Arbeitsplätzen führen werde und sich daher die heutige Welle der Automatisierung von früheren Wellen unterscheide. Die Besprechung betrachtet diese Behauptungen kritisch und relativiert einige der Übertreibungen hinsichtlich Automatisierung, Robotik und Künstlicher Intelligenz und fordert dazu auf, die sozialen Dimensionen der technologischen Entwicklung wieder in den Blick zu nehmen.

Im ersten Abschnitt finden sich Beiträge, die das Phänomen der Automatisierung begrifflich und historisch reflektieren. Elena Lange ordnet Rationalisierung und damit Digitalisierung in die marxsche Theorie der relativen Mehrwertproduktion ein. Dorothea Schmidt widmet sich dem Untersuchungsgegenstand, den Marx in seiner Zeit vor Augen hatte und auf den er sich bezog: die industrielle Revolution und Mechanisierung im 19. Jahrhundert. In ihrem Faktencheck kommt sie zu dem Schluss, dass Marx sich zum Teil auf einseitige Quellen stützte, was sich insbesondere in einer Überschätzung der Auswirkungen von Automatisierung äußert. Karsten Uhl schreibt über die Automatisierungsvisionen im 20. Jahrhundert und zeigt, dass die Angst vor technologischer Massenarbeitslosigkeit durch eine »menschenleere Fabrik« nicht erst ein Phänomen der heutigen Zeit ist.

Frigga Haug nimmt die Leserinnen mit auf eine Zeitreise und berichtet von dem von ihr ab 1972 geleiteten Forschungsprojekt »Automation und Qualifikation« (PAQ). Das Projekt hatte sich das Ziel gesetzt, in den schnellen technologischen Umbrüchen seiner Zeit eine offensive gewerkschaftliche Politik vom Standpunkt der Arbeitenden herauszuarbeiten. Sie formuliert vor dem Hintergrund dieser Erfahrungen Fragen, die untersuchungsleitend für aktuelle Forschungen sein könnten. Christian Meyer wirft einen Blick in vergangene materialistische Technologiedebatten und postuliert, dass es in der zeitgenössischen Sozialwissenschaft an Anschlüssen an vergangene Diskussionen und auch an einer Rezeption der marxschen Analyse fehle.

Mit Kim Moody führt der Band in die Analysen der gegenwärtigen Entwicklungen ein. Die Autorinnen und Autoren widmen sich im zweiten und dritten Abschnitt dem Einsatz der Roboter an den »verborgenen Stätten der Produktion« (Marx), sowie den Auswirkungen der Digitalisierung und Computerisierung auf die zeitgenössischen Arbeits- und Produktionsverhältnisse. Moody untersucht, wie und warum Roboter allen futuristischen Hypes zum Trotz überraschend langsam eingeführt wurden. Ironischerweise habe der zunehmende Einsatz von Informations- und Kommunikationstechnik (IKT) eher zu einem Anstieg der Beschäftigung geführt. Moody führt aus, dass sowohl die Dynamik der Kapitalakkumulation wie die Turbulenzen des Kapitalismus in den USA und auf globaler Ebene zu einem Rückgang der Investitionen in arbeitssparende Technologien geführt haben – ein Hindernis für den prognostizierten Ersatz lebendiger Arbeit.

Sabine Pfeiffer analysiert am Einsatz von Leichtbaurobotern, wie die digitale Transformation ihre Wirkkraft entfaltet, beziehungsweise wie und warum sie das in diesem Falle gerade nicht tut. Auch die Landwirtschaft ist Anwendungsfeld für Roboter und Digitalisierung. Wie dies geschieht und welche Auswirkungen es für die Arbeitsverhältnisse und für die politische Ökonomie der Nahrungsmittelproduktion hat, beschreiben Franza Drechsel und Kristina Dietz.

Technisch bedingte Rationalisierung findet nicht nur innerhalb eines einzelnen Betriebs statt, sondern auch zwischen Betrieben, an den Orten der Lagerung und auf den Wegen des Transports. Ziel einer digital unterstützten Optimierung ist hier eine effizientere Verzahnung von funktional und räumlich separierten Produktionsprozessen. Welche Formen dies annimmt und was dies für die geografische Verteilung von Produktionsstandorten bedeutet, führt Florian Butollo in seinem Artikel über die Reorganisation globaler Wertschöpfungsketten aus. Nadine Müller thematisiert, wie mit der Computerisierung die produktivitätssteigernde Wirkung der industriellen Kooperation und Arbeitsteilung, insbesondere der hierarchischen Trennung von Kopf- und Handarbeit, von Leitung und Ausführung verloren geht und damit – bislang ungenutzte – Potenziale einer Demokratisierung entstehen. Phoebe Moore untersucht den Einsatz neuer Sensorik- und Tracking-Technologien am Arbeitsplatz, wie sie mit neuen Managementkonzepten wie agiles Arbeiten zusammenspielen und wie sich dies auf die Arbeitsbedingungen der Beschäftigten auswirkt.

Im letzten Teil des Bandes werden Deutungsangebote entlang des Schlagworts »Plattform-Kapitalismus« vorgestellt. Christine Gerber stellt Ergebnisse eines Forschungsprojekts zu Arbeitsprozessen auf Crowdwork-Plattformen vor, bei denen die Tätigkeiten von selbstständig Arbeitenden über ein Internetportal vermittelt, ausgeführt und bezahlt werden. Plattformen fehlen die klassischen betrieblichen Strukturen; stattdessen stehen sie einer anonymen, flexiblen und global verteilten Arbeiterschaft gegenüber. Handelt es sich bei diesen Arbeitsformen um etwas ganz Neues oder handelt es sich um »Alte Herrschaft in digitalen Gewändern«?

Felix Gnisa zeigt anhand der Beispiele der Plattform Uber, die Autofahrten vermittelt, und Amazon Mechanical Turk, einer Plattform für unterschiedlichste Kleinstjobs am PC, wie sich die reelle Subsumtion der Arbeit unter das Kapital verglichen mit der klassischen Fabrik des industriellen Zeitalters verändert und welche andere Qualität hier bestimmend ist.

Dieses analytische Konzept könnte, so der Autor, dazu dienen, die Möglichkeit einer Transformation von Technologie für eine demokratische Arbeitsorganisation auszuloten.

Sebastian Sevignani widmet sich der Figur der »Prosumenten«, die Internetdienste wie Facebook oder Google nutzen (konsumieren) und dabei zugleich Daten hinterlassen (produzieren), die dann von den digitalen Firmen als Rohstoff ihrer profitorientierten Produktion genutzt werden. Insbesondere geht es um die vermehrt diskutierte Frage, ob diese Tätigkeiten Wert und Mehrwert produzieren und damit eine neue Form kapitalistischer Ausbeutung darstellen können.

Timo Daum geht dem aktuellen Hype um Künstliche Intelligenz nach und konstatiert, dass wir uns derzeit in einer Phase der KI-Entwicklung befinden, in der ihre Anwendungstechnologien von Digitalkonzernen massenmarktfähig gemacht und zur Alltagstechnologie werden. Damit gelinge es auch, eine neue gesellschaftliche Betriebsweise zu konsolidieren, in der die Extraktion, Auswertung und Verwertung von Daten ins Zentrum der ökonomischen Aktivität gerate.

Im letzten Beitrag wenden sich Simon Schaupp und Georg Jochum der Frage zu, welches Potenzial die gegenwärtige technologische Entwicklung für eine grundsätzliche Veränderung der kapitalistischen Produktionsweise bietet. Mit dem Begriff der »Steuerungswende« diskutieren sie die Möglichkeit einer nachhaltigen und demokratischen Wirtschaftsplanung im digitalen Zeitalter.

Judy Wajcman

Automatisierung: Ist es diesmal wirklich anders?

Eine Sammelbesprechung[1]

- *Martin Ford: The Rise of the Robots: Technology and the Threat of Mass Unemployment, London 2016 (dt.: Aufstieg der Roboter. Wie unsere Arbeitswelt gerade auf den Kopf gestellt wird – und wie wir darauf reagieren müssen, Kulmbach 2016).*
- *Richard Susskind/Daniel Susskind: The Future of the Professions: How Technology Will Transform the Work of Human Experts, Oxford 2015.*
- *Erik Brynjolfsson/Andrew McAfee: The Second Machine Age: Work, Progress, and Prosperity in a Time of Brilliant Technologies, New York 2014 (dt.: The Second Machine Age. Wie die nächste digitale Revolution unser aller Leben verändern wird, Kulmbach 2014).*
- *John Urry: What Is the Future?, Cambridge 2016.*

Ich habe aufgehört zu zählen, an wie vielen Konferenzen zu Robotern, Künstlicher Intelligenz (KI) und der Zukunft der Arbeit ich schon teilgenommen habe. Die Vorhersage der Zukunft ist wieder zum Big Business geworden, was sich unzweifelhaft an der Vielzahl der Neuerscheinungen zu diesem Thema ablesen lässt – die oben genannten sind nur eine kleine Auswahl aus diesem Genre.

Solche Konferenzen laufen immer nach dem gleichen Schema ab. Es werden ein paar menschenähnliche Roboterköpfe vorgeführt, die oft weibliche Namen haben, und wir werden aufgefordert, mit ihnen zu interagieren, damit sich der Wow-Effekt einstellt. Dann erzählt uns, dem laienhaften Pub-

1 Judy Wajcman: Automation: Is it really different this time?, in: The British Journal of Sociology, Vol. 68 (2017), Nr. 1, S. 119–127, published by John Wiley & Sons Ltd., Oxford, Abdruck mit freundlicher Genehmigung des Verlags; Übersetzung aus dem Englischen von Christian Frings.

likum, ein Panel von Computerfreaks von ihren erstaunlichen Fortschritten und dass sie kurz davor sind, den Turing-Test zu bestehen (was dann der Fall wäre, wenn sich die Interaktion mit sozialen Robotern nicht mehr von einer menschlichen Interaktion unterscheiden ließe). Es folgen einige Ökonomen, die die verheerenden Auswirkungen der Spitzentechnologie auf die Zukunft der Arbeitsplätze abschätzen. Und zum Schluss dürfen sich auch ein paar Futuristen äußern, von denen einige sogar von der sogenannten Singularity University kommen.[2] Einmal habe ich ganz naiv einen von ihnen gefragt, wo diese Universität ihren Sitz habe, worauf mir geantwortet wurde: »Es ist nicht wirklich eine Universität«! *Mensch, das ist ein Geisteszustand.*

Ich werde zunächst die vorherrschenden Prognosen zur Beschäftigungsentwicklung skizzieren, dann etwas zu den Übertreibungen hinsichtlich Automatisierung, Robotik und KI sagen und abschließend begründen, warum wir mehr Bücher wie Urrys »What Is the Future?« brauchen, die auf kritische Distanz zu diesem futuristischen Diskurs gehen.

Beginnen wir mit Fords »Aufstieg der Roboter«, dem Financial-Times-Business-Buch des Jahres 2015. Es handelt sich um ein lobenswertes Sachbuch, das auf spannende Weise schildert, wie sich eine zunehmend automatisierte Wirtschaft auf die modernen Arbeiterinnen auswirken wird. Von der Fertigung bis zu den Dienstleistungen, von der Hochschulbildung bis zum Gesundheitswesen werden unzählige Entwicklungen in der KI angesprochen, die laut Ford keinen Beruf unberührt lassen werden. Der Umfang des Buches ist beeindruckend. Es bietet nicht nur einen verständlichen Überblick über die neuesten Fortschritte in der Automatisierung, sondern informiert auch umfassend über die wirtschaftlichen und politischen Debatten zur Zukunft der Arbeit.

Es ist ein durchdachtes Buch, und auch wenn Geschichte nicht gerade Fords Stärke ist, räumt er doch ein, dass die Angst vor technologischer Arbeitslosigkeit nicht neu sei. Sogar die

2 Mit Singularity wird die Prognose von Ray Kurzweil bezeichnet, dass Maschinen schon bald intelligenter als Menschen sein werden.

Ludditen werden erwähnt. Der Kern seines Arguments ist jedoch klar. Alle hier besprochenen Bücher sind sich darin einig: »Diesmal ist es anders.« Ja, die Massen, die aus der Landwirtschaft geworfen wurden, fanden in Fabriken Arbeit, ja, es gab die Ausweitung des Dienstleistungssektors. Aber diesmal ist es *wirklich* anders. Eine neue Zukunft steht uns bevor, und sie ist *erschreckend*. Fords Buch ist gespickt mit Wörtern und Ausdrücken wie »beängstigend«, »Wendepunkt« und »äußerst kritische Lage«.

Laut Ford hat die Informationstechnologie (IT) einen bahnbrechenden Charakter; sie sei eine zerstörerische Kraft, wie es sie bisher noch nie in der Geschichte gegeben habe. Denn durch sie würden nicht nur Geringqualifizierte ersetzt werden, sondern auch hoch qualifizierte Fachkräfte Gefahr laufen, von Maschinen abgelöst zu werden. Während frühere Automatisierungswellen letztlich mehr Reichtum und neue Beschäftigungsbereiche geschaffen hätten, erlebten wir heute eine grundlegende Veränderung im Verhältnis zwischen Arbeitern und Maschinen. Denn Maschinen seien keine Werkzeuge mehr, sondern würden sich in Arbeiter verwandeln. »Angetrieben wird dieser Fortschritt natürlich von der nicht erlahmenden Innovation im Bereich der Computertechnologie«, schreibt Ford (dt. S. xii). Wie üblich wird das mooresche Gesetz angeführt, um die Unerbittlichkeit des sich beschleunigenden technischen Fortschritts zu beweisen.

Die bekannten Kommentatoren und Journalistinnen, ganz zu schweigen von den Unternehmensberatern, scheinen sich genüsslich auf diese düstere Vision mit ihrem frankensteinschen Beigeschmack zu stürzen. Sie ist das, was Urry in seinem Buch den »neuen Katastrophismus« nennt: Wir stehen in Ehrfurcht – und entsetzter Erwartung – vor dem, was wir selbst geschaffen haben, und warten auf die verheerenden Folgen.

Was sind nun die empirischen Belege für Fords These? Interessanterweise hält Ford in der Mitte des zweiten Kapitels inne, um nicht auf zu platte Weise die von ihm ausgemachten beunruhigenden wirtschaftlichen Trends allein auf die fortschrittlichen Technologien zurückzuführen. Aber dann bekräftigt er sofort aufs Neue, dass die unerbittliche Beschleunigung der IT-Entwicklung einen Sonderfall darstelle, und erklärt bezeichnenderweise: »Ansonsten überlasse ich es gerne den Wirtschaftshistorikern, sich genauer mit dem Datenmaterial zu befassen« (dt. S. 82). Beweise werden weitgehend in Form von anschaulichen Geschichten über die Leistungen von Big Data und »tiefgehendem« maschinellem Lernen *(deep learning)* präsentiert. Dabei stehen künstliche neuronale Netze im Vordergrund – Systeme, die nach den gleichen grundlegenden Funktionsprinzipien wie das menschliche Gehirn konzipiert sind und mit denen Bilder oder gesprochene Wörter erkannt oder Sprachen übersetzt werden können. Solche Systeme stehen bereits hinter Siri von Apple und sie könnten Art und Anzahl der wissensbasierten Arbeitsplätze verändern. Wenn IBMs Watson bei der Quizshow »Jeopardy!« gewinnen und Googles KI die Gesichter von Katzen auf der Grundlage von Millionen von YouTube-Videos erkennen können, dann werden nach der Vermutung von Ford nur noch wenige Jobs übrig bleiben.

Wie fast alle anderen zitiert er Frey und Osborne von der Oxford Martin School, deren These, dass etwa die Hälfte der US-Jobs in den nächsten zwei Jahrzehnten von der Automatisierung bedroht sein werden, endlos wiederholt wird.[3] Diese Schätzung basiert übrigens auf einem Algorithmus, der die Anfälligkeit verschiedener Berufe (und nicht der Aufgabeninhalte einzelner Jobs) gegenüber Automatisierung vorhersagt. Diese Vorgehensweise ist zwar grundlegend kritisiert worden, was aber nichts daran geändert hat, dass diese Schätzung weiterhin ständig zitiert wird.[4] Sie sind beide nette Kerle, also viel Glück für sie, aber die unkritische Verbreitung ihrer Ergebnisse ist ein weiterer Beweis dafür, mit welchem Vergnügen – oder sogar Stolz – wir uns der Vorstellung hingeben, dass wir einer von Menschen geschaffenen und auf der Arbeit von Robotern beruhenden Utopie/Dystopie entgegensehen.

3 Carl Benedikt Frey/Michael A. Osborne: Technology at Work: The Future of Innovation and Employment, Citi GPS: Global Perspective & Solutions, February 2015.

4 Melanie Arntz/Terry Gregory/Ulrich Zierahn: The Risk of Automation for Jobs in OECD Countries: A Comparative Analysis, OECD Social, Employment and Migration Working Papers, No. 189, Paris 2016.

Die Übertreibungen hinsichtlich KI haben ein solches Ausmaß erreicht, dass kürzlich sogar die Fachzeitschrift *New Scientist* (16. Juli 2016) fragte: »Wird die KI-Blase platzen?« Die Autorin weist auf den, in der Wissenschaftssoziologie bekannten, Umstand hin, dass Metaphern eine wichtige Rolle spielen, um uns davon zu überzeugen, dass diese Maschinen menschliche Fähigkeiten erwerben können. Aber künstliche neuronale Netze »lernen« nicht wie wir, »kognitive« Computer denken nicht und »neuronale« Netze sind keine Neuronen. Die Sprache wird bewusst mit Anthropomorphismen gesättigt. Statt uns um den gefürchteten Moment der Singularität zu sorgen, sollten wir uns mit der Dominanz einer kleinen Anzahl von Unternehmen, die über diese Rechenleistung verfügen, und den sich daraus ergebenden sozialen Folgen beschäftigen. Durch unsere Besessenheit von der angeblich bevorstehenden Roboterrevolution gehen solche politischen Fragen nur allzu oft verloren.

Beim Blick in die Kristallkugel von Susskind/Susskind wirkt diese bevorstehende Revolution noch dramatischer als im Szenario von Ford. Während Letzterer glaubt, dass Berufe mit Hochschulbildung und im Gesundheitswesen relativ immun gegenüber Automatisierung sind, beziehen die Autoren von »The Future of the Professions« diese ausdrücklich in ihren dramatisierenden Befund zum Ende der Berufe, wie wir sie kennen, mit ein. In der Internetgesellschaft, schreiben sie, werden wir Ärzte, Lehrer, Buchhalter, Architekten, Geistliche, Berater oder Anwälte, die noch so wie im 20. Jahrhundert arbeiten, weder brauchen noch wollen. Obwohl dies zu einem massiven Verlust von Arbeitsplätzen führen werde, sehen sie in diesem Trend eine positive Entwicklung, weil das Internet letztendlich das Fachwissen demokratisieren und die Menschen ermächtigen werde.

Unter Bezug auf Abbott[5] skizzieren sie zunächst die historische Herausbildung von Berufen als der wichtigsten Form, in der Expertenwissen in den Industriegesellschaften institutio-

5 Andrew Abbott: The System of Professions. An Essay on the Division of Expert Labor, Chicago 1988.

nalisiert wurde. Bisher habe es zu dieser Form keine Alternative gegeben, da nur menschliche Fachleute über die komplexe Kombination aus formellem Wissen, Know-how, Expertise, Erfahrung und Fähigkeiten verfügten, die sie als »praktischen Sachverstand« bezeichnen. Aber nun stünden wir am Beginn einer Zeit grundlegender und unumkehrbarer, von der Technologie vorangetriebener Veränderungen, wie sie auch in den oben genannten Büchern vorhergesagt werden. Die Autoren sehen immer leistungsfähigere Maschinen – von der Telepräsenz bis zur KI – auf uns zukommen, durch die sich die Art und Weise, in der »praktischer Sachverstand« von Spezialisten der Gesellschaft zur Verfügung gestellt wird, grundlegend verändern werde. Diese intelligenten Maschinen, die autonom oder mit nicht spezialisierten Benutzern arbeiten, würden dann viele der Aufgaben erfüllen, die bisher einzelnen Berufen vorbehalten waren. Im Ergebnis werde es zu einer »Routinisierung und Kommodifizierung professioneller Arbeit« kommen, was stark an die Proletarisierungsthese von Braverman[6] erinnert – allerdings ohne dessen politische Ökonomie. Hier sind die einzigen Akteure die Maschinen selbst.

Richard Susskind ist seit mehreren Jahrzehnten ein führender Analyst für die Auswirkungen der Technologie auf die Rechtsberufe und glaubt fest an die positiven Möglichkeiten des Informationsaustauschs über das Internet. Und das moralische Kernargument des Buches ist überzeugend. Wer würde nicht zustimmen, dass kostspielige und mit exklusiven Privilegien ausgestatte Eliten ein Anachronismus sind und dass wir stattdessen die umfassende Verbreitung von Expertenwissen fördern sollten? Die Autoren stellen sich ein Modell vor, bei dem die professionellste Beratung durch automatisierte IT-Systeme erfolgt und für die Nutzer kostenlos ist (so wie Wikipedia). Wieder einmal wird uns von der beispiellosen Beschleunigung der Fähigkeiten von IT, KI, Watson, maschinellem Lernen, Big Data und *affective computing* berichtet. Ihre zentrale These besagt jedoch, dass intelligente Maschinen, die

6 Harry Braverman: Die Arbeit im modernen Produktionsprozeß, Frankfurt a. M. 1977.

sich auf riesige Datenmengen stützen, bessere Entscheidungen als fehlerhafte menschliche Experten treffen werden. Das archetypische Beispiel ist die Zahl von Fehlurteilen, die von müden Richtern nach dem Mittagessen gesprochen werden. Vielleicht wäre der Verzicht auf alkoholische Getränke beim Essen die einfachere Lösung!

Grundlegend stellt sich uns das Problem, dass Technologien nur so gut sind wie ihre Hersteller. Es häufen sich zunehmend Hinweise darauf, dass Algorithmen des maschinellen Lernens so wie alle früheren Technologien von ihren Entwicklern und deren Kultur geprägt sind. Ob Airbnb Gäste mit unverwechselbaren afroamerikanischen Namen diskriminiert, Google Stellenanzeigen für hoch bezahlte Jobs in erster Linie Männern und nicht Frauen zeigt oder datengestützte Tools zur Risikobeurteilung bei der »präventiven Polizeiarbeit« zum Einsatz kommen – die verschiedenen Formen der Diskriminierung reproduzieren sich auf den digitalen Plattformen und werden zum Bestandteil der Logik von alltäglichen algorithmischen Systemen.[7] Selbst die viel gelobte Wikipedia ist verzerrt, zum Beispiel hinsichtlich der Repräsentation von männlichen und weiblichen Wissenschaftlerinnen. Die Susskinds stellen zwar zu Recht die Macht der Berufe infrage, aber den Aufstieg einer noch mächtigeren Elite männlicher weißer Silicon-Valley-Ingenieure, deren Werte und Vorurteile zwangsläufig in die von ihnen entworfenen technischen Systeme einfließen, scheinen sie zu übersehen. Die Politik der Algorithmen sichtbar, öffentlich und haftbar zu machen, könnte sich als noch schwieriger erweisen, als beispielsweise Anwälte zur Rechenschaft zu ziehen.

Ich stimme Brynjolfsson und McAfee zu, wenn sie in »The Second Machine Age« schreiben, dass die erfolgreichste Zukunft in der Zusammenarbeit von Maschinen und Menschen liege. Menschliche Wesen werden in der Kooperation

7 Malte Ziewitz (Hrsg.): Special Issue: Governing Algorithms, in: Science, Technology, & Human Values, Vol. 41 (2016), Nr. 1; Heather Ford/Judy Wajcman: »Anyone Can Edit«, not Everyone Does: Wikipedia and the Gender Gap, in: Social Studies of Science, Vol. 47 (2017), Nr. 4, S. 511–527.

mit Maschinen immer etwas Besonderes beizutragen haben. Erstens glaube ich nicht, dass sich das gesamte Wissen und die Erfahrung, der »praktische Sachverstand« von Fachleuten durch intelligente Onlinesysteme vermitteln lassen. Nehmen wir den Vorschlag, dass sogar das Problem der »Empathie« bei der Übermittlung schlechter Nachrichten im Krankenhaus durch einen Algorithmus auf Basis von »psychologischen und emotionalen Profilen« der Konsumenten gelöst werden könnte. Ganz abgesehen von den damit verbundenen Problemen des Datenschutzes begreifen die Susskinds nicht, welche Art von »nicht anerkannter« emotionaler Arbeit hier im Spiel ist, die schon heute an überwiegend von Frauen ausgeübte Hilfsberufe wie die Krankenpflege delegiert wird.

Tatsächlich wird der soziale Charakter von Kompetenz und Expertise, geschweige denn die Art und Weise, wie die Berufe traditionell um eine geschlechtsspezifische Arbeitsteilung herum strukturiert sind, in diesem Buch (und auch in allen anderen) in keiner Weise erwähnt. Wir mögen uns »von den großen Augen und dem liebenswerten Kichern affektiver Roboter angezogen fühlen«, aber wenn wir den Einsatz von Robotern für die einfühlsame Betreuung älterer Menschen befürworten, verwechseln wir das äußere Erscheinungsbild der Pflege mit echtem Mitgefühl und wirklicher persönlicher Interaktion. Ohnehin wird uns jeder Robotiker sagen, dass zwischen den aktuellen Behauptungen darüber, was diese affektiven, geselligen Roboter technisch gesehen tun könnten, und dem, was sie wirklich können, Welten liegen. Vielleicht würde der angebliche Mangel an Arbeitskräften für die Altenpflege, der durch den Einsatz von Robotern kompensiert werden soll, schon dann verschwinden, wenn diese Arbeit höher geschätzt und zum Beispiel ähnlich gut wie Programmieren bezahlt werden würde. Oder noch radikaler formuliert, wenn wir Wohnungen und Städte so umgestalten würden, dass ältere Menschen nicht mehr an getrennte Orte verbannt werden müssen, sondern in das allgemeine gesellschaftliche Leben integriert werden könnten. Aber derartige Überlegungen gehen weit über den Horizont all dieser Bücher hinaus.

»The Second Machine Age« ist noch das Beste von ihnen. Auch wenn sie von ähnlichen Befunden ausgehen, stellen Brynjolfsson und McAfee sehr viel ausgewogener die positiven und negativen Auswirkungen der Automatisierung auf die Beschäftigung dar. Das Buch war äußerst einflussreich und hat eine Reihe von Nachahmern inspiriert (zum Beispiel den Präsidenten des Weltwirtschaftsforums in Davos, Klaus Schwab, zu seinem Buch »Die vierte industrielle Revolution«). Allein schon die Titel dieser Bücher wären einen Artikel wert. Die Geschichte der Technologie beginnt hier mit der industriellen Revolution (»das erste Maschinenzeitalter«) und unser Interesse an KI stammt aus den 1950er-Jahren. Wer sich daran erinnern will, dass wir schon seit viel Längerem von der Vitalität der Maschinen fasziniert sind, dem schlage ich einen kurzen Besuch der aktuellen Roboter-Ausstellung im Londoner Science Museum vor.

Brynjolfsson und McAfee sind letztlich optimistisch, was die Arbeitsplätze betrifft, die durch die digitale Revolution entstehen werden. Sie stimmen zu, dass Innovationen wie das fahrerlose Auto und 3D-Drucker viele Arbeitsplätze vernichten werden. Aber mit den richtigen politischen Maßnahmen könnten uns diese Fortschritte eine glückliche Zukunft mit weniger Plackerei, mehr kreativer Arbeit und größerer menschlicher Freiheit bescheren. Gezieltes Eingreifen ist für sie entscheidend angesichts der besorgniserregenden Trends, die sie ausmachen: Polarisierung des Arbeitsmarktes, zunehmende Einkommensungleichheit und eine Ökonomie, in der die »Sieger« alles bekommen. Aber wenn wir »mit den Maschinen, anstatt nur gegen sie arbeiten«, könnten wir ihrer Ansicht nach unsere einzigartigen menschlichen Qualitäten der Kreativität, des Ideenreichtums und der Kommunikation dazu nutzen, höherwertige Arbeitsplätze im Bereich des kreativen Schreibens, der digitalen Wissenschaften und der unternehmerischen Tätigkeiten zu schaffen. Obwohl auch sie die Technologie verdinglichen und als eine neutrale, unaufhaltsame Kraft behandeln, die diese Veränderungen herbeiführt, plädieren sie vehement für staatliche Investitionen in Bildung und Infrastruktur, mit denen sich ihre Auswirkungen beeinflussen lassen. Im Unterschied zu Urry sind für sie nur die Auswirkungen der Technologie politisch, nicht aber deren Ursachen.

Interessanterweise schlagen sie wie Ford ein garantiertes Mindesteinkommen als eine praktische Lösung für das Problem der technologischen Arbeitslosigkeit vor. Dass diese Idee jetzt wieder im gesamten politischen Spektrum populär geworden ist, macht mich ein wenig skeptisch. Der Vorschlag ruft sofort das Bild einer Gesellschaft hervor, in der die Technikfreaks des Silicon Valley weiterhin mit ihren 24-Stunden-an-7-Tagen-Arbeitszeiten erfolgreich sind, während die Zurückgebliebenen dafür bezahlt werden, dass sie vor der Glotze hängen und schlafen (was heute angeblich die Arbeitslosen tun). Die Idee des Grundeinkommens hat eine lange und solide Geschichte und ich verfolge mit Interesse, welche Versuche zu seiner Einführung zum Beispiel in Finnland oder den Niederlanden unternommen werden. Aber in der gegenwärtigen Situation sollten wir uns auch darauf konzentrieren, welche enormen unerfüllten Bedürfnisse bestehen und wie viel Arbeit zu ihrer Befriedigung notwendig wäre. Trotz all dieser Bücher gibt es wenig überzeugende Beweise dafür, dass wir es mit einer massenhaften technologischen Arbeitslosigkeit zu tun haben oder dass es in naher Zukunft zu ihr kommen könnte. Das eigentliche Problem ist die bereits bestehende ungleiche Verteilung von Arbeit, Zeit und Geld.

Alle diese Autoren scheuen vor der Frage zurück, inwieweit die Jagd nach Profit und nicht der Fortschritt die Entwicklung der digitalen Technologien ständig prägt, und wie eben diese Technologien nicht zu weniger Arbeit, sondern zu mehr mieseren Jobs führen. Hier steht der sprichwörtliche Elefant im Raum. Sie scheinen blind zu sein für die Masse von prekär beschäftigten und schlecht bezahlten Arbeitskräften, die das Räderwerk von Firmen wie Google, Amazon und Twitter antreiben. Informationssysteme basieren auf Armeen von Programmiererinnen, Datenbereinigern, Seitenbewerterinnen, Pornokontrolleuren und Prüferinnen. Sie alle sind Subunternehmer, die über globale Plattformen wie Mechanical Turk rekrutiert werden und nicht auf der Gehaltsliste des Unternehmens stehen.[8] Selbst Brynjolfsson und McAfee übersehen solche Jobs der manuellen Datenverarbeitung, die mit klassenförmigen, sexistischen und rassistischen Spaltungen verbunden sind, und meinen, die Algorithmen würden sich wie von Geisterhand selbst trainieren, anpassen und verbessern.[9] Auch wenn derartige Jobs selbst irgendwann automatisiert werden können, werden bei der Suche des Kapitals nach neuen Akkumulationsmöglichkeiten immer wieder neuartige und nicht vorhersehbare Formen von Arbeit entstehen. Lucy Suchman hat gezeigt, wie genau durch diese Maskierung und Ausblendung von Produktionsarbeit die Verzauberung oder Magie von Artefakten (wie KI und Robotik) erzeugt wird.[10]

Da ich mich eingehender mit diesen Debatten beschäftigt habe, frage ich mich seit einiger Zeit, warum diese beständige Angst vor der Automatisierung jetzt so sehr in den Vordergrund gerückt ist. Was ist die kulturelle Bedeutung all dieser atemlosen Gespräche über KI? Noch so viele Einwände aus der Wirtschaftsgeschichte können nicht die Gewissheit erschüttern: *Diesmal ist es wirklich – wirklich – anders*.[11]

In diesem Zusammenhang kommen die scharfsinnigen Überlegungen von Urry in seinem Buch »What is the Future?«, das posthum veröffentlicht wurde, gerade richtig. Die Sozialwissenschaften müssten das Terrain der Zukunftsforschung zurückgewinnen, schreibt er, denn Zukunftsvisionen hätten enorm starke Auswirkungen auf die Gesellschaft und enthielten in impliziter Weise bestimmte Vorstellungen von öffentlichen Zielen und dem Gemeinwohl. Es sei daher »für die Sozialwissenschaften eine Schlüsselfrage, wer oder was im Besitz der Zukunft

8 Anm.d.Ü.: Auf Deutsch liegt zu diesen Jobs die beeindruckende Studie von Moritz Riesewieck vor: Digitale Drecksarbeit. Wie uns Facebook & Co. von dem Bösen erlösen, München 2017, auf deren Grundlage der Dokumentarfilm »The Cleaners« (2018) von Hans Block und Moritz Riesewieck entstand.

9 Lilly Irani: Difference and Dependence among Digital Workers: The Case of Amazon Mechanical Turk, in: South Atlantic Quarterly, Vol. 114 (2015), Nr. 1, S. 225–234.

10 Lucy Suchman: Human-Machine Reconfigurations: Plans and Situated Actions, Cambridge 2007.

11 Siehe den ausgezeichneten Sonderteil des Journal of Economic Perspectives, Vol. 29 (2015), Nr. 3, in dem David Autor uns daran erinnert, in welcher Regelmäßigkeit derartige Sorgen über Automatisierung und Arbeitslosigkeit zum Thema wurden.

ist – denn diese Fähigkeit, über Zukunftsvisionen zu verfügen, ist entscheidend dafür, wie Macht ausgeübt wird« (S. 11).

Das Buch beginnt mit einem umfassenden Überblick über die Geschichte der »Zukunftsvorstellungen in der Vergangenheit«, von Morus' Utopia (die bereits ein halbes Jahrtausend vor Keynes einen sechsstündigen Arbeitstag vorsah) bis hin zu der bemerkenswerten Explosion von neuen Dystopien zu Beginn dieses Jahrhunderts. Diesen neuen Katastrophismus im sozialen Denken kontrastiert er mit dem globalen Optimismus der 1990er-Jahre, insbesondere dem digitalen Utopismus, der mit der Entstehung des World Wide Web einherging. Haraways optimistisches »Manifest für Cyborgs« pries zum Beispiel das positive Potenzial der Technowissenschaften, neue Bedeutungen und neue Entitäten zu erzeugen, neue Welten zu erschaffen.

Daher ist es umso erstaunlicher, dass sich der Zeitgeist im reichen Norden ab 2003 derart radikal verändert hat. Urry verdeutlicht dies, indem er auf den Seiten 36 und 37 einfach die erstaunliche Anzahl von englischsprachigen Texten, Filmen, Kunstausstellungen und Forschungszentren auflistet, die sich in diesem Modus des Katastrophismus bewegten. Zu Recht stellt er fest, dass dieses dystopische Schreiben eine fatalistische Haltung gegenüber der Zukunft hervorruft, mächtigen Interessengruppen dabei hilft, planetarische technologische Lösungen (insbesondere für den Klimawandel) zu propagieren, und ebenso performativ wie analytisch und repräsentativ ist. Wie ich bereits angedeutet habe, empfinde ich das gleiche Unbehagen gegenüber der Flut von Büchern zur technologischen Arbeitslosigkeit.

Während vieles davon bekannt ist, wie die Soziologie der Erwartungen und Jasanoffs Schriften zu soziotechnischen Imaginationen,[12] geht Urry einen Schritt weiter und bestimmt genauer, wie durch das Nachdenken über die Zukunft als »Methode« wieder eine Vorstellung von Planung etabliert wird – nur unter einem neuen Namen. Planung, schreibt Urry, sei

12 Sheila Jasanoff/Kim Sang-Hyun (Hrsg.): Dreamscapes of Modernity: Sociotechnical Imaginaries and the Fabrication of Power, Chicago 2015.

zu einem ideologisch kontaminierten Begriff aus der Zeit des organisierten Kapitalismus und der Sozialdemokratie geworden. Daher seien Zukunftsvorstellungen eine neue Form der Planung, die den Staat und die Zivilgesellschaft wieder ins Spiel bringt. Und angesichts der Bedrohlichkeit vieler Probleme wie dem des Klimawandels komme es in entscheidender Weise auf Planung an. Nur wenn wir daran festhalten, dass Zukunftsperspektiven immer einen gesellschaftlichen Charakter haben, können öffentliche Einrichtungen statt selbstregulierter Märkte und verselbstständigter Technologien entscheidend dafür werden, wie wir solche Perspektiven erschließen, debattieren und verwirklichen.

Urry war ein führender Kopf der britischen Soziologie und schon angesichts der Bandbreite und des Umfangs seiner Arbeiten lässt sich sein Einfluss kaum übertreiben. Er war voll und ganz der Disziplin verpflichtet, verfolgte stets tatkräftig neue Ideen und gehörte oft zu den ersten, die aktuelle und noch kaum erforschte soziale Probleme erkannten. Weniger bekannt dürfte sein, dass er selbst an politischen Entscheidungen auf dem Gebiet des Klimawandels und des Transportwesens beteiligt war. Er wurde in das Foresight-Programm der britischen Regierung zu Verkehr und politischen Zukunftsperspektiven berufen, was wiederum zu seiner Forschung über soziale Zukunftsperspektiven und zur Gründung eines Instituts für soziale Zukunftsperspektiven an der Lancaster University führte.

Das Buch basiert daher auf langjährigen Forschungsprojekten und enthält umfangreiche Kapitel zur Mobilität in der Stadt, zu 3D-Druckern und der Zukunft der industriellen Produktion sowie zur Zukunft von Energie und Klimawandel. Dabei bemüht er sich im ganzen Buch, in klarer und verständlicher Prosa zu erklären, wie gesellschaftliche Praxis konstitutiv für Technologie ist. Er betont, dass technologische Systeme immer soziomateriell sind, dass der Innovationsprozess komplex und unvorhersehbar ist, welche Bedeutung Begriffe wie Pfadabhängigkeit und Lock-in-Effekte haben und dass wir das benötigen, was oft als »verantwortungsvolle Innovation« bezeichnet wird.

Für ihn werden diese Merkmale am besten von der Komplexitätstheorie erfasst, die betont, wie dynamisch, prozesshaft und unvorhersehbar sich Systeme verhalten.

Ich halte zwar den Anspruch, dass es sich dabei um einen besonderen Ansatz handelt, nicht für sehr überzeugend – vielleicht weil die jüngsten Studien zur Infrastruktur aus den »Science and Technology Studies« völlig mit ihm übereinstimmen[13] –, aber das ist ein nebensächlicher Streitpunkt. Dem Geist seiner Argumentation stimme ich von ganzem Herzen zu. Der Sinn dieser Ausarbeitung von Szenarien besteht gerade darin, die Beteiligung eines breiten Spektrums von wichtigen Akteuren zu ermöglichen, die normalerweise von den Beratungen über die Zukunft ausgeschlossen werden. Und das wiederum würde eine Demokratisierung der gesamten Organisation der Entwicklung von Technologie und damit der Gesellschaft bedeuten.

Das Cover von »What Is the Future?« zeigt die Installation »Another Place« des Künstlers Antony Gormley. Sie besteht aus 100 gusseisernen Figuren, die nach dem Körper des Künstlers gestaltet sind und auf das Meer hinaus schauend am Strand der Mündung des River Mersey aufgestellt sind. Diese Arbeit ist eine passende Metapher für ein Buch, das uns auffordert, unsere Rolle als Soziologen bei der Gestaltung der Zukunft ernst zu nehmen. Im Sinne von Walter Benjamins Engel der Geschichte müssen wir unsere eigenen Engel der Zukunft heraufbeschwören, die am Ufer der Gesellschaft stehen, ihren Blick auf den Horizont richten und auf die Winde der Veränderung achten. Es müssen etliche und vielfältige sein. Die Homogenität der Schöpfer des Silicon Valley ist eine gefährlichere Bedrohung für die Zukunft als jede vermeintliche Apokalypse der Roboter. Zu oft kehren diese Stifter der Zukunft der Gesellschaft den Rücken zu, verzaubert von technologischen Versprechungen und blind für die Probleme um sie herum. Es wird mehr als Roboter brauchen, um dafür zu sorgen, dass die Zukunft diesmal wirklich anders ist.

13 Siehe die Buchreihe von MIT Press zur Infrastruktur.

I Produktivkraft zwischen Revolution und Kontinuität

Elena Louisa Lange

»Heißhunger nach Mehrarbeit«

Mit Marx die digitale Revolution verstehen

Vor wenigen Jahren noch wirkten automatische Self-Check-out-Kassen beim Supermarkt um die Ecke wie deplatzierte Außerirdische. Zum Ärger vieler ohnehin durch Job und Familie gestresster Kunden verlangten automatische Kassen beim Lebensmitteleinkauf Eigenarbeit und ein »proaktives« Verhalten – jede Ware muss schließlich vom Konsumenten selbst über den Scanner gezogen werden, mit korrekter Platzierung des auf der Verkaufspackung angebrachten Barcodes. Nicht nur das – gerade auch bei »bewussten« Konsumentinnen riefen die Stationen Misstrauen hervor: Das Prinzip Self-Check-out machte den Eindruck eines geradezu hinterhältigen, dafür aber nicht weniger offensichtlichen Jobvernichters. Die erste Welle der Distanziertheit oder der regelrechten Ablehnung, ja des demonstrativen Boykotts wich allerdings recht schnell der Akzeptanz und schließlich einer Art gleichgültigen Wohlwollens. Inzwischen gehört der Self-Check-out als Alltagsgegenstand einfach zum Lebensmitteleinkauf dazu. Was so eine Maschine eigentlich leistet, will man gar nicht so genau wissen. Dabei ist das vom Kunden betriebene Warenscanning nichts anderes als eine Methode der *Kostenersparnis* durch den Betreiber des Supermarkts oder seiner Kette. Der *Automatic Cash-register* der russischen Firma Sfour etwa preist als Verkaufsargument, neben dem »monitoring of all payment operations«, dem automatischen Generieren von Daten zum Verkaufsbestand, Marktforschung und »increased consumer loyalty« in erster Linie »the complete replacement of a cashier« an: den vollständigen Ersatz von Kassiererinnen und Kassierern.[1]

Die Produktivkräfte unter der Form gesellschaftlicher Produktion, die kapitalistisch heißt, scheinen sich in der Tat so

1 »Automatic Cash-register and Self-Checkout« der Firma Sfour, unter http://sfour.ru/en/solutions/selfcheckout.html.

weit entwickelt zu haben, dass Arbeit, konkreter: Lohnarbeit, überflüssig oder zumindest immer billiger wird. Die Produktivkraftentwicklung erfasst daher die Gesellschaft als Ganze: Konsumtion, Produktion und Distribution. Was in der Sphäre der Konsumtion die Self-Check-out-Stationen darstellen, ist in der Produktion die industrielle Automatisierung, der Traum von einer total autonomen, selbstlernenden und sich selbst optimierenden Fabrik: die »Fabrik aus dem 3D-Drucker«. Und in der gesellschaftlichen Distribution haben sich seit etwa zwei Jahrzehnten sogenannte Plattformen zwischen die Produktion und den »Endkunden« geschoben. Amazon, Uber, Airbnb, Google und Facebook produzieren selbst nichts, generieren ihren Profit aus Vermittlungsgebühren (von Waren, Taxifahrten, Wohnungen) und Werbung. Selbst dort, wo die Datenakkumulation, auf der das ganze Geschäftsmodell der Plattformen beruht, noch so etwas wie Arbeit verlangt, lagern Produktionsformen wie *crowd sourcing* und *clickwork* Arbeit an vereinzelte Plattformen-»Minutenlöhner« aus, deren Einkommen pro *Human Intelligence Task* oder »HIT« in der Regel eher in Cent als in Euro gemessen wird.[2]

Arbeit wird hier zwar nicht direkt vernichtet, aber dezentralisierter und vereinzelter, und daher billiger. Kurzum, mit der Entwicklung der Produktivkraft des Kapitals fristet menschliche Arbeit ein zunehmendes Schattendasein. Spezialisierte Maschinen und Roboter übernehmen die gesellschaftliche Produktion. An sich ist das kein Problem. Zum Problem wird dies erst unter den *Verwertungsbedingungen des Kapitals*: Denn Roboter schaffen keinen Wert. Die Krise ist, mit einem passenden Ausdruck, *vorprogrammiert*. Der vorliegende Text möchte – mit Marx! – verstehen helfen, wie die Vernichtung von lebendiger Arbeit und ihr Ersatz durch Maschinen und Roboter, Produktivkraftentwicklung und kapitalistische Krise zusammenhängen. Im Fokus steht daher die Frage, warum Roboter keinen Wert und Mehrwert (Profit) schaffen: Sie arbeiten doch auch? Wir werden sehen, dass sich diese Auffassung

2 Vgl. das sehr lesenswerte Buch von Matthias Becker: Automatisierung und Ausbeutung. Was wird aus der Arbeit im digitalen Kapitalismus?, Wien 2017, S. 140–149.

einer »fetischistischen« Betrachtung der kapitalistischen Produktionsweise verdankt.

Denn bei der Begeisterung für die »digitale Revolution« und ihre technologischen Möglichkeiten, der das Öffentlich-Rechtliche zur besten Sendezeit Themenabende widmet, den Weiterbildungen und Schulungen, den Werbeveranstaltungen und Schnupper-Workshops – schließlich sollen wir alle »fit für die Digitalisierung« werden – wird nur die »technisch-stoffliche«, nicht aber die »sozioökonomische« beziehungsweise die »materiell-gesellschaftliche« Seite thematisiert. Wie Felix Klopotek feststellt, werden damit »sozioökonomische Verhältnisse in Abhängigkeit von technisch-stofflichen Vorgängen diskutiert, die genau dadurch zum Fetisch stilisiert werden«.[3] Diese »Stilisierung zum Fetisch« ist jedoch selbst Teil einer Produktionsweise, die nicht erst die »stoffliche Dinglichkeit« von selbstlernenden Maschinen, sondern bereits die von einfach erscheinenden, aber in Wirklichkeit sehr komplexen und *gesellschaftlich* vermittelten »Dingen« wie Ware und Geld zum »Fetisch« erklärt. Damit werden alle gesellschaftlichen *Voraussetzungen* für die schwindelerregende Produktivkraftentwicklung, deren unfreiwillige Zeugen wir gerade werden, ausgeblendet. Die Stilisierung der technisch-stofflichen Komponente der Digitalisierung zum »Fetisch« ist daher auch einer Verabsolutierung der dinglichen Erscheinungsformen komplexer gesellschaftlicher Verhältnisse zu verdanken, bei denen nicht mehr gefragt wird, wie es eigentlich sein kann, dass Geld »Wert« repräsentiert, das Kapital Profit abwirft und – für unseren Zusammenhang besonders wichtig – wie es möglich ist, dass Maschinen und Roboter »Wert schaffen«.

Die Grundzüge der gesellschaftlichen – historischen, aber vor allem systematischen – Voraussetzungen zur Erklärung der Phänomene der Automatisierung und Digitalisierung wurden bereits von Marx in seiner Analyse der kapitalistischen Produktionsweise erfasst und kritisiert. Mit seinem Hauptwerk »Das Kapital« und seinem Projekt der *Kritik der politischen*

3 Konkret, 10/2018, S. 23.

Ökonomie schuf er nämlich erst den Horizont, in dem uns die heute beschäftigende Probleme und Widersprüche der Digitalisierung und Produktivkraftentwicklung erklärt und kritisiert werden können: die »Überflüssigmachung« der Arbeit bei Fortbestehen des Klassenverhältnisses zwischen Kapital und Lohnarbeit, die »Verwohlfeilerung« (Verbilligung) der Produktionskosten bei gleichzeitig anhaltender Krisenhaftigkeit, die »Verwertung« des Kapitals bei immer niedrigeren Profitmargen. Marx hat diese Widersprüche nicht nur identifiziert, sondern mit dem heuristischen Kernstück seiner Analyse, der Wert- und der Mehrwerttheorie, den *Begründungszusammenhang* geliefert, der sie auf einen Nenner bringt und ihre Geltung in der Realität illustriert.

Im Folgenden soll in Grundzügen die Aussagekraft der marxschen Wert- und Mehrwerttheorie nachvollzogen werden, mit der sich Begriffe wie Produktivkraftentwicklung und das konkrete Phänomen der Digitalisierung überhaupt erst erfassen lassen. Erst das Verständnis der Verausgabung abstrakt-menschlicher Arbeit im Produktionsprozess als Quelle des Werts und Mehrwerts macht den Dreh- und Angelpunkt der kapitalistischen Produktionsweise – Verwertung, ausgedrückt in der Wertform des Profits – verständlich. Da Marx zufolge das Kapital den »Beruf« hat, »sich dem Reichtum schlechthin durch Größenausdehnung anzunähern«,[4] und somit das zentrale Motiv der kapitalistischen Produktionsweise das *Verwertungspostulat* ist, das durch den »Heißhunger nach Mehrarbeit«[5] gestillt werden soll, so treibt erst der unablässige Drang, immer mehr Mehrwert aus dem Arbeitsprozess »auszupumpen«,[6] das »schrankenlose Bedürfnis nach Mehrarbeit«,[7] die Entwicklung der Produktivkräfte in einer, wie wir sehen werden, für das Kapital und seine eigene Verwertungslogik höchst widerspruchsvollen Weise an.

4 Karl Marx: Das Kapital, Bd. 1, in: Karl Marx/Friedrich Engels: Werke [MEW], Berlin 1956ff., Bd. 23, S. 166.

5 Ebd., S. 249.

6 Karl Marx: Das Kapital, Bd. 3, MEW, Bd. 25, S. 835.

7 MEW, Bd. 23, S. 250.

Warum Roboter keinen Wert schaffen

Grundzüge der marxschen Werttheorie

Für Marx ist »die Produktion der wirkliche Ausgangspunkt und darum auch das übergreifende Moment [der Konsumtion und Distribution]« – ohne die Analyse der Produktion lässt sich auch die Konsumtion und Distribution nicht verstehen.[8] Marx' Werttheorie, die sogenannte Arbeitswertlehre, stellt den objektiven Zusammenhang zwischen menschlicher Arbeit im Produktionsprozess und der auf ihr beruhenden Wertsubstanz und Wertgröße her. Sie erschöpft sich somit nicht in einer »Preistheorie«[9], sondern bildet die Grundlage für das Verständnis dessen, was den gesellschaftlichen Zusammenhang überhaupt erst konstituiert – und wie er *erscheint.* Der »Wert an sich« erscheint nämlich niemals selbst, sondern heftet sich an bestimmte Erscheinungen, die Wert*formen.* Diese sind die Ware, das Geld, das Kapital, der Arbeitslohn, der Preis, der Profit, der Zins, die Grundrente usw. Diese Wertformen, die Erscheinungsformen des Werts, beruhen alle auf abstrakter *menschlicher* Arbeit – genauer, auf unbezahlter fremder, aber menschlicher Arbeit. Tatsächlich ist die Quelle des Werts, also abstrakt-menschliche Arbeit im Produktionsprozess, an den »dinglichen« Formen ihrer Erscheinung, den Wertformen, nicht mehr zu erkennen und gebietet geradezu die heutige fetischistische Einstellung zur Technologie und angeblich Profit produzierenden Robotern. Um Marx' Erklärung dafür, dass Roboter keinen Wert oder Mehrwert produzieren, einsichtig machen zu können, soll zunächst auf den Zusammenhang der Wert- und Mehrwerttheorie eingegangen werden.

8 »Es ist eine hergebrachte Vorstellung, dass in gewissen Perioden nur vom Raub gelebt ward. Um aber rauben zu können, muss etwas zu rauben da sein, also Produktion. Und die Art des Raubs ist selbst wieder durch die Art der Produktion bestimmt. Eine stock-jobbing nation [Nation von Börsenspekulanten] z. B. kann nicht beraubt werden, wie eine Nation von Kuhhirten.« Karl Marx: Grundrisse der Kritik der politischen Ökonomie, MEW, Bd. 42, S. 33.

9 Die Arbeitswerttheorie wird im Großteil der Literatur als *quantitative* Theorie dargestellt, die erklärt, dass Produktions- und Marktpreise auf Arbeitswerten beruhen. Das ist aber nur die eine Seite des zentralen marxschen Theorems. Die *qualitative* Seite wird meist außer Acht gelassen.

Doch zunächst ein Schritt zurück: Was bedeutet eigentlich »abstrakte Arbeit«? Marx unterscheidet an der einzelnen, kapitalistisch produzierten Ware zwischen ihrem Gebrauchswert und ihrem Wert: »Die Nützlichkeit eines Dings macht es zum Gebrauchswert.«[10] Der Gebrauchswert ist hier das Ergebnis einer bestimmten zweckgerichteten, nützlichen, konkreten Arbeit. Anders der Wert, er ist das Ergebnis *abstrakt-allgemeiner* Arbeit. Er zeigt sich allerdings nicht unmittelbar an einer einzelnen Ware: »Ein Apfel ist einen Apfel wert«, ist kein Wertausdruck. Der Wert einer Ware zeigt sich nur im *Warentausch,* wenn er dort auch nicht den Ort seiner Entstehung hat. Eine einzelne Ware kann ihren Wert nämlich nur durch eine andere ausdrücken. Marx betrachtet daher das gesellschaftliche Austauschverhältnis von zwei Waren und zeigt, dass der Tausch etwa von einem Quarter Weizen und einem Zentner Eisen nur unter der Voraussetzung eines »Gemeinsame[n] von derselben Größe« möglich ist, das selbst weder Gebrauchswert Weizen noch Gebrauchswert Eisen ist. Vielmehr seien »[b]eide ... also gleich einem Dritten, das an und für sich weder das eine noch das andere ist. Jedes der beiden, soweit es Tauschwert, muss also auf dies Dritte reduzierbar sein.«[11] Es ist also »grade die Abstraktion von ihren Gebrauchswerten, was das Austauschverhältnis der Waren augenscheinlich charakterisiert«.[12] Für Marx steht somit fest, dass mit der Abstraktion von den Gebrauchswerten der Waren und der sie produzierenden konkreten Arbeit nicht mehr übrig bleibt »als dieselbe gespenstige Gegenständlichkeit, eine bloße Gallerte unterschiedsloser menschlicher Arbeitskraft ohne Rücksicht auf die Form ihrer Verausgabung«.[13] Diese »gespenstige Gegenständlichkeit« ist der *Wert* der Ware und tritt im realen Warentausch durch ein sich mit quasi naturnotwendiger Regelmäßigkeit durchsetzendes Austauschverhältnis hervor. So tauschen sich in der Regel zwei Mittelklassewagen immer mit mehr Geld aus als

10 MEW, Bd. 23, S. 50.
11 Ebd., S. 51.
12 Ebd., S. 51–52.
13 Ebd., S. 52.

eine normale Tafel Schokolade, zwölf paar Schuhe für weniger als drei Einfamilienhäuser. Die Durchsetzung bestimmter Austauschverhältnisse lässt sich aber nicht aus dem Gebrauchswert oder dem Bedürfnis der Tauschenden begründen: Waren mit einem hohen Gebrauchswert, etwa Wasser (oder Atemluft!) haben einen geringen, Waren mit relativ niedrigem Gebrauchswert (Diamanten, Kunstwerke) haben einen großen Wert.[14] Die *quantitative* Bestimmung des Austauschverhältnisses zweier Waren beruht somit auf ihrer Wertgröße, welche wiederum *qualitativ* »[durch] das Quantum der in [ihr] enthaltenen »wertbildenden Substanz«, der abstrakt menschlichen Arbeit, bestimmt ist. Die Quantität der Arbeit selbst misst sich an ihrer Zeitdauer, und die Arbeitszeit besitzt wieder ihren Maßstab an bestimmten Zeitteilen, wie Stunde, Tag usw.« Da man aber auf die Idee kommen könnte, ein besonders langsamer Arbeiter würde einen größeren Wert produzieren als ein schneller, gibt Marx zu verstehen, dass es »also nur das Quantum gesellschaftlich notwendiger Arbeit oder die zur Herstellung eines Gebrauchswerts gesellschaftlich notwendige Arbeitszeit« ist, »welche seine Wertgröße bestimmt«.[15] Die Arbeitszeit unter *gesellschaftlich durchschnittlichen Produktionsbedingungen* ist maßgeblich für die Wertgröße. Diese Reduzierung der Arbeit auf »ihr gesellschaftlich proportionelles Maß« ist wiederum abhängig von einer allseitig arbeitsteiligen Warenproduktion, in der sich die Austauschverhältnisse durch die Proportionen der in den Waren vergegenständlichten gesellschaftlich notwendigen Arbeitszeit durchsetzen, und zwar »wie das Gesetz der Schwere, wenn einem das Haus über dem Kopf zusammenpurzelt«.[16]

Die »zwieschlächtige Natur der in der Ware enthaltenen Arbeit« – nicht zwei unterschiedliche »Arten der Arbeit« zu sein, sondern ein- und dieselbe Arbeit, betrachtet unter den zwei sich ausschließenden Aspekten von Gebrauchswert

14 Das wusste allerdings bereits Adam Smith. Vgl. Adam Smith: An Inquiry into the Nature and Causes of the Wealth of Nations, Edinburgh 1846, S. 13.

15 MEW, Bd. 23, S. 53–54.

16 Ebd., S. 89.

und Wert– ist für Marx »der Springpunkt, um den sich das Verständnis der politischen Ökonomie dreht«[17] und in ihrer Bedeutung für die marxsche Analyse grundlegend. Denn es ist der »Springpunkt«, dass das Warenprodukt zwar einen Gebrauchswert hat, aber das *Motiv der Produktion* nicht die Herstellung von Gebrauchswerten ist, sondern die Produktion von (Mehr-)Wert und seinen Wertformen Kapital und Profit. Dies ist unmittelbar einsichtig: Wäre der Gebrauchswert oder der Nutzen für die Menschen das Motiv der Produktion, müsste kein Mensch auf der Welt hungern. Daher regeln Angebot und Nachfrage mitnichten die Produktion unter kapitalistischen Verhältnissen, sondern die monetäre, das heißt *zahlungsfähige* Nachfrage. Es ist also die Wertform des Geldes, von dem die Waren angezogen werden, nicht das Bedürfnis nach bestimmten Gebrauchswerten. Wie Wert und Mehrwert zum treibenden Motiv der Produktion werden, soll in den Grundzügen der marxschen Mehrwerttheorie nachvollzogen werden.

Grundzüge der marxschen Mehrwerttheorie

Die Werttheorie ist zwar die *theoretische Grundlage* der Mehrwerttheorie – Marx' wissenschaftlich revolutionärer Einsicht in den Austausch von Kapital und Arbeit zu ungleichen Bedingungen und gleichzeitig das Kernstück seiner Analyse überhaupt.[18] Tatsächlich lassen sich die kapitalistischen Austauschverhältnisse nur aufgrund der *Mehrwert*theorie erklären. Denn die kapitalistisch produzierte Ware ist nicht nur Träger von Wert, sondern von *Mehrwert*. Spränge beim Verkauf seiner Waren nur ein Wert, aber kein Mehrwert für den Kapitalisten raus, gäbe es keinen Grund für die kapitalistische Produktionsweise – und somit keinen Grund für die Existenz des Kapitalisten. Hier ist auch die Begründung dafür versteckt, warum Roboter und andere Maschinen keinen *Wert* produzieren: Roboter produzieren keinen *Wert*, weil sie keinen Mehrwert

17 Ebd., S. 56.

18 Zum ungleichen Austausch von Kapital und Arbeit als Grundvoraussetzung der Mehrwerttheorie siehe Elena Louisa Lange: »Capital«, in: Jeff Diamanti/Andrew Pendakis/Imre Szeman (Hrsg.): The Bloomsbury Companion to Marx, London 2018, S. 273–280.

produzieren. Denn mit der Feststellung der lebendig verausgabten abstrakten Arbeit im Produktionsprozess als einziger Quelle des (Mehr-)Werts hat Marx auch das Verhältnis von Lohnarbeit und Kapital thematisiert, ohne welches es keine kapitalistische Produktionsweise gäbe.

Für Marx ist, wie wir gesehen haben, die abstrakte menschliche Arbeitskraft wertschaffend. Diese Arbeitskraft wird auf dem »freien Markt« wie eine Ware gehandelt, d. h. gekauft und verkauft. Die von ihrem Lohn zur täglichen Reproduktion abhängige Arbeiterin verkauft ihre »Fähigkeit« zum Arbeiten als eine Ware. Vom Kapitalisten wird sie für eine bestimmte Zeit, sei es einen Arbeitstag oder einen Arbeitsmonat, gekauft. Der Wert oder Kaufpreis der Arbeitskraft ist somit der Lohn. Wie wir gesehen haben, entspricht der Wert einer Ware aber der gesellschaftlich notwendigen Arbeitszeit, die »in ihr steckt«. Der Arbeitslohn oder Wert der Ware Arbeitskraft entspricht also genau dem Teil des Arbeitstages, in dem die Arbeiterin *notwendige* Arbeit leistet, das heißt eine Wertsumme produziert, die ihrem Lohn entspricht und somit die eigene Reproduktion (Nahrung, Kleidung, Wohnen etc.) gewährleistet. Im Prinzip könnte die Produktion tatsächlich so organisiert sein: Arbeiter arbeiten nur so viele Stunden, wie sie müssen, um sich als Arbeiter zu reproduzieren. *Kapitalistische* Produktion mit ihrem Verwertungspostulat wäre so aber nicht möglich. Kapitalistische Produktion verlangt Mehrwertproduktion, die Produktion von *Kapital*. Daher ist der Geldbesitzer oder Kapitalist in der Tat »so glücklich«,[19] die Arbeitskraft der Arbeiterin als Ware auf dem Markt vorzufinden. Denn der Kapitalist, wie der Käufer jeder beliebig anderen Ware, bezahlt zwar den *Wert* der Arbeitskraft – jedoch nicht auch ihren *Gebrauchswert*. Es ist aber der *Gebrauchswert* der Ware Arbeitskraft, also ihre Konsumtion oder Anwendung durch den Kapitalisten im Prozess der Produktion für eine bestimmte Zeit, der die eigentümliche Eigenschaft hat, einen *Wert* zu produzieren, der *größer ist als der eigene Wert,* der Arbeitslohn. Dies ist insofern

19 MEW, Bd. 23, S. 181.

ein »Glück« für den Kapitalisten, als er damit kein Gesetz des Äquivalententauschs verletzt: Er hat die Ware Arbeitskraft zu ihrem Wert, dem Lohn, gekauft. Als rechtmäßiger Käufer hat er Anspruch auf jeglichen Gebrauchswert dieser Ware. Dass diese Ware aber einen Gebrauchswert hat, der selbst wertproduzierend ist – und zwar *über den Wert hinaus*, für den sie erworben wurde, und insofern einen *Mehrwert* produzierend –, ist somit kein Ergebnis eines Betrugs. Der Kapitalist lässt die Arbeiterin also nicht nur für die Zeit arbeiten, die ihren Arbeitslohn reproduziert, sondern länger. Die Lohnarbeiterin arbeitet so nicht nur für sich – sie arbeitet zusätzlich unentgeltlich für den Kapitalisten. Der Kapitalist eignet sich auf diese Art fremde, unbezahlte Arbeit an, ohne ein Gesetz verletzt zu haben.

Neuwert und Mehrwert

Auf dem zeitlichen Unterschied zwischen notwendiger und Mehrarbeit im Produktionsprozess beruht Marx zufolge das ganze Geheimnis der Wert- und Mehrwertproduktion. Bei Robotern und Maschinen hingegen macht es keinen Sinn, vom Unterschied zwischen notwendiger und Mehrarbeit zu sprechen. Weder müssen Roboter sich selbst reproduzieren, noch arbeiten sie für einen Lohn. Vor allem aber sind sie außerstande, einen Neuwert zu produzieren, d. h. den eigenen Wert zu erhalten und gleichzeitig Mehrwert zu bilden.

Roboter, Assistenzsysteme, Self-Check-out-Kassen, Hochleistungsrechner etc. sind *Produktionsmittel*. Als solche sind sie »konstantes Kapital« (c) und Teil des »produktiven Kapitals«. Zu diesem gehört auch der vom Geldbesitzer, also dem Besitzer der Produktionsmittel für den Produktionsprozess ausgelegte Lohn für die Arbeiter, den Marx »variables Kapital« (v) nennt. Mit dem produktiven Kapital beginnt der Produktionsprozess. Die Wahl der Terminologie ist nicht zufällig: Das konstante Kapital gibt entweder den ganzen oder einen Teil seines Werts während der Produktion an das Wertprodukt ab. Es wird so Teil des Wertprodukts c + v + m, wobei m den Mehrwert und v + m den in der Produktion geschaffenen *Neuwert* bezeichnet. Dieser Neuwert wird aber nur von der verausgabten lebendigen Arbeit v gebildet, deren Gebrauch (für ihren Anwender, den Kapitalisten) gerade darin besteht, nicht nur den Wert der Produktionsmittel zu *erhalten* (den Wert, aber nicht den Gebrauchswert, auf das Neuprodukt zu übertragen), sondern einen *zusätzlichen Neuwert* zu schaffen, ein neues Produkt, eine neue Ware. Der Wert der Ware Arbeitskraft geht also nur insofern in das Endprodukt einer Ware ein, als sie einen Neuwert bildet, d. h. *nur unter dem Aspek*t der Werterhaltung und -neuschaffung. Er ist somit variabel: Der in v ausgelegte Teil des Kapitals reproduziert nicht nur den eigenen Wert, sondern *ändert* während des Produktionsprozesses den Wert des Produkts (er wird je nach Intensität und Dauer der Verausgabung der Arbeitskraft größer), während der in c ausgelegte Teil konstant bleibt. Anders gesagt: Eine Wertänderung von c hat direkten Einfluss auf das Wertprodukt in der Formel c + v + m. Eine Wertänderung von v allerdings hat keinen direkten Einfluss auf das Wertprodukt: Die Schaffung von Neu- und Mehrwert hängt nicht vom Lohn der Arbeiterin, sondern von der Intensität und Dauer der Arbeitsverausgabung ab. »Die Verwertung des Kapitals« resultiert daher »nur aus seinem variablen Bestandteil«.[20] Marx nennt das Verhältnis von Mehrarbeit und variablem Kapital, also das Verhältnis, in welchem lebendige Arbeit Mehrwert bildet, die »Rate des Mehrwerts« m / v, welche gleichzeitig ein Indikator für den Ausbeutungsgrad der Arbeitskraft ist.

Maschinen (und daher auch Roboter) sind zwar vom Standpunkt der Verwertung wichtige Faktoren für die *Effizienz* der Produktion und die *Verdichtung* der Arbeit. Sie selbst werden aber am Stück gekauft und gehen als solche in das Wertprodukt ein: Sie werden tatsächlich *bezahlt* und sind als *bezahlte* Teil des Wertprodukts. Die Arbeit, die Neuwert bildet, d. h. den eigenen Wert reproduziert und gleichzeitig einen Mehrwert schafft, wird aber *nicht bezahlt*. Nur hier lässt sich sinnvoll von Mehrarbeit sprechen, die die Grundlage der Verwertung ist. Da der Verwertungsprozess aber nicht nur ein Wertbildungs-,

20 Michael Heinrich: Kritik der politischen Ökonomie. Eine Einführung, Stuttgart 2005, S. 100.

sondern auch ein Wert*erhaltungs*prozess ist, und die kapitalistische Produktion Gebrauchswerte nur als Träger von Wert und Mehrwert produziert, ist Wertproduktion wesentlich als *Teil der Mehrwert*produktion zu verstehen und nicht umgekehrt. Würde kein Mehrwert produziert, so auch kein Wert. Da Roboter aber keinen Mehrwert produzieren, produzieren sie auch keinen Wert.

An dieser Stelle kann der Kreis zum Fetischphänomen geschlossen werden. Dass die Wertform »Arbeitslohn« erscheint, als wäre die Arbeit eines Arbeitstages oder -monats bezahlt, ist Teil der »Stilisierung« des Kapitals zum Fetisch. Dadurch erscheint es nämlich so, als seien »Arbeit« und »Produktionsmittel« *gleichermaßen* am Wertbildungsprozess beteiligt. Es scheint, als würde auch »tote«, also bereits vergegenständlichte Arbeit, d. h. Maschinerie, Roboter und *self-learning algorithms* Wert produzieren. In Wirklichkeit lässt sich sinnvoll von »Wert- und Mehrwertproduktion« aber nur als Verausgabung *lebendiger* menschlicher Arbeit sprechen. Die Entwicklung der Produktivkräfte steht somit unter dem Aspekt der effektivsten Verwertung dieser Arbeit. Vom Standpunkt des Kapitals scheint sich die Arbeit mit dem Einsatz von immer spezialisierterer innovativer Technologie auf der Seite der Produktionsmittel auf den ersten Blick tatsächlich effizienter zu verwerten – so ist es ja gerade die Vorgabe, das eingesetzte Kapital *produktiv* einzusetzen, d. h. einen Mehrwert bzw. Profit aus dem Verkauf der Waren herauszuschlagen, die die technisch-technologische Entwicklung und somit die Entwicklung der Produktivkräfte vorantreibt. Doch genau diese Logik der Verwertung um jeden Preis, die der Motor der Produktivkraftentwicklung ist, wird dem Verwertungspostulat zum Verhängnis. Ein wichtiger Bestandteil dieses Verhängnisses ist der »Kapitalfetisch«, d. h. die Vorstellung, dass Produktionsmittel, also »tote« Arbeit – dazu gehören alle stofflich-technologischen Faktoren der Produktion – (mehr-)wertbildend seien. Für Marx steht daher fest: »Mit der Entwicklung des relativen Mehrwerts in der eigentlichen spezifisch kapitalistischen Produktionsweise, womit sich die gesellschaftlichen Produktivkräfte der Arbeit entwickeln, erscheinen diese Produktivkräfte und die gesellschaftlichen Zusammenhänge der Arbeit im unmittelbaren Arbeitsprozess als *aus der Arbeit in das Kapital verlegt.* Damit wird das Kapital schon ein sehr mystisches Wesen, indem alle gesellschaftlichen Produktivkräfte der Arbeit als ihm, und nicht der Arbeit als solcher, zukommende und aus seinem Schoss hervorsprossende Kräfte erscheinen.«[21]

Dieses Verhängnis, das sich als *Verwertungskrise* oder schlicht Krise der kapitalistischen Produktion für alle Beteiligten erkenntlich äußert, wird durch die analytische Kategorie des relativen Mehrwerts auf den Punkt gebracht. Die Produktion des relativen Mehrwerts kennzeichnet nämlich erst die vollständig kapitalistisch erfasste Produktionsweise. Hier findet das Kapital die Produktionsbedingungen nicht nur vor und bemächtigt sich einer bereits gegebenen Produktionsweise, sondern *verändert* sie und bringt so die Produktivkraftentwicklung in Gang. Die Kategorie des relativen Mehrwerts erklärt die Dynamik der Wertproduktion unter den Bedingungen des realen und progressiven Einsatzes von neuester technologischer Entwicklung und Innovation in Form von konstantem Kapital bei immer geringerem Einsatz von lebendiger Arbeit: Mit anderen Worten, sie erklärt die in der Entwicklung der kapitalistischen gesellschaftlichen Produktivkraft angelegte Anfälligkeit für *Krisen.* Die Aussagekraft des Begriffs des relativen Mehrwerts ist durchaus nicht zu unterschätzen. Wir wollen daher abschließend sehen, wie Marx diesen Begriff ins Spiel bringt.

Produktivkraftentwicklung, relativer Mehrwehrt und Krise

Auf dem Unterschied von notwendiger und Mehrarbeit, gemessen in Arbeitszeit, beruht, wie wir gesehen haben, der Mehrwert. Je größer an einem Arbeitstag die Proportion der Mehrarbeit zur notwendigen, umso größer der Mehrwert und

21 MEW, Bd. 25, S. 835, Hervorh. E.L.

der Profit. In den Anfängen der kapitalistischen Produktion fand sich ein bestimmter Stand der Technik vor, der es für die Arbeiter im Durchschnitt notwendig machte, eine bestimmte Zeit des Arbeitstages – sagen wir sechs Stunden – für sich selbst zu arbeiten. Die gesellschaftlich notwendige Arbeitszeit zur eigenen Reproduktion war festgelegt. Sechs Stunden Arbeit am Tag ermöglichten eine ungehinderte Reproduktion der Arbeitskraft. Um so viel Mehrarbeit wie möglich aus dem Produktionsprozess »auszupumpen«, musste daher die *Mehrarbeit verlängert* werden. Marx nennt diese Verlängerung des Arbeitstags über die notwendige Arbeit hinaus die Produktion des *absoluten Mehrwerts.* Zum Pech für das Kapital findet es in dieser Produktionsform allerdings eine »Maximalschranke« vor, die aus physischen, aber auch aus sozialen Gründen nicht überschritten werden kann: Kein Mensch kann täglich 24 Stunden arbeiten. Er muss »geistige und soziale Bedürfnisse« befriedigen, »deren Umfang und Zahl durch den allgemeinen Kulturzustand bestimmt sind«.[22] Das Kapital in seinem Verwertungsdrang aber sucht und findet in seiner Entwicklung einen Weg, die Produktion von Mehrwert zu vergrößern, d. h. die Mehrarbeit ohne Rücksicht auf natürliche Schranken zu verlängern. Da dies aber wegen der natürlichen Grenzen des Arbeitstags durch die bloße Verlängerung der Mehrarbeit allein nicht möglich ist, besteht die einzige Möglichkeit zur Produktion von größerem Mehrwert in der »Zusammenziehung der notwendigen Arbeit«[23] oder in der *Verkürzung* des Teils des Arbeitstages, den die Arbeiterin für sich selbst arbeitet. Entsprechend verändert sich damit auch das »Größenverhältnis der beiden Bestandteile des Arbeitstags«.[24] Zieht sich die notwendige Arbeit zusammen, dehnt sich die Mehrarbeit und somit Mehrwertproduktion aus. Diese Form der Mehrwertproduktion nennt Marx die Produktion des *relativen Mehrwerts.* Da dies augenscheinlich aber auch eine Verminderung des Lohns nach sich zieht, und ohne einen gewissen

22 MEW, Bd. 23, S. 246.

23 Ebd., S. 331.

24 Ebd., S. 334.

»Lebensstandard« die Reproduktion der Arbeitskraft sich als schwierig gestalten dürfte, muss das Kapital selbst die Produktionsbedingungen verändern, unter denen es sich verwertet. Es muss mehr, schneller, effizienter, kurzum: kostensparender produzieren. Durch die Senkung der Produktionskosten vor allem beim variablen Kapital und den verstärkten Einsatz von konstantem Kapital kann es eine größere Warenmasse in kürzerer Zeit produzieren, wodurch sich eine entsprechende »Verwohlfeilerung« des Werts der für den Konsum der Arbeiterin (allerdings nicht nur diesen) notwendigen Waren nach sich zieht. Die Produktion des relativen Mehrwerts senkt mit den Produktionskosten den Wert der Ware Arbeitskraft, weil der Warenkorb der Konsumenten günstiger wird! Es ist diese dynamische Veränderung der Produktionsbedingungen mit dem Ziel, den Wert der Arbeitskraft zu senken, die die Entwicklung der Produktivkräfte unter dem Direktiv der Mehrwertproduktion, also unter kapitalistischen Bedingungen, vorantreibt. Das Mittel hierfür ist der Ersatz von lebendiger Arbeit durch technische Hilfsapparate, Computer, Maschinerie, Robotik usw. Da nach wie vor allseitig arbeitsteilige Privatproduktion und die Konkurrenz der Kapitale untereinander herrschen, wird jeder Einsatz von Kapital nur unter dem Aspekt der Kostenersparnis betrachtet – während jeder einzelne Kapitalist gleichzeitig eine möglichst effektive Verwertung seines Kapitals anstrebt. Keinesfalls entscheidet dabei der einzelne Kapitalist bewusst, die notwendige Arbeit und somit den Wert der Arbeitskraft zu senken, »aber nur soweit er schließlich zu diesem Resultat beiträgt, trägt er bei zur allgemeinen Erhöhung der Rate des Mehrwerts«.[25]

Das Verwertungspostulat allerdings wird von dieser immer schnelleren Produktivkraftentwicklung empfindlich gestört. Hier zeigen sich die »notwendigen Tendenzen« in aller Klarheit, nämlich als Widerspruch der kapitalistischen Produktionsweise. Marx hat diese Tendenz unter dem Namen des

25 Ebd., S. 335.

»Gesetzes des tendenziellen Falls der Profitrate« beschrieben.[26] Wird nämlich, bei gleicher Mehrwertrate, das konstante Kapital im Verhältnis zum variablen Kapital größer – Marx nennt dies eine zunehmend »höhere organische Zusammensetzung« des Kapitals – dann wird der Teil des eingesetzten Kapitals, der Neuwert bildet, also v, kleiner. Somit wird im Produktionsprozess weniger Mehrwert gebildet. Dies wiederum drückt sich in einem »graduellen Fall in der allgemeinen Profitrate«[27] aus, wie Marx anhand einfacher Gleichungen zeigt. Diese »notwendige Tendenz« ist in einer Produktionsweise begründet, die die Produktivkräfte nur zum Zweck einer immer höher potenzierten Selbstverwertung entwickelt: »Die progressive Tendenz der allgemeinen Profitrate zum Sinken ist also nur ein der kapitalistischen Produktionsweise eigentümlicher Ausdruck für die fortschreitende Entwicklung der gesellschaftlichen Produktivkraft der Arbeit.«[28] Das Kapital ist, was es ist, ja nur durch seine quantitative Ausdehnung, als Akkumulation von abstraktem Reichtum oder »Wert«, gemessen in Geld. Ausgedehnte Akkumulation gerade aber verlangt Kostenersparnis und den Ersatz von lebendiger Arbeit, »teuren Lohnkosten«, durch »billige Maschinerie« und produziert so zwingend weniger Mehrwert: ein Teufelskreis, oder besser, ein »prozessierender Widerspruch« deswegen, weil das Kapital »die Arbeitszeit auf ein Minimum zu reduzieren strebt, während es andrerseits die Arbeitszeit als einziges Maß und Quelle des Reichtums setzt. [...] Nach der einen Seite hin ruft es also alle Mächte der Wissenschaft und der Natur wie der gesellschaftlichen Kombination und des gesellschaftlichen Verkehrs ins Leben, um die Schöpfung des Reichtums unabhängig (relativ) zu machen von der auf sie angewandten Arbeitszeit. Nach der andren Seite will

26 In der wissenschaftlichen Literatur findet sich über die Stellung dieses Gesetzes innerhalb des marxschen Werkes eine heftige Kontroverse, auf die hier nicht en détail eingegangen werden kann. Eine neuere, prägende Kontroverse findet sich zwischen Michael Heinrich, der der Stellung des Gesetzes kritisch gegenübersteht, auf der einen, und Guglielmo Carchedi, Michael Roberts, Fred Moseley und Shane Mage auf der anderen Seite. Unter: monthlyreview.org/commentary/critique-heinrichs-crisis-theory-law-tendency-profit-rate-fall-marxs-studies-1870s.

27 MEW, Bd. 25, S. 222.

28 Ebd., S. 223.

es diese so geschaffnen riesigen Gesellschaftskräfte messen an der Arbeitszeit und sie einbannen in die Grenzen, die erheischt sind, um den schon geschaffnen Wert als Wert zu erhalten.«[29]

An derselben Stelle beschreibt Marx die Entwicklung der Produktivkräfte allerdings auch als Mittel, die Herrschaft (ver-) dinglich(t)er Verhältnisse, die Herrschaft des Kapitals und seines Verwertungspostulats über Menschen und ihre wirklichen Bedürfnisse, abzuschaffen. Stünde die Entwicklung der gesellschaftlichen Produktivkräfte der Arbeit nicht mehr unter der Direktive des Mehrwerts, wäre die Befreiung der Menschen von der Arbeit tatsächlich möglich. »Die Produktivkräfte und gesellschaftlichen Beziehungen [...] erscheinen dem Kapital nur als Mittel und sind für es nur Mittel, um von seiner bornierten Grundlage aus zu produzieren. In fact aber sind sie die materiellen Bedingungen, um sie in die Luft zu sprengen.«[30] Ob sich diese Möglichkeit eines Tages verwirklicht, wird wesentlich davon abhängen, ob der Schein der »dinglichen« bzw. »stofflich-technischen« Grundlagen der Digitalisierung durchbrochen wird und ihre gesellschaftlichen Voraussetzungen reflektiert werden.

29 MEW, Bd. 42, S. 601–602.

30 Ebd.

Dorothea Schmidt

Industrielle Revolution und Mechanisierung bei Marx

Ein Faktencheck

In der ersten Hälfte des 19. Jahrhunderts kam es in England, Schottland und Wales zu umstürzenden Veränderungen. Neue Maschinen wie die Spinning Jenny und der Selfaktor revolutionierten das Spinnen, der mechanische Webstuhl das bisherige handwerkliche Weben. Große Fabriken wurden aus dem Boden gestampft und die Bevölkerung in Manchester vervielfachte sich innerhalb weniger Jahrzehnte, sodass die bisherige Kleinstadt zur zweitgrößten Stadt Englands wurde und als *workshop of the world* galt. Die Zeitgenossen waren von den zahllosen rauchenden Fabrikschloten gleichermaßen fasziniert wie verstört – mit ihnen Karl Marx, der sich seit Mitte der 1840er-Jahre intensiv mit Fragen von Maschinen sowie allgemein der technischen Entwicklung befasste. In späteren Einschätzungen wurde oft vertreten, Marx sei ein Maschinenfetischist gewesen – ein Theoretiker der unaufhaltsamen Mechanisierung der Produktion sowie der zwangsläufigen Degradierung der Arbeitskräfte.[1] War das tatsächlich der Fall und entsprach es der damaligen Entwicklung der Industrialisierung in Großbritannien? Und auf welche Quellen stützte er sich dabei?

Mechanisierung und Arbeitskräfte bei Marx

Erste längere Überlegungen zur Bedeutung von Maschinen stellte Marx 1857/58 in »Grundrisse der politischen Ökonomie« an, die das sogenannte Maschinenfragment enthalten: »In den Produktionsprozess des Kapitals aufgenommen, durchläuft

1 Vgl. in diesem Sinn etwa Martin Burckhardt: Ungeheure Apparate, in: Marx und die Geburt des modernen Kapitalismus, ZEIT-Geschichte, 3/18, S. 66–69, hier S. 68. Zu früheren Diskussionen, ob Marx als »technologischer Determinist« zu gelten habe, siehe Donald MacKenzie: Marx and the Machine, in: Technology and Culture, Vol. 25 (1984), Nr. 3, S. 473–502. Zur Degradierungsthese siehe insbesondere Harry Braverman: Die Arbeit im modernen Produktionsprozeß, Frankfurt a. M./New York 1977.

das Arbeitsmittel aber verschiedne Metamorphosen, deren letzte die Maschine ist oder vielmehr ein automatisches System der Maschinerie (System der Maschinerie; das automatische ist nur die vollendetste adäquateste Form derselben und verwandelt die Maschinerie erst in ein System), in Bewegung gesetzt durch einen Automaten, bewegende Kraft, die sich selbst bewegt; dieser Automat, bestehend aus zahlreichen mechanischen und intellektuellen Organen, sodass die Arbeiter selbst nur als bewusste Glieder desselben bestimmt sind.«[2] In diesen Abschnitten geht es nicht primär um die historische Bedeutung der Mechanisierung in Bezug auf den Arbeitsprozess, sondern um grundsätzliche Aussagen zu Maschinen als fixem Kapital und dessen Gebrauchswert im Produktionsprozess. Konkreter wurde Marx in seinem von 1861 bis 1863 niedergeschriebenen ökonomischen Manuskript, in dem er folgende zwingende Abfolge präsentierte: »Das große *industrielle System* setzt sich durch 1. in den eigentlichen factories; 2. in den Manufakturen, die alle jetzt zum Teil Maschinen anwenden; 3. in der Agrikultur. In all diesen *Produktionssystemen auf großer Stufenleiter.*«[3] Die Entwicklung schien unaufhaltsam zu sein und sämtliche Bereiche der materiellen Produktion, auch die Landwirtschaft, zu erfassen. Ihre Auswirkungen für die Arbeitskräfte wurden so beschrieben: »[...] die industrielle Revolution ergreift zunächst den Teil der Maschine, der die Arbeit verrichtet. Die bewegende Kraft hier zunächst noch der Mensch selbst. Aber solche Operationen, die früher des Virtuosen bedürften, der auf dem Instrument spielte, *jetzt hervorgebracht durch die Verwandlung* der durch den einfachsten mechanischen Anstoß (Kurbel drehen, Rad treten) vonseiten des Menschen, unmittelbar bewirkten Bewegung in die raffinierten Bewegungen der Arbeitsmaschine.«[4] Ähnlich heißt es etwas später: »Sobald das Werkzeug selbst durch einen Mecha-

2 Karl Marx: Grundrisse der Kritik der politischen Ökonomie, in: Karl Marx/Friedrich Engels: Werke [MEW], Berlin 1956ff., Bd. 42, S. 592.

3 Karl Marx: Ökonomisches Manuskript 1861–1863, Teil II, MEW, Bd. 44, S. 142. Alle Hervorhebungen in diesem und in weiteren Marx-Zitaten stammen von ihm selbst.

4 Ebd., S. 27–28.

nismus getrieben wird, aus einem Werkzeug des Arbeiters, seinem Instrument, dessen Leistung von seiner Virtuosität abhängt und seine Arbeit zum working process als Vermittler bedarf, sich in Werkzeug eines Mechanismus verwandelt, ist die Maschine an die Stelle des Werkzeugs getreten.«[5]

Im »Kapital« leitet Marx das 13. Kapitel des ersten Bandes, das sogenannte Maschineriekapitel, mit John Stuart Mills Frage ein, ob mechanische Erfindungen schon jemals die Arbeit irgendeines Menschen erleichtert hätten. Seine knappe Antwort darauf – zugleich das Motto für die nächsten 140 Seiten – lautet: »Solches ist jedoch auch keineswegs der Zweck der kapitalistisch verwandten Maschinerie. Gleich jeder andren Entwicklung der Produktivkraft der Arbeit soll sie Waren verwohlfeilern und den Teil des Arbeitstags, den der Arbeiter für sich selbst braucht, verkürzen, um den andren Teil seines Arbeitstags, den er dem Kapitalisten umsonst gibt, zu verlängern. Sie ist Mittel zur Produktion von Mehrwert.«[6] Indem Marx für seine eigene Gegenwart den »Übergang der modernen Manufaktur und Hausarbeit zur großen Industrie«[7] diagnostizierte, nahm er die bereits früher postulierte Stufentheorie wieder auf: »Das Prinzip des Maschinenbetriebs, den Produktionsprozess in seine konstituierenden Phasen zu analysieren und die so gegebnen Probleme durch die Anwendung der Mechanik, Chemie usw., kurz der Naturwissenschaften zu lösen, wird überall bestimmend. Maschinerie drängt sich daher bald für diesen, bald für jenen Teilprozess in die Manufakturen.«[8]

Marx sah für die zunehmende Mechanisierung vor allem drei Triebkräfte. Zunächst die Beziehungen zwischen den Sektoren entlang dessen, was man heutzutage eine Wertschöpfungskette nennen würde: »Die Umwälzung der Produktionsweise in einer Sphäre der Industrie bedingt ihre Umwälzung in der andren.«[9] So machte die Maschinenspinnerei dank ihrer

5 Ebd., S. 60.

6 Karl Marx: Das Kapital, Bd. 1, MEW, Bd. 23, S. 391.

7 Ebd., S. 494.

8 Ebd., S. 485, ähnlich auch S. 510, 511.

9 Ebd., S. 404.

gestiegenen Produktivität die Maschinenweberei nötig, beide zusammen revolutionierten die Bleicherei, die Stoffdruckerei und die Färberei, hatten aber auch Rückwirkungen auf die vorgelagerte Produktionsstufe, den Maschinenbau: »Die große Industrie musste sich also ihres charakteristischen Produktionsmittels, der Maschine selbst, bemächtigen und Maschinen durch Maschinen produzieren.«[10] Ebenso seien die nachgelagerten Branchen des Bekleidungsgewerbes dem Zwang zur Mechanisierung und zum Fabrikbetrieb unterworfen: »Die entscheidend revolutionäre Maschine, welche die sämtlichen zahllosen Zweige dieser Produktionssphäre, wie Putzmacherei, Schneiderei, Schusterei, Näherei, Hutmacherei usw. gleichmäßig ergreift, ist – die Nähmaschine.«[11]

Eine zweite Triebkraft sah Marx in sozialen Reformen, mit denen die Produktion von absolutem Mehrwert durch den bis dahin mehrfach verlängerten Arbeitstag erstmals gesetzlich begrenzt wurde. Sobald dieser Normalarbeitstag eingeführt worden war, »warf sich das Kapital mit aller Macht und vollem Bewusstsein auf die Produktion von relativem Mehrwert durch beschleunigte Entwicklung des Maschinensystems«.[12]

Schließlich sollte die Entwicklung der Maschinerie ihm zufolge von Klassenkämpfen abhängen: »Man könnte eine ganze Geschichte der Erfindungen seit 1830 schreiben, die bloß als Kriegsmittel des Kapitals wider Arbeiteremeuten ins Leben traten.«[13] In diesem Fall verwies er auf den Selfaktor und auf den Maschinenbau, insbesondere auf James Nasmyth, den Erfinder des Dampfhammers, der sich 1851 vor einer Regierungskommission damit brüstete, die Einführung »selbsttätiger Werkzeugmaschinen« habe ihm erlaubt, sich der qualifizierten Arbeiter, die einen Streik angezettelt hatten, zu entledigen.[14]

Eine der entscheidenden Dynamiken schien für Marx demnach darin zu liegen, dass das Kapital sich von den Kenntnissen

10 Ebd., S. 405.
11 Ebd., S. 495.
12 Ebd., S. 432.
13 Ebd., S. 459.
14 Ebd., S. 459.

und Fähigkeiten der Gelernten, von denen es in den Manufakturen noch vielfach abhängig war, zu befreien versuchte, und er ging davon aus, dass dies durch die Einführung von Maschinen auch durchweg gelang. Einschlägige – später besonders gern und häufig zitierte – Stellen finden sich sowohl in den »Grundrissen« wie im »Kapital«, wenn er die zerstörerischen Wirkungen des Maschinensystems für die Arbeiter, also die Vernichtung ihrer früheren »Virtuosität« beredt anprangert: »Mit dem Arbeitswerkzeug geht auch die Virtuosität in seiner Führung vom Arbeiter auf die Maschine über«, daher gebe es in der »automatischen Fabrik« nicht mehr wie in der Manufaktur eine »Hierarchie der spezialisierten Arbeiter«, sondern »die Tendenz der Gleichmachung oder Nivellierung der Arbeiten, welche die Gehilfen der Maschine zu verrichten haben«.[15] Etwas weiter heißt es: »Während die Maschinenarbeit das Nervensystem aufs äußerste angreift, unterdrückt sie das vielseitige Spiel der Muskeln und konfisziert alle freie körperliche und geistige Tätigkeit. Selbst die Erleichterung der Arbeit wird zum Mittel der Tortur, indem die Maschine nicht den Arbeiter von der Arbeit befreit, sondern seine Arbeit vom Inhalt.«[16]

Diese Entwicklung ging für Marx damit einher, dass es zu einer neuen »Zusammensetzung des Gesamtarbeiters« kam, dass die Mechanisierung nun vermehrt den Einsatz von Frauen und Kindern ermöglichte, die Qualifikationen der früheren gelernten Arbeiter entbehrlich würden und diese die Entleerung der Arbeit von früheren Ansprüchen an ihre Geschicklichkeit erlebten: »In Manufaktur und Handwerk bedient sich der Arbeiter des Werkzeugs, in der Fabrik dient er der Maschine.« Der Arbeiter würde nun in einen »Automaten« verwandelt: »Das Detailgeschick des individuellen, entleerten Maschinenarbeiters verschwindet als ein winzig Nebending vor der Wissenschaft, den ungeheuren Naturkräften und der gesellschaftlichen Massenarbeit [...].« Kurzum: »Das Arbeitsmittel erschlägt den Arbeiter.«[17]

15 Ebd., S. 442.

16 Ebd., S. 446.

17 Ebd., S. 445, 446, 455.

Die Industrialisierung Großbritanniens aus der Sicht des 20. Jahrhunderts

Selbst bürgerliche Geschichtsschreibung folgt bei ihrer Darstellung der britischen Entwicklung meist der Linie, die Marx im »Kapital« eingeschlagen hat, am prominentesten David Landes in seinem Standardwerk »Der entfesselte Prometheus«. Wesentliche Innovationen, die das Fabriksystem entstehen ließen, waren für ihn »der menschliche Geschicklichkeit und Kraft substituierende Einsatz von Maschinen« sowie »der Einsatz unbelebter Formen von Antriebskraft, der eine neue und nahezu unbegrenzte Energiequelle« erschloss.[18] Nur selten wurde dieser Sichtweise widersprochen, am eindringlichsten und fundiertesten von Raphael Samuel, einem einflussreichen und originellen marxistischen britischen Historiker, der gleichermaßen David Landes wie Karl Marx kritisierte.

Samuel wies darauf hin, dass Industrialisierung nicht nur Prozesse der Substitution darstelle – wie die von Marx als Paradebeispiel angeführte Handweberei, die durch Maschinenweberei verdrängt wurde –, sondern auch eine Reihe von bis dahin unbekannten Gewerben und Tätigkeiten entstehen ließ: »Ein Heizer, der auf einer Lokomotive für Dampf sorgte oder der Kesselmacher, der Bleche im Glühofen bog, waren in völlig neuen Berufen tätig, die in der vorhergehenden Zeit kein reales Analogon hatten.«[19] Außerdem bedeutete die Durchsetzung kapitalistischer Wirtschaft nicht allein die Expansion des Fabriksystems: »Das kapitalistische Unternehmen bediente sich ganz unterschiedlicher Formen, zum Beispiel in der Kunsttischlerei oder im Bekleidungsgewerbe, wo der gestiegenen Nachfrage mit einem raschen Wachstum der kleinen

18 David Landes: Der entfesselte Prometheus. Technologischer Wandel und industrielle Entwicklung in Westeuropa von 1750 bis zur Gegenwart, Köln 1973, S. 52.

19 Raphael Samuel: Mechanisierung und Handarbeit im Industrialisierungsprozeß Großbritanniens, in: Reinhold Reith (Hrsg.): Praxis der Arbeit – Probleme und Perspektiven handwerksgeschichtlicher Forschung, Frankfurt a. M./New York 1998, S. 269–284, hier S. 269–270. Der Aufsatz stellt eine gekürzte Fassung des englischen Originaltextes dar: Raphael Samuel: Workshop of the World: Steam Power and Hand Technology in mid-Victorian Britain, in: History Workshop Journal, Nr. 3, 1977, S. 6–72. Samuels umfangreiche Studie wurde in der englischsprachigen Literatur weithin rezipiert, in der deutschsprachigen – abgesehen von der hier angeführten auszugsweisen deutschen Übersetzung – dagegen meist ignoriert.

Warenproduzenten begegnet wurde [...]. In der Metallverarbeitung und im Maschinenbau dominierten – zumindest bis in die 1880er-Jahre – die Werkstätten vor den Fabriken, und in der Stiefel- und Schuherzeugung die Heimindustrie.«[20] Daher kam es auch nicht zu einer Abfolge der Entwicklungsstufen von einfacher Warenproduktion, Manufakturen und moderner Industrie in dem Sinn, dass jede dieser Stufen die vorhergehende komplett abgelöst hätte. Vielmehr gab es im 19. Jahrhundert eine anhaltende Koexistenz verschiedener Formen, bei denen ältere, wie die Arbeit in Werkstätten oder Heimarbeit, teils übrig blieben, teils neu entstanden.[21] Oft hingen die verschiedenen Produktionsformen eng miteinander zusammen. Die einzelnen Teile der Wertschöpfungsketten entwickelten sich eben nicht automatisch hin zu mechanisierten Großbetrieben, wie etwa in diesem Fall: »Holz wurde seit den 1850er-Jahren gewöhnlich in Sägemühlen mit dampfbetriebenen Maschinen gesägt, aber es wurde auf der Werkbank des Zimmermanns zugeschnitten, oder vom Kunsttischler oder vom Fassbinder weiterverarbeitet.«[22] Ähnlich entstanden in großen Walzwerken die Vorprodukte für Messer und Schneidwaren, die in Sheffield dann handwerklich weiterverarbeitet wurden; die großbetriebliche Textilindustrie von Lancashire lieferte die Stoffe, die in abertausenden kleinen Werkstätten und in Heimarbeit zu Bekleidung vernäht wurde. Auch der Einsatz von Dampfmaschinen war höchst ungleichmäßig auf einzelne Branchen verteilt: im Jahr 1871 sehr hoch in Baumwollfabriken und bei der Eisenproduktion, dagegen eine Randerscheinung im Bekleidungsgewerbe, bei der Herstellung von Sätteln und Handschuhen, im Bootsbau oder bei der Herstellung von Lebensmitteln.[23]

Insofern betonte Samuel, dass das damalige kapitalistische Wachstum nicht auf *einer* Technologie, sondern auf mehreren beruhte. Dies galt selbst innerhalb einzelner Gewerbezweige,

20 Samuel: Mechanisierung, S. 270.

21 Samuel: Workshop of the World, S. 11.

22 Samuel: Mechanisierung, S. 271.

23 Samuel: Workshop of the World, S. 17–18.

wenn bestimmte Arbeitsschritte mechanisiert wurden, während andere traditionelle Handarbeit blieben, die genau wie früher ausgeführt wurde, wie etwa im Bergbau, einer der Wachstumsbranchen des 19. Jahrhundert, in dem man mithilfe dampfgetriebener Pumpen zu tieferen Sohlen als bisher vordringen konnte: »Aber es gab keine Ansätze von Mechanisierung an jenem Punkt der Produktion, an dem die Kohle immer noch mit Schaufel und Pickel – Werkzeuge der primitivsten Art, die die allerhöchste körperliche Anstrengung erforderlich machten, um effektiv zu sein – abgebaut wurde.«[24] Auch in der Textilindustrie, Marx' Paradebeispiel der Mechanisierung, war der Einsatz des Maschinenwebstuhls und die Entstehung von Fabriken sehr ungleichmäßig: häufiger beim Spinnen als beim Weben, häufiger bei der Verarbeitung von Baumwolle als bei derjenigen von Leinen oder Seide. Dazu kam, dass viele Unternehmer angesichts schwankender Absatzlagen das Risiko größerer Investitionen in Selfaktoren scheuten und lieber bei der herkömmlichen Handspinnerei blieben, sodass es insgesamt ein Nebeneinander beider Arten von Produktionsmitteln gab.[25]

Betrachtet man die Herstellung von Nahrungsmitteln, so zeigt sich ein vielfältiges Bild: »In der Marmeladenerzeugung, wo in den 1880er-Jahren Dampfkessel die Früchte zu Mark verarbeiteten, gab es mehr Maschinen, aber die Vorbereitungsarbeiten mussten mit der Hand ausgeführt werden« – also das Sortieren, Schälen, Zerschneiden und Putzen.[26] Auch die traditionellen Bäcker verschwanden keineswegs, und Versuche mit Großbäckereien scheiterten fast immer. Da die Städte in dieser Zeit stark anwuchsen, nahm die Zahl aller handwerklichen Produzenten von Nahrungsmitteln entsprechend zu. Im Braugewerbe entstanden in London Großbrauereien, deren Kessel durch Dampf befeuert wurden, doch daneben gab es zahllose Klein- und Kleinstbrauereien, alleine in Birmingham 1800.[27]

24 Samuel: Mechanisierung, S. 272.
25 Samuel: Workshop of the World, S. 19, 31.
26 Samuel: Mechanisierung, S. 274.
27 Samuel: Workshop of the World, S. 20, 26, 27.

Eine der wichtigsten Branchen, an denen die Mechanisierung überhaupt weitgehend vorbeiging, war das Baugewerbe: Die Zahl der Arbeitskräfte stieg in der zweiten Hälfte des 19. Jahrhunderts um mehr als das Dreifache und hier war doppelt so viel Anlagekapital gebunden als in der Baumwollindustrie: »Aber die Unternehmen waren vergleichsweise klein, und Investitionen – sowohl jene der Baumeister als auch jene der Subunternehmer – gingen in Arbeit und Material und nicht in Anlagen. Technische Innovation zielte eher auf arbeitssparende Materialien als auf mechanische Hilfsmittel.«[28] Das viktorianische Bauen entfaltete seine ganze Pracht in Bankgebäuden mit Säulen aller Stilarten, neugotischen Kirchen, Verwaltungsbauten, Bahnhöfen und Rathäusern mit Türmchen und Giebeln, Simsen und Statuen, also mit einer Fülle an Zierrat, die Maurern und Stukkateuren anhaltende Beschäftigung boten. Bei der Arbeit wurden Hämmer, Zangen, Beile und Lötkolben genutzt, zum Transport allenfalls Schubkarren. Nur wenige Baumaterialien – wie Marmor für Kaminaufsätze – wurden maschinell hergestellt, dagegen Ziegelsteine, Dachziegel, Klinker, steinerne Fensterstürze und andere Bauteile von Hand hergestellt und – wenn nötig – poliert.[29]

Wendet man sich dem Sektor der Investitionsgüter zu, so ist zunächst die Herstellung der Rohmaterialien in Betracht zu ziehen. Im Hüttenwesen wurde »Dampfkraft besonders beim Puddeln und Walzen eingesetzt; aber gleichzeitig eröffneten sich neue Felder für handwerkliche Arbeit«: in der Gießerei und in der Zurichterei.[30] Der Maschinenbau – jene Branche, in der unter anderem die Maschinen für die Textilindustrie hergestellt wurden – blieb weitgehend handwerklich geprägt. Außer bei Nähmaschinen handelte es sich meist um individuelle Auftragsfertigung, bei der die Teile jeder Maschine passgenau zueinander produziert und eventuell nachgearbeitet wurden. Die Arbeiter verfügten über handwerkliche Qualifikationen, und das präzise Arbeiten an der Drehbank galt für

28 Samuel: Mechanisierung, S. 274.
29 Samuel: Workshop of the World, S. 37.
30 Ebd., S. 28, 39.

wichtiger als dessen Schnelligkeit. Ähnlich sah es beim Bau von Dampflokomotiven aus, die im Allgemeinen aus mehr als 5000 Einzelteilen bestanden. Selbst die Dampfkessel wurden in Handarbeit gefertigt, da das hydraulische Nieten zwar bekannt war, aber als wenig zuverlässig für die Haltbarkeit der Kessel galt. Auch im weltweit führenden britischen Schiffbau war die Auftragsfertigung üblich und der Ruf eines Unternehmens hing von der Qualität der Arbeit ab, wobei das hydraulische Nieten für einzelne Arbeitsschritte eingesetzt wurde, selbst in großen Werften aber das Handnieten überwog. Parallel zum Wachstum der Dampflokomotiven dehnte sich schließlich gleichermaßen der Bau von Eisenbahnlinien aus, in dem zur Mitte des 19. Jahrhunderts an die 300 000 Arbeiter beschäftigt waren. Sie arbeiteten im Wesentlichen mit Pickel und Schaufel, ob es sich um Bahndämme oder Schächte, Tunnels oder Viadukte handelte.[31]

Alles in allem kam Raphael Samuel zu dem Schluss: »Im produzierenden Gewerbe beruhte – wie in der Landwirtschaft oder im Bergbau – ein großer Teil der kapitalistischen Unternehmen auf Handarbeit und nicht auf Dampfkrafttechnologien.«[32] Er gab mehrere Gründe an, warum sich die Mechanisierung nur in einer Minderheit der Gewerbe durchsetzte.

Erstens gab es einen relativen Überfluss an gelernten und an ungelernten Arbeitskräften. Unternehmer waren demnach meist nicht an arbeits-, sondern an kapitalsparenden Innovationen interessiert. Das war eine spezifische Situation im Vereinigten Königreich, während es etwa in den USA an Arbeitskräften fehlte. Dort kamen beim Eisenbahnbau Dampfbagger, bei der Fertigung von Schlössern maschinell verarbeitetes Gusseisen oder bei derjenigen von Nägeln Nagelmaschinen zum Einsatz, während im viktorianischen England nach wie vor handgefertigte Produkte gängig waren.[33]

Zweitens war Mechanisierung nicht der einzige Weg, um die Produktivität zu steigern. Dies geschah auch durch die Ver-

31 Ebd., S. 40–42.

32 Samuel: Mechanisierung, S. 276.

33 Samuel: Workshop of the World, S. 48.

besserung von Werkzeugen oder die Nutzung neuer Rohmaterialien. In der britischen Landwirtschaft wurden vermehrt Sensen statt Sicheln verwendet, im Bergbau die Spitzhacke aus Stahl statt derjenigen aus Eisen. Zugleich wurden die Produkte oft neu gestaltet und einzelne Arbeitsschritte vereinfacht; so wurden etwa bei der Herstellung von Schuhen die Sohlen nicht mehr angenäht, sondern angenagelt.[34]

Drittens gab es häufig eine bedeutende Lücke »zwischen Erwartungen und der tatsächlichen Leistung der Maschinen. In vielen Fällen verfehlten diese das Wunder der ›Selbst-Tätigkeit‹, das in den Patentschriften versprochen wurde.«[35] Es dauerte Jahrzehnte, bis etwa die Nadelmaschine von Wright, die in einem Arbeitsgang eine »perfekte Nadel« erzeugen sollte, oder die dampfgetriebene Jolly, die das Handtöpfern ersetzen sollte, einsatzfähig waren und zufriedenstellende Ergebnisse brachten. Viele Materialien widersetzten sich der maschinellen Verarbeitung: »Im Ledergewerbe hing jeder einzelne Arbeitsschritt, von der Vorbereitung bis zur Fertigstellung, von manueller Geschicklichkeit und Kraft ab.«[36] Ähnlich sah es in der Schuhmacherei und in der Sattlerei aus.[37]

Viertens standen die Unternehmen häufig vor einer unregelmäßigen und begrenzten Nachfrage. Diese konnte wöchentlich und jahreszeitlich wechseln, zudem war sie konjunkturellen Schwankungen unterworfen, denen man lieber mit der Einstellung oder Entlassung von Arbeitskräften begegnete, als dass man einen teuren Maschinenpark unausgelastet ließ. Begrenzt war die Nachfrage insofern, als es in vielen Bereichen keine standardisierten Produkte gab, sondern diese in einer Vielzahl von Typen angeboten werden mussten, so etwa bei Äxten in 45, bei Hämmern in 500 Varianten.[38]

34 Samuel: Mechanisierung, S. 278. Ähnliche Entwicklungen gab es bei der Sheffielder Besteckproduktion in kleinen Werkstätten.

35 Ebd., S. 279.

36 Ebd., S. 274.

37 Samuel: Workshop of the World, S. 35.

38 Ebd., S. 54–55.

Worauf stützte sich Marx bei seinem Blick auf die britische Industrialisierung?

Wir wissen nicht, ob Marx, der seit 1849 mit seiner Familie in London wohnte, die Weltausstellung, die dort 1851 im Hyde Park stattfand, besucht hat. Sie galt als besonders glanzvolle Selbstdarstellung des britischen Kapitalismus und er hätte dort nicht nur »selbsttätige Maschinen« und andere technische Glanzleistungen bestaunen können, sondern auch in ebenso großem Umfang handwerkliche Produkte: »[...] selbst im ›Machinery Court‹ bestanden viele Ausstellungsstücke aus von Hand erzeugten Komponenten.«[39] Aber es konnte ihm damals nicht entgangen sein, dass in London an allen Ecken und Enden gebaut wurde: seit den 1850er-Jahren die meisten großen Bahnhöfe, die U-Bahn, zahllose Verwaltungsgebäude – unter anderem der riesige Westminster-Palast im neugotischen Stil, nicht weit entfernt vom British Museum, dessen Bibliothek er ab 1850 nutzte. Die Einwohnerzahl wuchs von 2,7 Millionen im Jahr 1850 auf 3,9 Millionen im Jahr 1870.[40] Dass bei all diesen Neubauten unzählige Maurer und Stukkateure, Tischler und Drechsler mit Werkzeugen und nicht mit Maschinen hantierten, hat er entweder nicht wahrgenommen oder als Übergangserscheinung eingeordnet, um sich dann wieder in seine bevorzugten Quellen für die Entwicklung der Industrialisierung zu vertiefen, deren wesentliche Merkmale für kommende Veränderungen er auf diese Art erfassen wollte.

Bereits in seiner Brüsseler Zeit 1845–1848 fertigte Marx umfangreiche Exzerpte an und rezipierte das »Technische Wörterbuch« von Andrew Ure vor allem zum Thema der Dampfmaschinen, in dem deren Konstruktions- und Funktionsprinzipien und Erfindungen zu ihrer Verbesserung geschildert werden. Von Ure las er außerdem »The Philosophy of Manufactures«.[41] Zwar war Ure für ihn ein »schamloser Apo-

39 Samuel: Mechanisierung, S. 281.

40 Einwohnerzahl europäischer Städte, unter: www.atlas-europa.de/t04/bevoelkerung/europ_staedte/pdf/BevStaedte-Tabelle_dt.pdf.

41 Hans-Peter Müller: Zur Problematik einer historisch-kritischen Edition, in: Karl Marx: Die technologisch-historischen Exzerpte, transkribiert und herausgegeben von Hans-Peter Müller, Frankfurt a. M. u.a. 1981, S. I–CXX, hier S. IV, LXX; Rainer

loget des Fabriksystems«, aber er schrieb ihm das Verdienst zu, »den Geist des Fabriksystems zuerst richtig aufgefasst« zu haben«, nämlich »die damit verknüpfte absolute Disziplin, Einregimentierung, Unterwerfung unter den Stundenzeiger und die Fabrikgesetze [...].«[42]

Ure war ein schottischer Professor für Naturgeschichte und Chemie, der in »The Philosophy of Manufactures« als Prototyp des Fabriksystems die Textilindustrie behandelte, wobei er die neuesten Produktionsverfahren und die Maschinen, die für verschiedene Stoffe eingesetzt wurden, ausführlich beschrieb. Er zeigte sich als glühender Fortschrittsoptimist, der das Heil in der allgemeinen Verbreitung des Maschinensystems sah und behauptete, die Fabrikarbeit sei leichter als alle vorindustriellen Beschäftigungen, die Arbeiter würden besser verdienen und seien sogar gesünder. Insofern sei das Fabriksystem ein »grand palladium«, also ein großartiger Schutzraum für die Arbeiterschaft.[43] Marx sah in Ure zwar einen niederträchtigen Apologeten, aber eben auch einen Kenner der damaligen Verhältnisse. Doch das falsch schillernde Rosa, mit dem Ure die elenden Arbeitsbedingungen übertünchte, markierte ebenso seine Schilderung der »automatischen« Fabriken, die er anhand ausgewählter Beispiele anekdotisch schilderte. Marx übersah dabei, dass Ure hier keine akkurate Beschreibung der Arbeit in den Betrieben vorlegte, sondern häufig lediglich der Propaganda der Maschinenproduzenten auf den Leim ging.

Wie William Lazonick gezeigt hat, gab Ure etwa das großspurige Versprechen einer Firma aus Manchester wieder, der neue Selfaktor würde gelernte Spinner entbehrlich machen. Die Bewegung der Maschine sei völlig automatisch, man benötige daher nur mehr einige wenige jugendliche Arbeiter, die ab und zu Fäden aneinander knüpften und die Maschine bei

Winkelmann: Kommentar: Materialistische Geschichtsauffassung versus technokratisches Gesellschaftsbild, in: Karl Marx: Exzerpte über Arbeitsteilung, Maschinerie und Industrie, transkribiert und herausgegeben von Rainer Winkelmann, Frankfurt a. M. u.a. 1982, S. I–CXCII, hier S. VI–XII.

42 MEW, Bd. 44, S. 136.

43 Andrew Ure: Philosophy of Manufactures. Or, an Exposition of the Science, Moral, and Commercial Economy of the Factory System in Great Britain, London 1835, S. 329.

einem Glockensignal anhielten. Doch der reale Einsatz der Maschinen verlief anders. In den meisten Spinnereien behielten die gelernten Spinner ihre Position, da sie in der Lage sein mussten, in den Ablauf des Spinnens einzugreifen, weil sich sonst Knoten bilden konnten; außerdem waren sie für die sorgfältige Behandlung und Wartung der Maschinen zuständig, und schließlich fungierten sie als Sub-Kontraktoren, die jeweils zwei jüngere Spinner oder Spinnerinnen einstellten, anleiteten und beaufsichtigten – in all diesen Funktionen blieben sie den Unternehmern unentbehrlich.[44]

Ebenfalls in Brüssel setzte sich Marx mit dem 1832 erschienenen Buch »On The Economy of Machinery and Manufactures« von Charles Babbage auseinander, das er damals exzerpierte und auf das er später wieder zurückkam.[45] Babbage, ein Londoner Mathematiker und Astronom, ist dadurch bekannt geworden, dass er eine Rechenmaschine konstruierte, die als Vorform des Computers gilt, aber auch dafür, dass er – im Anschluss an Adam Smith und sein bekanntes Stecknadelbeispiel – die Produktivitätsvorteile von betrieblicher Arbeitsteilung untersucht hat: die Aufspaltung des Produktionsprozesses in Teilarbeiten, die es erlaubte, die einzelnen Arbeitskräfte geringer zu entlohnen und sie besondere Fertigkeiten entwickeln ließ. Babbage sprach hierbei durchweg von Werkzeugen *und* Maschinen, zog also gleichermaßen traditionelle wie moderne Produktionsformen in Betracht und interessierte sich zudem für die Verbesserung von Werkzeugen.[46] Wie bei Raphael Samuel zu sehen war, spielten diese Veränderungen der Arbeit in der kapitalistischen Praxis des 19. Jahrhunderts eine bedeutende Rolle. Marx bezog sich auf Babbage im »Kapital« allerdings lediglich im 12. Kapitel, in dem es um den Manufakturbetrieb ging, und hielt ihm vor, dass er Ure zwar als »Mathematiker und Mechaniker« überlegen sei, »aber den-

44 William Lazonick: The Self-acting Mule and Social Relations in the Workplace, in: Donald MacKenzie/Judy Wajcman (Hrsg.): The Social Shaping of Technology, Milton Keynes/Philadelphia 1985, S. 93–108.

45 Winkelmann: Exzerpte über Arbeitsteilung, S. V–VII, CXI; Charles Babbage: On the Economy of Machinery and Manufacture, London 1832.

46 Babbage: On the Economy, Kapitel 19.

noch die große Industrie eigentlich nur vom Standpunkt der Manufaktur auffasst«.[47] Bei der Analyse des Fabriksystems nahm Marx die Überlegungen zu den Veränderungen der Arbeitsorganisation nicht wieder auf, sondern ging von einer einfachen Substitution der Werkzeuge durch Maschinen aus.

In London befasste sich Marx 1851 mit den Werken deutscher Technologen (wie man damals jene Forscher nannte, die die Geschichte von Technologien aufzeichneten), insbesondere mit der »Geschichte der Technologie« von Johann Heinrich Poppe, die von 1807 bis 1811 erschien. Derartige Schriften sollten vor allem zu einer Systematisierung der technischen Entwicklung beitragen. In ihnen wurde Technik als stetiger Prozess der Höherentwicklung gesehen, die durch (vorzugsweise deutsche) Erfinder befördert wurde und zu »Spitzenprodukten« führte; sie leiden allerdings stets darunter, dass sie nichts darüber aussagen, welche der vorgestellten Neuerungen tatsächlich in Gebrauch waren.[48]

Eine weitere wichtige Quelle, die Marx im »Kapital« ausgiebig nutzte, waren die Berichte der Fabrikinspektoren. Diese bezogen sich auf die Branchen, für die Gesetze über Arbeitszeiten und den Einsatz von Frauen und Kindern erlassen worden waren, was zunächst nur für die Textilindustrie galt, ab 1867 für einige weitere Erwerbszweige. So listet Marx in seinem ökonomischen Manuskript von 1861–1863 viele Seiten lang Angaben zur Zahl der Fabriken, der Webstühle, der dort arbeitenden Kinder, Frauen und Männer in Fabriken für Wolle, Baumwolle, Kammgarn, Flachs und Jute in England, Irland und Schottland auf.[49] Im »Kapital« beschreibt er im Kapitel über den »Arbeitstag« zwar auch Industriezweige, für die gesetzliche Regelungen

47 MEW, Bd. 23, S. 370, Fn. 48.

48 Müller: Zur Problematik, S. XLVII ff., LXVIII; Samuel: Workshop of the World, S. 14. Vgl. dazu allgemein David Edgerton: The Shock of the Old. Technology and Global History since 1900, London 2006. Edgerton kritisiert die Tendenz, den technologischen Stand einer bestimmten Zeit stets an spektakulären Neuerungen festzumachen. Dagegen werde *technology-in-use*, also Technologie, die auf älteren Entwicklungen beruht und weitverbreitet ist, nicht in den Blick genommen. So war etwa die Dampfkraft, die gemeinhin als Signum der industriellen Revolution gilt, in Großbritannien gerade nicht um 1800, sondern erst um 1900 absolut *und* relativ von größerer Bedeutung als jemals zuvor (S. xi).

49 MEW, Bd. 44, S. 62–84, 102–123.

nicht galten, und liefert hier drastische Beschreibungen der dortigen Arbeit von Kindern und Jugendlichen, also der elenden Bedingungen, denen sie in Töpfereien, bei der Zündholzfabrikation, in Tapetenfabriken, Bäckereien und Putzmachereien ausgesetzt waren.[50] Dennoch blieben bei ihm typische Männerbranchen wie Bergbau und Bauhandwerk, Schiffbau und Maschinenbau, Hoch- und Tiefbau ebenso außer Betracht wie die gängige Arbeit in kleinen Hinterhofwerkstätten und die Heimarbeit. Dieser Quellenkorpus trug somit ebenfalls dazu bei, die Verbreitung der »modernen« Industriebetriebe und deren fortgeschrittene Mechanisierung zu überschätzen und alle handwerksähnlichen Bereiche oder neue Branchen, in denen die Arbeit mit Werkzeugen dominierte, zu vernachlässigen.

Marx – ein Maschinenfetischist?

Wenn Marx sich auch besonders ausführlich mit den katastrophalen Verhältnissen in der Textilindustrie befasste, so war sein Blick nicht ausschließlich auf sie beschränkt. Im Manuskript 1861–1863 untersuchte er Mühlen, Poch- und Hammerwerke, die Produktion von Stahlfedern, von Papier und Briefumschlägen, das Gießen von Buchstaben.[51] Im »Kapital« hielt er fest, dass neben den eigentlichen neuen Industriezweigen Gewerbe expandierten, die mit der Erstellung von Kanälen, Warendocks, Tunnels oder Brücken zu tun hatten. Darüber hinaus erwähnte er die Entstehung von Gaswerken, die Telegrafie und das Eisenbahnwesen. Des Weiteren entging ihm nicht, dass die »dienende Klasse«, also die Zahl der Mägde, Lakaien und Dienstmädchen in seiner Zeit besonders stark zunahm (auch für die Familie Marx war es in London selbstverständlich, ein Dienstmädchen zu beschäftigen: die legendäre Helena Demuth, das »Lenchen«). Diese »Dienenden« stellten eine weitaus größere Gruppe als die Arbeiter und Arbeiterinnen in der Textilindustrie dar. Schließlich führt Marx an, es sei eine »moderne Hausindustrie« entstanden, etwa bei der

50 MEW, Bd. 23, S. 258–271.

51 MEW, Bd. 44, S. 29–56.

Spitzenfabrikation und der Strohflechterei, daneben ebenfalls eine »moderne Manufaktur«, in der hauptsächlich Frauen, Jugendliche und Kinder arbeiteten, wie in Gelbgießereien, Knopffabriken, Glasur-, Galvanisierungs- und Lackierbetrieben, Buchbindereien und Ziegeleien.[52] Dies alles schien aber nichts an seiner Überzeugung zu ändern, dass es sich dabei stets nur um Übergangserscheinungen auf dem Weg zur »großen Industrie« handelte.

Dennoch stößt man bei Marx auch auf Äußerungen, die in eine andere Richtung weisen. So wusste kaum jemand besser als er, dass es dem Kapital letztlich nicht um die neueste Technik und eine maximale Mechanisierung, sondern um maximalen Gewinn ging, der unter anderem von den Lohnkosten abhing, sodass sich die Grenze der Mechanisierung »durch die Differenz zwischen dem Maschinenwert und dem Wert der von ihr ersetzten Arbeitskraft« bestimmt: »Es werden daher heute Maschinen in England erfunden, die nur in Nordamerika angewandt werden, wie Deutschland im 16. und 17. Jahrhundert Maschinen erfand, die nur Holland anwandte, und wie manche französische Erfindung des 18. Jahrhunderts nur in England ausgebeutet ward [...] Die Yankees haben Maschinen zum Steinklopfen erfunden. Die Engländer wenden sie aber nicht an, weil der ›Elende‹ [...], der diese Arbeit verrichtet, einen so geringen Teil seiner Arbeit bezahlt erhält, dass Maschinerie die Produktion für den Kapitalisten verteuern würde.«[53] Der Theoretiker Marx betonte, dass es dem Kapital – ob mit oder ohne Maschineneinsatz – um nichts anderes als um die Verwertung des Kapitals ging, der Polemiker Marx neigte dazu, die Mechanisierung selbst als Höllenfahrt zu dämonisieren. Dies gilt ebenso für seine Behauptung, Arbeitskräfte würden zwangsläufig dequalifiziert und degradiert.

Wie Donald MacKenzie hervorhebt, hat man Marx oft so interpretiert, als sei die Vernichtung von Qualifikationen ein eigenständiges Ziel von Unternehmen, doch habe sich seit dem 19. Jahrhundert gezeigt, dass *skill* keineswegs ein Hin-

52 MEW, Bd. 23, S. 469–470, 486, 489–490.
53 Ebd., S. 414–415.

dernis für die Verwertung des Kapitals sein muss, wenn es um Qualitätsprodukte, anspruchsvolle Fertigungsprozesse oder die Flexibilität der Produktion geht.[54] Das hat offenbar auch Marx wahrgenommen, der zwar feststellte, die traditionellen Lehrzeiten seien durch die große Industrie über den Haufen geworfen worden, der jedoch zugleich registrierte: »Die moderne Industrie betrachtet und behandelt die vorhandne Form eines Produktionsprozesses nie als definitiv [...]. Wenn aber der Wechsel der Arbeit sich jetzt nur als überwältigendes Naturgesetz durchsetzt, das überall auf Hindernisse stößt, macht die große Industrie durch ihre Katastrophen selbst es zur Frage von Leben oder Tod, den Wechsel der Arbeiten und daher möglichste Vielseitigkeit des Arbeiters als allgemeines gesellschaftliches Produktionsgesetz anzuerkennen und [...] das Teilindividuum, den bloßen Träger einer gesellschaftliche Detailfunktion, durch das total entwickelte Individuum, für welches verschiedne gesellschaftliche Funktionen einander ablösende Betätigungsweisen sind«, zu ersetzen. Ansätze für dieses »total entwickelte Individuum« sah er nicht erst nach der Überwindung des Kapitalismus, sondern in der Gegenwart, in der polytechnische und agronomische Schulen oder écoles d'enseignement professionnel eingerichtet wurden, also Berufsschulen für Arbeiterkinder.[55]

Die Hinweise von Marx, dass die Mechanisierung der Produktion nicht all überall und jederzeit gleichermaßen voranschreiten muss, und dass das Kapital selbst Interesse an qualifizierten Arbeitskräften haben kann, sollten bei heutigen Diagnosen zur angeblich unaufhaltsamen Automatisierung aufgenommen und weitergeführt werden. Ebenso ist an die Befunde von Raphael Samuel zum 19. Jahrhundert zu erinnern, die aktuell gleichfalls wichtige Überlegungen aufwerfen.

Rationalisierung kann auch durch andere Formen als durch den Einsatz von Maschinen erfolgen – etwa durch Neuauflagen tayloristischer Konzepte (wie bei der Lagerarbeit von Versandhändlern), aber auch durch andere Formen von Arbeitsorgani-

54 MacKenzie: Marx and the Machine, S. 493.

55 MEW, Bd. 23, S. 510–512.

sation wie durch Gruppenarbeit (in der Automobilindustrie), leistungsorientierte Vergütung (wie beim Investmentbanking) oder projektförmige Auftragsvergabe (wie bei der Software-Entwicklung).

Maschinen funktionieren nicht immer wie versprochen – die Zahl gescheiterter Innovationen ist Legion, steht allerdings stets weniger im Licht der Öffentlichkeit als die »neue Generation« diverser IT-Produkte. Seit Jahren hat die private Standish Group Zahlen veröffentlicht, wonach rund 70 Prozent aller IT-Projekte scheiterten. Diese Zahlen wurden oftmals als unseriös und übertrieben beurteilt, dennoch gab es in den letzten Jahren eine Reihe von spektakulären Fehlschlägen (unter anderem) bei der Einführung von SAP-Projekten, die bei mehreren Unternehmen zu Millionenverlusten führten: so beim Otto-Konzern, bei der Deutschen Bank, bei der Deutschen Post, bei Edeka oder bei Lidl.[56]

Angesichts des Ziels der Finanzialisierung scheuen Unternehmen oftmals kostspielige Investitionen in ihren Maschinenpark – sie legen ihr Geld lieber in den Aufkauf anderer Unternehmen oder auf Finanzmärkten an. Das Mannheimer ZEW untersucht seit Jahren die Innovationstätigkeit deutscher Unternehmen und zeigte zuletzt, dass die Innovatorenquote, also der Anteil von ihnen, die Innovationen durchgeführt hatten, 1992 noch 60 Prozent betrug, bis 2015 aber auf 36 Prozent gesunken ist.[57]

Nach wie vor gilt demnach: Anders als es Unternehmensverbände in Hochglanzprospekten oder Renderings präsentieren, sind es nicht immer die neuesten Maschinen, die Wirtschaft und Arbeit im Kapitalismus prägen, sondern Strategien der Profitmaximierung, mit denen Chancen auf Produktionsmittel- und Arbeitsmärkten flexibel genutzt werden sollen.

56 Daniel Liebhardt: Das Märchen von den gescheiterten IT-Projekten, in: netzwoche 6/2009, S. 41; Michael Kroker: Die lange Liste schwieriger und gefloppter SAP-Projekte, in: Wirtschaftswoche, 17.12.2018.

57 Christian Rammer u.a.: Innovationsverhalten der deutschen Wirtschaft, Mannheim 2017, S. 7f.; Julian Müller: Das Verhältnis von Industrie und Finanzsektor unter der Finanzialisierung, in: Prokla, Jg. 42 (2012), H. 169, S. 557–578.

Karsten Uhl

Eine lange Geschichte der »menschenleeren Fabrik«

Automatisierungsvisionen und technologischer Wandel im 20. Jahrhundert[1]

Das Schlagwort von der »vierten industriellen Revolution« bestimmt die aktuellen Debatten um die Digitalisierung der Arbeitswelt. Die synonym verwendete Bezeichnung »Industrie 4.0« macht im Begriff selbst deutlich, worum es geht: die Vorstellung von einer Linearität des Wandels. Die neuesten digitalen Entwicklungen in der Industrie werden einerseits in eine lange Geschichte der Industrialisierung eingebettet, die im späten 18. Jahrhundert in England begann; andererseits steht die vierte Phase wie ihre drei Vorgängerinnen für eine neue Qualität, für einen Umbruch des industriellen Systems.

Innerhalb der vor allem von Sozialwissenschaftlern und Ingenieuren geführten Debatte wurde das zugrundeliegende Stufenmodell der industriellen Revolutionen dafür kritisiert, dass es letztlich im Sinne eines Technikdeterminismus den Wandel auf neue Antriebs- und Fertigungstechniken reduziere und die jeweiligen Organisationsformen der Arbeit außer Acht lasse.[2] Wie die vergangenen Wandlungsprozesse sind auch die aktuellen Umbrüche keinesfalls von etwaigen Vorgaben der neuen Techniken bestimmt, sondern vielmehr von einer gewissen Offenheit geprägt. Für die aktuelle Entwicklung, die der vierten Stufe der industriellen Revolution zugeordnet wird, gibt es folglich verschiedene Szenarien in Bezug auf die Veränderung der Qualifikationsanforderungen. Grundsätzlich denkbar ist einerseits, dass auch die digitale Technik im

1 Die hier vorgestellten Ergebnisse wurden durch die Deutsche Forschungsgemeinschaft (DFG) gefördert (UH 229/2-1).

2 Vgl. Peter Ittermann/Jonathan Niehaus: Industrie 4.0 und Wandel von Industriearbeit. Überblick über Forschungsstand und Trendbestimmung, in: Hartmut Hirsch-Kreinsen/Peter Ittermann/Jonathan Niehaus (Hrsg.): Digitalisierung industrieller Arbeit. Die Vision Industrie 4.0 und ihre sozialen Herausforderungen, Baden-Baden 2015, S. 33–51, hier S. 35.

Sinne eines Werkzeugs im Arbeitsprozess eingesetzt wird, wodurch Facharbeiter weiterhin wichtig blieben. Ein zweites Szenario geht von einer umfassenden Automatisierung und einem damit einhergehenden Dequalifizierungsprozess aus. Als dritte Möglichkeit wird eine Entwicklung diskutiert, in der Mensch und Maschine quasi partnerschaftlich auf neue Weise im Produktionsprozess zusammenarbeiten, was mithin neue Qualifikationsprofile hervorbringe.[3]

Zum Teil kommt in der aktuellen Debatte die Frage auf, inwieweit wir es tatsächlich mit einer neuen Entwicklung zu tun hätten. So fallen gewisse Parallelen zu den Debatten der 1980er-Jahre – damals nicht unter dem Schlagwort der Digitalisierung, sondern des *computer-integrated manufacturing* (CIM), also der rechnergestützten Produktion – oder gar zu den Diskussionen der 1950er- und 1960er-Jahre, als erstmals in gesellschaftlicher Breite über die Automatisierung und ihre gesellschaftlichen Folgen debattiert wurde, ins Auge.[4] Einer der profiliertesten Teilnehmer der aktuellen Debatte, der Soziologe Hartmut Hirsch-Kreinsen, betont letztlich jedoch trotz aller Skepsis gegenüber etwaigen Übertreibungen, dass es gewisse Anzeichen für einen technologischen Entwicklungsschub in der Gegenwart gebe. Die digitale Entwicklung habe nun ein Niveau erreicht, das zu einer neuen Qualität der Anwendungen führe, wobei sich jedoch »divergierende Entwicklungsperspektiven digitalisierter Arbeit« abzeichneten und nicht vorschnell auf einen generellen branchenübergreifenden Trend geschlossen werden dürfe.[5]

Die Geschichtswissenschaft kann zu dieser Frage des Verhältnisses von Kontinuität und Wandel die Einordnung in

3 Vgl. Daniela Ahrens/Georg Spöttl: Industrie 4.0 und die Herausforderungen für die Qualifizierung von Fachkräften, in: Hirsch-Kreinsen/Ittermann/Niehaus (Hrsg.): Digitalisierung, S. 185–203, hier S. 190–191.

4 Vgl. Peter Brödner: Industrie 4.0 und Big Data – wirklich ein neuer Technologieschub?, in: Hirsch-Kreinsen/Ittermann/Niehaus (Hrsg.): Digitalisierung, S. 231–250, hier S. 238; Jürgen Howald/Ralf Kopp/Jürgen Schultze: Zurück in die Zukunft? Ein kritischer Blick auf die Diskussion zur Industrie 4.0, in: Hirsch-Kreinsen/Ittermann/Niehaus (Hrsg.): Digitalisierung, S. 251–268, hier S. 254.

5 Vgl. Hartmut Hirsch-Kreinsen: Einleitung. Digitalisierung industrieller Arbeit, in: Hirsch-Kreinsen/Ittermann/Niehaus (Hrsg.): Digitalisierung, S. 9–30, hier S. 9–10., 20.

langfristige historische Prozesse beitragen. An dieser Stelle soll die Frage danach gestellt werden, welche Vorstellungen von Automatisierung der Industriearbeit im 20. Jahrhundert vorherrschten. Zu fragen ist, inwieweit utopische Hoffnungen oder dystopische Befürchtungen mit neuen Technologien verbunden wurden und inwieweit sich im Laufe des Jahrhunderts neue Formen der Automatisierungsvision bildeten. Die Technikhistorikerin Martina Heßler hat herausgearbeitet, dass der Automatisierungsdiskurs seit Mitte der 1950er-Jahre in einer überraschenden Kontinuität von grundsätzlich gleichbleibenden Argumenten bestimmt wurde. Die Debatte war jedoch von einer gewissen Bandbreite gekennzeichnet und bewegte sich zwischen zwei Polen: Auf der einen Seite wurde die Automatisierung mit der Vorstellung von einer Ausschaltung der Fehlerquelle Mensch aus dem Produktionsprozess verbunden. Damit einher ging häufig die Vision der Befreiung des Menschen von monotoner Arbeit. Auf der anderen Seite zeichnete sich die Angst vor technologisch bedingter Arbeitslosigkeit und letztlich dem »Überflüssigwerden der Menschen im Arbeitsprozess« ab.[6] Auch wenn die Angst vor Arbeitslosigkeit durchgehend die größte Wirkung auf die Debatte hatte, gewann ab den 1980er-Jahren das Bild einer begrenzten Automatisierung, die menschliche Potenziale eher einbindet, denn ersetzt, stark an Einfluss.[7]

Im Folgenden soll ein kurzer Versuch unternommen werden, noch weiter zurück in die Geschichte bis zum Beginn des 20. Jahrhunderts zu blicken. In den unterschiedlichen politischen Systemen in Deutschland lassen sich Automatisierungsvisionen finden, die zwar grundsätzlich Heßlers Darstellung bestätigen. Darüber hinaus weisen diese Quellen aber darauf hin, dass wir es mit einer weit längeren Debatte zu tun haben, die eben nicht erst in der Nachkriegszeit einsetzte. Zumindest in Bezug auf die mit einer Automatisierung der Produktion verbundenen Hoffnungen und Befürch-

6 Martina Heßler: Zur Persistenz der Argumente im Automatisierungsdiskurs, in: Aus Politik und Zeitgeschichte, Jg. 66 (2016), H. 18–19, S. 17–24, hier S. 19.

7 Vgl. ebd., S. 20–21.

tungen kann in der aktuellen Diskussion um die vermeintliche vierte industrielle Revolution keineswegs von einer neuen Qualität die Rede sein: Das meiste ist vielmehr alter Wein in neuen Schläuchen. Ein Blick auf die Druckindustrie der 1960er- und 1970er-Jahre zeigt zudem, dass selbst das engere Thema der Computerisierung seit Jahrzehnten mit den Hoffnungen und Befürchtungen verbunden ist, die auch die aktuelle Debatte um die vermeintlich vierte industrielle Revolution prägen.

Frühe Automatisierungsvisionen

Die Erwartung einer automatisierten Fabrik war keinesfalls eine Erscheinung des 20. Jahrhunderts. Bereits die frühen Fabrikexperten des 19. Jahrhunderts – nach dem vierstufigen Modell also Zeitgenossen der ersten Phase der industriellen Revolution – hatten diese Vision. So zeichnete der Naturwissenschaftler Andrew Ure 1835 in seiner sehr einflussreichen Abhandlung über die Textilfabriken seiner Zeit das Bild einer nahen Zukunft, in der eine automatisierte Organisation der Fabrikarbeit qualifizierte Arbeit nach und nach überflüssig machen würde. In dieser künftigen automatischen Fabrik würden dann die Facharbeiter durch reine Maschinenaufseher ersetzt werden.[8] Auch Karl Marx folgte fünfzig Jahre später im ersten Band des »Kapital« dieser Vision, wie er überhaupt Ures Beschreibung und Vorstellung der Fabrik recht nahe blieb und nur dessen politischer Bewertung widersprach. Ebenso wie der von ihm spöttisch als »Pindar der automatischen Fabrik« bezeichnete Ure erwartete Marx in der nicht allzu fernen Zukunft ein »automatisches System der Maschinerie«, das weitgehend ohne menschliche Arbeit auskäme und »nur noch menschlicher Nachhilfe« bedürfe.[9] Entscheidend war für Marx die Frage, ob sich »die Maschine in der Hand des Kapitals« befinde: Dann würde nämlich »der Umfang der von demsel-

8 Andrew Ure: The Philosophy of Manufactures. Or, an Exposition of the Scientific, Moral, and Commercial Economy of the Factory System in Great Britain, London 1835, S. 18.

9 Karl Marx: Das Kapital, Bd. 1, in: Karl Marx/Friedrich Engels: Werke [MEW], Berlin 1956ff., Bd. 23, S. 401–402, 441.

ben Arbeiter zu überwachenden Maschinerie« erweitert werden.[10]

Im frühen 20. Jahrhundert riefen dann die mit dem Namen des US-amerikanischen Ingenieurs Frederick Winslow Taylor verbundenen Rationalisierungsmaßnahmen die Erwartung hervor, es handle sich bei der Rationalisierung um einen sich zunehmend dynamisierenden Prozess der Optimierung der Arbeitsorganisation. Die Vorstellung einer automatischen Fabrik lag auch hier nahe, wenngleich für Taylor selbst die körperliche Tätigkeit des Arbeiters zentral blieb. In dieser Automatisierungserwartung trafen sich die ansonsten sehr unterschiedlichen Hoffnungen der Anhänger mit den Befürchtungen der Gegner Taylors. So malte ein Artikel in der französischen Gewerkschaftszeitschrift *La Vie Ouvrière* 1913 das Bild von Facharbeitern, die durch die Rationalisierungsmaßnahmen zu »willenlosen Automaten«, zu »Armen ohne Gehirn« verwandelt werden würden.[11] Der deutsche Übersetzer Taylors, der Aachener Ingenieur und Professor Adolf Wallichs, stimmte bei einem Vortrag im Kriegsjahr 1917 mit einer solchen Einschätzung nur in Bezug auf die Erwartung einer bald kommenden Automatisierung überein. Mit dieser technischen Vision ging bei Wallichs aber ganz im Gegenteil die Hoffnung einer »Ausschaltung der Monotonie« einher: Die »besonders einförmigen Verrichtungen« könnten bald »von der Maschine im sogenannten selbsttätigen Gange übernommen werden«.[12]

Die Zwischenkriegszeit war in Deutschland mehr von Debatten um die Rationalisierung denn von tatsächlichen Maß-

10 Ebd., S. 434. Marx unterscheidet also die »Maschinerie an sich« von der »kapitalistischen Anwendung der Maschinerie«, ebd., S. 465.

11 Zit. n. Patrick Fridenson: Die Arbeiter der französischen Automobilindustrie 1890 bis 1914, in: Detlev Puls (Hrsg.): Wahrnehmungsformen und Protestverhalten. Studien zur Lage der Unterschichten im 18. und 19. Jahrhundert, Frankfurt a. M. 1979, S. 228–261, hier S. 249. – Ansonsten sprachen sich die Gewerkschaften mehrheitlich für Rationalisierungsmaßnahmen aus, vgl. Gunnar Stollberg: Die Rationalisierungsdebatte 1908–1933. Freie Gewerkschaften zwischen Mitwirkung und Gegenwehr, Frankfurt a. M./New York 1981, S. 13–14.

12 Adolf Wallichs: Die Psychologie des Arbeiters und seine Stellung im industriellen Arbeitsprozeß (Technische Abende im Zentralinstitut für Erziehung und Unterricht, H. 3), Berlin 1917, S. 7.

nahmen bestimmt.[13] Die Diskussion über die Zukunft der Arbeit verlief weiterhin zwischen den bekannten Polen: auf der einen Seite Angst vor dem Überflüssigwerden des Menschen, auf der anderen Seite die Hoffnung auf eine Befreiung durch den technischen Fortschritt. Das Befürchtungsszenario erhielt zusätzlichen Antrieb aus der Unterhaltungswelt: Am Ende der 1920er-Jahre tourten vermeintliche Roboter als Simulationen künstlicher Menschen durch die großen Ausstellungen der westlichen Welt.[14] Ein Artikel in der gewerkschaftlichen *Metallarbeiter-Zeitung* befürchtete 1929, dass solche Entwicklungen bald zum industriellen Einsatz kämen. Damit wären alle bisherigen Rationalisierungsmaßnahmen lediglich der Beginn einer »noch weiter ausgreifenden produktions- und verteilungstechnischen Umwälzung«. Der Autor erwartete, dass derartige »Maschinenmenschen bald in einer erheblichen Zahl von Gewerben, Verrichtungen und Diensten zu finden sein« würden, womit die Massenarbeitslosigkeit zu einer dauerhaften Erscheinung werden würde.[15] Für die andere Seite, den Fortschrittsglauben, steht beispielhaft eine Veröffentlichung des populärwissenschaftlichen Bestsellerautors Hanns Günther über »Automaten« aus dem Jahr 1930: Der technische Fortschritt sei bereits dabei, den »in sich selbst bedingten Automaten« hervorzubringen, der den Menschen die schwierigsten Aufgaben abnehme und damit zur »Befreierin« der Menschheit werde.[16] Die Angst vor technisch bedingter Arbeitslosigkeit werde seit dem 17. Jahrhundert von Feinden des Fortschritts geschürt; sie sei allerdings grundlos, solange die Technik politisch richtig, nämlich im Sinne des Gemeinwohls, eingesetzt werde.[17]

13 Vgl. J. Ronald Shearer: Talking about Efficiency. Politics and the Industrial Rationalization Movement in the Weimar Republic, in: Central European History, Vol. 28 (1995), Nr. 4, S. 483–507, hier S. 485.

14 Vgl. Bianca Westermann: Anthropomorphe Maschinen. Grenzgänge zwischen Biologie und Technik seit dem 18. Jahrhundert, Paderborn 2012, S. 98–101.

15 Fritz Kummer: Die Maschinenmenschen. Als Verkehrspolizisten, Rechenmeister und Warenverkäufer, in: Metallarbeiter-Zeitung. Wochenblatt des Deutschen Metallarbeiter-Verbandes, Jg. 47 (1929), H. 20, S. 155.

16 Hanns Günther: Automaten. Die Befreiung des Menschen durch die Maschine, 3. Aufl., Stuttgart 1930, S. 5. – Der Autor hieß mit bürgerlichem Namen Walter de Haas.

17 Vgl. ebd., S. 80.

Die »menschenleere Fabrik«

Nach dem Zweiten Weltkrieg intensivierten sich die Debatten um die Automatisierung: zum einen aufgrund der technischen Entwicklung in der Industrie, zum anderen wegen des Einflusses der Kybernetik. Generell gilt ein Aufsatz der kanadischen Physiker John Brown und Eric Leaver, der 1946 unter dem Titel »Machines Without Man« in einer Publikumszeitschrift erschien, als Beginn der Diskussion um die menschenleere Fabrik. Der Ansatz der beiden Physiker lag in einem gewissen Unbehagen mit den bisherigen Entwicklungen der industriellen Rationalisierung begründet. Ihres Erachtens könne eine Degradierung des Arbeiters zu unqualifizierten Tätigkeiten nur durch eine vollkommene Automatisierung verhindert werden, weil dann nur noch hochqualifiziertes Personal benötigt würde. Diese neue automatisierte industrielle Ordnung bringe also einen Qualifizierungsschub mit sich. Gleichzeitig werde eine kürzere Arbeitswoche möglich und – aufgrund der technologisch bedingten Freisetzung von Arbeitskräften – auch notwendig. In dieser Vision zeichnete sich die automatisierte Arbeitsgesellschaft der Zukunft durch ein Mehr an Freizeit aus.[18]

Diese Vorstellung der industriellen Zukunft war keinesfalls auf das liberale Nordamerika beschränkt. Ein verblüffend ähnliches, wenn auch wissenschaftlich weniger fundiertes Bild der nahenden Automatisierung zeichnete ein Artikel unter dem Titel »Menschenleere Fabriken«, der 1944 im nationalsozialistischen *Völkischen Beobachter* erschien. Autor war der Ingenieur und Betriebsdirektor des Kölner Motorenherstellers Klöckner-Humboldt-Deutz Helmut Stein. Der Ausgangspunkt war der gleiche, den zweieinhalb Jahre später die beiden kanadischen Physiker wählten: Stein begrüßte grundsätzlich die Rationalisierung, sah aber im erreichten Stand der Mechanisierung unter Bedingungen der Serienproduktion, die »Gefahr« einer »Verflachung der Arbeit«. Auch im Lösungsansatz glichen sich

18 Vgl. John J. Brown/Eric W. Leaver: Machines without Man, in: Fortune 5/1946 (November), S. 165, 192, 194, 196, 199–200, 203–204; vgl. Martina Heßler: Kulturgeschichte der Technik, Frankfurt a. M./New York 2012, S. 60–61.

beide Visionen: Zum einen setzte auch Stein kompensatorisch auf mehr »Ablenkung und Entspannung« in der Freizeit, was allerdings eine dezidiert nationalsozialistische Note bekam, weil der Artikel explizit die Feierabendgestaltung durch die NS-Organisation Kraft durch Freude vorsah. Zum anderen setzte aber auch der deutsche Ingenieur Stein auf eine Überwindung des technikinduzierten Problems durch eine weitere Technisierung: Nur die »Vollautomatisierung« könne zur »Befreiung des Menschen von eintöniger und seelenloser Arbeit überhaupt« führen. Die qualifizierte Arbeit sollte in diesem Konzept auf paradoxe Weise gerettet werden: Zwar werde jede der neuen Tätigkeiten »einfach sein und keiner längeren Anlernzeit bedürfen«, aber auf der Bewusstseinsebene könne sich der Arbeiter als »Beherrscher der Maschinenkräfte« begreifen und dadurch »seelische Befriedigung« erfahren. In diesem Sinne bliebe er »Facharbeiter« und throne »regelnd und überwachend« über der Maschinenwelt. Diese Vision der »Fabrik der Zukunft – der menschenleeren Fabrik« war von der Erwartung getragen, dass es sich um eine sehr nahe Zukunft handle, deren Realisierung sich schon abzeichne.[19]

Die Verkürzung des Problems auf die Entseelung der industriellen Arbeit und der vermeintliche Lösungsansatz einer Beseelung war kein Spezifikum des Nationalsozialismus: Bereits 1917 betonte der einflussreiche US-amerikanische Architekt Moritz Kahn, die Fabrik der Zukunft werde zwar wirklich effizient, aber keinesfalls seelenlos sein.[20] In der Weimarer Republik konnte dieses Thema dann – selbstverständlich mit deutlich unterschiedlichen politischen Zielsetzungen – sowohl von der Linken als auch von der Rechten angesprochen werden.[21]

Nach 1945 setzte sich die Diskussion um menschenleere Fabriken in beiden deutschen Staaten fort; in unterschiedli-

19 Helmut Stein: Menschenleere Fabriken, in: Völkischer Beobachter, 27.2.1944.

20 Vgl. Moritz Kahn: The Design and Construction of Industrial Buildings, London 1917, S. 63.

21 Vgl. Karsten Uhl: Humane Rationalisierung? Die Raumordnung der Fabrik im fordistischen Jahrhundert, Bielefeld 2014, S. 114, 146, 178.

cher Akzentuierung wurden dem in naher Zukunft erwarteten technischen Wandel umwälzende Folgen zugeschrieben.[22] Besonders euphorisch war die Debatte in der Zeit zwischen Mitte der 1950er-Jahre und den frühen 1970er-Jahren.[23] In der Bundesrepublik verlief die Expertendiskussion durchaus differenziert: Ingenieure erwarteten in dieser Phase eine Vollautomatisierung, also menschenleere Fabriken, nur für Großbetriebe mit Massenproduktion, während für kleine und mittelständische Betriebe eine Teilautomatisierung als Ziel ausgegeben wurde.[24] Auch die bundesdeutschen Gewerkschaften waren bereits frühzeitig prominente Teilnehmer der Debatte um die Automatisierung. Dabei berücksichtigten gewerkschaftliche Akteure stets beide Seiten: zum einen die Angst vor technologischer Arbeitslosigkeit, zum anderen die Hoffnung auf die sozialen und politischen Wirkungen des technischen Fortschritts, die die Arbeiterbewegung von Beginn an trug.[25]

In der DDR wurde vor allem betont, dass vollautomatische Fabriken je nach Stand der Produktionsbedingungen beides sein könnten: Verheißung oder Gefahr. So hieß es in dem populären Jugendsachbuch »Unsere Welt von morgen« von 1960, das vor allem als Jugendweihegeschenk eine weite Verbreitung fand,[26] dass die Automatisierung im Kapitalismus die Gefahr des Arbeitsplatzverlustes mit sich bringe, während sie im Sozialismus zu einer Aufwertung der Qualifikation der

22 Vgl. Martin Schwarz: »Werkzeuge der Geschichte«. Automatisierungsdiskurse der 1950er und 1960er Jahre im deutsch-deutschen Vergleich, in: Technikgeschichte, Jg. 82 (2015), H. 2, S. 137–156, hier S. 139.

23 Vgl. ebd., S. 142. Den Endpunkt der großen Automatisierungseuphorie markierte in der Bundesrepublik die Ölpreisekrise 1973 und in der DDR der Machtwechsel von Ulbricht zu Honecker 1971, vgl. ebd., S. 143.

24 Vgl. Martin Schwarz: Fabriken ohne Arbeiter. Automatisierungsvisionen von Ingenieuren im Spiegel der Zeitschrift »automatik« 1956–1972, in: Uwe Fraunholz/Sylvia Wölfel (Hrsg.): Ingenieure in der technokratischen Hochmoderne, Münster u. a. 2012, S. 167–178, hier S. 171.

25 Vgl. Johannes Platz: »Revolution der Roboter« oder »Keine Angst vor Robotern«? Die Verwissenschaftlichung des Automatisierungsdiskurses und die industriellen Beziehungen von den 50ern bis 1968, in: Laurent Commaille (Hrsg.): Entreprises et crises economiques, Metz 2009, S. 36–59, hier S. 39, 54.

26 Vgl. Uwe Fraunholz: »Revolutionäres Ringen für den gesellschaftlichen Fortschritt«. Automatisierungsvisionen in der DDR, in: Uwe Fraunholz/Anke Woschech (Hrsg.): Technology Fiction: Technische Visionen und Utopien in der Hochmoderne, Bielefeld 2012, S. 195–219, hier S. 195.

Arbeiter führe, weil nun noch deutlich mehr und zudem neues Wissen über den Produktionsprozess notwendig werde.[27] Sehr klar schien jedenfalls: »Vollautomatische Fabriken bestimmen das Gesicht der Industriearbeit von morgen.« Die begleitende Zeichnung zu dieser Zukunftsvision kommt fast ohne Menschen aus; in diesem Entwurf einer Fabrik »von morgen« stehen nur zwei Personen an der Steuerungs- und Kontrollzentrale.[28] Bis dorthin sei es zwar noch »ein weiter Schritt«, allerdings konnte bereits auf eine experimentelle automatische Fabrik in der Sowjetunion verwiesen werden.[29]

Auch nach dem Ende der großen Automatisierungseuphorie verstummte die Debatte keinesfalls. So berichtete die *Frankfurter Rundschau* 1982 unter dem Titel »Die menschenleere Fabrik ist in zehn Jahren Wirklichkeit« über die Studie eines Marktforschungsinstituts, die bereits die technologischen Voraussetzungen für die menschenleere oder zumindest die »menschenarme Fabrik« als gegeben ansah. Es wurde erwartet, dass bis 1990 die Hälfte der industriellen Montageprozesse in der Bundesrepublik automatisiert sein würde. Dabei handle es sich nicht um die bekannten Roboterarme, die bereits in der Autoindustrie für das Schweißen und ähnliche Tätigkeiten eingesetzt wurden, sondern um nicht genauer beschriebene neuartige flexible »Systeme«.[30]

Die Computerisierung der Druckindustrie

Diese Erwartungen scheinen zunächst durchaus für die aktuelle Diagnose des Ingenieurwissenschaftlers Brödner zu sprechen, die »cyberphysikalischen Systeme« unseres frühen 21. Jahrhunderts seien letztlich nur als Fortführung der digitalen Prozesssteuerung der 1970er-Jahre zu betrachten.[31] Technisch und arbeitsorganisatorisch ist diese Einschätzung

27 Vgl. Karl Böhm/Rolf Dörge: Unsere Welt von morgen, Berlin 1960, S. 54, 62.

28 Vgl. ebd., o. P. (zwischen S. 52 u. 53).

29 Vgl. ebd., S. 56.

30 N. N.: Die menschenleere Fabrik ist in zehn Jahren Wirklichkeit, in: Frankfurter Rundschau, 7.6.1982.

31 Brödner: Industrie 4.0, S. 239.

wie bereits erwähnt umstritten. So spricht einiges dafür, dass der systemische Charakter der gegenwärtigen industriellen Digitalisierung einen einschneidenden arbeitsorganisatorischen Wandel mit sich bringen könnte. Allerdings ist die diskursive Kontinuität bemerkenswert: Vorstellungen von einer menschenleeren Fabrik und neuartigen digitalen Systemen bestimmten die Debatte seit Jahrzehnten.

Besonders früh wurde die Druckindustrie mit der sich konkret ankündigenden neuen Computertechnik konfrontiert. In der zweiten Hälfte der 1970er-Jahre stellten die ersten Druckhäuser in der Bundesrepublik auf computergesteuerten Fotoschriftsatz um und 1978 wurden heftige Tarifverhandlungen um die neuen »rechnergesteuerten Textsysteme« geführt.[32] Im Rahmen des Arbeitskampfes verhinderte die Industriegewerkschaft (IG) Druck und Papier im März 1978 das Erscheinen vieler Tageszeitungen, während die Gewerkschaft selbst nun sogenannte Streik- oder Notzeitungen publizierte. Eine solche *Notzeitung* berichtete am 6. März 1978 von einer Straßenszene während der Streikkundgebungen in Wuppertal. Unabhängig davon, inwieweit diese Darstellung fiktive Glättungen enthält, gibt sie doch Zeugnis von den Zukunftserwartungen der Streikenden: Ein Arbeiter aus einer anderen Branche, ein Modellschreiner, habe den Streikposten der IG Druck und Papier verwundert gefragt, was die streikenden Druckarbeiter nur gegen die neue Technik hätten. Der Streikposten, ein Vertrauensmann der Gewerkschaft, entgegnete dem skeptischen Schreiner: »Stellen Sie sich vor, ein neues Werkstück wird gebraucht und die frechen rechnergesteuerten Systeme sind auch in Ihrem Bereich vorhanden. Sie nehmen dann nur noch das Holz, den Leim und die Zeichnung des Modellstücks, geben das in den Computer, das fertige Stück kommt heraus. Den entsprechen-

32 Vgl. Karsten Uhl: Maschinenstürmer gegen die Automatisierung? Der Vorwurf der Technikfeindlichkeit in den Arbeitskämpfen der Druckindustrie in den 1970er und 1980er Jahren, in: Technikgeschichte, Jg. 82 (2015), H. 2, S. 157–179; ders.: Die langen 1970er Jahre der Computerisierung. Die Formalisierung des Produktionswissens in der Druckindustrie und die Reaktionen von Gewerkschaften, Betriebsräten und Arbeitern, in: Constanze Lindemann/Harry Neß (Hrsg.): Vom Buchdrucker zum Medientechnologen. Wege der Druckindustrie in die Welt der Digitalisierung, Hamburg 2018, S. 84–99.

den Knopfdruck brauchen Sie auch nicht mehr zu machen, das macht ein anderer für Sie. Wie gefällt Ihnen das?« – Der Schreiner habe geschockt reagiert – »Um Gottes Willen, so geht das doch nicht« – und fünf Mark für die Streikkasse gespendet.[33]

Diese Schilderung verdeutlicht, wie unterschiedlich die Computerisierung der Druckindustrie wahrgenommen wurde: Während weite Teile der Bevölkerung lediglich von einer weiteren Rationalisierungsphase in beherrschbaren Ausmaßen ausgingen, erwarteten die streikenden Schriftsetzer und Drucker einen umfassenden technologischen Transformationsprozess. Übertragen auf das Handwerk des Schreiners hätten wir es nicht mit einer graduellen technologischen Entwicklung zu tun – deren Ablehnung aus der Tradition der deutschen Arbeiterbewegung nur schwer zu begründen gewesen wäre –, sondern mit einer neuen Qualität, die androhte, die Arbeitswelt vollständig zu verändern. Aus der heutigen Perspektive des frühen 21. Jahrhunderts entwarf der Streikposten die Skizze eines 3D-Druckers *avant la lettre;* eines 3D-Druckers freilich, der anders als die tatsächlichen Exemplare unserer Gegenwart sogar geeignet für den breiten industriellen Einsatz zu sein schien.

Innerhalb der Branche herrschte seit Mitte der 1960er-Jahre ein weit verbreitetes Bewusstsein für den bereits begonnenen Automatisierungsprozess und seine weitreichenden Auswirkungen. Einen Ausgangspunkt markierte das Jahr 1963, als der einflussreiche US-amerikanische Automatisierungsexperte John Diebold betonte, die Druckindustrie werde innerhalb des kommenden Jahrzehnts stärker als alle anderen Branchen von technologischen Veränderungen betroffen sein, ohne dass dies den handelnden Personen bewusst sei.[34] Diebolds Thesen erreichten rasch auch die deutsche Fachgewerkschaft: Wäh-

33 IG Druck und Papier: Notzeitung, 6.3.1978. Archiv für soziale Bewegungen, Bochum, Sign. MüJe 140.

34 Vgl. John Diebold: Automation and the Editor. A Preview of Newsroom Procedures in 1973, in: American Society of Newspaper Editors (Hrsg.): Problems of Journalism. Proceedings of the 1963 Convention, New York 1963, S. 140–150, hier S. 142. – Bereits im Dezember 1962 hatte die *Los Angeles Times* als erste Zeitung der Welt Computer im Schriftsatz eingeführt, vgl. Andrew Zimbalist: Technology and the Labor Process in the Printing Industry, in: Andrew Zimbalist (Hrsg.): Case Studies on the Labor Process, New York/London 1979, S. 103–126, hier S. 108.

rend der für technische Fragen zuständige Experte innerhalb der IG Druck und Papier Ende der 1950er-Jahre noch davon ausging, dass die Geschwindigkeit der Automatisierung in der Regel überschätzt werde und der Schriftsatz in näherer Zukunft ein Refugium der menschlichen Facharbeit bleibe,[35] veränderte sich diese Position bereits 1964 unter explizitem Bezug auf Diebold. Über die Computerisierung des Schriftsatzes hinausgehend wurde sogar das Ende des Printzeitalters erwartet: nicht exakt in der Version, die dann im 21. Jahrhundert tatsächlich eingetreten ist, sondern in der Gestalt, dass »ein Fernsehgerät eine Zeitung elektrostatisch druckt«.[36]

Sowohl die Computerexperten der Druckindustrie, die sich 1965 in London zu einer ersten *»Computer Typesetting Conference«* trafen, als auch die Gewerkschafter waren sich dennoch bezüglich der Auswirkungen auf die Beschäftigten weitgehend einig: Die Angst vor einer vollständigen Ersetzung des Menschen sei unbegründet. Es werde sich immer nur um eine partielle Automatisierung handeln; menschliche Fähigkeiten würden zu einem gewissen Grade immer gebraucht werden.[37] Die politische Strategie der Gewerkschaft blieb folglich trotz der geänderten Zukunftserwartung konstant: Noch in den 1970er-Jahren dominierte die Vorstellung, dass auch nach der Computerisierung Facharbeit notwendig sein würde.[38] Die neue

35 Richard Burkhardt: Die technische Entwicklung im grafischen Gewerbe und ihre Auswirkungen auf die Berufsausbildung und Beschäftigung. Vortrag, gehalten auf dem vierten Kongreß der Internationalen Grafischen Föderation am 19. September 1958 in München im Hause des Sports, Heilbronn o. J. [1958], S. 9.

36 Richard Burkhardt: Die Entwicklung der grafischen Technik im Zeitalter der Automation. Vortragsmanuskript (Kongress der Internationalen Graphischen Föderation, Oktober 1964, Wien), Bl. 25. Archiv der sozialen Demokratie, Sign. 5/MEDA 112041; vgl. Diebold: Automation, S. 147.

37 Vgl. The Institute of Printing Limited (Hrsg.): Computer Typesetting Conference, London University July 1964. Report of Proceedings, London 1965, S. 14–15.

38 Erwin Ferlemann: Der technische Fortschritt und die Zukunftsaufgaben der grafischen Gewerkschaften. Referat beim IGF-Kongress vom 14. bis zum 19. September 1970 in Kopenhagen, Stuttgart 1970, S. 22. In einem Sachbuch von 1970, das internationale Zukunftserwartungen zusammentrug, wurde allerdings die Verdrängung der Schriftsetzer durch »digitale Setzmaschinen« bereits für das Jahr 1980 prognostiziert. Freilich war dieses Buch wie das gesamte Genre davon bestimmt, möglichst weitreichende und überraschende Prognosen zu geben, vgl. Hagen H. Beinhauer/Ernst Schmacke: Fahrplan in die Zukunft. Digest internationaler Prognosen, Düsseldorf 1970, S. 66.

Technik selbst wurde auch während des Arbeitskampfes 1978 von der Gewerkschaftsspitze als »neutral« angesehen. Es gehe also für die Gewerkschaft weiterhin darum, auf die soziale Gestaltung neuer Techniken einzuwirken.[39] Erst die direkte Konfrontation mit den »frechen rechnergesteuerten Systemen« hat einige Arbeiter in frühcomputerisierten Druckereien zu einer Ablehnung der neuen Technik oder gar zu Maschinenstürmerfantasien getrieben. So betonte ein Arbeiter, der mit einigen Fachkollegen 1977 auf der Fachmesse Drupa über die befürchteten Auswirkungen der Computerisierung informieren wollte, er möchte diese Maschinen »am liebsten schnappen und kaputthauen [...], weil die meinen Arbeitsplatz wegnehmen«.[40]

Die Einführung der neuen Technik bedeutete für die Branche tatsächlich einen gewaltigen Einschnitt, allerdings verlief der Umbruch nicht in jeder Hinsicht abrupt: Einerseits verschwand mit der breitenwirksamen Durchsetzung des Computerschriftsatzes der traditionelle Ausbildungsberuf des Schriftsetzers. Andererseits konnte im Tarifvertrag über die Einführung und Anwendung rechnergestützter Textsysteme von 1978 die Verdrängung der Setzer durch eine acht Jahre gültige Regelung, die deren Beschäftigung auch nach dem technischen Wandel festschrieb, verlangsamt werden. Zudem behielten bis weit in die 1980er-Jahre viele der zahlreichen handwerklichen Kleinbetriebe ihre Produktionsweise bei. Die Gesamtbeschäftigung der Druckbranche blieb in der Bundesrepublik zwischen 1976 und 2000 bemerkenswert stabil bei etwa 225 000: Die Reduzierung bei den Schriftsetzern wurde in einem weiter wachsenden Sektor durch eine Zunahme von Hilfstätigkeiten kompensiert. Trotz dieses Verlustes von Facharbeit muss auch das Bild einer Dequalifizierung durch Computerisierung differenziert betrachtet werden, weil zum einen ein Teil der qualifizierten Tätigkeiten erhalten blieb und zum

39 Detlef Hensche: Technische Revolution und Arbeitnehmerinteresse. Zu Verlauf und Ergebnissen des Arbeitskampfes in der Druckindustrie 1978, in: Blätter für deutsche und internationale Politik, Jg. 23 (1978), H. 4, S. 413–421, hier S. 415.

40 Jürgen Alberts u. a.: Zeitungsstreik, Hamburg 1978, S. 71.

anderen nach den tiefen Einschnitten der 1980er-Jahre auch einige neue Qualifikationsprofile entstanden.[41]

Eine Folge des Computerisierungsschocks in der Druckindustrie lässt sich darin sehen, dass nun zum Teil gewerkschaftliche Prognosen deutlich über den tatsächlichen technologischen Verlauf hinausgingen bzw. das Tempo der kommenden Automatisierung überschätzten. So beschwor 1986 ein internes Papier der IG Druck und Papier vermeintlich »grenzenlose Rationalisierungsmöglichkeiten«. In Anbetracht der in der nächsten Zukunft erwarteten Spracherkennung durch Computer und des damit einhergehenden Überflüssigwerdens der manuellen Texterfassung erschienen selbst die technologischen Umbrüche der jüngsten Vergangenheit als »geringfügig«.[42]

Fazit

Die Erwartung einer umfassenden industriellen Automatisierung, die in nächster Zukunft zu menschenleeren Fabriken führe, ist keinesfalls eine neue Erscheinung des frühen 21. Jahrhunderts. Sie durchzieht vielmehr sämtliche Phasen der Industrialisierung seit der Industriellen Revolution im späten 18. Jahrhundert. Diese Automatisierungserwartung war dabei grundsätzlich ideologieübergreifend, wenngleich mit ihr selbstredend unterschiedliche soziale und politische Visionen verbunden wurden. Gemeinsam war allerdings verschiedenen politischen Systemen im 20. Jahrhundert der Glaube an die soziale Gestaltung des technischen Fortschritts, der in der Automatisierung zum Ausdruck komme.

Diese Form der mentalen Kontinuität zeigte sich – wenngleich sie vor allem an der Basis erste Risse bekam – auch während der Computerisierung der Druckindustrie um 1980. Diese neuen Techniken ließen sich nicht ohne Weiteres in die Geschichte einer Linearität des Wandels einlesen. Ganz

41 Vgl. Uhl: Maschinenstürmer, S. 163–164, 170–171.

42 IG Druck und Papier – Hauptvorstand: Referentenmaterial, Nr. 167: Grenzenlose Rationalisierungsmöglichkeiten, Stuttgart, 16.1.1986, Bl. 3. Archiv der sozialen Demokratie, Bonn, Sign. 5/MEDA423058.

offensichtlich erzeugte die Computerisierung des Schriftsatzes einen Bruch in der Geschichte der Druckindustrie, insbesondere aus Sicht der Facharbeiter. Darüber hinausgehend ist die gesamte Chronologie einer vierstufigen Industrialisierung infrage zu stellen, da in dieser Branche die vermeintlich vierte Stufe bereits in eine Zeit fiel, die noch der dritten Stufe zugeschrieben wird.

Grundsätzlich ist festzuhalten, dass der technologische Wandel durch die Digitalisierung der Industriearbeit bisher keine grundsätzlich neue Automatisierungserzählung erhalten hat. Vielmehr wird das tradierte Narrativ fortgesetzt, das im 20. Jahrhundert bereits zwischen verschiedenen Polen oszillierte und sowohl Hoffnungen der Befreiung von Monotonie als auch Befürchtungen der Ersetzung des Menschen umfasste. Die vorhandenen Anzeichen für eine neue Qualität des technologischen Umbruchs der Gegenwart und die damit verbundenen politischen Herausforderungen der Gestaltung von Qualifikationsprofilen harren mithin einer Antwort. In Anlehnung an Fernand Braudel lassen sich verschiedene Zeitebenen der Automatisierung feststellen: einerseits Umbrüche auf der Ebene der Technik und damit verbunden des Sozialen, andererseits eine Kontinuität auf der Ebene der Mentalität (*longue durée*),[43] also bei der Wahrnehmung und Einordnung der Computerisierung. Um der etwaigen neuen Qualität der Technik in der Gegenwart gerecht zu werden, sollte die Automatisierungsdebatte nicht in festgetretenen Pfaden fortgesetzt werden, sondern der spezifischen Herausforderung von hybriden Mensch-Maschine-Arbeitsverhältnissen gewahr werden. Hier könnte an Ansätzen angeschlossen werden, deren allmähliches Aufkommen Heßler bereits für die Automatisierungsdebatten der 1980er-Jahre festgestellt hat: Als Grenzen der Automatisierung sichtbar wurden, geriet auch die Bedeutung menschlicher Fähigkeiten wieder stärker in den

43 Vgl. Fernand Braudel: Histoire et sciences sociales: La longue durée, in: Annales. Économies, Sociétés, Civilisations, Vol. 13 (1958), Nr. 4, S. 725–753 (dt. Geschichte und Sozialwissenschaften. Die lange Dauer, in: Fernand Braudel: Schriften zur Geschichte, Bd. 1. Gesellschaften und Zeitstrukturen, Stuttgart 1992, S. 49–87).

Fokus.[44] Eine aktuelle Automatisierungserzählung würde also vermutlich besser den Herausforderungen der Digitalisierung gerecht werden, wenn sie vom alten Narrativ der Ersetzung des Menschen abließe und die konkreten Formen der arbeitsorganisatorischen Kombination von Technik und Mensch mitsamt möglicher sozialer Folgen in den Blick nähme.

44 Vgl. Heßler: Persistenz, S. 21.

Frigga Haug

Die Wege des Projekts Automation und Qualifikation

Das Projekt Automation und Qualifikation gründete sich am psychologischen Institut der Freien Universität Berlin 1972, hielt als Forschungsgruppe trotz Verstreuung der Mitglieder 16 Jahre. Der erste Band »Automation in der BRD« erschien 1975, der letzte »Politik um die Arbeit« 1988. Die Projektgruppe hatte sich das Ziel gesetzt, in den schnellen technologischen Umbrüchen eine offensive gewerkschaftliche Politik vom Standpunkt der Arbeitenden herauszuarbeiten. Sie lernte aus der historischen Fundierung, sie ging empirisch vor als auch theoriekritisch und im Rahmen einer an Arbeit orientierten kritischen Psychologie. Marx' Studien zum Übergang von der Manufaktur zur großen Industrie waren Vorbild, die Entwicklung der Produktivkräfte der Arbeit nicht einfach als Technikgeschichte zu schreiben, noch diese zugunsten von Subjektforschung zu vergessen, sondern in den Kämpfen um Gesellschaftsgestaltung so umfassend vorzugehen wie irgend möglich. Wir arbeiteten nach den bewährten Methoden der Theorieaneignung und empirischen Vorgehensweisen von Besichtigungen vor Ort, von Fragebögen und Interviews mit Experten und mit Arbeitern und Unternehmern in Fabriken und auf dem Land, von Messen und internationalen Tageszeitungen und orientierten nach eigener Methode, in den Fragen wie in der Auswertung mit Widersprüchen als Quelle neuer Erkenntnis umzugehen. Es ist bis heute nützlich, den Wegen dieser Forschungsgruppe nachzugehen wegen der kollektiven Forschungsweise, dem Mut, gegen Widerstände zu arbeiten, den Methoden, das Aufzubewahrende aufzusuchen und Neues zugleich zu probieren, von Widersprüchen als Triebkraft fürs Begreifen, Eingreifen und Verändern auszugehen, in allgemein sich entwickelnden industriesoziologischen Forschungen die Dimensionen der Geschlechterverhältnisse, des Kulturellen, ebenso hinzuzunehmen, wie die Notwendigkeit, sich durch die gegenwärtigen Fragen durchzuzweifeln und auch immer vom Anfang des Verhältnisses vom Mensch-Natur-Verhältnis zu beginnen und also Kritik mit Befreiungsperspektive zu betreiben. Wir sind nicht nach einem Masterplan vorgegangen. Die Fragen drängten sich uns vielmehr auf im Laufe des Forschungsprozesses, der selbst als Lernprozess in Methode und orientierender Theorie abzubilden ist. Dieser Prozess war von Anfang an ein Tasten, Experiment in einem dicht besiedelten, bewegten und umkämpften Wirklichkeitsfeld. Man muss sich das nicht so vorstellen, dass man sich eine riesengroß angelegte, nur im Kollektiv und nur mit einem großen Forschungsinstitut zu bearbeitende Studie vornimmt, das Handwerkszeug gepflegt und gut erhalten dazu legt, in die Bibliothek eilt, die entsprechenden Bücher, die man weiß, heraussucht, und loslegt: Auftragsforschung, gut ausgestattet, nach Maß. Unsere Wirklichkeit war vollkommen anders, subjektiv bestimmt und voller Idealismus, getragen von der als selbstverständlich vorausgesetzten Annahme, dass Wissenschaft den Menschen nützlich sein müsse und dass wir also, die wir in der Studentenbewegung Marx studiert hatten, unsere Fähigkeiten für die arbeitenden Menschen einsetzen wollten.

Die dringenden Fragen, die nach Bearbeitung rufen, sind in der sich schnell ändernden und noch nicht in diesen Veränderungen begriffenen Gesellschaft deutlich vernehmbar. Es ist wohl zufällig, welche man sich anmisst, deren Herkunft es als erstes zu denken gilt. In unserem Fall war es die große Bildungsreform der 1970er-Jahre, die das Land überschwemmte mit Katastrophenmeldungen über einen stets wachsenden Lehrermangel gefolgt von Schreckensnachrichten über fehlende Schulen, Universitäten, veraltete Bildungspläne, und eine geradezu hektische gesellschaftliche Großoffensive, neue Universitäten zu gründen mit einer Vielzahl von neu geschaffenen Professorenstellen, entsprechenden Mittelvergaben und in unserem Fall der Einrichtung des Faches Bildungsökonomie mit einer mit mir besetzten Mitarbeiterstelle am neu gegründeten Institut für Kritische Psychologie. Dieses verdankte sich dem staatlichen Versuch, den Aufbruch aus der 68er-Bewegung so zu kanalisieren, dass die linken Unruhestifter ausgegliedert wurden aus dem allgemeinen Wissensstrom und die Kosten nicht gescheut wurden, ihnen ein eigenes Institut zu übergeben.

Als Marxistin ging ich nun davon aus, dass die plötzliche Nachfrage nach Bildung in der Gesellschaft einen Grund in der Veränderung der Arbeit, oder genauer: in der Entwicklung der Produktivkräfte, haben müsste. Ich hatte am Institut einen studentischen Tutor zugewiesen bekommen und zusammen mit ihm die interessierten und möglichen Mitglieder des Institutes ausfindig gemacht, um eine Forschungsgruppe zu gründen, die genau diesen Zusammenhang zwischen einer gesellschaftlich erkannten notwendigen Qualifizierung der Kräfte der Arbeit und der Automatisierung der Produktionsprozesse herausfinden und belegen wollte, dies von Anfang an als Beratung für eine gewerkschaftliche Automationspolitik.

Wir begannen die Entwicklung unserer Forschung aus dem Zweifel als bestimmte Kritik: Wir stellten infrage, was jeder dachte oder zu wissen glaubte. Wir arbeiteten damit auch immer jenseits des jeweiligen Mainstreams, auch eines linken. Am besten lässt sich von unserem Forschungsweg lernen, lässt sich darauf aufbauen, lassen sich Fehler vermeiden, wenn man ihn von den vielfältigen Kämpfen her nachzeichnet.

Die Gruppe – Lesen – Diskutieren

Ein Vorteil des Kollektivs ist, dass wir uns ohne Schrecken eine große Menge an Literatur vornehmen konnten. Wir waren elf Mitglieder und das bedeutete, dass die Aneignung von 20 neuen Titeln zum Beispiel hieß, dass ein jeder zwei Aufsätze oder gar Bücher übernehmen und in angemessener Zeit so vorbereiten musste, dass wir bei jeder der wöchentlichen Sitzungen wenigstens einen Bericht, für den wir ein Schwerpunktraster erarbeitet hatten, einander vorstellten und diskutierten.

Da wir als Marxisten damals der Auffassung waren, dass in der DDR die Forschung im Interesse der Arbeitenden am meisten entwickelt sei, studierten wir zunächst die dort weit vorangetriebene Forschung um die Entwicklung der Produktivkräfte. Tatsächlich erwiesen sich die Forschungen von damals[1] als eine große Stütze und willkommene Nahrung für unser Wissensverlangen. Allerdings befassten sich alle mit der Geschichte, nicht mit der Gegenwart. Von Jürgen Kuczynski erfuhren wir knapp gefasst:[2] Automation gibt es nur in den sozialistischen Ländern. Der Kapitalismus ist längst in sein Fäulnisstadium eingetreten und kann die Produktivkräfte nicht weiterentwickeln.

Das machte es für uns notwendig, zunächst den Nachweis für die Existenz von Automation in der BRD zu führen. Schon gabelte sich der Forschungsweg: Wir schrieben die einschlägigen Betriebe in Industrie und Verwaltung an und fragten nach ihrer Produktivkraftausstattung, eine Untersuchung die zwar naiv begann, uns jedoch zugleich die Kontakte und Adressen gab für die später folgende empirische Untersuchung in 67 Betrieben, in denen wir die konkreten Veränderungen in der Arbeit, in den Tätigkeiten der Menschen studieren wollten. Dies war der eine Weg, an dessen Ende wir die umfangreiche Studie »Automation in der BRD« 1975 in einer Auflage von zunächst 3000 (mit zwei Nachauflagen 1976 und 1979 von je 2000 Exemplaren) veröffentlichten, mit der wir die Triebkräfte und Entwicklungstendenzen aufspüren wollten, um eine Prognose über die Entwicklung von Automation aufzustellen. Wir statteten sie mit einem Register und Stichwortverzeichnis aus und wiesen unter Rückgriff auf verschiedenartige Quellen akribisch den Stand in allen Branchen nach, ebenso das jeweils investierte Kapital, den Umsatz, die Belegschaft und ihre Veränderung, die neuen Berufe und eben auch, wie genau die Automation Einzug gehalten hatte.

Dafür musste die Genese der Automation über den Staatsauftrag in der Rüstungsindustrie erforscht werden, die Durchsetzung im Krieg, bis hin zur Atomenergie, ein Forschungsweg,

1 Siehe etwa Wolfgang Jonas/Valentine Linsbauer/Helga Marx: Die Produktivkräfte in der Geschichte. Von den Anfängen in der Urgemeinschaft bis zum Beginn der industriellen Revolution, Berlin 1969.

2 Jürgen Kuczynski: Vier Revolutionen der Produktivkräfte, Berlin 1975.

der uns näher an die Gewalt der Triebkräfte dieser Entwicklung brachte, wenngleich dies nicht in unmittelbarem Zusammenhang zur Bildungsoffensive zu stehen schien. Das Buch war nicht nur Rechtfertigung für unsere Forschung, es war nützlich und brachte uns die Anerkennung als »Interdisziplinäres Projekt am psychologischen Institut der Freien Universität Berlin«, was nicht nur Worte sind und Titel, sondern uns die Mittel verschaffte, für die empirische Untersuchung zu reisen und in der Universität das Recht auf entsprechende Ausstattung, Raum und eine weitere Tutorenstelle.

Es musste auf der anderen Seite auch der Notwendigkeit, sich das Fach Bildungsökonomie erst anzueignen, Genüge getan werden. Gemäß unserer Voraussetzung, dass der staatliche Großeinsatz für die Bildung mit der Veränderung in der Arbeit zu tun hatte, war es naheliegend, die Unternehmer selbst nach ihren Einschätzungen und Praxen zu fragen. Auch dieser gleichzeitig beschrittene Weg war fruchtbar. Er sicherte unser Wissen enorm, denn er zeigte die Unternehmer, die längst ihre eigene Bildungsoffensive ergriffen hatten – bei Siemens etwa ging dies bis zur Gründung einer eigenen Universität – sehr auskunftsbereit; sie statteten uns mit umfangreichen Materialien aus und wir schrieben einen größeren Beitrag »Bildungsreform vom Standpunkt des Kapitals« (in: *Das Argument*, Nr. 80, 1974) und nahmen das Gefundene nicht nur in die Lehrveranstaltung auf, sondern machten es auch in einer großen Veranstaltung für das ganze Institut öffentlich, was uns weitere Mitarbeiter und wohlwollende Akzeptanz brachte. Der Weg wurde breiter und besser gepflastert und viel länger, dehnte sich zeitlich aus und zwang uns alsbald, die vielen anderen Theorieschulen zu studieren, die das Feld besetzten.

Die Arbeit: anthropologische und psychologische Fundierung

Zunächst mussten wir unser methodisches Handwerkszeug auch historisch fundieren. Um die durch die Automatisierung veränderten Arbeitstätigkeiten zu erfassen, brauchten wir nicht nur einen Fragebogen und eine Anleitung, wie unsere groß angelegte empirische Untersuchung im Feld vorgehen sollte. Und schon wieder brauchte es gleich mehrere Zugänge: Nach welchen Gesichtspunkten untersucht man eigentlich Tätigkeiten, spricht über sie, erkennt in ihrem Vollzug Besonderheiten, macht Interviews, beobachtet sie? Und wenn wir also die vorhandene Forschung über die Analyse von Tätigkeiten erarbeitet haben, welches sind unsere Gesichtspunkte, die sich erfahrungsgemäß von den allgemein üblichen unterscheiden?

Die Lektüre der vielen industriesoziologischen Untersuchungen, die einander teils widersprachen, teils die Begründung für ihre so gestellten Fragen erst gar nicht mitlieferten, brachte uns in geradezu unbekümmerter Gründlichkeit dazu, die Frage zunächst allgemeiner zu stellen. Als Projekt im Rahmen der Kritischen Psychologie war selbstverständlich vorausgesetzt, dass *Arbeit* als Auseinandersetzung mit der Natur zur Verbesserung der Lebensbedingungen diejenige Tätigkeit ist, welche die Menschen von anderen Lebewesen, mit denen sie sonst viel gemeinsam haben, unterscheidet. Die Frage danach, was sich an den Tätigkeiten unter automatisierter Produktion verändert, setzt ein Verständnis davon voraus, wer der Mensch ist und was Arbeit bedeutet. Sie stellte uns vor die Notwendigkeit, uns ein Wissen über die Entwicklung der menschlichen Arbeit anzueignen, und zwar brauchten wir ein Wissen nicht nur über die Entwicklung im Allgemeinen, sondern schwieriger noch: Wie entwickelt sich Arbeit unter Ausbeutungsverhältnissen im historischen Prozess?

Wir hatten angenommen, dass eine *Geschichte der Arbeit* längst vorhanden sei und in Bibliotheken zugänglich. Erstaunlicherweise erwies sich auch dies als Irrtum. Es gab Bücher, die so hießen, aber sie behandelten die Entwicklung der Maschinerie, des Ingenieurswesens, nicht die der Arbeitstätigkeiten der Masse der gewöhnlichen Menschen, deren Veränderung durch die Entwicklung zur Automation unser Forschungsgegenstand war, der vom ingenieurswissenschaftlichen Standpunkt im Grunde erst im Moment seiner Abschaffung interessiert, wenn er zerlegt in die Grundelemente übergeben wird an Maschinen. Unser arbeitswissenschaftlicher Standpunkt greift gewissermaßen vor dieser Übergabe ein, setzt eine Kenntnis über die Inanspruchnahme der Menschen voraus und interessiert sich für die zukünftigen Arbeiten an den automatisierten Anlagen, prüfend was an Menschlichkeit gewonnen, was verloren wird. Auch diese Geschichte der Entwicklung der Arbeit mussten wir selbst wenigstens in Grundelementen untersuchen, um auf ihr aufzubauen.[3]

Die Frage nach dem Fortschritt der Arbeit wird zur Frage nach dem Fortschritt der Menschheit überhaupt, sofern sie arbeitet. Auf diese Weise wird die Anthropologie auch zur Grundlagendisziplin der Wissenschaft von der Arbeit, weil wir ja auch immer zugleich perspektivisch davon sprechen, was eigentlich *menschliche* Arbeit ist im wertenden Sinn. Anspruch ist, auf wissenschaftliche Weise eine Zielvorstellung vom wahrhaft menschlichen Leben begründen und entscheiden zu wollen, was als *unmenschlich* begriffen werden muss. Der Anspruch wird immer höher: Aus der Analyse des Tier-Mensch-Übergang-Feldes Kriterien zu formulieren, durch die Arbeit nicht mehr an unausgewiesenen und von außen angelegten, letztlich beliebigen Idealen gemessen wird, sondern durch die Analyse der Entwicklung der Arbeit selbst die Möglichkeit einer nüchternen, hieb- und stichfesten Kritik der aktuellen Arbeit zu gewinnen. Eine relevante Frage, die in den meisten industriesoziologischen Untersuchungen dieser Zeit fehlte, aber ungeprüft die Untersuchungsfragen bestimmt, wurde mithin die nach der Zielvorstellung, also nach einer wissenschaftlichen Begründung, wie menschliche Arbeit sein sollte, damit auch, wie das Verhältnis von geistiger zu körperlicher Arbeit perspektivisch zu gestalten ist.

Die Kooperation innerhalb der Kritischen Psychologie, die tatsächlich die Triebkräfte der Entwicklung der Tätigkeit einige Millionen Jahre bis zum Beginn des Lebens bis zum

3 Veröffentlicht als Frigga Haug (Hrsg.): Projektgruppe Automation und Qualifikation, Bd. 2: Entwicklung der Arbeitstätigkeiten und die Methode ihrer Erfassung, Berlin 1978; 2. Aufl., 1979.

Einzeller zurück in seinen Entwicklungsschritten analysiert hat,[4] erlaubte es uns, darauf aufbauend historische Entwicklungsschritte auszumachen.[5] Von hier übernahmen wir für unser Projekt der Arbeitsanalyse bei automatisierten Produktionsprozessen in der kapitalistischen Gesellschaft, als Leitlinien oder Grundbegriffe, welches die wirksamen inneren Triebkräfte aller Entwicklung sind und gewinnen als Maßstab für menschliche Arbeit: Die Verwirklichung spezifischer menschlicher Entwicklungsmöglichkeiten enthält eine Zielvorstellung, von der aus sich die verschiedenen in der langen Geschichte der Menschheit anzutreffenden Formen der Arbeit perspektivisch anordnen. Ziel ist die allseitige Entfaltung der menschlichen Entwicklungsmöglichkeiten; Marx nennt das die »total entwickelte Menschheit«, oder wie Lucien Sève es formuliert: »sich die Aufgabe der vollen psychischen Entfaltung aller Menschen stellen«.[6]

Unsere Auseinandersetzung mit der Geschichte der Arbeit führte uns außerdem (auch kritisch gegen Marx und Engels) zu der Erkenntnis, dass diese Entgegensetzung von körperlicher und geistiger Arbeit, die den meisten arbeitssoziologischen Analysen zu eigen war, selbst eine idealistische Vorstellung ist. Sie wird vom Standpunkt des Kapitals für alle Naturalisierung von Hierarchie genutzt, die aber im Grunde die Forschung über das Denken in der Arbeit ebenso verstellt wie die Wahrnehmung der meist von Frauen getragenen Umsonstarbeit. Sie war somit für unsere Untersuchung über Automation im Wortsinn zutiefst unpraktisch.

Es kann vielmehr nur darum gehen, wie die einzelnen im Kollektiv im gesellschaftlichen Produktionsprozess die Kontrolle über ihre Lebensbedingungen gewinnen. Herunter gebro-

4 Klaus Holzkamp: Sinnliche Erkenntnis. Historischer Ursprung und gesellschaftliche Funktion der Wahrnehmung, Frankfurt a. M. 1973, und Ute Holzkamp Osterkamp: Grundlagen der psychologischen Motivationsforschung, Bd. 1, Frankfurt a. M. 1975.

5 Die »biologisch-naturgeschichtliche Gewordenheit«, die »allgemeinsten gesellschaftlichen Charakteristika« und die »durch die bürgerliche Gesellschaft bestimmten konkreten Züge des jeweiligen Gegenstandes«, ebd. S. 45.

6 Lucien Sève: Marxismus und Theorie der Persönlichkeit, Frankfurt a. M. 1973, S. 47.

chen auf eine empirische Überprüfung sind also die Form und die Praxis der Kooperation zu untersuchen. Da geht es um das Verhältnis von Individuum und Kollektiv, um die »Autonomie« des einzelnen zu den anderen am Arbeitsprozess Beteiligten. Je mehr Arbeiten Maschinen übergeben werden, desto wichtiger wird in der Untersuchung hochtechnologischer Arbeitsprozesse die Frage nach der Bestimmung des Endes der Arbeit und des Beginns von Spiel, Musik, Kunst. Dann geht es um den Anspruch der Arbeitenden auf Mitbestimmung bei der Entwicklung der gesellschaftlichen Arbeit und schon findet man sich in der Politik.

So sehen wir uns auch schon von Anfang an bei der Frage nach der Arbeit und ihrer Organisation sogleich konfrontiert mit der Frage nach dem privaten Eigentum an den Produktionsmitteln. Einmal war ich beispielsweise auf eine Tagung des Vereins Deutscher Ingenieure eingeladen, um über unsere Forschungen aus dem automatisierten Produktionsprozess zu berichten. Ich eröffnete meine Rede mit der Frage: Was spricht eigentlich dagegen, dass die Arbeitenden die Leitung des Produktionsprozesses übernehmen? – Die Frage war als Provokation, aber zugleich auch als Forschungsfrage gemeint mit der Hoffnung, die versammelten Ingenieure würden die Überlegenheit ihres Wissens und Könnens vorstellen. Aber einer nach dem anderen stand auf und verließ wortlos den Raum, sodass ich praktisch vor Beginn des Vortrags mit zwei Kollegen allein war.

Kritik an der Dequalifizierungsthese

Ohne das kritisch sorgfältig zu reflektieren, hatten wir als Marxisten, auch in Kritik von Annahmen der Kritischen Psychologie,[7] angenommen, dass in der Entwicklung der Produktivkräfte

7 Die bürgerliche Gesellschaft wurde von uns (im Einklang mit Marx) nicht einfach als Verhinderung, als vertane Chance menschlicher Entwicklungsmöglichkeiten begriffen, sondern als Fesselung *und* Entfesselung menschlicher Entwicklungsmöglichkeiten in einem, als widersprüchlich. Die Kritische Psychologie in der Fundierung durch Holzkamp und Holzkamp-Osterkamp betrachtete die bürgerliche Gesellschaft hingegen primär als Institution zur Unterdrückung der spezifisch menschlichen Entwicklungsmöglichkeiten, nicht aber nach ihrer revolutionären Seite.

große Chancen für die Arbeitenden lägen, die unbedingt von uns herausgearbeitet werden müssten, damit sie sie wirklich ergreifen können. Von daher glaubten wir ebenso ungeprüft, dass unsere Forschung nicht nur vom Standpunkt der Arbeit geschehe, sondern eine notwendige Unterstützung gewerkschaftlicher Arbeit sei. Kurz, wir arbeiteten gleichzeitig im Sinne einer Subjektwissenschaft, als die sich die Kritische Psychologie versteht, als auch gewerkschaftsorientiert. Tatsächlich wurden wir auch zu Gewerkschaftskonferenzen eingeladen, um aus unserer Arbeit zu referieren. Ich erinnere Zustimmung aus diesen Kreisen. Aber die Befassung mit den anderen Forschungen und theoretischen Zugriffen, brachte uns mehrere Überraschungen und schon wieder neue Weggabelungen.

Zum einen fanden wir gerade das gewerkschaftliche Feld besetzt bzw. unter der Deutungshoheit von Horst Kern und Michael Schumann (dem Göttinger Forschungsinstitut) mit der zentralen Orientierung: Automation verwandelt die Arbeitenden in bloße Knöpfchendrücker, wo handwerkliches Geschick war, werden in Zukunft nur mehr Handgriffe gebraucht, wie sie jeder Affe erledigen könnte.[8] Automation sollte daher so weit als möglich abgelehnt, gegen ihre Einsetzung vorgegangen werden, ähnlich wie die Ludditen gegen die Maschinen durch Zerstörung und Sabotage sich zu wehren begannen. Kurz, die Gewerkschaften wurden auf Abwehr orientiert. Das bestimmte in der Tat den Mainstream der Gewerkschaftspolitik und verhinderte, dass rechtzeitig eine eingreifende Automationspolitik vom Standpunkt der Arbeitenden und ihrer Qualifizierung gemacht wurde. Wir reisten

8 Kern und Schumann hatten mit ihrer Studie »Industriearbeit und Arbeiterbewusstsein. Eine empirische Untersuchung über den Einfluss der aktuellen technischen Entwicklung auf die industrielle Arbeit und das Arbeiterbewusstsein« (Frankfurt a. M. 1985) eine Untersuchung erarbeitet, die beanspruchte, einen Zusammenhang von Arbeit und Bewusstsein auf marxistischer Grundlage vorzulegen. Diese Studie konnte hegemonial werden für eine gewerkschaftliche Politik um Arbeit, weil sie die Arbeitenden nicht bloß als Leidensgemeinschaft begriff, sondern Grundlagen anbot, einerseits eine Dequalifizierungsthese durch die technologische Entwicklung am Schicksal der handwerklichen Tätigkeiten zu belegen, andererseits die offensichtliche Zunahme an Wissen und Können auf eine ganz kleine Schicht begrenzte, mit der Folge einer Polarisierung und also auch Spaltung der Arbeiterklasse.

in die Lande, um unsere in eine Losung verkürzte zentrale Argumentation dagegen zu verbreiten: *Automation führt zur Höherqualifikation.* Auf den Bahnhöfen, auf die Züge wartend, sangen wir dies als Lied. Es war eine offene Konfrontation, die uns viele Feinde einbrachte und wenig Ehre, denn auch die Sektion Industriesoziologie in der Deutschen Gesellschaft für Soziologie, zu der ich gehörte, stand längst unter der Hegemonie der Dequalifizierungsthese, später differenziert zur Polarisierungsthese –wenige gewinnen, viele verlieren. Viele Jahre später gab es eine Rehabilitation in dieser Sektion und unsere Arbeiten, die wir unermüdlich weiter betrieben, wurden spät, für die Gewerkschaftspolitik viel zu spät, als bahnbrechend aufgenommen.

Zum anderen rezipierten wir einen immer größer werdenden erstaunlichen Berg an aufregenden Forschungen, die völlig zu Unrecht weitgehend in Vergessenheit geraten waren. Wir stürzten uns in diese Literatur und schrieben unser drittes Buch dazu (Theorien über Automationsarbeit, Berlin 1978, das Literaturverzeichnis umfasst sieben eng bedruckte, in winzigen Fußnotentypen gehaltene Seiten). Zu dieser Zeit hatten wir auch schon eine beachtliche Zahl von Aufsätzen verfasst, darunter auch einen über gewerkschaftsorientierte Wissenschaft (Thesen über das Verhältnis von Wissenschaft und Gewerkschaftspolitik, in: *Das Argument,* Nr. 112, 1978), da uns das Verlangen, unbedingt die Entwicklung der Produktivkräfte im Interesse der Arbeitenden zu erforschen, eine eingreifende gewerkschaftliche Politik zu formulieren, vollkommen in Besitz genommen hatte. Das Buch zu den Theorien war zugleich unser Angriff auf die Dequalifizierungsthese, dieses Mal unterstützt von einer Generation von Industriesoziologen, die uns vorausgegangen waren. Wir erstellten eine Tabelle, in der auf den ersten Blick sichtbar ist, wie viele unserer Vorläufer von einer positiven Qualifikationsprognose ausgingen oder in ihrer Forschung zum Resultat hatten und wie wenige dagegen der Auffassung vom Knöpfchendrücker anhingen. Mit trotzigem Stolz hatten wir unsere Einsamkeit in der Höherqualifikationsthese getragen, stolzer waren wir jetzt, da wir uns aufgehoben in einer größeren Gemeinde wussten.

Feldbegehung

Dann kam der lange vorbereitete, ersehnte und gefürchtete erste Gang in eine Fabrik. Wir hatten ein Gespräch und eine Führung mit begleitenden Ingenieuren ausgemacht und die Möglichkeit, mit den vor Ort Arbeitenden zu sprechen. Wir kamen in eine riesige Halle, Lichter blinkten auf einer großen Messwarte, die fast die ganze Wand einnahm, vor ihr ein kleiner Mensch, der wie gebannt dorthin blickte, wo ich nur unbekanntes Zeichengewirr wahrnahm. Ich hätte vielleicht einen Einführungskurs in die Technik der neuen Produktionsanlagen nehmen müssen. Ich hoffte, die anderen wüssten mehr und dachte auch, dass wir ja nicht Ingenieure oder selbst Messwarte werden wollten, sondern die Tätigkeiten anderer erkunden und trat mit zweifelndem Forscherselbstbewusstsein einen Schritt nach vorne und fragte den Messwart: »Was tun Sie gerade?« Er antwortete sofort und brummte: »Ich säuere«. Es war klar, dass wir nicht die gleiche Sprache hatten, er antwortete nach meinem Verständnis in Küchensprache und die Kluft zwischen uns wurde größer. Natürlich blieb es dabei nicht, es gab tatsächlich andere in unserer Gruppe, die viel mehr verstanden, kurz, wir schrieben auf, was man uns sagte, wir unterhielten uns leicht mit den Leitenden, wir studierten vorab, welche Prozesse jeweils in den Betrieben liefen, und wir gaben nicht auf. Unsere Rundumforschung zielte darauf ab, die Vertreter des Kapitals ebenso anzuhören wie die Produktionsleiter, die Arbeitenden zu beobachten und mit ihnen zu sprechen und jeweils untereinander unsere Protokolle zu diskutieren.

Wir hatten schnell erfahren, dass die Produktionsleiter eine ziemlich andere Vorstellung von den Tätigkeiten der Arbeitenden hatten, als diese selbst uns sagten, was womöglich an Unkenntnis der Oberen lag, an der Sprachbarriere zwischen uns und den Arbeitenden, und auch an unseren Vorstellungen, die wir lange erarbeitet hatten, welche Anforderungen die automatisierten Produktionsanlagen an die Tätigkeiten stellen. So bildete sich als notwendige Methode heraus, was für diese Art Forschung als Innovation aufgehoben werden sollte: Der Dreischritt von *Anforderungen, Aufgaben* und *Tätigkeiten*. Unter *Anforderungen* verstanden wir, was die automatisierten Anlagen als menschliche Praxis brauchten, *Aufgaben* ermittelte die Weise, wie die Unternehmer selbst in der Betriebsstruktur diese Anforderungen in Aufgaben für die Arbeitenden übersetzen, und schließlich die Tätigkeiten, die die Arbeitenden selbst vollführen, dies wiederum als eine Übersetzungsleistung der an sie gestellten *Aufgaben*, die sowohl ein besseres Verständnis der Anlagen enthalten kann, eine Art Geheimwissen, wie auch List und Arbeitszurückhaltung. Die Aufgaben richten sich so nicht an Einzelne sondern an das Kollektiv der Arbeitenden und ihre Kooperation.

Die Zerlegung und gleichzeitige Zusammenführung der unterschiedlichen Praxen der Oberen und der Arbeitenden im skizzierten Dreischritt gab unserer Untersuchung von Anfang an eine große Spannung, die wiederum unsere Forschungsweise umfangreicher machte. Die Analyse von Arbeitshaltungen, so der methodische Leitfaden, *ist managementkritisch, widerspruchsinteressiert und kooperationsorientiert*.

Wir fragten zum Beispiel wie sich eigentlich die Unternehmer den idealen Automationsarbeiter für ihren Betrieb vorstellen. Dies ist ein eigenes kleines Kapitel in dem ersten von drei Büchern, die wir über die empirischen Untersuchungen verfassten. Es war für uns sehr lehrreich, weil genau diese Kenntnis unsere weitere Forschung wiederum verschob. Die Unternehmer gaben nämlich als Anforderungen an die Qualifikation und Haltung, die sie sich erhofften und auch für nötig hielten, genau die Qualitäten der bisherigen Facharbeiter an. Diese retrograde Utopie bestimmt tatsächlich nicht nur in vielen Teilen die Schreibweise bei Marx, wenn er die Entwicklung der Industrie untersucht, sie bestimmt auch diejenigen Untersuchungen, die den Automatisierungsprozess als einen in die Dequalifizierung führenden interpretieren, und sie bestimmte in ganz überraschender Weise die Facharbeiter selbst. Diese nämlich, die also geradezu in ihren Haltungen und Fähigkeiten ersehnt, also gebraucht wurden, gerieten in eine große Krise. Sie fühlten sich offenbar durch eben die Veränderungen in den Arbeitsprozessen bedroht, die wir ohne Weiteres als Chancen gedeutet hatten, nämlich die Abnahme an schwerer körperlicher bei gleichzeitiger Zunahme theoretischer Beanspruchung. Sie betrafen die sprichwörtlichen Tugenden der Facharbeiter wie Gewissenhaftigkeit, Qualität und Verantwortung im Grunde nicht, aber Facharbeiteridentität hat auch eine Art körperlicher Grundierung, die mit Männlichkeit verschränkt gedacht und gelebt wird, und von daher verändert die Einbeziehung von Frauen in die von Automatisierung betroffenen Arbeitsplätze die gewohnten Geschlechterverhältnisse in ihrer selbstverständlichen Hierarchie zwischen den Geschlechtern, die noch ungeprüft sich von den industriellen Arbeitsprozessen bis ins private Heim erstrecken kann. Der Widerspruch zwischen dem Gefühl der Bedrohung und der Realität ihres Gebrauchtseins bewegte unsere weitere Forschung auf mehrfache Weise:

Was von den Fähigkeiten und Haltungen der Facharbeiter wurde in den doch ganz anderen gewissermaßen theoretischen, den allgemeinen Intellekt herausfordernden Anforderungen aus den automatisierten Anlagen gebraucht? Eine überraschende Antwort erhielten wir auf die Frage, welches eigentlich die größten Anforderungen in der Arbeit für die dort Tätigen seien: Sie antworteten gleichsam wie mit einer Stimme, dies sei, wenn »von Hand gefahren« werden müsste, also wenn der Prozess, der automatisch von selbst lief, dies eben nicht tat und man auf die Produktivkraftstufe davor gehen musste. Der Gang zurück verlangt nicht nur das gespeicherte Wissen, wie dies in der Stufe davor war, sondern darüber hinaus die Fähigkeit, von einer zur anderen zu jonglieren, also die Anlage so zu beherrschen, als hätte man sie selbst konstruiert. Das Krisenbewusstsein der Facharbeiter selbst scheint immer noch hauptsächlich dem Gerede nicht zuletzt der Industriesoziologen geschuldet und zugleich der tatsächlichen Ersetzung von Menschen durch Maschinen, der Produktion also von Arbeitslosigkeit in immer größerem Ausmaß.

Zugleich zwangen uns solche Diskrepanzen und Widersprüche zwischen dem Erwarteten und den Haltungen der Arbeitenden die Dimensionen Arbeitsklima und im hier vorgestellten Beispiel *Facharbeiterkultur* einzubeziehen, sie lässt die Krise offensichtlich werden und eröffnet eine Ebene von Arbeitspolitik. Die Automatisierung zerstört Arbeitskollektive und mit ihnen Formen des Widerstands. *Gewohnheiten* des Trinkens, der mündlichen *Tradierung*, des immer noch auf *männlicher Körperkraft* beruhenden Geschicks, das den Stolz der Facharbeiter, ihr *Selbstbewusstsein* bestimmt, werden durch die Automatisierung teilweise zerstört, teils verschoben, weil die Tätigkeiten teils durch Büroarbeit ersetzt werden und auch in der Produktion selbst einen eher *wissenschaftlichen* Charakter annehmen. Während wir die Möglichkeit qualifizierter Arbeit für viele wachsen sahen, hatten wir nicht bedacht, dass an die alten Qualifikationen Traditionen von Einverständnis und Widerstand geknüpft und Politik gegen das Kapital sowie Abgrenzungen gegen andere Arbeitergruppen zusammengebunden sind.

Die Geschlechterverhältnisse

Wir stießen auf weitere Widersprüche, die ihren Ausgangspunkt in auf den ersten Blick geradezu verrückten Wahrnehmungen hatten, bei der Nachforschung aber als weit größere Problematik sich herausstellten und eine radikale Verschiebung unserer eigenen Forschung nach sich zogen. In der Druckereibranche gab es als Vorstufe zur elektronischen Texterstellung die Einführung des Fotosatzes, dem wiederum in der herrschenden Industriesoziologie keine Zukunft prophezeit wurde. Der Fotosatz siegte und die schwere, langwierige und stolze Arbeit dieser vormals qualifiziertesten und fortschrittlichsten, gut organisierten Facharbeiter wurde an Frauen vergeben, eben jenen »Tippsen« mit klappernden Schreibmaschinen, auf die herabzublicken facharbeiterliche Gewohnheit war. In der Folge gab es eine erbitterte Diskussion, ob automatisierte Arbeit eigentlich technische Arbeit sei und also männlich und in der entsprechenden Gewerkschaft organisiert oder weibliche Büroarbeit und also unqualifizierte Schreibkraftarbeit mit »natürlich flinken« Fingern. Es ist bekannt, dass diese Wirklichkeit bei der Weiterentwicklung der Automation zugunsten der Männlichkeit solcher Arbeit beendet wurde, wie auch die gesamte weitere Entwicklung dieser Arbeiten von den numerisch gesteuerten Maschinen und ihre Verkettung zu ganzen Systemen bis hin zur neuen Stufe der Industrie 4.0 eine Sache vornehmlich von Männern ist. Aber in diesem Bericht gehe ich wieder zurück zur Einführung des Fotosatzes und damit auch zur Frage: Was geschah mit den betroffenen Individuen, also den vormaligen Setzern und den in großen Scharen eingestellten »Kräften«?

Nicht nur der Messwart war offenbar allein an seinem Arbeitsplatz, eine Erfahrung, welche die Frage der Kooperation eigenartig auf die Tagesordnung setzen musste, sondern auch den Setzer in der mit Fotosatz ausgestatteten Setzerei trafen wir allein. Befragt nach den Veränderungen für ihn selbst, klagte er als erstes und vornehmlich über die große Einsamkeit, den Verlust aller Kollegen. Er tat dies in Anwesenheit einer großen Anzahl von Frauen, die Daten in die Satzmaschine eingaben. Da sie das falsche Geschlecht hatten, konnte er sie nicht als Kolleginnen wahrnehmen, aber darüber hinaus sprach er ihnen auch genau das Vermögen ab, das in der Geschichte des Setzens die Qualifikation und den Stolz der Setzer, ja geradezu ihre Intellektualität, ihr Sprachvermögen, das Zusammenhangsdenken ausgemacht hatte: sie beherrschten die Sprache. Der einsame Setzer vertrat die Auffassung, dass alle diese schreibenden Frauen gar keine Ahnung von dem hatten, was sie taten. Der berechtigte Stolz aus dem Setzerberuf, der Umgang mit Sprache und ihrer Vergegenständlichung in Schrift und Vervielfältigung für viele, hatte sich in blinde Arroganz verwandelt. Die Frauenverachtung trübte die Wahrnehmung so weit, dass ihnen praktisch das gleiche Menschsein abgesprochen wurde. Ein heftiger Streit mit dem Vorsitzenden der Druckergewerkschaft (ausgetragen in der Mitgliederzeitung) zwang uns, die Geschichte und Entwicklung der Druckergewerkschaft zu studieren, was uns das erstaunliche Wissen brachte, dass zum Stolz dieser linken Gewerkschaft gehörte, dass sie eine Männergewerkschaft und der Ausschluss von Frauen über die ganze Gründerzeit, ja eigentlich bis zu dem Einzug des Fotosatzes selbstverständlich war. Die Automatisierung dieses Bereichs musste demnach als äußerste Bedrohung erlebt und mit Gegenwehr auf allen Ebenen beantwortet werden.

In dieser Weise wurden wir auf die Bedeutung der Geschlechterverhältnisse für die Einsetzung der entwickelten Produktivkräfte in die Betriebe gestoßen. Und jetzt, gleichsam rückwärts, dämmerte uns, dass unsere Annahmen über die Möglichkeiten, die Chancen der Automatisierung wahrzunehmen, auch auf einer Ignoranz der geschichtlichen Kräfte der Arbeiterbewegung basierten. So waren wir selbstverständlich davon ausgegangen (wie übrigens Marx auch), dass die Verringerung von schwerer Arbeit, von Muskelkraft und gefährlichem Einsatz menschlichen Lebens ein Glück sei und eine Bereicherung nicht zuletzt deswegen, weil dies endlich erlauben würde, dass die Geschlechter, dass die Frauen also als gleichwertige Partner im Produktionsprozess begrüßt werden könnten. Diese Erwartung, die geradezu elementar falsch war, hatte uns die deutlichen Zeichen übersehen lassen!

Da war zum Beispiel die Einführung von Bändern, die automatisch die einzelnen Stücke zur Bearbeitung transportierten. Diese liefen in den zunächst besuchten Betrieben gar nicht, weil die Arbeitenden ihre Nutzung ausgebaut hatten und uns zeigten, dass sie selbstverständlich schwere Lasten mit eigener Kraft zu heben in der Lage waren. Diese Arbeitergruppe war berüchtigt wegen der vielen schweren Rückenleiden und Frühinvalidität, was uns dazu brachte, die Frage des Verhältnisses zum eigenen Körper in unsere Befragung aufzunehmen. Wir waren aber zunächst nicht darauf gekommen, dass es zum Stolz der Arbeitenden, deren »starker Arm alle Räder stillstehen lässt«, gehört, dass Frauen eben die Männer-Arbeit schon wegen ihrer körperlichen Verfasstheit gar nicht tun können. Sobald dies praktisch falsifiziert wird, etwa durch Einzug von Frauen in eben diese Bereiche, wird das Selbstbewusstsein existenziell infrage gestellt. Die Geringschätzung von Frauen, so lernten wir schwierig an dieser Bruchstelle, an der die Automatisierung in die Arbeitspraxis eingreift, ist selbst eine Dimension, deren Kehrseite weiblicher Anspruch aufs Beschütztwerden ist, und sie gehört zum Kern männlicher Arbeiteridentität als Ernährer, Grundlage des Ernährerlohns, der für ihn und »seine Hintermänner«, wie Marx das ausdrückt, reichen muss. Diese plötzliche Morgendämmerung an der Bruchstelle, die die Revolutionierung der Produktivkräfte der Arbeit bedeutete, hieß für uns eigentlich, noch einmal von vorn zu beginnen. Allenthalben stießen wir auf eigenartige Verhaltensweisen, auf Schweigen, auf die Akzeptanz von unhaltbaren Zuständen bei beiden Geschlechtern.

Kurz, wir mussten die *kulturelle Dimension* des historisch gewachsenen Verhältnisses zur eigenen Arbeit und zum anderen Geschlecht aufnehmen. Wir studierten die Forschungen des CCCS (Zentrum für Kulturstudien in Birmingham), das eben während unserer Forschungszeit unter Berufung auf Antonio Gramsci begann, die Möglichkeiten und Wirklichkeit von Widerstand und die Praxen von Einverstand mit ausbeuterischen Praxen, der Duldung von unmenschlicher Arbeitsteilung zu untersuchen. Wir begannen eine neue Empirie unter der Frage, was die *Automation im Arbeiterleben* selbst verändert. Wir veröffentlichten die Ergebnisse in dem Buch »Zerreißproben« als Band 4 der empirischen Untersuchungen, Hamburg 1983, als unser siebtes Buch.

Widerspruchslogik in der Methode

Die Erfahrungen mit den Arbeitenden in den Betrieben, auch die Erfahrungen mit uns selbst, die Versuche das Gesehene und Gesprochene, das Unverstandene zu begreifen, verdeutlichten, was uns bisher allerhöchstens abstrakt klar gewesen war; dass nämlich der Widerspruch zwischen Produktivkräften und Produktionsverhältnissen nicht einfach bloß eine Begründung für die Krisenhaftigkeit des Gesamtsystems ist, sondern dass dieser Widerspruch ja auch gelebt wird, die Leben der gesellschaftlichen Menschen durchschüttelt. Auch die Forschungsmethode selbst muss dem Rechnung tragen. Wieder findet man bei Marx schon in der Darstellung des kapitalistischen Produktionsprozesses und seiner Entwicklung im »Kapital« als auch in der gesamten Perspektive die entsprechenden Wegweiser. Denn bei Marx gibt es nicht, wie oft behauptet, einfach restlose Fortschrittsgläubigkeit, sondern sein gesamtes dialektisches Denken ist praktisch bestimmt durch die Suche nach den treibenden Kräften der Entwicklung, die zueinander in Widerspruch geraten, was in einer Alternative gesellschaftlichen Zusammenlebens bei Strafe des Untergangs münden muss. Der Kapitalismus treibt in seiner eigenen Logik des rastlosen Wachstums von Krise zu Krise, deren Lösung jeweils nur vorübergehend ist, die Sicherheitsventile ausschraubt, um nur in die nächste größere Krise zu geraten. Dies ist in der Weltgesellschaft inzwischen erfahren auf großem Maßstab als Stolpergang in der Geschichte. Es wird aber auch von den einzelnen Gesellschaftsmitgliedern getragen und gelebt als Brüche, nicht einfach als kontinuierliches Wachstum und Entwicklung ihrer selbst in Richtung auf umfassende Handlungsfähigkeit. Dies gilt es bei unserer Suche nach den Möglichkeiten des Einsatzes von Hightech mitzudenken und also auch methodisch kritisch den Raum für die Wahrnehmung der Wirkungen auf die Kultur der Lebensweise, ihre Formen und die gewohnten Identitäten in Kräfteverhältnissen und dem Zueinander der Geschlechter zu öffnen. So hatten wir in den meisten industriesoziologischen Untersuchungen, ja auch zum Teil bei Marx selbst, die Kritik und Perspektive angeordnet gefunden um eine Handwerksideal, das unweigerlich bei Entwicklung der Automation zu Verlustmeldungen führen musste einerseits, andererseits genau diese Ja-nein-Logik, die aufhebende Wahrnehmung auf die gebrauchten Fähigkeiten und Möglichkeiten des Eingreifens, des Planens und Entwickelns verstellte. Gegen den bloß konservativen Blick zurück hilft die Widerspruchslogik, die ihre Fragen an die Empirie so stellt, dass die Fesseln und Schranken erkennbar werden, die der gewünschten Perspektive entgegenstehen. Mögliche Fragen für eine solche Forschung, die nicht bloß konservativ alles Alte halten will und damit Herrschaft der Wenigen über die unterworfenen Vielen, wären dann:

— Welche Schranken, die einer horizontalen Form von Arbeitsteilung entgegenstehen, werden niedergerissen?
— Werden Formen aufgelöst, in denen sich alte Herrschaftstrennungen wie die der Kopf- von der Handarbeit, der Männer- von der Frauenarbeit stabilisieren?
— Wo wird die Verknöcherung von horizontal gegeneinander verselbstständigten Arbeiten aufgelöst?
— Wo werden Formen vertikaler Arbeitsteilung aufgelöst?
— Werden Hierarchien angegriffen und damit Klassenherrschaft und Kontrolle von oben?
— Wird bloßes Erfahrungswissen durch Wissenschaft und theoriegeleitete Beobachtung ersetzt?
— Werden Ausbildungsformen, in denen Privilegien und Abschottungen gegen Unausgebildete befestigt sind, zersetzt?
— Wo und wie gerät die alte Ordnung in die Krise?

Wir erwarten, dass die Hüter der alten Ordnung eine neue Ordnung zu ihren Gunsten zu strukturieren versuchen. Dabei kommt ihnen zugute, dass die Sprengung alter Fesseln von den Arbeitenden nicht gleich als Befreiung erlebt wird in den alten Verhältnissen. Sie können sich leichter gewohnheitsgestärkt mit den Rückwärtskräften verbünden als sich ohne eine »revolutionäre Realpolitik« (Luxemburg) in Gestalt einer eingreifenden Automationspolitik etwa der Gewerkschaften der möglichen Handlungsfähigkeit bemächtigen. Hierzu bedürfte es umfassender kollektiver Anstrengung in allen Bereichen des Lebens. Die besondere Aufgabe der Wissenschaft besteht darin, die strategischen Eingriffspunkte herauszuarbeiten. Dies war unsere Vorstellung, wie wir eine eingreifende gewerkschaftliche Automationspolitik begründen wollten.

Die Perspektive

Was geschah in diesen mehr als 20 Jahren mit der optimistischen Behauptung, dass Automation zur Höherqualifikation führe? Im Grunde gilt es jetzt wenigstens als Zwischenergebnis, dieses »Höher« selbst zu qualifizieren und dies wiederum in ganz allgemeiner Weise zu formulieren. Zunächst negativ: Ohne Zweifel vernichtet die Automatisierung und tut dies auch die Industrie 4.0 in großem Maßstab Arbeitsplätze. Sie macht lange schon Muskelkraft entbehrlich. Positiv setzt sie auf die Entwicklung der Fähigkeit, Störungen zu beseitigen, Verbesserungen zu finden, Optimierungsmöglichkeiten von Prozessen zu entwickeln, Produkte zu verändern, Prozessziele zu planen, zu konstruieren, zu forschen und zu entwickeln. Dabei liegt die spezifisch menschliche Leistung in der Fähigkeit, die vorfindliche Wirklichkeit zu kritisieren und umzubauen, d. h. auch widersprechende Befunde zu verarbeiten und Zieländerungen vornehmen zu können. Ihre Eingaben müssen ökonomisch sein in Bezug auf Material, Energie, Zeit, Sicherheit usw. und gebrauchswertbezogen, sicher auch in Bezug auf die Menschen und ihre Umwelt. Wir schrieben dazu: »Die Theorieförmigkeit der Automationsarbeit, die Planung des Ungeplanten, die dafür erforderliche Intensivierung der Kommunikation und Kooperation bedarf der Herausbildung einer neuen Stufe in der Vergesellschaftung der Arbeitenden, bedarf der Entwicklung einer neuen Arbeitskultur, in der die Entscheidungen zunehmend kollektiv, in der Form der Selbstverwaltung der Produktions- und Verwaltungsprozesse, getroffen werden. Die Realisierung dieser möglichen Perspektiven, die sich mit der Automation herausbilden, bedarf der demokratischen Umgestaltung der gesellschaftlichen Verhältnisse bis hinein in die Betriebe in der Weise, dass alle Menschen an den wichtigen Entscheidungen teilhaben, ihre Selbstverantwortung für das Ganze, Natur und Gesellschaft, entwickeln und bestätigen können.«[9]

Man sieht, die Perspektive greift weit über die Grenzen der kapitalistischen Produktionsverhältnisse hinaus, aber es blei-

9 Projektgruppe Automation und Qualifikation: Widersprüche der Automationsarbeit. Ein Handbuch, Hamburg 1987, S. 31.

ben noch große Bereiche, die dank der Freisetzung von Kraft und Kräften, also Zeit und Leben jetzt dringlich angegangen werden müssten, auf der Tagesordnung: Dies sind die Fragen des Umgangs mit der außermenschlichen Natur, als Ökologieproblematik, und schließlich die Fragen der Beziehungen, Verhältnisse, die die Menschen zueinander und zu sich selbst eingehen. Pathetisch gesprochen geht es dabei um die Entwicklung der eigenen Anlagen und der Vielzahl von Vermögen, das den Einzelnen als Menschen innewohnt und die gigantische Aufgabe, die zugleich utopisch und abgenutzt klingt: liebende, sorgende, freundliche, bewahrende Beziehungen zueinander einzugehen, die in den Zeiten von Kriegen und Not, von kapitalistischen, auf privaten Profit orientierten Produktionsverhältnissen auf der Strecke blieben. Dies muss vor allem entwickelt werden. Kurz: Es ist höchste Zeit, dass die Menschheit aus ihrer Vorgeschichte in ihre Geschichte eingeht.

Christian Meyer

Vorwärts und nicht vergessen

Ein Blick in materialistische Technologiediskussionen

Um sich einen Begriff von technologischen Entwicklungen im Bereich der Arbeit zu machen, lohnt ein Blick in die Technologiediskussion kritischer Sozialwissenschaften. Ein Bezug auf Marx wurde dabei immer wieder aufs Neue hergestellt. Aber inwiefern macht ein Rückgriff auf Texte aus dem vorletzten Jahrhundert Sinn, wenn wir Digitalisierung verstehen wollen? Können wir uns weiter auf Marx berufen? Im Folgenden wird argumentiert, dass wir, erstens, heute noch mit marxscher Theorie arbeiten können und sollten, wir aber, zweitens, nicht dazu verdammt sind, das Rad stets neu zu erfinden, sondern aus zurückliegenden Debatten schöpfen können.[1]

Zurück zu Marx

Der Zugriff auf Marx und die daraus resultierenden Analysen und Theorietraditionen waren stets sehr divers. Ein Grund dafür liegt im marxschen Werk selbst.

Drei von Marx' Texten wurden über die Jahrzehnte zu klassischen Bezugspunkten, wenn es darum geht, Technik und Gesellschaft in ihrer gegenseitigen Beeinflussung zu verstehen. Für sich genommen lassen sich drei unterschiedliche Verständnisse von Technologie extrapolieren.

Im ersten Band des »Kapital« wird die gesellschaftliche Anwendung von Technologie ins Zentrum gestellt:

> »Und dies ist die Pointe der ökonomischen Apologetik! Die von der kapitalistischen Anwendung der Maschinerie untrennbaren Widersprüche und Antagonismen

1 Der Fokus des Beitrags liegt auf der wissenschaftlichen Diskussion in der BRD seit den 1950er-Jahren, weil ein Bezug auf Marx dort weitgehend Common Sense war und viel zur Rolle der Technologie geforscht wurde. Selbst unter dieser einschränkenden Bedingung hätte man viele andere Autorinnen, Studien, Institute und Denkschulen anführen können. Wichtige Schritte der Diskussion und relevante Schwerpunkte lassen sich jedoch an den hier dargestellten Schulen gut nachvollziehen.

existieren nicht, weil sie nicht aus der Maschinerie selbst erwachsen, sondern aus ihrer kapitalistischen Anwendung! Da also die Maschinerie an sich betrachtet die Arbeitszeit verkürzt, während sie kapitalistisch angewandt den Arbeitstag verlängert, an sich die Arbeit erleichtert, kapitalistisch angewandt ihre Intensität steigert, an sich ein Sieg des Menschen über die Naturkraft ist, kapitalistisch angewandt den Menschen durch die Naturkraft unterjocht, an sich den Reichtum des Produzenten vermehrt, kapitalistisch angewandt ihn verpaupert usw., erklärt der bürgerliche Ökonom einfach, das Ansichbetrachten der Maschinerie beweise haarscharf, dass alle jene handgreiflichen Widersprüche bloßer Schein der gemeinen Wirklichkeit, aber an sich, also auch in der Theorie gar nicht vorhanden sind.«[2]

Marx kritisiert hier die bürgerliche Ökonomie und verteidigt das ungeheure Potenzial, das die kapitalistische Produktionsweise mobilisiert. Wenige Seiten zuvor wirft er in ähnlicher Weise den Ludditen vor, nicht zwischen Maschinerie und ihrer kapitalistischen Anwendung zu unterscheiden:

»Die massenhafte Zerstörung von Maschinen in den englischen Manufakturdistrikten während der ersten 15 Jahre des 19. Jahrhunderts, namentlich infolge der Ausbeutung des Dampfwebstuhls, bot, unter dem Namen der Ludditenbewegung, der Antijakobiner-Regierung eines Sidmouth, Castlereagh usw. den Vorwand zu reaktionärsten Gewaltschritten. Es bedarf Zeit und Erfahrung, bevor der Arbeiter die Maschinerie von ihrer kapitalistischen Anwendung unterscheiden und daher seine Angriffe vom materiellen Produktionsmittel selbst auf dessen gesellschaftliche Exploitationsform übertragen lernt.«[3]

Unter Rückgriff auf diese oder ähnliche Textpassagen wird ihm oft ein instrumenteller Technologiebegriff unterstellt,

2 Karl Marx: Das Kapital, Bd. 1, in: Karl Marx/Friedrich Engels: Werke [MEW], Berlin 1956ff., Bd. 23, S. 465.

3 Ebd., S. 452.

demzufolge Technologie weitestgehend neutral sei, unter kapitalistischen Umständen jedoch nicht im Sinne der Bedürfnisbefriedigung eingesetzt werde. Braverman nennt dies die »marxistische Sicht« und betont die Doppelfunktion von Produktivitätssteigerung und Kontrolle der Arbeiterinnen.[4]

An dem instrumentellen Verständnis, das eine Neutralität der Technik unterstellt, entzündete sich auch Kritik. Marcuse sieht »Technologie als Form sozialer Kontrolle und Herrschaft«, was bereits in der naturwissenschaftlichen Rationalität angelegt sei. Ullrich spricht Naturwissenschaften eine »Affinität zum Kapital« zu und problematisiert gerade deren Zweckoffenheit.[5]

Eine oft zum Merkspruch verkürzte Passage aus dem »Elend der Philosophie« legt eine andere Deutung des Verhältnisses von Technik und Gesellschaft nahe.

> »Mit der Erwerbung neuer Produktivkräfte verändern die Menschen ihre Produktionsweise, und mit der Veränderung der Produktionsweise, der Art, ihren Lebensunterhalt zu gewinnen, verändern sie alle ihre gesellschaftlichen Verhältnisse. Die Handmühle ergibt eine Gesellschaft mit Feudalherren, die Dampfmühle eine Gesellschaft mit industriellen Kapitalisten.«[6]

Der letzte Satz hat zu einem Verständnis beigetragen, nach dem Technologie der Gesellschaft ihren Stempel aufdrückt. Aus dieser als Technikdeterminismus bezeichneten Perspektive ergibt sich zum Beispiel, dass Atomkraft in einen autoritären Staat führe (Jungk) oder Informationstechnologien uns den Postkapitalismus brächten (Mason).[7] Mit dem Verweis auf

4 Harry Braverman: Die Arbeit im modernen Produktionsprozeß, Frankfurt a. M. 1977 [1974], S. 15, 151.

5 Herbert Marcuse: Der eindimensionale Mensch. Studien zur Ideologie der fortgeschrittenen Industriegesellschaft, München 1994 [1967], S. 172; Otto Ullrich: Technik und Herrschaft. Vom Handwerk zur verdinglichten Blockstruktur industrieller Produktion, Frankfurt a. M. 1979, S. 104–105.

6 Karl Marx: Das Elend der Philosophie, in: MEW, Bd 4, S. 63–182, hier S. 130.

7 Robert Jungk: Der Atom-Staat. Vom Fortschritt in die Unmenschlichkeit, Reinbek 1979; Paul Mason: Postkapitalismus. Grundrisse einer kommenden Ökonomie, Berlin 2016; kritisch zu Mason siehe Christian Fuchs: Henryk Grossmann 2.0. Eine Kritik an Paul Masons Buch »Postkapitalismus: Grundrisse einer kommenden Ökonomie«, in: Z. Zeitschrift Marxistische Erneuerung, Nr. 107, 2016, S. 98–114.

die Produktionsweise kommt die Geschichte ins Spiel. Geht also die Dampfmühle dem Kapitalismus zeitlich voraus? Laut Kuczynski habe historische Forschung gezeigt, dass es Jahrhunderte brauchte, ehe der Kapitalismus mit der Dampfmühle seine eigene technologische Basis hervorgebracht hatte, die ihm Stabilität verlieh. Auch Marcuse schließt an das Dampfmühlenbeispiel an, spezifiziert aber Marx' Aussage bezüglich der prägenden Wirkung von Technologie. »Wird die Technik [...] zur umfassenden Form der materiellen Produktion, so umschreibt sie eine ganze Kultur; sie entwirft eine geschichtliche Totalität – eine ›Welt‹«.[8]

Der dritte Text ist das sogenannte Maschinenfragment aus den »Grundrissen«.

> »*Die Produktivkräfte und gesellschaftlichen Beziehungen* – beides verschiedne Seiten der Entwicklung des gesellschaftlichen Individuums – erscheinen dem Kapital nur als Mittel und sind für es nur Mittel, um von seiner bornierten Grundlage aus zu produzieren. In fact aber sind sie die materiellen Bedingungen, um sie in die Luft zu sprengen. [...] *Die Natur baut keine Maschinen, keine Lokomotiven, Eisenbahnen, electric telegraphs, selfacting mules etc. [...] Sie sind von der menschlichen Hand geschaffne Organe des menschlichen Hirns;* vergegenständlichte Wissenskraft. Die Entwicklung des capital fixe zeigt an, bis zu welchem Grade das allgemeine gesellschaftliche Wissen, knowledge, zur *unmittelbaren Produktivkraft* geworden ist und daher die Bedingungen des gesellschaftlichen Lebensprozesses selbst unter die Kontrolle des general intellect [allgemeinen Verstandes] gekommen und ihm gemäß umgeschaffen sind.«[9]

Hier tendiert Marx in Richtung einer sozialkonstruktivistischen Position und betont, wie gesellschaftliches Wissen zur wichtigsten Produktivkraft werde. Dieses Wissen, der *general*

8 Thomas Kuczynski: Zur Dialektik von Produktivkräften und Produktionsverhältnissen in der Geschichte, in: Dieter Janke/Jürgen Leibiger (Hrsg.): Digitale Revolution und soziale Verhältnisse im 21. Jahrhundert, Hamburg 2017, S. 15–26., hier S. 17–18; Marcuse: Der eindimensionale Mensch, S. 169.

9 Karl Marx: Grundrisse zur Kritik der Politischen Ökonomie, MEW, Bd. 42, S. 602.

intellect, wird oft mit sogenannter immaterieller Arbeit in Verbindung gebracht[10] und jüngere Texte zu Digitalisierung schließen hier an. Hardt/Negri beschreiben Algorithmen als »fixes Kapital, eine aus sozialer, kooperativer Intelligenz entstandene Maschine, ein Produkt des *general intellect*«. Sie behaupten weiter, das fixe Kapital sei heute der Mensch, der das Wissen in sich trage, was ihm mehr Autonomie gegenüber dem Kapital ermögliche.[11] Auch Mason bezieht sich auf das in der Passage aufscheinende Emanzipations- und Krisenpotenzial der Technologie und folgert, dass am Widerspruch zwischen Marktmechanismen und Technologie der Kapitalismus schließlich zugrunde gehen müsse, weil er nicht mit geteiltem Wissen umgehen könne.[12]

Marx hinterließ uns also alles andere als eine kohärente Theorie der Technik und es verwundert nicht, dass sich Anschlüsse an sein Werk sehr unterschiedlich ausnehmen. Zunächst geht es darum, marxistische Perspektiven auf Technologie im Kontext historischer Randbedingungen und der Entwicklung der Sozialwissenschaften als Disziplin nachzuspüren, um anschließend durch die Brille verschiedener Autorinnen Schlaglichter auf relevante Schritte technologischer Entwicklung zu werfen. Zuletzt wird versucht, aktuelle Diskussionen um Digitalisierung und deren Bezüge zu vorher genannten Diskussionen kritisch einzuordnen.

Entwicklung der Technologiedebatte in den kritischen Sozialwissenschaften

Seit den 1950er-Jahren schwankt das Technologieverständnis marxistischer Autoren in Deutschland zwischen Technikdeterminismus und Sozialkonstruktivismus und verfehlt es damit häufig, die Dialektik von Produktionsverhältnissen und Produktivkräften (wozu Technologie zählt) zu fassen. Denn »[d]ie

10 Wolfgang Fritz Haug: general intellect, in: Wolfgang Fritz Haug (Hrsg.): Historisch-kritisches Wörterbuch des Marxismus, Bd. 5, Hamburg 2001, S. 230–242, hier S. 237.

11 Michael Hardt/Antonio Negri: Assembly. Die neue demokratische Ordnung, Frankfurt a. M./New York 2018, S. 160, 157.

12 Mason: Postkapitalismus, S. 137.

Menschen machen ihre eigene Geschichte, aber sie machen sie nicht aus freien Stücken, nicht unter selbstgewählten, sondern unter unmittelbar vorgefundenen, gegebenen und überlieferten Umständen«.[13]

Eine grobe historische Linie lässt sich zumindest skizzieren. Die 1950er-Jahre waren charakterisiert von Fortschrittsglauben und einem evolutionären Technikverständnis. Dieser Fortschrittsoptimismus, der die neue Gesellschaft aus den Produktivkräften aufscheinen sah,[14] wurde im Nachhinein häufig kritisiert oder angezweifelt.[15] Eine Abnahme belastender physischer Arbeit und Willkür betrieblicher Herrschaft ließ sich allerdings empirisch belegen.[16] Zudem war Maschinenstürmerei in der Arbeiterbewegung verpönt[17] – auch als »Abgrenzung von elitärer Technikverachtung« konservativer Kulturkritik.[18]

Mit fortschreitender Technisierung und Automatisierung fallen die Urteile in den 1960er-Jahren zunehmend skeptisch aus, da niedrig qualifizierte und physisch belastende Tätigkeiten keineswegs für alle passé waren. Hier nimmt die bis heute gebräuchliche These von der Polarisierung der Arbeitsverhältnisse ihren Ausgang.[19] Der betriebliche Einsatz neuer Produktionstechnologien führe demnach beispielsweise für manche zu einer Dequalifizierung, für andere jedoch zu mehr Selbstbestimmung und einem erweitertem Tätigkeitsspektrum.

---

13 Karl Marx: Der achtzehnte Brumaire des Louis Bonaparte, in: MEW, Bd. 8, S. 111–207, hier S. 115.

14 Oskar Negt: Lebendige Arbeit, enteignete Zeit, Frankfurt a. M. 1984, S. 239.

15 Gerhard Brand/Zissis Papadimitriou: Was trägt die industriesoziologische Forschung zur Entwicklung eines sozialwissenschaftlichen Technikbegriffs bei? [1983], in: Gerhard Brandt: Arbeit, Technik und gesellschaftliche Entwicklung. Transformationsprozesse des modernen Kapitalismus. Aufsätze 1971–1987, Frankfurt a. M. 1990, S. 189–209, hier S. 190.

16 Joachim Bergmann: Technik und Arbeit, in: Burkart Lutz (Hrsg.): Technik und sozialer Wandel. Verhandlungen des 23. Deutschen Soziologentages in Hamburg 1986, Frankfurt a. M./New York 1987, S. 114–134, hier S. 114.

17 Negt: Lebendige Arbeit, S. 240.

18 Brandt/Papadimitriou: Was trägt die industriesoziologische Forschung, S. 191; zur Kulturkritik Heinrich Popitz/Hans Paul Bahrdt/Ernst August Jüres/Hanno Kesting: Technik und Industriearbeit. Soziologische Untersuchungen in der Hüttenindustrie, Tübingen 1957, S. 2–5.

19 Bergmann: Technik und Arbeit, S. 115.

Die 1970er- und 1980er-Jahre können als Hochphase einer an Marx orientierten Technologieforschung bezeichnet werden. Die damals relevantesten Institute entwickelten eigene Forschungsansätze. Das SOFI Göttingen (u. a. Kern/Schumann) verstand Produktionstechnik als Rahmen der Arbeitsorganisation, die trotz einer gewissen Eigenlogik Gestaltungsspielräume lasse. Durch kapitalistische Randbedingungen seien diese jedoch stark eingeschränkt.[20] Auch wenn in der Technologie Chancen für neue Produktionskonzepte und gelockerte Arbeitsteilung gesehen wurden, machte man sich kaum Illusionen bezüglich einer gesamtgesellschaftlichen Transformation, solange die Technologie ausschließlich der Profitproduktion diente.[21] Am ISF München (u. a. Hirsch-Kreinsen) wurde die Eigenständigkeit betrieblicher Strategien des Technologieeinsatzes gegenüber politökonomischen Randbedingungen betont. Das IfS Frankfurt (u. a. Bergmann, Brandt) wiederum interpretierte Produktions- und Informationstechnik als wirkmächtige Elemente grundlegender kapitalistischer Vergesellschaftung. Brandt räumt ein, dass »die Frankfurter nicht immer der ihnen angestammten Neigung widerstanden, sich eine totalisierende und apokalyptische Version der Subsumtionstheorie zu eigen zu machen«.[22] Den Arbeiten aller drei Institute liegt ein instrumentelles Technikverständnis zugrunde, demzufolge Technologie in ihrer kapitalistischen Anwendung untersucht wird.

Die hier angeführten Ansätze werden auch in Subsumtionsmodell (IfS) und Produktionsmodell (SOFI, ISF) unterschieden. Beide Ansätze fokussieren Arbeit im Anschluss an Marx.[23] Das *Subsumtionsmodell* stellt die Unterwerfung der Produktivkräfte, insbesondere formelle und reelle Subsumtion menschlicher Arbeit ins Zentrum und versteht abstrakte Arbeit als

20 Brandt/Papadimitriou: Was trägt die industriesoziologische Forschung, S. 193.

21 Horst Kern/Michael Schumann: Das Ende der Arbeitsteilung? Rationalisierung in der industriellen Produktion, München 1985, S. 321.

22 Gerhard Brandt: Marx und die neuere deutsche Industriesoziologie [1984], in: Brandt: Arbeit, Technik und gesellschaftliche Entwicklung, S. 254–280, hier S. 263.

23 Ebd., S. 255.

spezifisches »Resultat kapitalistischer Vergesellschaftung«.[24] Verkürzend zugespitzt könnte man sagen, dass beim *Produktionsmodell* Produktivitätssteigerung die Motivation für Technologieeinsatz ist, beim Subsumtionsmodell hingegen Herrschaft.

Die Projektgruppe Automation und Qualifikation (PAQ) entzieht sich dieser Unterscheidung, sie ging von der Frage aus, wie sich der Widerspruch zwischen Produktivkräften und Produktionsverhältnissen auf Ebene der Individuen äußere.[25] Das Profitprinzip treibe zwar die Produktivkraftentwicklung voran, damit ließe sich aber noch nicht die konkrete Ausformung der Automation erklären, weil in die Gestaltung Herrschaft und Interessen in Abhängigkeit gesellschaftlicher Kräfteverhältnissen eingingen.[26]

Parallel dazu bildet sich in den 1970er-Jahren ein öffentliches Bewusstsein aus, das »die Risiken der technisch-wissenschaftlichen Zivilisation« problematisiert.[27] Die anfangs genannte Kritik naturwissenschaftlicher und technischer Rationalität etwa von Marcuse und Ullrich fällt hier hinein. Damit einherging, neben der Thematisierung von sozialen und ökologischen Wachstumsgrenzen, eine Abkehr vom Technikdeterminismus und gesellschaftliche Interessen bei der Ausformung von Technologie rückten ins Zentrum.[28]

Kritische Gesellschaftswissenschaften argumentierten freilich nur selten streng deterministisch, in dem Sinn, dass sie Technologie als unabhängige Variable ansahen. Stets ging es um Technologie unter kapitalistischen Vorzeichen. Lutz fasst den damals vorherrschenden Technikdeterminismus zusammen:

> »Gesellschaftliche Modernisierung und sozialer Wandel sind demzufolge letztendlich nichts anderes als die –

24 Brandt/Papadimitriou: Was trägt die industriesoziologische Forschung, S. 198.

25 Projektgruppe Automation und Qualifikation: Widersprüche der Automationsarbeit. Ein Handbuch, Berlin 1987, S. 179; siehe zur PAQ auch den Beitrag von Frigga Haug in diesem Band.

26 Ebd., S. 181, 18–19.

27 Hartmut Hirsch-Kreinsen: Techniksoziologie, in: Hartmut Hirsch-Kreinsen/Heiner Minssen (Hrsg.): Lexikon der Arbeits- und Industriesoziologie, Berlin 2013, S. 454–461, hier S. 455.

28 Bergmann: Technik und Arbeit, S. 115.

> freilich oft durch Trägheit, Borniertheit oder kurzsichtige Interessen verzögerte – Anpassung der sozioökonomischen und soziopsychischen Strukturen an die Bedingungen, Zwänge und Möglichkeiten, die entweder vom technischen Fortschritt unmittelbar geschaffen und eröffnet werden oder Konsequenz seiner Umsetzung in Produktivitätssteigerungen und Wirtschaftswachstum sind.«[29]

Technologie verfügt also über eine gewisse Eigenlogik und Härte, wird aber zu bestimmten Zwecken eingesetzt. Somit widersprechen sich instrumentelle und technikdeterministische Auffassung nicht zwangsläufig.

Gleichzeitig vollzieht sich im Bereich der Arbeit ein Rationalisierungs- und Technisierungsschub, wie es ihn historisch nur selten gab und der durch gleichzeitige Massenarbeitslosigkeit eine »spezifische gesellschaftliche Dramatik« erhält. Zudem setzen ein enger verflochtener Weltmarkt und Stagnation die Kapitalseite unter Rationalisierungsdruck.[30]

Im Laufe der 1980er-Jahre verdrängten Fragen der Organisation von Arbeit zunehmend Fragen der Technologie.[31] Nicht zuletzt die an das Werk von Braverman (1974) anschließende *Labour Process Debate*, die betriebliche Herrschaft und den politischen Gehalt des Arbeitsprozesses betont, dient von dort an vielen als Bezugspunkt.[32] Hinzu kommt der Umstand, dass sich eine deutschsprachige Techniksoziologie ab Ende der 1980er-Jahre in Abgrenzung zu der an Marx orientierten Arbeits- und Industriesoziologie als eigene Subdisziplin

29 Burkart Lutz: Das Ende des Technikdeterminismus und die Folgen: soziologische Technikforschung vor neuen Aufgaben und neuen Problemen, in: Burkart Lutz (Hrsg.): Technik und sozialer Wandel. Verhandlungen des 23. Deutschen Soziologentages in Hamburg 1986, Frankfurt a. M./New York 1987, S. 34–52, hier S. 35.

30 Bergmann: Technik und Arbeit, S. 115.

31 Sabine Pfeiffer: Technisierung von Arbeit, in: Fritz Böhle/G. Günter Voß/Günther Wachtler (Hrsg.): Handbuch Arbeitssoziologie, Wiesbaden 2010, S. 231–261; Sabine Pfeiffer: Arbeit und Technik, in: Hartmut Hirsch-Kreinsen/Heiner Minssen (Hrsg.): Lexikon der Arbeits- und Industriesoziologie, Berlin 2013, S. 48–53; Fritz Böhle: Technik und Arbeit – neue Antworten auf »alte« Fragen, in: Soziale Welt, Jg. 49 (1998), H. 3, S. 233–252; Michael Schumann: Das Ende der kritischen Industriesoziologie?, in: Leviathan, Jg. 30 (2002), H. 3, S. 325–344.

32 Braverman: Die Arbeit im modernen Produktionsprozeß; kritisch dazu Brandt: Marx und die neuere deutsche Industriesoziologie, S. 276.

konstituiert[33] und Begriffe wie Kapitalismus und Industriegesellschaft auch innerhalb der Soziologie in Zweifel gezogen werden.[34] Einige Protagonisten sagen jedoch rückblickend, dass so viel marxsche Theorie in der Arbeitssoziologie nicht vorhanden war. Gleichwohl ließen sich Konflikte und Krisen ab Ende der 1960er-Jahre (Arbeitskämpfe, 68er Revolte, Wirtschaftskrise 1974/75) mit ihr erklären. Doch je mehr sich Institutionen der Arbeitsgesellschaft als flexibel erwiesen, desto mehr verschwand Marx aus der Industriesoziologie und systemtheoretische und neoinstitutionalistische Ansätze wurden in den 1980er-Jahren zunehmend populär. Ferner fielen »Sozialdemokratie und Gewerkschaften, die entsprechende staatliche Reformprogramme implementierten«, als Adressaten und strategische Bündnispartner weg.[35]

Das Interesse an Technologie ging in der Arbeits- und Industriesoziologie parallel mit dem Bezug auf das marxsche Erbe zurück. Erst im Kontext umfassender Digitalisierung wendet sich in den letzten Jahren eine an Marx anschließende Forschung wieder verstärkt der Technologie zu.

Produktivkraftentwicklung von der Automation zur Information

Marx hatte große Industrie, Werkzeugmaschinen und Dampfkraft vor Augen und das Bild kapitalistischer Produktionsweise war in dramatischer Veränderung begriffen. Doch das Wesentliche war die darin institutionalisierte Veränderung der Produktivkräfte. »Die moderne Industrie betrachtet und behandelt die vorhandene Form eines Produktionsprozesses nie als definitiv. Ihre technische Basis ist daher revolutionär [...].«[36] Mit den Produktivkräften wandeln sich also auch Produktionsparadigmen, und dies nicht kontinuierlich, sondern von Zeit zu Zeit auf grundlegende, »revolutionäre« Weise.

33 Roger Häußling: Techniksoziologie, Baden-Baden 2014, S. 321.

34 Schumann: Das Ende der kritischen Industriesoziologie?, S. 326.

35 Helmut Martens: Industriesoziologie. Ende der Debatte heißt nicht Ende der Krise, in: Soziale Welt, Jg. 59 (2008), H. 1, S. 79–100, hier S. 85–86, 90.

36 MEW, Bd. 23, S. 510–511.

Dies schlug sich auch in der Forschung nieder und ein Großteil materialistischer Analysen widmete sich der Automation, bis mit Computern und Informationstechnologien die technologische Basis erneut umgewälzt wurde. Über die Jahrzehnte wurden so immer wieder dynamische Schubphasen ausgemacht, die die Forschung auf den Begriff zu bringen versuchte. Digitalisierung war nicht das erste Schlagwort, das neue Produktionsparadigmen und -technologien bezeichnete, und auch Begriffe der Vergangenheit waren oft schwammig.

Pollock hatte schon 1956 darauf hingewiesen, dass es keine einheitliche Definition von Automation gebe. Die einen sähen darin genuin neue Produktionsmethoden, andere verstünden darunter nur eine evolutionäre Weiterentwicklung der Mechanisierung. Die gesellschaftlichen Konsequenzen, nämlich die drohende wirtschaftliche Instabilität infolge von Unterkonsumption, Zentralisierung und Arbeitsplatzabbau, rechtfertigten es für Pollock dennoch, den Begriff Automation für die historische Phase der Industrieländer zu verwenden. Pollock prognostizierte das Entstehen einer »Automation-Hierarchie«, welche »die in den automatisierten Werken und Büros auf allen Stufen tätigen Menschen« umfasst, deren Ausbildung, Selbstbewusstsein und Lebensstandard höher und deren Arbeitsplätze sicherer seien. Der Rest werde eine *surplus population,* also Reservearmee, und diejenigen, deren Arbeitsplätze nicht substituiert würden, wären sich ihrer drohenden Ersetzung zumindest bewusst. Pollock kann damit als früher Vertreter der Polarisierungsthese gesehen werden. Aber »vernünftig angewandt könnte die Automation den Menschen wieder zum Herren des Wirtschaftsprozesses auf allen Stufen machen«.[37]

Die PAQ stellte die Polarisierungsthese in Frage. Automation befördere einerseits Vereinzelung, verlange aber auch Formen von Selbstverwaltung und Demokratie im Betrieb

37 Friedrich Pollock: Die wirtschaftlichen und sozialen Folgen der Automatisierung, in: Arbeitsgemeinschaft Sozialdemokratischer Akademiker (Hrsg.): Revolution der Roboter. Untersuchungen über Probleme der Automatisierung, München 1956, S. 65–105.

und fordere letzten Endes höhere Qualifizierung, da mehr Entscheidungskompetenzen auf dem *shopfloor* gebraucht würden.[38] Braverman sieht, dass durch die Möglichkeit externer Steuerung und universaler Anwendbarkeit Menschen wieder zunehmend die Maschinerie beherrschten. Aber weil das Management die Kontrolle behalte, werde die Beherrschung des Arbeitsprozesses durch den Menschen zur Beherrschung des Menschen durch den Arbeitsprozess.[39]

Für Arbeit in automatisierten Betrieben sehen viele die Behebung von Störungen und korrigierendes Eingreifen als charakteristisch an.[40] Die Frage ist, ob einem Großteil der Belegschaft »planende(s) Handeln in Situationen der Ungewissheit« (PAQ) zugestanden wird oder ob lebendige Arbeit die Automationslücken füllt, wie Braverman argumentiert. Aufgabenintegration werde nur durch gewerkschaftlichen Druck erreicht und »Werkstattprogrammierung wird weit seltener praktiziert, als technisch möglich wäre«.[41]

Besonders in Büroberufen seien Frauen von technologischer Arbeitslosigkeit bedroht.[42] Im Industriebetrieb würden ihnen einfache Teilaufgaben, wie das Übertragen von Planungsblättern in ein maschinenlesbares Format gegeben.[43] Weiter fänden Frauen schlecht Arbeit in der Automation. Übrig blieben Stellen, die schon wieder von Ersetzung bedroht und von mangelnder Flexibilität und Qualifikation geprägt seien, beispielsweise in der Datenerfassung.[44]

38 Vgl. Projektgruppe Automation und Qualifikation: Widersprüche der Automationsarbeit.

39 Braverman: Die Arbeit im modernen Produktionsprozeß, S. 149–151.

40 Werner van Treeck: Automation, in: Wolfgang Fritz Haug (Hrsg.): Historisch-kritisches Wörterbuch des Marxismus, Bd. 1, Hamburg 2004; ähnlich die PAQ.

41 Bergmann: Technik und Arbeit, S. 119.

42 Pollock: Die wirtschaftlichen und sozialen Folgen der Automatisierung, S. 93.

43 »Der Kandidat für diese Beschäftigung wird sofort in einstimmiger Wahl bestimmt: das ›Mädchen‹, die weibliche Maschinenarbeiterin, die ihre Aufgabe in wenigen Tagen lernt, in wenigen Wochen oder Monaten optimale Effizienz erzielt und aus einem großen Arbeitskräfteangebot herausgeholt und zu kaum mehr als der Hälfte des Maschinenschlosserlohns eingestellt wird.« Braverman: Die Arbeit im modernen Produktionsprozeß, S. 158.

44 Projektgruppe Automation und Qualifikation: Widersprüche der Automationsarbeit, S. 176.

Spätestens seit den 1980er-Jahren wird die zunehmende Relevanz von Computern im Produktionsprozess und deren breites Anwendungsspektrum thematisiert.[45] Auf die Krise von Fordismus und tayloristischer Produktion reagiere das Kapital mit Flexibilisierungsstrategien von Mensch und Maschine mittels Mikroelektronik. Weil Rationalisierung und abnehmende Kaufkraft der Lohnabhängigen in Widerspruch gerieten und die Realisierung der Profite erschwerten, sei das Problem der »›mikroelektronischen‹ Akkumulationsstrategie« kein technisches.[46] Auch Kern/Schumann sehen die Entwicklung, »nicht als technologisches Phänomen, sondern als einen komplexen Umbruch der Industriestruktur«.[47] Dieses Umdenken werde auf der einen Seite durch Anwendung neuer Technologie befeuert, auf der anderen könne diese besser eingesetzt werden, wenn Qualifikation und Arbeitsgestaltung dazu passen.

In den 1990er-Jahren wendet sich Schmiede den Informations- und Kommunikationstechnologien zu und bettet deren Verbreitung mit dem Konzept der *Informatisierung* in die historische Entwicklung der kapitalistischen Produktionsweise ein. Die »Verfügung über die relevanten Informationen« werde zur notwendigen Grundlage, insbesondere für die Kontrolle der Arbeiterinnen bei steigender Kapitalintensität, für die Maschinensteuerung und zur Erhöhung der Umschlagsgeschwindigkeit.[48] Schmiede steht damit in der Tradition der Subsumtionsthese. Die starke Rolle der Information als Abstraktion und digitale Symbolisierung habe weitreichende Konsequenzen und abstrakte Arbeit werde vom analytischen Kon-

45 Rudi Schmiede: Informatisierung, Formalisierung und kapitalistische Produktionsweise: Entstehung der Informationstechnik und Wandel der gesellschaftlichen Arbeit, in: Rudi Schmiede (Hrsg.): Virtuelle Arbeitswelten. Arbeit, Produktion und Subjekt in der »Informationsgesellschaft«, Berlin 1996, S. 15–47; Kern/Schumann: Das Ende der Arbeitsteilung?; Walther Müller-Jentsch: Technik als Rahmenbedingung und Gestaltungsoption industrieller Beziehungen, in: ders.: Arbeit und Bürgerstatus. Studien zur sozialen und industriellen Demokratie, Wiesbaden 2009, S. 213–237.

46 Joachim Hirsch/Roland Roth: Das neue Gesicht des Kapitalismus. Vom Fordismus zum Post-Fordismus, Hamburg 1986, S. 114–115.

47 Kern/Schumann: Das Ende der Arbeitsteilung?, S. 24.

48 Schmiede: Informatisierung, S. 20, 23.

zept zur sinnlich erfahrbaren Realität im Betrieb, wie schon Braverman argumentiert hatte. Es komme zu einer »Entqualifizierung« von Arbeit, nicht im Sinne einer Dequalifizierung, sondern im Sinne eines Verlustes an unterschiedlichen Qualitäten. Immer mehr Arbeiten glichen sich im Umgang mit Symbolen am Bildschirm. Das Qualifikationsniveau könne sich dabei erhöhen oder absenken, aber die Trennung von Hand- und Kopfarbeit bestehe weiter – teilweise auch innerhalb einer Person. Im Computer sieht Schmiede die Übertragung des Taylorismus auf Denkprozesse, die sich damit ebenfalls aufspalten ließen. Das Management selbst werde damit zum Objekt des Taylorismus.

Aufgrund wachsender Speicherkapazitäten und größerer Kommunikationsnetzwerke seien komplexe autonome Maschinensysteme technisch möglich geworden. Und obwohl diese Systeme prinzipiell keiner menschlichen Steuerung mehr bedürften, seien sie nicht ungesteuert: »Die anonymen Zwänge des Wertgesetzes [...] bleiben zweckbestimmend.« Die Möglichkeiten für Informations- und Wissensaneignung hätten sich zwar beträchtlich erhöht, aber »der Herrschaftsschleier, der über der kapitalistischen Produktionsweise liegt [ist] nur noch dichter geworden«.[49]

»Digital ist besser«.[50] Zwischen Hype und Revolution

Die Verbreitung digitaler Technologien ist ein für die gesamte Gesellschaft relevanter Prozess. Unter dem Schlagwort Industrie 4.0 fokussiert sich die Diskussion in Deutschland auf industrielle Produktion, der vor dem Hintergrund der Krise ab 2008 neue Relevanz zugesprochen wird.[51] Der Industrie-4.0-Diskurs ist in weiten Teilen vor allem Hype und interessengeleitete

49 Ebd., S. 37, 39, 47; hier zeigt sich der Einfluss Marcuses, dessen Analysen Schmiede am Frankfurter IfS sicher kennenlernte: »Die allseitige Leistungsfähigkeit und Produktivität des Apparats [...] verschleiern die den Apparat organisierenden partikularen Interessen.« Marcuse: Der eindimensionale Mensch, S. 183.

50 Song auf dem ersten Album, »Digital ist besser«, der Band Tocotronic, 1995.

51 Sabine Pfeiffer: Warum reden wir eigentlich über Industrie 4.0? Auf dem Weg zum digitalen Despotismus, in: Mittelweg 36, Jg. 24 (2015), H. 6, S. 14–36.

Werbeveranstaltung von Kapitalseite. Neben der Sorge um den Standort offenbart sich in ihm ein Technikdeterminismus, der auch die internationale Debatte prägt.[52] Technologie erscheint oft als Subjekt des Wandels, dem sich Arbeit und Gesellschaft anpassen müssten und soziale Prozesse werden ausgeblendet. Was die diagnostizierte technologische Revolution[53] alles umfassen soll, ändert sich fast täglich: Internet der Dinge, Cyber-physische Produktionssysteme, Smart Factory, Big Data ... die Begriffsvielfalt kann die Begriffslosigkeit kaum verdecken. Ein Begriff von Technologie oder eine genauere Beschreibung deren Rolle in der Gesellschaft ist im Mainstreamdiskurs nicht zu finden.

Fragen der Technologie stehen aber auch wieder auf der Agenda an Marx orientierter Gesellschaftswissenschaften. In der internationalen Diskussion um Digitalisierung stehen häufig datenzentrierte Unternehmensmodelle im Mittelpunkt, die mit unterschiedlichen Akzentuierungen als *Plattformkapitalismus* oder *Überwachungskapitalismus* bezeichnet werden.[54]

Die Beschäftigung mit Digitalisierung der Arbeit erinnert vielfach an die Automatisierungsdiskussion. Technologische Arbeitslosigkeit wird dabei ebenso als Risiko gesehen, wie innerbetriebliche Polarisierung.[55] Verstärkte Kontrolle als

52 Florian Butollo/Thomas Engel: Industrie 4.0 – arbeits- und gesellschaftspolitische Perspektiven. Zwischen Dystopie und Euphorie, in: Z. Zeitschrift Marxistische Erneuerung, Nr. 103, 2015, S. 29–41.

53 Der Topos industrieller Revolutionen und deren Nummerierung sind nicht neu. Bereits Günther Anders' »Die Antiquiertheit des Menschen« verweist in den Untertiteln der beiden Bände auf eine zweite (1956) bzw. dritte (1980) industrielle Revolution. Braverman erkennt eine wissenschaftlich-technischer Revolution in den letzten Jahrzehnten des 19. Jahrhunderts, die die Rolle der Wissenschaft grundsätzlich änderte (S. 124–132.). Müller-Jentsch schreibt 1999 von einer »dritten technologischen oder industriellen Revolution«. Hirsch/Roth sehen, wie auch Rifkin, in Computern, IuK-Technologien und neuen Steuerungstechniken eine dritte industrielle Revolution. Brynjolfsson/McAffee hingegen sprechen vom zweiten Maschinenzeitalter.

54 Nick Srnicek: Plattform-Kapitalismus, Hamburg 2018; Shoshana Zuboff: Das Zeitalter des Überwachungskapitalismus, Frankfurt a. M./New York 2018.

55 Klaus Dörre: Digitalisierung – neue Prosperität oder Vertiefung gesellschaftlicher Spaltung?, in: Hartmut Hirsch-Kreinsen/Peter Ittermann/Jonathan Niehaus (Hrsg.): Digitalisierung industrieller Arbeit. Die Vision Industrie 4.0 und ihre sozialen Herausforderungen, Baden-Baden 2015, S. 269–284.

mögliche Konsequenz neuer Technologien ist in der aktuellen Debatte prominentes Thema – und zwar als direkte Überwachung sowohl der Beschäftigten wie der Konsumentinnen und User. Sie kann von scheinbarer Partizipation, über autoritären Zugriff durch detaillierte Datenerfassung bis hin zu Verhaltenssteuerung reichen. Dennoch scheint die Subsumtionsthese in ihrer apokalyptischen Version heute keine große Rolle mehr zu spielen. Während sich manche wie Srnicek oder Mason totalen Automatisierungsfantasien hingeben, warnen andere davor, menschliche Arbeitskraft und Erfahrung in Digitalisierungsszenarien zu vernachlässigen.

Das kritische Lager ist unentschieden, ob ein historischer Einschnitt konstatiert werden sollte, oder ob es sich nur um ein mehr vom Alten handele. Es sei keineswegs geklärt, ob wirklich eine vierte industrielle Revolution vor der Tür stehe. Während Haug von einer »Epochenschwelle« spricht, weist Fuchs darauf hin, dass die Verbreitung von Informationstechnologien nicht als radikaler Bruch verstanden werden dürfe, weil sie noch nichts über Produktionsverhältnisse, Ausbeutung und Produktionsweisen aussage.[56]

Anfang des Jahrtausends war ein linkes, emanzipatorisches Projekt in Bezug auf digitale Technologien nicht in Sicht und das Konzept des herrschenden Blocks konnte sich durchsetzen. Am Beispiel der Kybernetik lässt sich zeigen, dass mit Technologien stets opponierende politische Visionen verbunden wurden, die sich in einer Wechselwirkung von »materieller und ideologischer Entwicklung« durchsetzten.[57] Es ist ein Paradox der aktuellen Diskussion, dass gerade in relativ unkritischer Technikbegeisterung eine gesellschaftliche Alternative zur kapitalistischen Wirtschaftsweise am deutlichsten thematisiert wird. Ein linkes Projekt deutet

56 Wolfgang Fritz Haug: Hightech-Kapitalismus an der Schwelle zur digitalen Schließung, in: Dieter Janke/Jürgen Leibiger (Hrsg.): Digitale Revolution und soziale Verhältnisse im 21. Jahrhundert, Hamburg 2017, S. 61–73; Christian Fuchs: Digital Labour and Karl Marx, New York/London 2014, S. 144.

57 Simon Schaupp: Vergessene Horizonte. Der kybernetische Kapitalismus und seine Alternativen, in: Paul Buckermann/AnneKoppenburger/Simon Schaupp (Hrsg.): Kybernetik, Kapitalismus, Revolutionen. Emanzipatorische Perspektiven im technologischen Wandel, Münster 2017, S. 51–73, hier S. 52.

sich aber auch da an, wo Fragen der Demokratie gestellt und Potenziale digitaler Technologien für Wirtschaftsdemokratie ausgelotet werden.[58]

Die Digitalisierung ist ein gesamtgesellschaftlicher Prozess, aber Analysen von Plattformen und digitalisierten Industrieunternehmen stehen meist nur nebeneinander, von Analysen der Kultur, Geschlechterverhältnisse, Ökologie oder Politik gar nicht zu sprechen. Für Marx war klar, dass »[d]ie Umwälzung der Produktionsweise in einer Sphäre der Industrie [...] ihre Umwälzung in der andren« bedingt.[59] Von der Produktionsweise her zu denken, versuchen jedoch die wenigsten. Allerdings ist auch noch zu klären, ob sich unter digitalen Vorzeichen das Verhältnis von Produktivkräften und Produktionsverhältnissen noch so fassen lässt, wie Marx es versucht hat.

Insgesamt ist es zwar erfreulich, dass Technologie im Kontext von Digitalisierung wieder eine größere Rolle in kritischen Sozialwissenschaften spielt. Doch leider mangelt es an Bezügen zwischen zeitgenössischen Beiträgen, Anschlüssen an vergangene Diskussionen und auch der Rezeption von Marx selbst. Von einem kritisch prüfenden Zugriff auf dessen fragmentarisches Werk zu Fragen der Technik kann kritische Forschung auch heute profitieren. Marx wieder stärker in die Diskussion zu holen hieße, Widersprüche, Wissen um gesellschaftliche Kontingenz und Kritik kapitalistischer Vergesellschaftung zum selbstverständlichen Ausgangspunkt der Analyse zu nehmen.

58 Siehe zum Beispiel Jürgen Leibiger: Einführung, in: Janke/Leibiger (Hrsg.): Digitale Revolution, S. 9–14; Dörre: Digitalisierung, S. 282.

59 MEW, Bd. 23, S. 404.

II Roboter in der Fabrik – Vision und Wirklichkeit

Kim Moody

Schnelle Technologie, langsames Wachstum

Roboter und die Zukunft der Arbeit[1]

In den letzten Jahren haben Schriften verschiedener Techno-Futuristen zu einem neuen Aufleben der regelmäßig wiederkehrenden Debatte über Technologie und die Zukunft der Arbeit beigetragen. Die Bücher von Martin Ford und Brynjolfsson/McAfee schafften es auf die Bestsellerliste der *New York Times* und beeindruckten die Öffentlichkeit mit einer Flut von Informationen zu neuen Technologien, künstlicher Intelligenz, Robotik, selbstfahrenden Autos und Lastwagen, 3D-Druckern sowie der damit verbundenen Zerstörung von Arbeitsplätzen und dem unvermeidlichen Verschwinden der Arbeiterklasse – und vielleicht auch der Manager und Buchhalter.[2] Konfrontiert mit derart überwältigenden Einschätzungen zum technischen Fortschritt neigen wir dazu, wie das sprichwörtliche Kaninchen zu verharren, das auf die Schlange starrt. Die Katastrophe, die auf uns zukommt, scheint unaufhaltsam.

Ähnliche Prognosen einer »unvermeidlichen« Auswirkung von neuen Technologien auf die Beschäftigung hat es jedoch auch schon in der Vergangenheit gegeben. Ford selbst erinnert an den Bericht über die »dreifache Revolution« von 1964, der den Verlust unzähliger Arbeitsplätze durch die zunehmende Automatisierung prognostiziert hatte.[3] Aber es kam anders. Selbst in der Industrie und trotz der schweren Krise

1 Gekürzte Übersetzung von Kim Moody: High Tech, Low Growth: Robots and the Future of Work, in: Historical Materialism, Vol. 26 (2018), Nr. 4, S. 3–34, published by Koninklijke Brill NV, Leiden, Abdruck mit freundlicher Genehmigung des Verlags; aus dem Englischen übertragen von Christian Frings.

2 Martin Ford: The Rise of the Robots: Technology and the Threat of Mass Unemployment, London 2016 (dt.: Aufstieg der Roboter. Wie unsere Arbeitswelt gerade auf den Kopf gestellt wird – und wie wir darauf reagieren müssen, Kulmbach 2016); Erik Brynjolfsson/Andrew McAfee: The Second Machine Age: Work, Progress, and Prosperity in a Time of Brilliant Technologies, New York 2014 (dt.: The Second Machine Age. Wie die nächste digitale Revolution unser aller Leben verändern wird, Kulmbach 2014).

3 Ford: Aufstieg der Roboter, S. 50–52.

von 1974/75 wuchs die Beschäftigung in den USA rasant. Erst die noch massivere Rezession von 1980–1982 führte zu einer Wende und vernichtete Arbeitsplätze in einem Maße, wie es die Automatisierung nicht getan hatte.

Die 1990er-Jahre erlebten eine weitere Welle von technologischen Angstszenarien, zu deren einflussreichsten das 1995 veröffentlichte Buch »Das Ende der Arbeit« von Jeremy Rifkin gehörte.[4] Schon der Titel ist die Botschaft. Rifkin stellte eine Reihe von jüngsten Beispielen arbeitssparender Technologien und Fällen des Reengineerings zusammen und sagte damit den massiven und dauerhaften Verlust von Arbeitsplätzen vorher. Doch über zwei Jahrzehnte später gibt es in den USA und auf der ganzen Welt nicht weniger, sondern mehr Jobs. Die Arbeit fand kein Ende, sondern firmierte nur unter anderen offiziellen statistischen Kategorien und wurde schlechter, wie ich noch zeigen werde. So wie die heutigen Projektionen beruhte die von Rifkin auf einer Vielzahl von Informationen, die oft anekdotisch waren, und einer Vielzahl von Vorhersagen, die meistens abwegig waren.

Zum Beispiel zitierte Rifkin eine Studie der Andersen Consulting von 1993, die den Verlust von 700 000 Arbeitsplätzen bei Banken und Sparkassen innerhalb der nächsten sieben Jahre als Folge des Reengineering voraussagte. Tatsächlich gingen von 1990 bis 2000 im kommerziellen Bankgeschäft 111 700 Arbeitsplätze verloren, etwa ein Sechstel der Prognose, und dies wahrscheinlich aufgrund der Branchenkonsolidierung. Bis 2010 hatten die Geschäftsbanken die Hälfte der verlorenen Arbeitsplätze trotz Konsolidierungen und besserer Computer zurückgewonnen, und bis Mitte 2017 erreichten sie 97 Prozent des Niveaus von 1990. Computer zerstörten Arbeitsplätze, aber bei Weitem nicht in dem Maße, wie es sich Andersen Consulting oder Rifkin vorgestellt hatten.[5]

4 Rifkin, Jeremy: The End of Work: The Decline of the Global Labor Force and the Dawn of the Post-Market Era, New York 1995 (dt. Das Ende der Arbeit und ihre Zukunft, Frankfurt a. M. u. a. 1995).

5 Rikfin: Das Ende der Arbeit, S. 22, 116–117; US Census Bureau: Statistical Abstract of the United States, 2012, Washington DC 2011, S. 409–411; Bureau of Economic Analysis: Gross Output by Industry, 2017, unter: www.bea.gov.

Noch abwegiger war eine von Rifkin zitierte Prognose des US-Arbeitsministeriums aus dem Jahr 1990, nach der durch verschiedene Formen von Automatisierung der Bedarf an Arbeitskräften im Lagerbereich um 25 Prozent reduziert werden könnte. Stattdessen stieg die Beschäftigung in diesem Bereich zwischen 1990 und 2000 um 27 Prozent und dann von 2000 bis Mitte 2017 trotz Rezession und technologischem Fortschritt noch mal um 83 Prozent.[6] Die Prognose lag unter anderem deswegen so falsch, weil es heute nicht nur mehr Lagerhäuser gibt, sondern weil diese auch sehr viel größer sind und daher mehr und nicht weniger Arbeitskräfte benötigen.

Techno-Futuristen, die langfristige ökonomische Entwicklungen vorhersagen wollen, verstehen meistens nicht, welche Rolle Investitionen in neue Technologien im Kapitalismus spielen. Rifkin lag mit seinen Prognosen nicht nur deswegen daneben, weil er die Effekte der Technologien falsch einschätzte oder ihm die Kenntnisse über sie fehlten, sondern weil ihm die Widersprüche der kapitalistischen Akkumulation nicht klar waren. Als er sie Mitte der 1990er-Jahre veröffentlichte, schien sich die Wirtschaft im Aufschwung zu befinden und zunehmend in Hightech investiert zu werden. Aber seit Ende der 1960er-Jahre hatten sich die grundlegenden Probleme des Kapitalismus verschärft und schon fünf Jahre nach seiner Prognose platzte im März 2000 die Dotcom-Blase.

Methode und Zusammenfassung der Argumentation

Im Unterschied zum Ansatz der meisten Techno-Futuristen, Wissenschaftlerinnen und Regierungsbehörden werde ich die marxistische Theorie der kapitalistischen Dynamik nutzen, um die vergangenen und möglicherweise zukünftigen arbeitsplatzvernichtenden Effekte von Technologien abzuschätzen. Den Ausgangspunkt für diese Untersuchung bilden die Turbulenzen der tatsächlichen kapitalistischen Entwicklung, die seit den 1970er-Jahren aufgetaucht sind und bis auf

6 Bureau of Economic Analysis: Current Cost Net Stock of Private Equipment by Industry, Table 3.1E, Revised 23 August 2017, unter: www.bea.gov.

Weiteres andauern dürften. Das entscheidende Argument ist hier, dass es nicht so sehr darauf ankommt, ob sich eine bestimmte Tätigkeit durch eine neue Technik automatisieren lässt, sondern ob der Einsatz dieser Technik auch profitabel ist und daher in sie investiert wird. Damit stellen sich für die Einschätzung der »vierten industriellen Revolution« ganz andere Fragen, als sie in den meisten der oben genannten Prognosen berücksichtigt werden.

Ich werde zunächst empirisch untersuchen, wie überraschend langsam Roboter in der Industrie eingeführt wurden, was zum Teil an ihren begrenzten Fähigkeiten, ihren relativen Kosten und Problemen der Profitabilität lag; was die tatsächlichen Gründe für den Abbau von Arbeitsplätzen in der Industrie seit Anfang der 1980er-Jahre waren; die Ironie, dass der zunehmende Einsatz von Informations- und Kommunikationstechnik (IKT) zur Kontrolle und Steuerung von Lieferketten und Lagerhaltung tatsächlich zu einem starken Anstieg der Beschäftigung in diesem Sektor geführt hat; und schließlich die immer wieder vertagten Versprechungen von »fahrerlosen« Autos und Lastwagen.[7] Abschließend werde ich zeigen, dass sowohl die Dynamik der Kapitalakkumulation wie die Turbulenzen des Kapitalismus in den USA und auf globaler Ebene zu einem Rückgang der Investitionen in arbeitssparende Technologien geführt haben, was der von den Techno-Futuristen vorausgesagten Ersetzung menschlicher Arbeit durch Maschinen im Wege steht.

Technologisch möglich oder ökonomisch profitabel?

Neben den genannten populärwissenschaftlichen Schriften gab es akademische Bemühungen, die Wahrscheinlichkeit eines massiven Arbeitsplatzverlustes aufgrund von Automatisierung oder anderen technologischen Fortschritten abzuschätzen. Häufig zitiert wird zum Beispiel zurzeit die Studie

7 Anm.d.Ü.: Die beiden Abschnitte zu Lieferketten und »fahrerlosen« Fahrzeugen fehlen in dieser gekürzten Übersetzung, es lohnt sich aber, sie im Original nachzulesen.

der Oxford-Wissenschaftler Carl Frey und Michael Osborne, in der sie versuchen, ausgehend von Daten des Bureau of Labour Statistics (BLS) zu berechnen, wie stark 702 verschiedene Berufe von der Computerisierung betroffen sein könnten. Sie kommen zu dem Ergebnis, dass 47 Prozent aller Beschäftigten in den USA einem hohen Risiko ausgesetzt sind, was bedeutet, dass diese Berufe innerhalb der nächsten zehn oder zwanzig Jahre automatisiert werden könnten.[8] Sie gehen davon aus, dass sich der Fortschritt bei Schlüsselelementen der Automatisierung wie »maschinellem Lernen«, »Big Data« und Robotergeschicklichkeit beschleunigen wird, versuchen aber in keiner Weise, die wirtschaftliche Machbarkeit der Anwendung solcher Technologien unter den heutigen, turbulenten ökonomischen Bedingungen einzuschätzen.

Verständlicherweise machen sich auch die Wortführer der Kapitalistenklasse Gedanken darüber, welche Wettbewerbsvorteile oder welche gesellschaftlichen Erschütterungen mit diesen neuen Technologien verbunden sein könnten. Sowohl die Welthandelsorganisation (WTO) wie das Weltwirtschaftsforum (WEF) haben kürzlich Untersuchungen zur »vierten industriellen Revolution« veröffentlicht. Als Verwalter und Praktiker des Kapitalismus äußern sie sich natürlich etwas vorsichtiger zu den möglichen Arbeitsplatzverlusten. Nach den üblichen Argumenten zur Schaffung von neuen Arbeitsplätzen, Berufen und ganzen Industriezweigen durch diese »schöpferische Zerstörung« zitiert der WTO-Bericht von 2017 zwei Studien des McKinsey Global Institute, denen zufolge zwar 60 Prozent der Arbeitsplätze in den USA von einer teilweisen Automatisierung betroffen sein können, sich aber lediglich fünf Prozent mit den heutigen Technologien vollständig automatisieren lassen. Die WTO selbst schätzt, dass etwa neun Prozent der Arbeitsplätze in den USA und den 21 OECD-Ländern »anfällig für Vollautomatisierung« sind. Sie räumt zwar ein, dass die Kosten ein Faktor bei der Einführung neuer Technologien sind,

8 Carl Benedikt Frey/Michael A. Osborne: The Future of Employment: How Susceptible Are Jobs to Computerization?, in: Technological Forecasting & Social Change, Vol. 114 (2017), S. 254–280.

geht aber nicht weiter darauf ein, was dies für die Wahrscheinlichkeit solcher Investitionen bedeutet.[9]

Der WEF-Bericht »The Future of Jobs« von 2016 schätzt aufgrund einer Umfrage unter Führungskräften, dass es in den berücksichtigten 15 Ländern zwischen 2015 und 2020 zu einem Nettoverlust von 5,1 Millionen Arbeitsplätzen durch Automatisierung kommen könnte. Zugleich wird jedoch betont, dass es in diesen Ländern 1,86 Milliarden Beschäftigte gibt, sodass diese Prognose noch bescheidener erscheint als die Schätzungen der WTO und von McKinsey. Auf die Frage nach den wichtigsten Triebkräften des Wandels antworteten nur neun Prozent der Führungskräfte mit »Fortgeschrittene Robotik und autonomes Transportwesen« und noch weniger nannten »Künstliche Intelligenz und maschinelles Lernen« oder »3D-Drucken«. Am häufigsten fiel die Antwort mit 44 Prozent auf »Veränderte Arbeitsbedingungen und flexible Arbeitsregelungen«. Meinten sie damit etwa Methoden der Lean Production und ähnliche neue Managementstrategien? Als einziges ökonomisches Hindernis für die Einführung neuer Technologien wurde »Druck der Aktionäre, kurzfristige Rentabilität« genannt.[10]

Der Vormarsch der Roboter erlahmt

Einer der wenigen Versuche, die tatsächliche Einführung von Robotern in der US-Industrie und deren Auswirkungen zu quantifizieren, ist die von Daron Acemoglu und Pascual Restrepo verfasste Studie »Robots and Jobs: Evidence from US Labor Markets« aus dem Jahr 2017. Sie stieß auf großes Interesse in den Medien, die ihre Befunde in der Regel als Hinweis auf einen katastrophalen Verlust von Arbeitsplätzen in nicht allzu ferner Zukunft interpretierten. Unter Verwendung einer recht komplexen Simulation von »Arbeitsmärkten« und von Daten der International Federation of Robotics (IFR) für 19 Branchen (15 industriellen und vier aus dem Dienst-

9 World Trade Organization: World Trade Report 2017, Genf 2017, S. 90–100.

10 World Economic Forum: The Future of Jobs: Employment, Skills and Workforce Strategy of the Fourth Industrial Revolution, Genf 2016.

leistungsbereich) kommen Acemoglu und Restrepo zu dem Schluss, dass die Einführung von Robotern in den USA in den Jahren 1990 bis 2007 schätzungsweise 360 000 bis 670 000 Arbeitsplätze gekostet hat, also etwa 21 000 bis 40 000 im Durchschnitt pro Jahr. Außerdem prognostizierten sie eine Verdreifachung oder sogar Vervierfachung der Anzahl von Robotern zwischen 2015 und 2025 mit einem vergleichbaren Verlust an Arbeitsplätzen (5,25 pro Roboter).[11] Bei einer Vervierfachung würde dies den Verlust von 2,7 Millionen Arbeitsplätzen innerhalb von zehn Jahre bedeuten. Das ist viel, aber es ist nicht das »Ende der Arbeit« bei einer heutigen Gesamtbeschäftigung von 153 Millionen, die trotz einer schleppenden Erholung seit 2010 um 14 Millionen angewachsen ist.[12]

Das Economic Policy Institute (EPI) hält das Simulationsmodell von Acemoglu und Restrepo für unrealistisch und sieht in ihrer Analyse keinen Beweis dafür, dass sich die jüngsten Trends mit der Automatisierung im Allgemeinen erklären ließen. Auch wenn sich die Beschäftigungszunahme in anderen Bereichen nach 2008 abgeschwächt habe und vorwiegend im Niedriglohnsektor stattfinde, sei der Verlust von 40 000 Arbeitsplätzen pro Jahr nicht als dramatisch einzuschätzen.[13] Da Roboter vor allem in der industriellen Fertigung eingesetzt werden, seien die Zahlen von Acemoglu und Restrepo zu klein, um den Verlust von 2,5 Millionen Jobs in der Produktion zu erklären.

Andere Wachstumsprognosen sind noch moderater. Die IFR geht davon aus, dass sich die Lieferungen von Robotern in den USA von 2015 bis 2020 verdoppeln werden, von 27 504 auf 55 000, während die Boston Consulting Group schätzt, dass die weltweiten Ausgaben für Roboter von 2015 bis 2025 auf 24 Milliarden US-Dollar steigen und sich damit mehr als verdoppeln

11 Daron Acemoglu/Pascual Restrepo: Robots and Jobs: Evidence from US Labor Markets, Cambridge 2017, unter: www.nber.org/papers/w23285.

12 Bureau of Labor Statistics: The Employment Situation – July 2017, News Release, USDL-17-1070, 4 August 2017, Table A; US Census Bureau 2011, S. 377.

13 Lawrence Mishel/Josh Bivens: The Zombie Robot Argument Lurches On, Washington DC: Economic Policy Institute 2017, unter: www.epi.org/publication/the-zombie-robot-argument-lurches-on-there-is-no-evidence-that-automation-leads-to-joblessness-or-inequality.

werden. Ihre Schätzung für 2015 von 11 Milliarden Dollar an globalen Roboterumsätzen entsprach jedoch weniger als 3 Prozent der Ausgaben für »Maschinen« im Bruttoinlandsprodukt (BIP) der USA in diesem Jahr.[14]

Global gesehen liegen die USA sogar hinter dem größten Teil der übrigen industrialisierten Welt zurück. Der IRF-Bericht »World Robotics 2017« zeigt, dass die weltweiten Lieferungen von Industrierobotern zwar deutlich zugenommen haben, die in »den Amerikas« jedoch nie mehr als 18 Prozent der weltweiten Gesamtmenge ausmachten und bis 2016 auf einen Anteil von 14 Prozent gesunken sind, von dem wiederum 20 Prozent aus Kanada, Mexiko, Brasilien und dem übrigen Lateinamerika stammten.[15]

Ein weiterer Beweis für das relativ langsame Wachstum bei Robotern liegt in ihrer uneinheitlichen Anwendung in verschiedenen Branchen. Laut einer Brookings-Studie wurde 2015 die Hälfte der 233 305 Industrieroboter des Landes in der Automobilindustrie eingesetzt, mit einer enormen Konzentration im Mittleren Westen und den nördlichen Südstaaten, dem Standort der meisten Zulieferer- und Endmontagewerke. Von den dort vorhandenen 116 653 Robotern gehörten 30 000 oder mehr als ein Viertel allein General Motors.[16] Noch heute, ein halbes Jahrhundert nach ihrer Einführung, werden Roboter in den USA und weltweit vorrangig in der Autoindustrie eingesetzt. In den USA waren es 2014 in dieser Branche 117 Roboter pro 1000 Beschäftigte. Keine andere Branche kam an dieses Niveau von ca. 10 Prozent heran. Trotz beachtlicher Zunah-

14 International Federation of Robotics: Executive Summary World Robotics 2017 Industrial Robots, 2017, S. 23, unter: ifr.org/downloads/press/Executive_Summary_WR_2017_Industrial_Robots.pdf; Bureau of Labor Statistics: Employment, Hours, and Earnings from the Current Employment Statistics Survey (National), 2017, All Employees, Commercial Banking, unter: https://data.bls.gov/pdq/SurveyOurputServlet; Alison Sanders/Meldon Wolfgang: The Rise of Robotics, BCG Perspective, Boston Consulting Group 2014, unter: www.bcg.com/publications/2014/business-unit-strategy-innovation-rise-of-robotics.aspx.

15 International Federation of Robotics 2017, S. 15, 23.

16 Mark Munro: Where the Robots Are, Brookings, 14 August 2017, unter: www.brookings.edu/blog/the-avenue/2017/08/14/where-the-robots-are; Gordon Hunt, Gordon: GM's Robot Production Line Has its Head in the Cloud, Silicon Republic, 5 April 2017, unter: www.siliconrepublic.com/machines/gm-general-motors-robots.

men in einigen Bereichen liegt der Einsatz von Robotern in den meisten Branchen unter einem Prozent pro 1000 Beschäftigte.[17]

Und auch im Automobilbau, in dem seit den 1960er-Jahren Roboter eingesetzt werden, waren im Januar 2017 immer noch insgesamt 945 000 Menschen beschäftigt, also 94 Prozent des Allzeithochs von 1 004 900 im Jahr 1978.[18] Dies ist möglich, weil heute sehr viel mehr Fahrzeuge als in den 1970er-Jahren produziert werden. Aber die Beschäftigten sind über verschiedene Unternehmen und geografische Gebiete verstreut, ihr gewerkschaftlicher Organisationsgrad ist stark gesunken und selbst dort, wo es noch eine Gewerkschaft gibt, haben sie unter abgesenkten Einstiegslöhnen und enormer Arbeitsverdichtung zu leiden. All dies deutet darauf hin, dass sich die Abnahme oder Zunahme der Beschäftigung nicht unmittelbar aus dem Einsatz von Robotern erklären lässt. Ebenso wichtig sind Schwankungen an den Absatzmärkten und Methoden der Arbeitsintensivierung. Allgemein gesagt ist nach wie vor der Umfang der Produktion und der Verkäufe, also der Realisierung von Mehrwert, ein entscheidender Faktor des Beschäftigungsniveaus.

Damit soll nicht bestritten werden, dass Automatisierung und Roboter Arbeitsplätze vernichten. Aber der Verlust von 2,5 Millionen Jobs in der Industrie steht auch im Zusammenhang mit ökonomischen Krisen, Umstrukturierungen und neuen Methoden der Arbeitsintensivierung.

Ursachen für den Rückgang der Industriebeschäftigung

Für Martin Ford lässt sich der massive Verlust von Jobs in der Industrie, der maßgeblich zum Anschwellen der Reservearmee beigetragen hat, fast vollständig aus dem Einsatz neuer

17 Acemoglu/Restrepo 2017, S. 41, S. A-14.

18 Bureau of Labor Statistics: Automotive Industry: Employment, Earnings, and Hours, 2017, National Employment, unter: www.bls.gov/iag/tgs/iagauto.htm; Paul S. Davies: Factors Influencing Employment in the U.S. Automobile Industry, in: The Park Place Economist, Vol. 1 (1993), No. 1, unter: digitalcommons.iwu.edu/parkplace/vol1/iss1/8/.

Technologien erklären.[19] Angesichts des begrenzten Einsatzes von Robotern können sie aber nur einen Teil der Verluste verursacht haben. Es ist wahrscheinlich unmöglich, präzise zu bestimmen, wie viele Jobs in den letzten 30 Jahren durch neue Technologien und wie viele durch die Reorganisation der Arbeit verloren gegangen sind. Aber wie wir noch sehen werden, ist der Anteil der Informationsverarbeitung sowie der Industrieausrüstungen im Allgemeinen an den privaten Investitionen zurückgegangen und das Verhältnis des Kapitalstocks zum BIP befindet sich auf einem Tiefpunkt. In der gleichen Zeit sind verstärkt Methoden der Lean Production und neue Formen der Arbeitsorganisation eingeführt worden und in jüngster Zeit werden zunehmend elektronische und biometrische Technologien zur Überwachung und Messung der Arbeitsleistung genutzt. Technologie spielt also durchaus eine Rolle, aber während die Investitionen in Automatisierung und Roboter zurückgegangen sind, ist der ökonomische Druck erhöht und die Arbeit intensiviert worden – also der vom Kapital geführte Klassenkampf hat sich verschärft.

Die meisten Arbeitsplätze wurden nicht von Robotern oder durch Importe vernichtet, sondern durch die großen Krisen von 1980–1982, 1990–1991 und 2008–2010 und die Steigerung der Produktivität in den Jahren zwischen den Krisen. Der Druck auf die Arbeiterklasse hat deutlich zugenommen: Seit den 1980er-Jahren wurde Lean Production eingeführt, Pausen wurden abgeschafft und die Arbeit mithilfe von computerisierten Überwachungstechnologien stärker überwacht und standardisiert.[20]

Die Intensivierung der Arbeit durch die Reduzierung der Ruhezeiten pro Minute wurde mit verschiedenen Methoden der schlanken Produktion betrieben: Durch Kaizen-Teams (kontinuierliche Verbesserung), computergestützte Systeme der Produktivitätsmessung wie Six Sigma und in jüngster Zeit die elektronische und biometrische Überwachung. Der

19 Ford: Aufstieg der Roboter, S. 77-78.

20 Auf die Frage der Importe gehe ich genauer ein in Kim Moody: On New Terrain: How Capital Is Reshaping the Battleground of Class War, Chicago 2017, S. 8–13, 195.

klassische Fall war die NUMMI-Fabrik in Kalifornien, ein Joint Venture von GM und Toyota, in dem ab 1986 die tatsächlich gearbeitete Zeit von 45 auf 57 Sekunden pro Minute gesteigert werden konnte. Auch wenn die meisten Fabriken kaum auf dieses Niveau von 57 Sekunden kommen werden, kann die Steigerung um wenige Sekunden pro Minute in einer Fabrik mit einigen tausend Beschäftigten dem Unternehmen ohne jegliche Kosten oder technologische Änderungen Hunderte von zusätzlichen Arbeitsstunden verschaffen.[21]

Durch die Einführung von »alternativen Schichtsystemen« seit den 1990er-Jahren konnten die Unternehmen die durchschnittliche Betriebsnutzungszeit von acht auf zehn Stunden erhöhen und dadurch die Produktivität steigern.[22] Eine weitere Strategie zum Abbau von Arbeitsplätzen ohne Einsatz von Technologie besteht in der simplen Abschaffung von Pausen. Eine Studie zu Beschäftigten in den USA mit »Routineaufgaben in mittleren Berufen« ergab, dass die durchschnittliche Dauer ihrer Pausenzeiten, die 1985 noch 13 Prozent des Arbeitstages betrug, bis 2003 auf 8 Prozent gesenkt worden war.[23] 2016 gewährte die Automobilarbeitergewerkschaft UAW dem Unternehmen Ford eine Verkürzung der Pausenzeit um eine Minute pro Arbeitsstunde.[24] Bei 53 000 Beschäftigten in der Produktion entspricht dies gut 7 000 zusätzlichen Arbeitsstunden pro Achtstundentag oder dem Verlust von fast 1000 Arbeitsplätzen, ohne dass es Ford irgendetwas gekostet hätte.

Die Technologie, insbesondere die Software, ist für Methoden der Lean Production äußerst wichtig. Aber in erster

21 Moody: On New Terrain, S. 13–19; Mike Parker: Management-by-Stress: A Reply to Joshua Murray and Michael Schwartz, in: Catalyst, Vol. 1 (2017), No. 2, S. 173–194. Trotz hoher Produktivität schloss Toyota 2010 das NUMMI-Werk, um in den USA vollständig gewerkschaftsfrei zu sein.

22 Moody: On New Terrain, S. 16–17; Kim Moody/Simone Sagovac: Time Out: The Case for a Shorter Work Week, Detroit 1995, S. 15–17; Anwar Shaikh: Capitalism: Competition, Conflict, Crises, New York 2016, S. 135–139.

23 Jose Ignacio Gimenez-Nadal/Alumdena Sevilla-Sanz: Job Polarization and the Intensification of Work in the United Kingdom and the United States over the Last Decades: Evidence from Time Diary Data, paper delivered at the Fourth Society of Labor Educators/European Association of Labour Economists Global Meeting, Montreal, Quebec, Canada, 26.–28. Juni 2015.

24 Dianne Feeley: Big Three Contracts: Who Won?, in: Against The Current, Nr. 180 (2016), S. 4–6.

Linie ersetzt sie nicht die Arbeiter durch Roboter und andere Maschinen, sondern zwingt sie, durch ihr produktiveres Arbeiten die Zahl der Jobs zu reduzieren. Das ist ein wichtiger Unterschied. Wie steht es nun um die Fortschritte der Roboter in der Industrie?

Intelligente Computer, ungeschickte Roboter

Von den selbstbewussten Technikoptimisten hören wir, dass sich der Einsatz von Robotern in einer noch nie gesehenen Weise beschleunigen wird. Schau dir doch nur die Erfolge im Bereich der Künstlichen Intelligenz an! Und was ist mit dem mooreschen Gesetz, demzufolge die Rechenkapazität exponentiell anwächst, weil sich die Zahl der Transistoren auf einem Chip alle zwei Jahre verdoppelt? Die meisten Industrieroboter benötigen aber gar nicht die fortschrittlichsten Versionen der Künstlichen Intelligenz (KI) oder eine extrem hohe Rechenkapazität. Sie sind, wie selbst Martin Ford es ausdrückt, »blinde Akteure in einer streng durchchoreografierten Aufführung«,[25] die von einem Programm oder Algorithmus vorgegeben wird. Nach hundert Jahren Taylorismus und drei Jahrzehnten Lean Production befinden sich die meisten Jobs in der Industrie auf einem unteren oder mittleren Qualifikationsniveau. Dies bedeutet einerseits, dass diese Arbeitsaufgaben potenziell von Robotern erledigt werden können. Andererseits zeigt sich daran, dass die Einsatzbereiche der Roboter seit den 1960er-Jahren nur in geringem Maße ausgeweitet werden konnten. Es fehlt ihnen immer noch an Geschicklichkeit und Mobilität.

Und wie Ford betont, benötigen Industrieroboter »eine aufwendige und kostspielige Programmierung«.[26] Während Computer das menschliche Genom entziffern oder beim uralten chinesischen Go-Spiel gewinnen können, werden Industrieroboter meist für einfache Aufgaben eingesetzt. Das mooresche Gesetz gilt hier nicht, es ist, wie wir noch sehen werden, »aus

25 Ford: Aufstieg der Roboter, S. 22.

26 Ebd., S. 24.

der Bahn geworfen«, um Robert J. Gordon zu zitieren.[27] Roboter haben also auch deshalb eine relativ geringe Rolle beim Abbau von Arbeitsplätzen gespielt, weil ihre Entwicklung nicht so reibungslos verlief, wie es sich viele vorstellen.

Zum Teil verdankt sich dies dem »moravecschen Paradox«. Der Robotik-Experte Hans Moravec hatte konstatiert, »dass es vergleichsweise einfach ist, Computer mit der Leistungsfähigkeit von Erwachsenen Mathematikaufgaben lösen, Intelligenztests bewältigen oder Schach spielen zu lassen, dass es hingegen schwer oder unmöglich war, sie in Hinblick auf Wahrnehmung und Bewegung mit den Fertigkeiten eines einjährigen Kindes auszustatten«.[28] Die großen Sprünge bei KI und Computerkapazität lassen sich also nicht ohne Weiteres in körperliche Fähigkeiten von Robotern übersetzen, was ihren Einsatz in der Industrie oder Logistik begrenzt.

In ihrem Glauben an die unvermeidliche Verbesserung alles Digitalen hatten Brynjolfsson und McAfee in ihrem Buch von 2014 vorausgesagt, dass bis zu dem vom Pentagon gesponserten Roboterwettbewerb die meisten der Probleme mit der Mobilität gelöst sein würden. Als er dann 2015 stattfand, berichtete der *Economist:* »Sie fielen aufs Gesicht und sie fielen auf den Rücken. Sie stürzten wie Kleinkinder, falteten sich wie billige Anzüge zusammen oder gingen wie eine Tonne Ziegelsteine zu Boden.«[29] Solche körperlichen Einschränkungen machen sie natürlich zu wackeligen Investitionen. Dies erklärt jedoch nur zum Teil, warum sie sich so langsam der Herstellung und dem Transport materieller Dinge anpassen.

Sicherlich gibt es auch Roboter mit einer fortgeschritteneren KI, die Probleme lösen können und lernfähig sind. Einige, wie Baxter von der Firma Rethink, sind mit Sensoren ausgestattet, mit denen sie die Anwesenheit von Menschen erkennen und mit ihnen zusammenarbeiten können.[30] Auch beim

27 Robert J. Gordon: The Rise and Fall of American Growth: The U.S. Standard of Living Since the Civil War, Princeton 2016, S. 588–599.

28 Brynjolfsson/McAfee: The Second Machine Age (dt.), S. 40.

29 The Economist: Humanoid Robots: After the Fall, 13. Juni 2015.

30 Ford: Aufstieg der Roboter, S. 24.

Einsatz von Robotik in der Medizin, Biotechnologie und einigen anderen Bereichen sind Fortschritte zu verzeichnen. Hier geht es aber um die Auswirkungen der Automatisierung auf jene Beschäftigten, die den Großteil der Waren und Dienstleistungen des Landes produzieren. Die meisten Industrieroboter, die in der Fertigung und insbesondere in der Automobilproduktion eingesetzt werden, führen grundlegende Funktionen wie Lackieren, Schweißen und einfache Montagetätigkeiten aus. Eine neue Generation von »kollaborativen Robotern« soll die Muskelkraft von Fließbandarbeitern verstärken. Im Jahr 2016 machten diese nur drei Prozent des weltweiten Umsatzes mit Industrierobotern aus, sollen aber auf etwa ein Drittel ansteigen.[31] Zweifellos werden diese die Produktivität steigern, aber sie ersetzen nicht direkt die Beschäftigten.

Der entscheidende Grund für die langsame Verbreitung von Industrierobotern liegt nicht in der Technologie als solcher, sondern in der politischen Ökonomie. In eine Technologie wird nur dann investiert, wenn sie eine Steigerung der Profitabilität verspricht und wenn genügend Profite vorhanden sind, um sie finanzieren zu können – das sind die Probleme der heutigen Zeit.[32]

Die politische Ökonomie der Automatisierung

Das grundlegende methodische Problem bei Techno-Futuristen wie Ford und Brynjolfsson/McAfee sowie ihrem wichtigsten Kritiker Robert J. Gordon besteht darin, dass sie von einem technologischen Determinismus ausgehen. Die Probleme des Profits und des Klassenkonflikts tauchen in ihren Analysen nicht auf. Die historische Entwicklung scheint allein durch technologische Innovationen mutiger Unternehmer vorangetrieben zu werden. Nach tausenden Jahren der Stagnation sei es erst mit der Erfindung und Anwendung der Dampfma-

31 April Glaser: The Industrial Robotics Market Will Nearly Triple in Less than Ten Years: Collaborative Robots Are Expected to Account for a Third of that Market, in: Recode, 22. Juni 2017, unter: https://www.recode.net/2017/6/22/15763106/industrial-robotics-market-triple-ten-years-collaborative-robots.

32 Anm.d.Ü.: Im englischen Original folgen hier die beiden Abschnitte zur Automatisierung in der Logistik und den Experimenten mit fahrerlosen Fahrzeugen.

schine durch James Watt zwischen 1765 und 1776 zu einem von technologischen Innovationen angetriebenen Fortschritt der Menschheit gekommen. In die Zeit der industriellen Revolution »fielen die am tiefsten greifenden Umwälzungen, die die Welt je erlebt hat«.[33] In dieser Betrachtungsweise wird völlig übersehen, dass der industriellen Revolution die Herausbildung des Kapitalismus mit seiner konkurrenzgetriebenen Dynamik der ständigen »Verbesserung« der Produktion und der Profitabilität vorausging.

Den besonderen Charakter des Kapitalismus, der sich vor der industriellen Revolution zunächst in der englischen Landwirtschaft entwickelt hatte, fasst Ellen Meiksins Wood folgendermaßen zusammen: »Dieses System war einzigartig in seiner Abhängigkeit von intensiver im Unterschied zu extensiver Expansion, von der Extraktion von Mehrwert, der in der Produktion geschaffen wurde, im Unterschied zum Profit in der Sphäre der Zirkulation, von ökonomischen Wachstum, das auf zunehmender Produktivität und Konkurrenz innerhalb eines einzigen Marktes basierte – mit anderen Worten, vom Kapitalismus.« Was dieses Bedürfnis nach einer Intensivierung der Extraktion von Mehrwert antrieb, »war nicht das Aufkommen der Dampfkraft oder des Fabriksystems, sondern vielmehr die den kapitalistischen Eigentumsverhältnissen innewohnende Notwendigkeit, Produktivität und Profit zu erhöhen. [...] das Fabriksystem war mehr ein Resultat als eine Ursache.«[34]

33 Brynjolfsson/McAfee: The Second Machine Age (dt.), S. 16. Die Darstellung des Fortschritts in ihrer Abb. 1.2 ist insofern irreführend, als sie die sozialen und kulturellen Fortschritte, die Wachstumsphasen und die enormen wissenschaftlichen Fortschritte auf den Gebieten der Mathematik, der Navigation, des Schiffbaus, der Mechanik, der Astronomie, des Buchdrucks, der Artillerie und Schusswaffen usw. vernachlässigt, die der industriellen Revolution um ein Jahrhundert oder mehr vorausgingen. Diese Fortschritte waren jedoch Resultate oder Voraussetzungen der Ausweitung des Handels und der Eroberungen der europäischen Mächte, während die industrielle Revolution erst mit der dem Kapitalismus eigenen »intensiven im Unterschied zur extensiven Expansion«, auf die Wood hinweist, möglich wurde. Für die neoklassische Ökonomie und den technologischen Determinismus gibt es jedoch keinen Unterschied zwischen der antiken und der kapitalistischen Form von Handel und Gewerbe.

34 Ellen Meiksins Wood: Der Ursprung des Kapitalismus. Eine Spurensuche, Hamburg 2015, S. 200, 67.

Außerdem verlassen sich diese Techno-Futuristen mehr oder weniger auf die Annahmen der vorherrschenden neoklassischen Ökonomie, die davon ausgeht, dass nicht nur Menschen, sondern auch Maschinen ökonomischen Wert schaffen können. In der marxistischen Analyse der gesellschaftlichen Beziehungen und der Wertschöpfung als dem zentralen Faktor der Dynamik und der Schranken kapitalistischer Entwicklung können hingegen nur Menschen Wert produzieren.

Von der neoklassischen Theorie übernehmen die meisten Techno-Futuristen auch die Vorstellungen, Märkte und Wissen seien »perfekt«, weshalb sich eine neu eingeführte Technologie rasch und gleichmäßig verbreiten würde. Howard Botwinick hat jedoch gezeigt, dass sich aus Marx' Analyse der Konkurrenz eine ungleichmäßige Entwicklung ergibt, weil die konkurrierenden Firmen in unterschiedlichem Maße in fixes Kapital investiert haben und mit verschiedenen Profitraten produzieren. Nicht alle Unternehmen können es sich leisten, ihre alten Maschinen abzuschaffen und neue Technologien zu kaufen. Außerdem kommt es zum Überspringen von Entwicklungsstufen, weil später gegründete Unternehmen sofort mit der neueren Technologie arbeiten können und damit die ursprünglichen Innovatoren überholen. Botwinick schreibt: »Die Konkurrenz erzeugt keine identischen Firmen, sondern eine ständig erneuerte Differenzierung der Produktionsbedingungen.«[35]

Die Ungleichmäßigkeit der Verbreitung von Robotern in der Industrie lässt sich an den von Acemoglu und Restrepo angeführten Zahlen der IFR erkennen. Nur in der Autoindustrie kam es zu ihrer umfassenden Einführung, aber auch hier nicht schnell und gleichzeitig. Während General Motors 1961 die ersten Roboter installierte, wartete Ford damit noch bis in die 1970er-Jahre. Viele Dienstleistungsbereiche verspüren noch keinen Druck zu automatisieren und selbst wo dies der Fall ist, wie in der Logistik und in Krankenhäusern, werden trotz der Automatisierung weiterhin neue Jobs geschaffen.

35 Howard Botwinick: Persistent Inequalities: Wage Disparity under Capitalist Competition, Princeton 1993, S. 124–133.

Ungeachtet des Hypes um die neuen Technologien warten die meisten Firmen noch ab.

Aus Sicht der politischen Ökonomie gibt es strukturelle und kontingente Gründe, warum nur relativ langsam automatisiert wurde und dies vermutlich auch so bleiben wird. Eine der kontingenten Ursachen besteht darin, dass es den Unternehmen in den letzten 30 Jahren gelungen ist, die Produktivität durch Methoden der Lean Production und die Durchsetzung eines geringen Lohnniveaus zu steigern. Insbesondere in der Industrie wurden im Verlauf der wiederkehrenden Krisen und durch die Intensivierung der Arbeit Millionen von Arbeitsplätzen abgebaut, während sich der Ausstoß seit Anfang der 1980er-Jahre verdoppelt hat. Auf diese Weise erreichte das Kapital das, was die Roboter hätten tun sollen, aber zu sehr viel geringeren Kosten.

Gleichzeitig sind immer mehr der neuen Arbeitsplätze in wachsenden Wirtschaftszweigen wie vielen Dienstleistungsbereichen und dem Lagerwesen schlecht bezahlt und weitgehend ohne tarifliche Zusatzleistungen. In einigen Fällen geht dies mit einer steigenden Produktivität einher. Während beispielsweise die Reallöhne im Lagerbereich nahezu konstant blieben, stieg die Produktivität im allgemeinen Lagerwesen (ohne Kühlung) von 1987 bis 2009 um durchschnittlich fünf Prozent pro Jahr.[36] Angesichts einer hohen Produktivität bei niedrigen Löhnen fehlt der Anreiz, in teure und ökonomisch riskante Technologien zu investieren.

In seinen Ausführungen zu »Maschinerie und große Industrie« schreibt Marx: »Die Maschine selbst produziert in älter entwickelten Ländern durch ihre Anwendung auf einige Geschäftszweige in andren Zweigen solchen Arbeitsüberfluss [...], dass hier der Fall des Arbeitslohns unter den Wert der Arbeitskraft den Gebrauch der Maschinerie verhindert und ihn vom Standpunkt des Kapitals [...] überflüssig, oft unmöglich macht.«[37] Dass heute die Löhne vieler der von der Maschine

36 US Census Bureau 2011, S. 409, 417.

37 Karl Marx, Das Kapital, Band 1, in: Karl Marx/Friedrich Engels: Werke [MEW], Berlin 1956ff., Bd. 23, S. 415.

überflüssig gemachten Arbeiterinnen unter dem Wert der Arbeitskraft liegen, wird daran deutlich, dass 30 Prozent der Beschäftigten in der einen oder anderen Weise auf öffentliche Unterstützung angewiesen sind.[38] Damit fehlt wiederum der Anreiz, diese Niedriglohnjobs zu automatisieren.

Die Schaffung neuer Arbeitsplätze in Bereichen wie der sozialen Reproduktion, dem Gesundheitswesen, der Instandhaltung, der Abfallwirtschaft oder der Gebäudereinigung ist keine Folge der von Schumpeter gelobten »schöpferischen Zerstörung« oder der technologischen Fortschritte, wie Mainstreamökonomen und die Apologeten der WTO oder des WEF behaupten, sondern das Ergebnis günstiger Investitionsmöglichkeiten aufgrund miserabler Löhne. Einer der Mechanismen hinter dieser Verlagerung der Beschäftigung zu niedrig bezahlten »Dienstleistungsjobs« ist die beträchtliche industrielle Reservearmee, die sowohl die Löhne drückt als auch verzweifelte Arbeitskräfte bereitstellt. In den Worten von Marx: »Wenn aber eine Surplusarbeiterpopulation notwendiges Produkt der Akkumulation oder der Entwicklung des Reichtums auf kapitalistischer Grundlage ist, wird diese Übervölkerung umgekehrt zum Hebel der kapitalistischen Akkumulation, ja zu einer Existenzbedingung der kapitalistischen Produktionsweise.«[39] Ohne eine überschüssige Bevölkerung wäre die Expansion des Kapitals in neue Gebiete unmöglich. Die Fluktuation in dieser Reservearmee wird nicht nur von der Technologie verursacht, sondern auch von den verschiedenen Aspekten der Lean Production, mit der die Produktivität gesteigert und zugleich die Niedriglohnbeschäftigung ausgeweitet wird.

Noch entscheidender für die ungleichmäßige Entwicklung der Automatisierung ist jedoch die Bedeutung der Profitrate als treibender Motor des Kapitalismus. Die kapitalistische Konkurrenz auf den inländischen und internationalen Märk-

38 David Cooper: A Majority of Low-Wage Workers Earn so Little that they Must Rely on Public Assistance to Make Ends Meet, Economic Snapshot: Wages, Income, and Wealth, 9. Februar 2016, Economic Policy Institute, unter: www.epi.org/publication/a-majority-of-low-wage-workers-earn-so-little-they-must-rely-on-public-assistance-to-make-ends-meet.

39 MEW, Bd. 23, S. 661.

ten zwingt die Unternehmen dazu, in Maschinen oder neue Technologien zu investieren, um die Arbeitskosten zu senken und die Gewinne zu steigern. Aber hier kommt es zu einem Problem, einem Widerspruch. Mit steigendem Anteil des fixen Kapitals sinkt die Profit*rate* tendenziell, auch wenn die Profitmasse noch zunimmt. Selbst Martin Ford, der kein Marxist ist, hatte in seinem Buch »The Lights in the Tunnel« festgestellt: »Je mehr die Maschinen selbstständig laufen, desto weniger Wert wird von den normalen Arbeitern geschaffen.«[40] Mit der fallenden Profitrate gehen auch die Investitionen zurück. Der marxistische Ökonom Michael Roberts stellt dazu fest: »Die Entwicklung der Profite bestimmt die Entwicklung der Investitionen, nicht umgekehrt.«[41]

Außerdem kommt es für die Bewegung des Kapitals zwischen verschiedenen Branchen oder Firmen auf die Profitrate der neuen Investitionen und nicht die durchschnittliche Profitrate auf alle bereits getätigten Investitionen an.[42] Dies ist wichtig, weil ein Großteil der technologischen Innovationen von relativ neuen Start-up-Unternehmen stammt. Und von diesen Hightechunternehmen überlebt kaum ein Drittel. Dies gilt auch für Robotikfirmen. Das Magazin *Canadian Business* warnt die Investoren, dass »Robotik ein langfristiges Spiel« ist und einige dabei ihr Geld verlieren werden. Wie ein Anlageberater dem Magazin sagte: »Sie wissen nicht, wann es einen Gewinn geben wird.«[43] Das dürfte viele der heutigen, kurzfristig orientierten Investoren abschrecken.

Mit diesen Überlegungen soll nicht behauptet werden, dass der Kapitalismus als System unfähig wäre, den technologischen Fortschritt voranzutreiben. Im Gegenteil, seine Wettbewerbsdynamik zwingt ihn langfristig zur Akkumulation und zu innovativen Investitionen. Es geht hier um das Timing.

40 Zitiert nach Michael Roberts: The Long Depression. How It Happened, Why It Happened, and What Happens Next, Chicago 2016, S. 263.

41 Ebd., S. 27.

42 Anwar Shaikh: Capitalism: Competition, Conflict, Crises, New York 2016, S. 264.

43 Bryan Borzykowski: How Investors Can Profit from the Rise of the Robotics Industry, in: Canadian Business, 1. Februar 2016, unter: www.canadianbusiness.com/investing/how-investors-can-profit-from-the-rise-of-the-robotics-industry.

Spätestens seit Ende der 1960er-Jahre hat sich die Profitrate im westlichen Kapitalismus immer turbulenter entwickelt. Dies führte zu dem Einbruch von 1974/75 und der »Stagflationskrise«, die den größten Teil dieses Jahrzehnts prägte. In den 1980er- und 1990er-Jahren erholten sich die Profitraten, als die Kapitalinvestitionen im Verhältnis zu den Gesamtarbeitskosten (die organische Zusammensetzung des Kapitals) relativ niedrig waren und die Produktivität anstieg. Aber sie erreichten nicht annähernd wieder das hohe Niveau der Nachkriegszeit, gingen mit jeder Rezession zurück und schwächten sich nach 2000 etwas ab.[44] Die Investitionsentscheidungen der letzten 40 Jahre wurden im Kontext zunehmender Krisen, volatiler Höhen und Tiefen, eines relativ niedrigen Wachstums und turbulenter Profitraten getroffen. Rifkin lag mit seinen Prognosen falsch, weil er die zunehmende Volatilität des Kapitalismus nicht berücksichtigt hatte, die von den seit Ende der 1960er-Jahre sinkenden Profitraten ausgelöst wurde – ihrerseits eine Folge des Investitionsrauschs der 1950er- und 1960er-Jahre.

Infolgedessen hat die gesamte neoliberale Umverteilung von Einkommen und Vermögen nach oben in den letzten 30 Jahren zu keinen Investitionsschüben in teure industrielle Technologien geführt. Das Geld ist stattdessen vermehrt in Staatsanleihen, Fusionen, Aktien oder Derivate geflossen. Auch wenn diese »Finanzialisierung« des Kapitals vielleicht manchmal übertrieben dargestellt wird, so ist doch der zunehmende Anteil der Dividenden auf Kosten der internen Investitionen ein deutlicher Hinweis auf diese Verschiebung (und die Orientierung der heutigen Kapitalisten am kurzfristigen Gewinn). Während im Nachkriegsboom der 1960er-Jahre im Durchschnitt zwei Drittel des Gewinns nach Steuern wieder in den Unternehmen investiert wurde, fiel dieser Anteil im 21. Jahrhundert auf 40 Prozent und die Dividenden stiegen.[45] Da Investitionen in der Regel aus realisierten Profiten finan-

44 Shaik: Capitalism, S. 2–11, 66; Roberts: The Long Depression, S. 223–224.

45 Gordon: The Rise and Fall, S. 619–620; Bureau of Economic Analysis: Sources and Uses of Private Enterprise Income, Table 1.156, 3. August 2017.

ziert werden,[46] ist dies ein weiterer Hinweis auf das langsamere Wachstum der Investitionen in arbeitssparende Technologien.

Auch der bereits erwähnte Tod des mooreschen Gesetzes hat keine technologischen, sondern ökonomische Gründe. Gordon zitiert Hal Varina, einen Gründer von Intel und heutigen Chefökonom bei Google: Die Forschungen zur Steigerung der Rechenleistung von PCs und Laptops seien eingestellt worden, »weil niemand einen superschnellen Chip auf seinem Schreibtisch braucht«. Es handele sich um ein Problem der Nachfrage. Daher verlagerte sich die Forschung auf andere Gebiete und die Transistordichte verdoppelte sich nicht mehr alle zwei Jahre.[47]

Hightech in Zeitlupe – der Trend

Die Abschwächung der Investitionen in Hightechausrüstungen lässt sich auch historisch nachweisen. Für den Ökonomen Anwar Shaikh ist »das angemessene Maß für den technischen Wandel das Verhältnis des aktuellen BIP zum aktuellen Kapitalstock«.[48] Natürlich ist dies ein ökonomisches Maß für die Veränderungen und kein Maß für die Effizienz der Technologie. Aber als solches gibt es Aufschluss über das Investitionsverhalten des Kapitals. In den 35 Jahren von 1980 bis 2015 ist dieses Verhältnis zwar gestiegen, aber die Wachstumsraten haben sich von Jahrzehnt zu Jahrzehnt deutlich verlangsamt.[49] In den 1980er-Jahren stieg diese Quote um durchschnittlich bescheidene 1,8 Prozent pro Jahr. In den 1990er-Jahren halbierte sich dieses Wachstum auf 0,9 Prozent und sank dann für die Jahre 2000–2009 auf 0,3 Prozent. Während der Erholungsphase von 2010 bis 2015 kam das Wachstum mit 0,08 Prozent pro Jahr fast vollständig zum Erliegen.

Bei genauerer Betrachtung der Investitionstätigkeit können wir erkennen, dass sich die Investitionen in neue »informationsverarbeitende Technologien« und »Industrieausrüs-

46 Shaikh: Capitalism, S. 616–618.

47 Gordon: The Rise and Fall, S. 446–447, 458.

48 Shaik: Capitalism, S. 810–812.

49 Anm.d.Ü.: Im englischen Originaltext findet sich im »Appendix I« die vollständige Statistik für diese Jahre.

tungen« nicht so entwickelt haben, wie es die Prognosen der Techno-Futuristen nahelegen würden. Im Verhältnis zu den gesamten Ausrüstungsinvestitionen sind diese Investitionen seit Anfang der 1990er-Jahre gesunken, während der Anteil der Investitionen in Transportausrüstungen gestiegen ist – zweifellos aufgrund der starken Expansion des Logistiksektors. Das Wachstum der Investitionen in die Informationsverarbeitung war in den 23 Jahren von 1992 bis 2015 überraschend gering, es lag im Jahresdurchschnitt bei 2,4 Prozent. Die Investitionen in industrielle Ausrüstungen wuchsen hingegen durchschnittlich um 5,8 Prozent pro Jahr, aber den Beschreibungen des BEA zufolge war nur ein kleiner Teil von ihnen digital gesteuert oder mit Robotik verbunden. Die höchsten Zuwächse hatten mit 11 Prozent die Investitionen in Transportausrüstungen zu verzeichnen.[50] Auch Roberts stellt fest, dass das Wachstum der Investitionen speziell in neue Technologien in den letzten Jahren abgenommen hat, und die Zahlen des EPI zeigen den gleichen Trend.[51]

Ein weiteres Maß für das Wachstum der Technologie und ihrer Anwendung ist die Zunahme der mit der Computerisierung verbundenen Erwerbstätigkeit, die das BLS unter der Kategorie *»Computer and mathematical occupations«* erfasst. Diese Gruppe ist zwar überdurchschnittlich angewachsen, aber auch dieses Wachstums hat sich deutlich verlangsamt – von 12 Prozent pro Jahr im Zeitraum 1983 bis 2000 auf 3 Prozent in den Jahren 2000 bis 2014. Für die Zukunft geht das BLS von einem weiteren Rückgang der Wachstumsrate auf gut 1 Prozent im Jahrzehnt 2014 bis 2024 aus.[52] Gemessen an ziemlich

50 Bureau of Economic Analysis: Relation of Private Fixed Investment in Equipment in the Fixed Assets Accounts to the Corresponding Items in the National Income and Product Accounts, 6.13–6.21. Anm.d.Ü.: Im Originaltext sind die Zahlenreihen im »Appendix II« wiedergegeben.

51 Roberts: The Long Depression, S. 256–257; Mishel/Bivens: The Zombie Robot Argument Lurches On, S. 8–10; Anm.d.Ü. Im Originaltext folgen hier noch Angaben zum Rückgang des Wachstums der Investitionen in Forschung und Entwicklung und zur geringen Überlebensrate von Start-up-Firmen im Hightech-Bereich.

52 Andrew Hogan/Brian Roberts: Occupational Employment Projections to 2024, in: Monthly Labor Review, US Bureau of Labor Statistics, December 2015, unter: doi.org/10.21916/mlr.2015.49; US Census Bureau: Statistical Abstract of the United States, 2001, Washington DC 2001.

sämtlichen *ökonomischen* Kriterien sind also die Prognosen der Techno-Futuristen unhaltbar.

Während sich diese Futuristen auf die beeindruckenden technologischen Errungenschaften stürzen, liegt das Geheimnis dieser schwachen und rückläufigen Entwicklung in der wirtschaftlichen Volatilität und der anhaltenden Profitkrise, von denen die USA und die gesamte Welt seit den 1970er-Jahren geplagt werden. Unter diesen Umständen waren große und kontinuierliche Investitionen in neue Technologien einfach nicht möglich. Verschärft wurde das Problem durch den rasanten Anstieg der Unternehmensverschuldung in diesen Jahren. Roberts weist darauf hin, dass die Unternehmen zum Bedienen ihrer Schulden entweder ihre Profitabilität steigern müssten oder andernfalls gezwungen wären, auf Investitionen in die Produktionskapazität zu verzichten.[53] Wie es scheint, haben sie Letzteres getan. Weitere Investitionen in der Automobilindustrie, dem wichtigsten Anwender von Robotern, stehen zudem vor dem Problem anhaltender globaler Überkapazitäten.[54] Ein weiteres Indiz dafür, dass in naher Zukunft keine großen Investitionen in der Fertigung zu erwarten sind, ist die relativ geringe Kapazitätsauslastung, die in den 1990er-Jahren noch deutlich über 80 Prozent lag und mittlerweile im Durchschnitt um etwa 75 Prozent schwankt.[55] Ohne ein Wirtschaftswunder dürfte der weitere Vormarsch der Roboter in weiten Teilen der Industrie holprig und langsam verlaufen.

Fazit

Die Vergangenheit ist zwar nicht immer ein verlässlicher Leitfaden für die Zukunft, aber für einen deutlichen Anstieg der Investitionen in die Automatisierung müsste es eine längere Periode mit stabilem Wirtschaftswachstum und steigenden

53 Roberts: The Long Depression, S. 106.

54 David Welch: Automakers' Overcapacity Problem, in: Bloomberg Business Week, 31.12.2008, unter: www.bloomberg.com/news/articles/2008-12-30/automakers-overcapacity-problem; Chris Bryant: Bosch Warns Industry on Over Capacity, in: Financial Times, 26.9.2012.

55 Federal Reserve: Industrial Production, Capacity, and Utilization, 2017, unter: www.federalreserve.gov/releases/g17/current/ipg1.svg; Council of Economic Advisers: Economic Report of the President, Washington DC 2011, S. 253.

Profitraten geben. Die sehr langsam und schleppend verlaufende Erholung der US-Wirtschaft seit 2009 deutet darauf hin, dass es dazu in absehbarer Zeit nicht kommen wird. Höchstwahrscheinlich wäre eine katastrophale Depression in der Größenordnung der 1930er-Jahre erforderlich, um durch die massive Zerstörung älterer, weniger effizienter Kapitalanlagen den Weg für eine neue Wachstumsära frei zu machen. Im Zuge einer solchen Krise würde aber auch die Unzufriedenheit der Arbeiterinnen eskalieren und zumindest die Frage nach einer gesellschaftlichen Alternative wieder im Raum stehen. Sollte diese Alternative ein weiteres Mal vertagt werden und eine Phase schnellen Wachstums zur massenhaften Verdrängung der lebendigen Arbeit aus der Produktion durch Automatisierung, fortgeschrittene Robotertechnik usw. führen, so würde das System mit Sicherheit in eine erneute Krise der Profitabilität geraten.

Für die Techno-Futuristen stellen hingegen die massiven Produktivitätssteigerungen der neuen Technologien die Rettung des Systems dar. Sie garantieren höhere Gewinne, auch wenn sie Arbeitsplätze vernichten. Aber trotz all der Fortschritte bei Künstlicher Intelligenz oder Robotern kommen diese Technologien nicht von selbst in die Fabriken und Lagerhäuser. Sie müssen durch konkrete Investitionen eingeführt werden, von denen sich die Kapitalisten, die das Geld dafür vorstrecken, eine Steigerung ihrer Gewinne versprechen. Dass dies in naher Zukunft in dem Umfang geschehen wird, wie es für die »Roboterrevolution« erforderlich wäre, scheint die bizarrste Annahme dieses Futurismus zu sein.

Sabine Pfeiffer

Produktivkraft konkret

Vom schweren Start der Leichtbauroboter

Der Verführung, einen Kapitalismus in vermeintlich neuer Spielart auszurufen, will ich hier nicht nachgeben. Schließlich beantwortet sich die Frage nach dem wirklich Neuen nicht durch die vorschnelle Ausrufung eines neuartigen *-Kapitalismus auf der Basis (oft nicht wirklich verstandener) neuer technischer Phänomene. Die Analyse historisch-konkreter Entwicklungen benötigt stattdessen einen Blick auf das Konkrete – das Konkrete der Arbeit *und* das Konkrete der Technik. Einen solchen will ich hier wagen und zwar bewusst beschränkt auf Leichtbauroboter als eine der vielen technologischen Facetten von dem, was wir seit 2011 Industrie 4.0 nennen.

Leichtbauroboter sind *einerseits* technisch weitgehend ausgereift und praktisch einsetzbar; sie gleichen auf den ersten Blick ihren alten, schweren Verwandten – den großen Industrierobotern: Ohne humanoide Anleihen sind sie wie diese überwiegend ausgestattet mit einem einzigen Arm und vielen Freiheitsgraden, aber wesentlich leichter und kleiner. Damit bietet Leichtbaurobotik mit ihrem zudem deutlich geringeren Anschaffungspreis technisch wie ökonomisch neuartige Möglichkeiten.

Marketingmäßig im Begriff des Cobots (des kollaborativen Roboters) gefasst bieten Leichtbauroboter *andererseits* technisch so viel Neues, dass sie eine neue Qualität der Interaktion zwischen Mensch und Technik versprechen. Anders als ihre schweren Vorgänger sind sie ausgerüstet mit hochempfindlicher, adaptiver Sensorik und erlauben daher einen Einsatz außerhalb des für den Industrieroboter aus Sicherheitsgründen obligatorischen Schutzzauns. Der viel zitierte »Kollege Roboter« verlässt die sogenannte Zelle, Mensch und Roboter – so das Technik- und Marketingversprechen – *koexistieren* damit nicht nur, sondern teilen sich entweder abwechselnd und sequentiell den gleichen Arbeitsraum *(Synchronisation)*, nutzen diesen gemeinsam und zeitgleich, ohne direkt am selben Bauteil tätig zu sein *(Kooperation)*, oder arbeiten sogar tatsächlich gleichzeitig am selben Bauteil *(Kollaboration)*.[1]

Leichtbauroboter erlauben also *einerseits* die Ausweitung des klassischen Rationalisierungsansatzes (Ersetzung des variablen durch konstantes Kapital) in Branchen und Bereiche, in denen sich die Investition in große Industrieroboter nicht rechnet, also beispielsweise in der Lowtech-Serienproduktion. Wenn Marx feststellt, der »Maschinenbetrieb« treibe die »gesellschaftliche Teilung der Arbeit ungleich weiter als die Manufaktur«, ermöglicht der Leichtbauroboter in diesem Sinne die Erhöhung der Produktivkraft des davon nun neu und zusätzlich »ergriffenen Gewerbe[s]«.[2] Der Leichtbauroboter verspricht aber *andererseits* auch etwas so von Marx nicht Vorhergesehenes, nämlich sozusagen die Rettung bzw. Neuerfindung der Manufaktur für deren kapitalistische Vernutzung; er könnte eben auch da die Produktivität in »ungleich höherem Grad vermehr[en]«,[3] wo individualisierte Produkte in kleinsten Stückzahlen und in so unübersehbarer Variantenvielfalt gefertigt werden, dass auf das »Detailgeschick des individuellen«, aber eben nicht wie in der großen Industrie »entleerten Maschinenarbeiters«[4] nur bedingt verzichtet werden kann.

Mit ihrer – anders etwa als bei Künstlicher Intelligenz – bereits weitgehend ausgereiften Technik und diesem *doppelten Produktivitätserhöhungsversprechen* sollte die Leichtbaurobotik aktuell einen Siegeszug antreten. Das Angebot ist vielfältig: Rund 25 Hersteller bieten bereits serienreife, leicht bedienbare und vergleichsweise kostengünstige Leichtbau-

1 Zur üblichen Unterscheidung dieser fünf Arten der Mensch-Robotik-Interaktion (Zelle, Koexistenz, Synchronisiert, Kooperation, Kollaboration) vgl. Wilhelm Bauer/Manfred Bender/Martin Braun/Peter Rally/Oliver Scholz: Leichtbauroboter in der manuellen Montage – einfach einfach anfangen. Erste Erfahrungen von Anwenderunternehmen, Stuttgart 2016, S. 8.

2 Karl Marx: Das Kapital, Bd. 1, in: Karl Marx/Friedrich Engels: Werke [MEW], Berlin 1956ff., Bd. 23, S. 468.

3 Ebd.

4 Ebd., S. 446.

roboter an.[5] Und rund 86 Prozent der von der Zeitschrift *Produktion* 2014 befragten Unternehmen gaben an, in Leichtbaurobotik investieren zu wollen.[6] Es müsste sich empirisch also ein Rationalisierungsschub abzeichnen. Dem aber ist nicht so. Kaum etwas beschreibt das aktuelle Dilemma der Leichtbaurobotik besser als das bayerische Idiom in der Überschrift des nächsten und zentralen Kapitels. Den Ursachen gehen wir in zwei Schritten nach: Zunächst betrachten wir die Aus- und Wechselwirkungen betrieblicher Nutzungsregime der Leichtbaurobotik, um dann die für diesen Robotikansatz spezifische Option der Kollaboration näher zu analysieren. Dabei wird sich empirisch zeigen und soll theoretisch diskutiert werden, ob sich die für Leichtbauroboter passenden Nutzungsregime entwickeln. Abschließend wird gezeigt, dass das qualitativ Neue sich nicht nur empirisch im Konkreten zeigt, sondern auch im Konkreten (und dessen Bedürfnissen) neue Widersprüche begründet sind, die eine kapitalistische – auf Abstraktifizierung (im ökonomischen Sinne) zielende Wirtschaftsweise – immer schwerer in der Lage ist zu lösen.

Leicht ist schwer was: Vom schweren Start der Leichtbauroboter

Zunehmend wird der Begriff Roboter auf ganz unterschiedliche – auch nicht stofflich wirkende – Technologien angewendet. Nachfolgend geht es ausschließlich um Leichtbaurobotik im einleitend skizzierten Sinne, also um Robotik, die in der Tradition bisheriger Robotik zu verorten ist, weil es um die Bewegung physischer Objekte geht und dabei der produktive Einsatz im Feld Wirtschaft im Fokus steht. Wir haben es also von der Zielrichtung, der grundlegenden Technik und den Einsatzgebieten mit Bekanntem – also erprobten Nutzungsregimen – zu tun. Gleichzeitig aber sind Leichtbauroboter etwas sehr Neues, sind sie doch anders als ihre schweren Vorgänger gekennzeich-

5 Zu den bekanntesten Leichtbaurobotern zählen YuMi von ABB, Panda von Frank Emika, BionicCobot von Festo, iisy von KUKA oder Sawyer von RethinkRobotics, nun Hahn Group.

6 Zitiert in: Wilhelm Bauer u.a.: Leichtbauroboter in der manuellen Montage, S. 2.

net durch »konstruktive oder sicherheitstechnisch geregelte Harmlosigkeit«, die einen Betrieb ohne trennende Schutzeinrichtungen und gerade dadurch eine »skalierbare Automatisierung« und einen wesentlichen Beitrag zur Wirtschaftlichkeit ermöglichen sollen – gerade weil sie ohne Schutzzaun in vielen weiteren industriellen und nicht-industriellen Bereichen zum Einsatz kommen könnten.[7] Auch die geringere Investition erlaubt bekannte Muster der Automatisierung in bisher nicht ökonomisch sinnvoll zu automatisierende Bereiche zu tragen – also etwa in der stark manuellen Montage mit kleinen Losgrößen, in variantenreicher Verpackung oder manufakturieller Herstellung unterschiedlicher Branchen und näher an den Kundenmärkten. Leichtbauroboter sind nicht nur technisch ausgereift und längst praxisfähig, sie sind mittlerweile schon mit Investitionskosten von unter 10 000 Euro zu haben. Alles also scheint für eine schubartige Verbreitung mit entsprechenden Effekten für Arbeit und Beschäftigung zu sprechen. Dazu aber finden sich wenige und zudem widersprüchliche Zahlen,[8] Studien zu Beschäftigungseffekten verbleiben auf der Makroebene.[9] Zu den wenigen Ausnahmen zählen eine Studie auf Basis des European Manufacturing Survey (EMS),[10] bei dem produzierende Unternehmen befragt werden, und eine Studie auf der Basis von Erwerbsverlaufsdaten.[11] Beide Studien verbinden eigene Daten mit denen der International Federation of Robotics (IFR) zu Robotikverkaufszahlen,[12] die

7 Bjoern Matthias/Hao Ding/Volker Miegele: Die Zukunft der Mensch-Roboter Kollaboration in der industriellen Montage, Internationales Forum Montage 2013, 30.–31. Oktober 2013 in Winterthur.

8 Zum Teil wird zu unkonkret gefragt. So unterscheidet der DGB-Index »Gute Arbeit« 2016 nicht zwischen computergesteuerten Maschinen und Robotern (24 Prozent aller Beschäftigten arbeiten damit) und in der BIBB/BAuA-Erwerbstätigenbefragung 2012 wird nur die Tätigkeit »Überwachen, Steuern von Anlagen, Maschinen« erhoben (39 Prozent tun dies häufig oder manchmal).

9 Robert Seamans/Manav Raj: AI, Labor, Productivity and the Need for Firm-Level Data, Cambridge 2018, S. 5–8. http://papers.nber.org/tmp/85128-w24239.pdf

10 Angela Jäger/Cornelius Moll/Christian Lerch: Analysis of the Impact of Robotic Systems on Employment in the European Union, Karlsruhe 2016.

11 Wolfgang Dauth/Sebastian Findeisen/Jens Suedekum/Nicole Woessner: German Robots – The Impact of Industrial Robots on Workers, London 2017.

12 International Federation for Robotics: World Robotics. Industrial Robots 2018, Frankfurt a. M./New York 2018.

zwar seit Kurzem zwischen Industrie- und Servicerobotern unterscheidet[13], auch in ihrer aktuellsten Fassung aber keine Zahlen zu Leichtbaurobotik ausweist. Diese Studien bescheinigen Deutschland jeweils einen vorderen Platz im globalen Ranking der Roboterdichte (Anzahl der Roboter pro 10 000 Beschäftigte). Bei den Effekten aber herrscht weniger Einigkeit: Während die einen eine erhöhte Produktivität ohne negative Beschäftigungseffekte konstatieren,[14] zeigen andere negative Effekte des Robotikeinsatzes auf Löhne[15] und wieder andere machen Roboter für einen dramatischen Arbeitsplatzrückgang in der produzierenden Industrie verantwortlich.[16] Alle zitierten Studien beziehen sich schon zeitlich bedingt fast ausschließlich auf die bisherige Nutzung klassischer Industrieroboter. Es bleibt daher offen, inwieweit sich die Ergebnisse auf die Zukunft und auf die Leichtbaurobotik sowie deren Nutzung auch in anderen Bereichen übertragen lassen. Historisch betrachtet waren es die bisherigen Industrieroboter, mit deren extensivem Einsatz die Fließbandfertigung produktiver wurde als jemals zuvor.[17] Daran lassen auch die zitierten Studien keinen Zweifel; dass dies trotzdem unterschiedliche und teils widersprüchliche Effekte hat, zeigt, dass die Folgen von Technologie nicht eindimensional, sondern abhängig von vielfältigen konkret-historischen Bedingungen sind – Bedingungen, die sich konkretisieren in *spezifischen Formen der Gestaltung des konstanten und in unterschiedlichen Nutzungsformen des variablen Kapitels* im Betrieb. Werfen wir im nächsten Schritt einen Blick auf den Forschungsstand zur Nutzung von Robotik und der arbeitsorganisatorischen und qualifikatorischen Ausgestaltung.

13 Auf dieser Basis schätzt eine weitere Studie Arbeitsmarkteffekte insbesondere für Serviceroboter: Michael Decker/Martin Fischer/Ingrid Ott: Service Robotics and Human Labor: A First Technology Assessment of Substitution and Cooperation, in: Robotics and Autonomous Systems, Vol. 87 (2017), S. 348–354.

14 Angela Jäger/Cornelius Moll/Christian Lerch: Analysis of the Impact of Robotic Systems on Employment in the European Union, Luxemburg 2016.

15 Dauth u. a.: German Robots.

16 Decker u. a.: Service Robotics.

17 David E. Nye: America's Assembly Line, Cambridge 2013, S. 242.

Betriebliche Nutzungsregime vor neuen Herausforderungen

Zusammen mit weiteren Industrie-4.0-Technologien wird aus technischer Sicht die »roboterbasierte Automation« als neues Automationsparadigma beschworen, mit dem sich die Frage nach dem Verhältnis zwischen Mensch und Maschine ganz neu stelle: »Wird die eine Hälfte der Beschäftigten Roboter ›programmieren‹ [...], während die andere Hälfte [...] von Robotern Arbeitsanweisungen entgegennimmt [...]«?[18] Letzteres sei für die Produktion noch nicht in Sicht,[19] müsste dann aber deutliche Qualifikationseffekte nach sich ziehen. Eine der wenigen Studien zu Qualifikation im Kontext von Leichtbaurobotik hält je nach Einsatzszenario sowohl eine Aufwertung wie auch Kompetenzverluste auf Facharbeitsebene für möglich.[20]

Der Einsatz von Robotik in nicht-industriellen Bereichen – aus Kapitalsicht ein Vorteil des Leichtbauroboters – könnte zu ganz anderen Qualifikationseffekten führen als im industriellen Bereich mit seinen entlang von konkret-historisch entwickelten Automatisierungsstufen, Nutzungsregimen und Qualifikationsformationen: So führt zum Beispiel der Einsatz von Robotik in der Chirurgie zur Herausbildung einer Hyperspezialisierung für nur eine kleine Gruppe von Chirurginnen.[21] Bei den Qualifikationseffekten durch Leichtbaurobotik scheint es also auf bisherige Nutzungsregime im Betrieb anzukommen.

Die Hersteller von Leichtbaurobotern sind darauf angewiesen, dass Anwenderunternehmen diese in ihre unmittelbaren Produktionsprozesse integrieren, was nur passiert bei Aussicht auf Produktivitätseffekte. Integration aber bedeutet: konkrete Lösungen zu finden, Lösungen die ein bestimmtes (und meist neues) Ineinanderspiel des variablen und des konstanten Kapi-

18 Michael Haag: Kollaboratives Arbeiten mit Robotern – Vision und realistische Perspektive, in: Alfons Botthoff/Ernst Andreas Hartmann (Hrsg.): Zukunft der Arbeit in Industrie 4.0, Wiesbaden 2015, S. 60.

19 Ebd., S. 64.

20 Lars Windelband/Bernd Dworschak: Arbeit und Kompetenzen in der Industrie 4.0, in: Hartmut Hirsch-Kreinsen/Peter Ittermann/Jonathan Niehaus (Hrsg.): Digitalisierung industrieller Arbeit, Baden-Baden 2015, S. 71–86.

21 Matthew Beane: Shadow Learning: Building Robotic Surgical Skill When Approved Means Fail, in: Administrative Science Quarterly *online first*, 2018, S. 1–37.

tals erfordern. Der Roboter als Produktionsmittel lässt sich nicht nur über das Verhältnis Mensch-Technik bestimmen, sondern die Produktionsverhältnisse sind unverzichtbar mitzudenken; erst wenn all dies ineinandergreift, kann sich ein neues Nutzungsregime etablieren. Zwar sind variables und konstantes Kapital analytische Begriffe, sie erfordern aber immer eine konkret-historische Ausprägung. Das war schon bei der ersten Generation der großen Industrierobotik der Fall. So bildete sich bei deren Einführung in den 1980er-Jahren eine dreigeteilte arbeitsorganisatorische Struktur des variablen Kapitals, die sich bis heute weitgehend gehalten hat:

> »1) Programmierung (Tätigkeit für Ingenieure und Technikerinnen), 2) Einstellung, Wartung, Programmanpassung (Tätigkeit für Instandhaltung und Einrichtung); und 3) Bedienung der Roboter (Tätigkeit für Produktionsarbeiter). Lackierung und Schweißen, ehemals Tätigkeiten auf Facharbeitsniveau, werden heute von Industrierobotern durchgeführt. Beschäftigte im Bereich Programmierung und Wartung sind die Gewinner im Rationalisierungsprozess; Produktionsarbeiterinnen sind die Verlierer. Es gibt keine Mobilität von Stufe 3 zu Stufe 2«.[22]

Diese Nicht-Mobilität sollte damals wie heute keine sachlich-faktische Basis haben, haben doch Beschäftigte in Produktion wie Instandhaltung in der deutschen Automobilindustrie weitgehend Facharbeitsqualifikation (oft ergänzt um berufliche Aufstiegsqualifikationen) und könnten aufgrund ihres Fach- und Erfahrungswissens daher leicht jeweils um einen der genannten Level aufsteigen.[23] Windolf konstatiert für Industrieroboter schon in den 1980er-Jahren, dass die Schneidung von Fähigkeiten und Aufgaben allein von der arbeitsorganisatorischen Ausgestaltung abhängt und die damals neuen Technologien nicht nur mit einer starren und hierarchischen

22 Paul Windolf: Industrial Robots in the West German Automobile Industry, in: Politics & Society, Vol. 14 (1985), Nr. 4, S. 459–495, hier S. 481.

23 Sabine Pfeiffer: Industry 4.0: Robotics and Contradictions, in: Paško Bilić/Jaka Primorac/Bjarki Valtýsson (Hrsg.): Technologies of Labour and the Politics of Contradiction, Cham 2018, S. 19–36.

Arbeitsteilung vereinbar seien, sondern auch mit anderen Formen der Verantwortungsverteilung in der Produktion.[24]

Es erscheint zunächst so, als sei die Frage der Qualifikation und der Arbeitsorganisation technikunabhängig beliebig sozial gestaltbar und allenfalls beschränkt von den jeweiligen Macht-und Herrschaftsverhältnissen im Betrieb. So wurden CNC-Programmierer, als der Bedarf ab den 1980er-Jahren neu entstand, zunächst nicht vom Arbeitsmarkt, sondern aus den eigenen Reihen rekrutiert – meist Facharbeiterinnen, die berufliche Fortbildungsqualifikationen zum Meister oder Techniker absolviert hatten, in entsprechenden Qualifikationen aber bis dahin nicht eingesetzt waren. Dass ansonsten in einem kapitalistischen Betrieb Aufstiegs- und Weiterbildungsoptionen immer auch Ausdruck wie Mittel von Macht- und Herrschaftsbeziehungen sind, gilt auch auf dem *shopfloor*. So weit so klar – aber nicht ausreichend für eine weiterführende Analyse und nicht spezifisch für Robotik. Denn andererseits wird meist die Frage außen vorgelassen, ob bestimmte technische Konstellationen auch sachlich bestimmte Formen der Arbeitsteilung nahelegen. Leider bleibt bis heute eine Folge der lange währenden Kontroverse um die (Nicht-)Determiniertheit des Sozialen durch die Technik,[25] dass konkrete Setzungen des Technischen (also der Konkretion des konstanten Kapitals) selten ihren Weg in die kritische Analyse finden. Dabei gibt es eben auch Beschränkungen und Ermöglichungen des Technischen, sachliche Notwendigkeiten und kaum hintergehbare Pfadabhängigkeiten, die in konkreten Produktionsprozessen eine (wenn auch nie die einzige) wichtige Erklärungsdimension darstellen. Zwar sind diese immer auch fast unentwirrbar verwickelt mit den ökonomischen Bedingungen ihres Einsatzes, das entlässt aber nicht aus der Pflicht, genauer hinzusehen. Spielen wir das gedanklich und exemplarisch zunächst für den klassischen Industrieroboter durch.

24 Windolf: Industrial Robots, S. 482.

25 Sabine Pfeiffer: Technisierung von Arbeit, in: Fritz Böhle/Günter G. Voß/Günther Wachtler (Hrsg.): Handbuch Arbeitssoziologie. Band 1: Arbeit, Strukturen, Prozesse, 2. Aufl., Wiesbaden 2018, S. 321–358.

Da dieser aus Sicherheitsgründen innerhalb des Schutzzauns bleibt, liegen damit auch arbeitsorganisatorische Formen der Nutzung und Gestaltung des variablen Kapitals nahe, die dem Einsatz anderer Maschinen ähnlich sind: Der meist für Füge- oder Handlungstätigkeiten eingesetzte Industrieroboter kann damit betrieblich genauso behandelt werden wie das spanende Bearbeitungszentrum oder die umformende Presse. Für die metallbearbeitende produzierende Industrie gilt daher seit den 1980er-Jahren ziemlich durchgängig: Die Ausführung des eigentlichen Arbeitsschritts ...

a) passiert automatisch in einem abgeschlossenen Schutzkorridor und in diesem Moment ohne unmittelbares Zutun des arbeitenden Menschen;
b) erfordert eine anspruchsvolle Programmierung, die überwiegend zeitlich und räumlich entkoppelt passieren kann;
c) geht schon qua Investitionsmasse in einem auf hohe Stückzahlen ausgerichteten, größeren Maschinenpark vonstatten;
d) erfordert bei gleichzeitig hoher Variantenvielfalt die Fähigkeit, schnell auf andere Varianten umrüsten zu können;
e) bedingt aus technisch-sachlichen Gründen präzise Wiederholgenauigkeiten und
f) aus ökonomischen Gründen eine Minimierung von Ausschussquoten;
g) findet in einem komplexen Produktionsumfeld mit multidimensionalen Einflussgrößen und dynamischem Verschleißverhalten statt und muss daher ständig vor Störungen bewahrt werden;
h) realisiert sich auf Dauer ungestört nur, wenn eine vorausschauende und reaktionsschnelle Wartung unterschiedlichster Teilkomponenten (mechanisch, elektrisch, elektronisch, pneumatisch usw.) vor Ort gewährleistet werden kann; usw.

Diese Liste ließe sich verlängern und präzisieren, sie zeigt aber vor allem eines: Die in den 1980er-Jahren beobachtete arbeitsorganisatorische und qualifikatorische Struktur[26] lässt

26 Windolf: Industrial Robots.

sich weder ohne den Kontext eines kapitalistisch verfassten Betriebs, der alle Elemente des Schneller-Höher-Weiter bedingt, noch ohne Berücksichtigung der technisch-sachlichen Gegebenheiten verstehen. Diese Art von Fertigung kann mit einem möglichst geringen Anteil an variablem Kapital am produktivsten realisiert werden auf der Basis von (wenigen) einschlägig und breit qualifizierten Arbeitskräften (dreijährige gewerblich-technische Berufsausbildung als institutionelle Basis) und von etablierten Formen der Arbeitsteilung in Bedienung, Wartung, Programmierung (die mal mehr, mal weniger zusätzliche oder weitere betriebliche oder berufliche Qualifizierung erfordert).

Alles neu macht die Kollaboration?

Diese ebenso aus ökonomischen wie aus technisch-sachlichen Gründen etablierten betrieblichen Nutzungsregime von variablem und konstantem Kapital mögen für die große Industrie typisch sein, sie sind aber alles andere als exklusiv für den großen Industrieroboter. Glaubt man dem Marketing der Hersteller, könnten die oben genannten generischen Charakteristika nun aber überwunden werden: Der Leichtbauroboter ...

a) kann den Schutzraum verlassen und mit dem Menschen zeitgleich im selben Arbeitsraum gemeinsame Arbeitsschritte am gleichen Bauteil ausführen;
b) benötigt keine aufwendige Programmierung und kann damit auch von Nicht-Fachpersonal bedient werden;
c) benötigt nur geringe Investitionen.

Der Leichtbauroboter müsste also längst einen auch empirisch zu beobachtenden Siegeszug begonnen haben, denn zahlreiche bisher nicht automatisierbare Bereiche sollten sich nun gewinnbringend automatisieren lassen. Zudem – und gerade deswegen konzentriere ich mich in diesem Artikel bewusst auf diese technologische Facette von Industrie 4.0 – haben wir es mit einer trotz aller Neuheit ausgereiften und praxistauglichen Technologie zu tun, die ihre Erprobungsphase hinter sich hat und sozusagen »von der Stange« zu erwerben ist. Der Siegeszug aber bleibt bislang aus; das zeigt sich schon bei einem konkreteren Blick auf diese drei Dimensionen *Kollaboration, Programmierung und Investition:*

— *Kollaboration jenseits des Schutzraums.* Empirisch durchgesetzt hat sich überwiegend das Modell der *Koexistenz,*[27] bei der Mensch und schutzzaunloser Roboter *nebeneinander* arbeiten und sich keinen gemeinsamen Arbeitsraum teilen. Die einleitend vorgestellten Varianten der Mensch-Roboter-*Kooperation*, die wenigstens einen gemeinsamen Arbeitsraum vorsehen, finden sich in der Praxis kaum. Das gilt erst recht für die elaborierteste Form der Arbeitsteilung zwischen Roboter und Mensch, die *Kollaboration.* Dabei wäre diese das revolutionär Neue, weil der eigentliche Arbeitsschritt von Mensch und Roboter gleichzeitig am selben Bauteil ausgeführt wird. Demgegenüber lag der große Produktivitätsfortschritt beim Wechsel von der konventionellen zur programmierbaren Bearbeitungsmaschine (egal ob über Lochkarte oder CNC, ob in der Werkstatt oder der Arbeitsvorbereitung programmiert), gerade in der zeitlichen und räumlichen Trennung von Mensch und Maschine. Die konventionelle Werkzeugmaschine benötigte noch eine sehr aktive Bedienung und direkte Steuerung durch den Menschen und band ihn daher stark an sich. Erst mit der Trennung von Maschinen- und Menschenhandeln durch den Programmablauf setzte ein neuer Rationalisierungsschub ein, erst dann konnten mehrere Maschinen durch einen Menschen bedient und erst damit im größeren Stil variables Kapital ersetzt werden. Und erst damit etablierte sich die oben beschriebene qualifikatorische Dreiteilung von Bedienung, Programmierung und Wartung. Bei der Leichtbaurobotik inspirierte zwar die Vision der *Kollaboration* zur marketingträchtigen Wortschöpfung des Cobots (aus *collaboration* und *robots*). Genau diese aber findet in der Praxis praktisch nicht statt. So fragt in einer Gruppendiskussion der Entwicklungsleiter eines Herstellers für Leichtbauroboter verzweifelt: »Das

27 Vgl. Wilhelm Bauer u.a.: Leichtbauroboter in der manuellen Montage.

sind doch hier nun alles Experten. Was mich wirklich mal interessieren würde: Kann mir hier irgendjemand eine Situation nennen, bei der wirklich Mensch und Roboter gleichzeitig am selben Bauteil etwas tun? Wir haben Millionen in die Entwicklung unseres [Robotername] gesteckt, aber diese Anwendungsfälle gibt es nicht. Keiner braucht das doch, oder?« Der Vertriebsverantwortliche eines anderen Herstellers resümiert seine Erfahrung im Vertrieb: »Wir hätten den Begriff des Cobots nie verwenden sollen, da weckst Du völlig falsche Erwartungen beim Management. Die denken, man kauft ihn, stellt ihn in die Produktion und dann geht es los mit der Zusammenarbeit. Aber so ist das nicht, und dann suchen sie verzweifelt nach Anwendungen«.[28]

— *Leichte Programmierung:* Unterschieden wird zwischen klassischer Programmierung und der Programmierung »durch Vormachen«, bei der der Roboter über »intuitive Eingabemethoden direkt oder indirekt belehrt« wird.[29] Meist wird einerseits die einfache Handhabung der neuen Robotik betont, die gar keine Programmierkenntnisse mehr erfordere, sondern sich auf einfaches Führen und »Zeigen« des Roboters beschränke (sogenanntes Teach-in).[30] Andererseits wird oft bezweifelt, ob dieses auf der Facharbeitsebene angesiedelt sein kann, mindestens erfordere dies immense Weiterbildungsaufwände. Ein erstaunlicher Widerspruch: Wenn die Programmierung so einfach ist, dass davon im eigentlichen Sinne (also Geometrie- und Bearbeitungsbefehle in einer meist herstellerspezifischen Skriptsprache) nicht mehr die Rede ist,

28 Alle zitierten Interviewpassagen stammen aus eigener, qualitativer Empirie, die in 2018 mit Experten deutscher Leichtbauroboter-Hersteller durchgeführt wurde.

29 Martin Naumann: Mensch-Maschine-Interaktion, in: Thomas Bauernhansl/Michael ten Hompel/Birgit Vogel-Heuser (Hrsg.): Industrie 4.0 in Produktion. Automatisierung und Logistik. Anwendung – Technologien – Migration, Wiesbaden 2014, S. 510.

30 Teach-in ist zudem kein neues Konzept, sondern findet sich schon bei Industrierobotern der 1990er-Jahre, vgl. Gerd Hirzinger: Neue Teach-In-Verfahren in der Robotik, in: Ingbert Kupka (Hrsg.): GI – 13. Jahrestagung. Hamburg, 3.–7. Oktober 1983, Proceedings, Bd. 73, Berlin/Heidelberg 1983, S. 177–193.

dann sollte dies für moderne Metall- und Elektroberufe kein Problem darstellen. Schließlich gehört die – als bislang komplizierter angesehene – CNC-Programmierung von Bearbeitungsmaschinen seit der ersten Reform der Metallberufe in den 1980er-Jahren fest zum Ausbildungscurriculum. Viel wichtiger als die Programmierung des Roboters im Sinne von Positionierungsbefehlen ist, was der Roboter tun soll. Das gilt für den großen Industrieroboter ebenso wie seinen leichten Bruder. So wie die Programmierung eines Industrieroboters zum Punktschweißen entlang einer Karosseriegeometrie ohne Fach- und Erfahrungswissen des Schutzgasschweißens oder zu den Materialien der zu schweißenden Teile nicht funktioniert, so benötigt auch der Leichtbauroboter mehr Überblicks- und je nach Einsatzort Fachwissen jenseits der reinen Roboterpositionierung (zum Beispiel über Sinn und Unsinn bestimmter Montage- oder Verpackungsanforderungen und -schrittfolgen). Hier steckt die eigentliche – aber ebenso auf Facharbeitsebene unkritische – Herausforderung, auch für Leichtbaurobotik. Kein Problem in Bereichen mit Metall- und Elektroberufen, sehr wohl aber dann, wenn die neue Robotik außerhalb dieser Branchen eingesetzt werden soll.

— Als Intentionen für die *Investition* von Leichtbaurobotern wird neben der Verbesserung der Ergonomie und der Erprobung innovativer Technologie in erster Linie eine verbesserte Wirtschaftlichkeit genannt; in der Praxis zeigen sich allerdings wesentlich längere Amortisationszeiten als bei klassischer Automatisierung.[31] Brynjolfsson u. a.[32] halten dies für typisch für sogenannte *general-purpose technologies* (GPTs), also Technologien wie Künstliche Intelligenz oder Robotik, die in verschiedensten Anwendungen einsetzbar sind. Bei diesen käme es in den ersten Jahren zu weniger Ertrag und Produktivität als

31 Wilhelm Bauer u.a.: Leichtbauroboter in der manuellen Montage, S. 9.

32 Vgl. Erik Brynjolfsson/Daniel Rock/Chad Syverson: The Productivity J-Curve: How Intangibles Complement General Purpose Technologies, Cambridge 2018.

erwartet und erst später zu deren spürbaren Erhöhung – weil ein Großteil der anfänglichen Investitionen nicht für die Anschaffung der eigentlichen Produktionsmittel, sondern für die dafür benötigten »Intangibles« nötig sei (gemeint sind die ökonomisch schwerer fassbaren Aufwände für das mit diesen Technologien einhergehenden Re-Design der Geschäftsprozesse, die Ko-Investitionen für neue Produkte und Geschäftsmodelle sowie Investitionen in »Humankapital«) – es geht also überwiegend um variables Kapital, das benötigt wird, um das *general-purpose*-Versprechen einzulösen und zu einem ökonomisch nutzbringenden, konstantem Kapital werden zu lassen. Spricht man mit Experten der Branche, zeigen sich zwei Muster zum Thema Investition. Zum einen wird die Anschaffungsintention sehr häufig als eine *me-too*-Entscheidung geschildert, so der Experte eines Herstellers: »Unser [Name des Roboters] wird ja meist vom oberen Management, vom Geschäftsführer gekauft. Der hat den auf der Messe gesehen und sein Golfkumpel hat den auch schon, dann will er ihn auch haben. Ist manchmal echt so ein Status-Ding, ob sich das rechnet, wird da gar nicht gefragt.« Ein Ingenieur schildert: »Naja, und dann war das Ding da und dann wollte man unbedingt irgendwas Herzeigbares damit machen, am besten was für eine bessere Ergonomie, wegen der Akzeptanz und so. Was am Ende nach langem Getue rauskam, hätte man viel billiger und schon lange vorher mit einer üblichen Handhabungsautomatisierung lösen können.« Auch bei 25 vom Fraunhofer IAO untersuchten Anwendungsfällen war der Aufwand bei schutzzaunlosem Einsatz durchgängig deutlich höher als am Anfang der Planung erwartet.[33]

Aus der leichteren und intuitiveren Programmierung der Leichtbauroboter, ebenso wie aus den Kollaborationsoptionen sowie den geringen Investitionskosten ergeben sich also Optionen für die Einsparung variablen Kapitals, die sich bis-

33 Ebd.

her kaum realisieren. Das ließe sich als Übergangsphänomen abtun oder als Symptom unprofessionellen Managementhandelns. Beides mag auch stimmen, erklärt aber alleine nicht den Gap zwischen Produktivitätsversprechen und dessen Nichteinlösung. Das bisherige Scheitern des Neuen liegt *erstens* offensichtlich nicht im eigentlichen Produktionsmittel und seiner stofflichen Artefaktspezifik begründet. Und es scheint *zweitens* nicht an fehlenden oder nicht passfähigen Kompetenzen der Beschäftigten zu liegen. Wir suchen abschließend nach einer weiterführenden Erklärung.

Die neuen Nutzungsregime scheitern am Konkreten

Eine weitere Erklärung könnte sein, dass das Anwenderkapital den Produktivitätsversprechen des Anbieterkapitals auf den Leim gegangen ist und deswegen (und aufgrund des hyperventilierenden Digitalisierungsdiskurses) vor der Investition die sachliche und ökonomische Sinnhaftigkeit des Leichtbauroboter nicht ausreichend geprüft hat. Schon Marx hat darauf hingewiesen, dass die Maschinerie als »übermächtiger Konkurrent« und als dem Lohnarbeiter »feindliche Potenz [...] *laut* ... vom Kapital *proklamiert* und gehandhabt« werde; man könne eine ganze »Geschichte der Erfindungen« schreiben, die bloß als »Kriegsmittel des Kapitals wider Arbeiterproteste ins Leben traten«.[34] Die *Proklamation* der neuen Technologien gelingt dem Kapital aktuell über den Digitalisierungs- und 4.0-Diskurs erstaunlich gut[35] und die Presse übernimmt unkritisch das Marketing der Herstellerfirmen.[36] Mit der *Handhabung* aber scheint sich das Kapital derzeit weniger leicht zu tun. Dass dies selbst bei der Leichtbaurobotik der Fall ist, obwohl hier weitaus weniger technologische Hürden bestehen als bei anderen 4.0-Technologien, bedarf der weiteren Analyse. Bei

34 MEW, Bd. 23, S. 459, Hervorh. S.P.

35 Sabine Pfeiffer: Warum reden wir eigentlich über Industrie 4.0? Auf dem Weg zum digitalen Despotismus, in Mittelweg 36, Jg. 24 (2015), H. 6, S. 14–36.

36 Vgl. die Studie über die KI-Berichterstattung in UK: J. Scott Brennen/Philip N. Howard/Rasmus Kleis Nielsen: An Industry-Led Debate: How UK Media Cover Artificial Intelligence, Oxford 2018.

der Leichtbaurobotik ist die Fähigkeit zur Kollaboration, zur direkten Zusammenarbeit von Mensch und Roboter die vermarktete *killing application.* Kooperation zu nutzen sieht Marx als ein wesentliches Element der kapitalistischen Produktion; es handele sich hierbei »nicht nur um Erhöhung der individuellen Produktivkraft [...], sondern um die Schöpfung einer Produktivkraft, die an und für sich Massenkraft sein muss«.[37] Marx unterscheidet zwei Kooperationsarten, die eigentümlich an die einleitend zitierten unterschiedlichen Kooperationsformen zwischen Mensch und Roboter erinnern, aber gerade nicht die Interaktion zwischen einem individuellen Mensch und einem einzelnen Artefakt beschreiben: Bei der *einfachen Kooperation* werde Gleiches nacheinander oder nebeneinander getan,[38] für komplizierte Arbeitsprozesse erlaube dagegen die *arbeitsteilige Kooperation*, »die bloße Masse der Zusammenarbeitenden, die verschiedenen Operationen unter verschiedene Hände zu verteilen, daher gleichzeitig zu verrichten und dadurch die zur Herstellung des Gesamtprodukts nötige Arbeitszeit zu verkürzen«; zudem ergäbe sich eine »Beschränkung der Raumsphäre der Arbeit bei gleichzeitiger Ausdehnung ihrer Wirkungssphäre«.[39]

Neben diesen generisch-abstrakten Aussagen macht Marx aber auch sehr deutlich, dass die gesteigerte Produktivkraft eines solchen *kombinierten Arbeitstags* ganz unterschiedliche konkrete Ursachen haben kann, sei es die Erhöhung der mechanischen Kraftpotenz der Arbeit, sei es die Möglichkeit, »im kritischen Moment viel Arbeit in wenig Zeit flüssig« zu machen, »den Wetteifer der Einzelnen« erregen und ihre »Lebensgeister« spannen zu können, sei es, den »gleichartigen Verrichtungen vieler den Stempel der Kontinuität und Vielseitigkeit« aufdrücken zu können, oder sei es, die Produktionsmittel durch ihren gemeinschaftlichen Gebrauch zu ökonomisieren und bei alldem der »individuellen Arbeit den Charakter gesellschaftlicher Durchschnittsarbeit« zu verlei-

37 MEW, Bd. 23, S. 344–345.

38 Ebd., S. 346.

39 Ebd., S. 347–348.

hen – alle diese Möglichkeiten entspringen nach Marx »aus der Kooperation selbst«.[40]

Für den kollaborativen Leichtbauroboter stellt sich genau hier eine immanente Hürde: Nur auf den ersten Blick und klebend am Begriff der »Kollaboration« wäre er zu deuten als eine neue Stufe einer beispielsweise *erweiterten arbeitsteiligen Kooperation*. Dann aber müsste er sich betrieblich leichter eingliedern lassen. Schließlich trifft der Leichtbauroboter dort auf einen Zustand der »Entwicklung der Maschinerie«, der nach Marx erst eintrete, wenn die »große Industrie schon höhre Stufe erreicht hat und die sämtlichen Wissenschaften in den Dienst des Kapitals gefangengenommen sind; andrerseits die vorhandne Maschinerie selbst schon große Ressourcen gewährt«.[41] Damit stoßen wir möglicherweise auf den Kern und damit auf meine erste These: *Die sich im bisherigen Kapitalismus entwickelte Kooperation in all ihren Spielarten ist – in ihren entwickeltsten Produktionsformen der aktuellen großen Industrie – an die Grenze ihrer weiteren Ökonomisierung gekommen.*[42] Das zeigte sich arbeitsorganisatorisch an den Grenzen des alten Taylorismus und den verschiedenen Antworten des Toyotismus (von der Lean Production über Ganzheitliche Produktionssysteme bis zur Agilen Produktion). Und es zeigt sich bei den technischen Produktionsmitteln nun an der zögerlichen Einführung des Leichtbauroboters.

Eine *zweite These* ist daher, dass der Leichtbauroboter für die hoch-automatisierten und hoch arbeitsteiligen Kooperationsformen der heutigen großen Industrie in den entwickelten kapitalistischen Ländern in seiner kollaborativen Nutzungs-

40 Ebd., S. 348–349; für die digitale Transformation ließe sich zum einen die Crowd- und Plattform-Ökonomie deuten als ein Versuch, diesen Nutzen der Kooperation und ihrer im Kapitalismus entwickelten Spielarten auch ohne den physischen Ort des Betriebs, ohne den (bei Marx noch als notwendig erachteten Manager) und unter der Nutzung der (durch das Kapital anderer finanzierter) Produktionsmittel zu ermöglichen.

41 Karl Marx: Grundrisse der Kritik der Politischen Ökonomie, MEW, Bd. 42, S. 600 (im Abschnitt »Fixes Kapital und Entwicklung der Produktivkräfte der Gesellschaft«, dem sogenannten Maschinenfragment).

42 Alle Thesen beziehen sich auf den Einsatz von physischen Produktionsmitteln in physischen Produktionsumfeldern. Es geht mir hier nicht um eine Generalthese dazu, was *die* Digitalisierung aus *dem* Kapitalismus mache.

form kein ökonomischer Fortschritt ist, weil diese historisch in langen Zyklen aufgebaute arbeitsteilige Kooperationsform keine letztlich manufakturielle individuelle Kooperation (auch wenn sie sich zwischen Mensch und Maschine abspielt) integrieren kann.

Der Leichtbauroboter würde dagegen – das ist die *dritte These* – hervorragend in eine individualisierte und personalisierte sowie dezentralisierte On-demand-Produktion passen. Häufig wird diese als zukünftiges Gegenmodell zur Massenproduktion gesehen und dabei impliziert, es würde derzeit in der Automobilherstellung in großen Serien jeweils der gleiche Autotyp hergestellt und erst in Zukunft und auf Basis von Industrie-4.0-Technologien sei ein Mehr an personalisierten Produkten möglich. Allerdings ignoriert diese Gegenüberstellung die Entwicklungen der letzten Jahrzehnte in Richtung einer modularisierten und kundenspezialisierten Serienfertigung. So kann man heute allein bei einem Hersteller von rund 10^{32} Fahrzeugausstattungsvarianten ausgehen;[43] auch heute schon ist jedes einzeln bestellte Fahrzeug identifizierbar und wird entsprechend spezifisch gefertigt. D. h. auch heute schon wäre eine On-demand-Produktion technisch gesehen machbar, sie bricht sich aber mit der herrschenden ökonomischen Logik, das heißt konkret: Sie hätte negative Auswirkungen auf betriebswirtschaftliche Kennzahl der Anlagenproduktivität. Gehen nicht ausreichend spezifische Kundenaufträge ein, so werden später aufwändig vermarktete Sondermodelle in größeren Losen produziert, um die Produktionsmittel am Laufen zu halten. Ob in der heutigen Produktionsform der *mass customization* oder einer weiter personalisierteren Form: Eine On-demand-Produktion wäre ohne Frage technisch denkbar und ökologisch höchst sinnvoll – sie ist aber nur in Nischen umsetzbar, denn sie widerspricht den Prinzipien einer kapitalistischen, zum Wachstum (und damit zur Überproduktion) verdammten Ökonomie. Denn es würde in ihr nur dann produziert werden, wenn der konkrete Gebrauchswert für ein kon-

43 Christoph Tripp: Distributions- und Handelslogistik. Netzwerke und Strategien der Omnichannel-Distribution im Handel, Wiesbaden 2019, S. 38.

kretes einzelnes Produkt formuliert ist. Ganz ähnlich verhält es sich mit den Optionen des Leichtbauroboters, mit denen sich die Ergonomie verbessern und eine altersgerechte und vor allem nicht-taktgebundene Produktion technisch leichter realisieren ließe. Auch hier aber gilt erstens, dass es oft bereits andere technische Möglichkeiten gibt, mit denen dies erreicht werden könnte – wenn denn bei Investitions- und Techniketinsatzentscheidungen die Qualität von Arbeit erste Priorität hätte. Sie ist aber meist eine nur abgeleitete oder in Konflikten rund um die Arbeitsgestaltung ausgehandelte Größe, nicht die Leitorientierung. Qualitative Aspekte in Bezug auf Umwelt wie auf lebendige Arbeit können mit technischen Mitteln gestern wie heute oder morgen verbessert werden, aber das ist kein Automatismus, denn Qualitatives widerspricht der herrschenden ökonomischen Logik und wird meist nur umgesetzt, wenn es sich kostenneutral realisieren lässt.

Zwar ist nicht ausgeschlossen, dass das Potenzial der kollaborativen Leichtbauroboter für eine erweiterte Form der Kooperation auch in kapitalistischer Logik ökonomisch sinnvoll genutzt werden könnte. Dies würde aber voraussetzen – das ist die *vierte These* –, dass das Kapital die konkreten Potenziale des Zusammenspiels eines spezifischen konstanten Kapitals mit dem bestehenden konstanten und variablen Kapital erkennen würde. Der Leichtbauroboter entwickelt sein Potenzial nicht aus sich heraus, sondern nur in einem innovativen und oft völlig neu zu konfigurierendem Zusammenspiel mit bestehender Technik und bestehenden Abläufen – oft sogar verbunden mit konstruktiven Veränderungen auf Produktebene. Dafür Lösungen zu finden, erfordert ein eingespieltes Team spezifischer lebendiger Arbeit (etwa von Konstrukteurinnen in Forschung und Entwicklung mit Automatisierungsspezialisten im Engineering und erfahrenen Facharbeiterinnen in Produktion und Instandhaltung). In den Industrien, in denen diese historisch-konkrete Formation lebendiger Arbeit infolge einer über 150-jährigen Entwicklungsgeschichte vorhanden ist, wird diese Anforderung angesichts der geringen Investitionssumme des Leichtbauroboters strategisch oft gar nicht erwogen und im Konkreten unterschätzt. In anderen möglichen Einsatzbereichen wie Logistik oder Handel fehlt es genau an diesen Ausprägungen lebendiger Arbeit. In beiden Fällen – und diese Aussage gilt ganz ähnlich für viele der neuen Industrie-4.0-Technlogien – unterschätzt das auf die Tauschwertseite orientierte Management die innovationsrelevante Bedeutung der lebendigen Arbeit. Eine – in der kapitalistischen Logik angelegte und nicht ausgeschlossene Lösung dieses Dilemmas – wäre die Etablierung eines eben dieses Dilemma adressierende Geschäftsmodells. So bieten sich bereits erste kleine Beratungsunternehmen und Start-ups als »Integratoren« für Leichtbauroboter in diesem Sinne an. Anders formuliert: Das Kapital kann die Gebrauchswertseite seines variablen wie konstanten Kapitals vernutzen und auf dieser Basis die Tauschwertseite immer wieder inkrementell optimieren lassen. Es tut sich aber schwer damit, die Gebrauchswertseite beider Ressourcen ausreichend zu verstehen, um daraus strategischen und innovativen Nutzen über die bestehende Logik hinaus zu entwickeln. Dazu müsste die »Erfindung [...] ein Geschäft und die Anwendung der Wissenschaft auf die unmittelbare Produktion selbst ein für sie bestimmender und sie sollizitierender [antreibender] Gesichtspunkt« werden.[44] Sprich: der Leichtbauroboter als einzelnes konstantes Kapital bringt nichts, es braucht zunächst eine qualitativ andere Nutzung (und in einer Übergangsphase sogar quantitativ mehr) an menschlichem Arbeitsvermögen, um das Umfeld für dessen (dann auf technisch-organisatorisch veränderter Ebene) Mehrwert generierenden Einsatz erst zu schaffen.

Schließlich sollte man die Aussage aus dem Maschinenfragment ernst nehmen, dass mit der Entwicklung der großen Industrie die unmittelbare Arbeit aufhöre, »als solche Basis der Produktion zu sein, indem sie nach der einen Seite hin in mehr überwachende und regulierende Tätigkeit verwandelt wird«.[45] Nach Marx hört also nicht die Aneignung fremder Arbeit an sich auf, sondern nur in ihrer Form direkter

44 MEW, Bd. 42, S. 600.
45 Ebd., S. 604–605.

Produktionstätigkeit. Dieser Satz ließe sich für die hoch automatisierte und vernetzte Produktion ergänzen um – meine *fünfte These: Während die quantitative Bedeutung des variablen Kapitals abnimmt, steigt seine qualitative Bedeutung für die Umsetzung und Gewährleistung der dauerhaften Produktivität des Gesamtprozesses.* Nicht nur die Bedeutung menschlicher Arbeit für die Gewährleistung bestehender Produktion, sondern auch und zunehmend für die ständige Neugestaltung (Planung, Vernetzung, Re-Organisation) des Gesamtprozesses nimmt zu. Dies könnte für eine Übergangszeit – wohl eher nicht quasi-automatisch vom Kapitalismus zu einem wie auch immer gearteten Postkapitalismus, sondern vom bisherigen zum neuen Nutzungsregime konstanten und variablen Kapitals *innerhalb* des Kapitalismus – sogar zu einem erhöhten quantitativen Bedarf an menschlichem Arbeitsvermögen in dafür nötigen Spezialqualifikationen führen.

Friedrich Krotz fasst den Roboter dialektisch als »technisch hergestellte Gattung in einem ambivalenten Verhältnis zur menschlichen Gattung«, seien diese doch »einerseits subordinierte und andererseits gleichzeitig mit Menschen konkurrierende Akteure, insofern sie Anordnungen befolgen und Aufgaben erfüllen, aber auch Anordnungen geben und Aufgabenerfüllung verlangen«.[46] Auch das ist keine ganz neue Entwicklung. Nicht das Artefakt – *der* (also alle?) Roboter bei Krotz, der Leichtbauroboter in diesem Artikel – ist aus einer marxistischen Kritikperspektive das Interessante, sondern ob ein neuer Produktivkraftsprung damit zu verbinden sei. Dieser aber umfasst sehr viel mehr als das, was in der direkten Produktion passiert. Wenn die dort bestimmenden Akteure das Konkrete des technischen Potenzials und des menschlichen Arbeitsvermögens nicht ausreichend verstehen, wenn sich dort keine neuen Nutzungsregime zwischen variablem und konstantem Kapital herausbilden, wäre das eine neue

46 Friedrich Krotz: Die Begegnung von Mensch und Roboter. Überlegungen zu ethischen Fragen aus der Perspektive des Mediatisierungsansatzes, in: Matthias Rath/Friedrich Krotz/Matthias Karmasin (Hrsg): Maschinenethik. Normative Grenzen autonomer Systeme, Wiesbaden 2019, S. 22.

Grenze. Das Potenzial eines Produktivkraftsprungs in eine ökologischere, dezentrale On-demand-Produktion bleibt in einem unauflösbaren Widerspruch zu der Ressourcen vernutzenden und verschwendenden Logik einer erweiterten großen Industrie innerhalb einer tauschwertorientierten Ökonomie. Es werden nicht die *robot overloards* sein, die zukünftig in Davos den Champagner trinken.[47] Und mit David Harvey stellt sich angesichts technologischen Wandels weiterhin (und mit immer dramatischeren und langfristig wirkenden Antworten) die Frage: »Wer profitiert von dem schöpferischen Prozess und wer hat darunter zu leiden?«[48]

47 Diane Coyle: Welcoming our Robot Overlords: The Disruptive Potential of Technological Progress, in: Tony Dolphin (Hrsg.): Technology, Globalisation and the Future of Work in Europe, London 2015, S. 100–105, hier S. 104.

48 David Harvey: Siebzehn Widersprüche und das Ende des Kapitalismus, Berlin 2015, S. 123. In der deutschen Übersetzung geht leider Harveys Wortspiel mit Schumpeters »schöpferischer Zerstörung« (creative destruction), die er kurz zuvor im Text erwähnt, verloren: »[...] who gains from the *creation* and who bears the brunt of the *destruction*?« David Harvey: Seventeen Contradictions and the End of Capitalism, London 2014, S. 98.

Franza Drechsel und Kristina Dietz

Drohnen, Roboter, synthetische Nahrungsmittel

Digitalisierung in der Landwirtschaft

»Das Gehirn« kontrolliert alles: Wann welcher Salatkopf wie viel Dünger oder Wasser braucht, zu welchem Zeitpunkt er wohin umgetopft wird, wo welcher Roboter sich gerade befindet und wo er dringender benötigt wird oder wann der Salat abgepackt und gegessen werden kann. Die Software »The Brain« (das Gehirn) wird auf einer von dem Start-up-Unternehmen Iron Ox geführten *Indoor-Farm* in Kalifornien eingesetzt. Sie macht dort menschliche Arbeit nahezu überflüssig, achtet auf einen schonenden Einsatz von Wasser, Energie und Nährstoffen, garantiert eine effiziente Produktion auf geringer Fläche und liefert täglich frische und gesunde Salatköpfe.[1]

Mit »The Brain« knüpft Iron Ox an eine Erzählung über die Digitalisierung in der Landwirtschaft an, die in den Diskussionen um die Zukunft der Nahrungsmittelerzeugung derzeit dominant wird. Drei zentrale Elemente bilden ihren Kern: Digitale Technologien steigern Effizienz und Produktivität auf den Äckern und in den Ställen, sie garantieren eine ressourcenschonende, nachhaltige und klimaneutrale Produktion und sie fördern den Wohlstand im ländlichen Raum. Zusammengefasst heißt das, mit der Digitalisierung der Landwirtschaft lassen sich die globale Ernährungskrise, die ökologische Krise im Agrarsektor sowie die soziale Krise in den marginalisierten ländlichen Regionen gleichermaßen bearbeiten. In diesem Sinne unterscheidet sich die Landwirtschaft kaum von Industrie und Handel. Überall verspricht die Digitalisierung revolutionäre Produktivitätssteigerungen, neue Verwertungschancen

1 Erin Winik: New Autonomous Farm wants to produce Food without Human Workers, in: MIT Technology Review, 3.10.2018, unter: www.technologyreview.com/s/612230/new-autonomous-farm-wants-to-produce-food-without-human-workers.

und mehr Wohlstand bei notwendigen, aber »verkraftbaren« Anpassungen in der Arbeitswelt. Jenseits dieser Versprechen ist bisher wenig bekannt. In welchen Bereichen soll sich die digitale Revolution in der Landwirtschaft vollziehen und wo findet sie bereits statt? Welche Auswirkungen haben digitale Technologien auf die Produktionsverhältnisse in der Landwirtschaft sowie auf das Verhältnis von Gesellschaft und Natur? Wo liegen die Widersprüche einer digitalen Landwirtschaft und wo die Ansatzpunkte politischer Intervention?

Mit diesen Fragen werden wir uns im Folgenden aus globaler Perspektive und unter Berücksichtigung struktureller Ungleichheiten beschäftigen. Unser Ziel ist es, gegenwärtige Tendenzen der Digitalisierung herauszuarbeiten, diese anhand ausgewählter Beispiele zu illustrieren und ihre möglichen Auswirkungen zu analysieren. Wir argumentieren, dass der Einzug digitaler Technologien die dominanten Produktionsweisen und -verhältnisse in der Landwirtschaft nicht grundlegend verändern wird. Vielmehr ist eine Verstärkung jener Strukturveränderungen zu erwarten, die die Landwirtschaft seit der Neoliberalisierung des Sektors prägen: Konzentration und Zentralisierung, soziale Differenzierung und steigende globale Ungleichheiten. Darüber hinaus sind auch einer digitalen Landwirtschaft ökologische Widersprüche inhärent.

Einleitend erläutern wir unseren theoretischen Rahmen, der auf historisch-materialistischen Ansätzen zur Analyse kapitalistischer Entwicklungen in der Landwirtschaft sowie der Politischen Ökologie basiert. Anschließend stellen wir die zentralen Bereiche der Digitalisierung in der Landwirtschaft vor und beschreiben anhand von Beispielen den Stand der Entwicklungen. Dem folgt eine Analyse der zu erwartenden Auswirkungen auf Produktions- und gesellschaftliche Naturverhältnisse. In der abschließenden Zusammenfassung diskutieren wir die Widersprüche der landwirtschaftlichen Digitalisierung und benennen Ansatzpunkte für ihre Politisierung.

Die Agrarfrage und die Politische Ökologie der Landwirtschaft

Um die Auswirkungen digitaler Technologien auf Produktivkräfte und Produktionsverhältnisse in der Landwirtschaft zu analysieren, stellt sich zunächst die generelle Frage nach der Entwicklung kapitalistischer Produktionsverhältnisse in der Landwirtschaft. In der politischen Ökonomie wird dies als »Agrarfrage« bezeichnet. Sie fasst Diskussionen darüber zusammen, wie sich der Übergang zum Kapitalismus in der Landwirtschaft vollzieht und welche Bedeutung die Landwirtschaft für die Kapitalakkumulation hat. Während in Westeuropa die kapitalistische Durchdringung des Agrarsektors im 20. Jahrhundert weitgehend abgeschlossen war, stellt sich heute die Frage, wie sich dieser Prozess in ländlichen Gesellschaften vollzieht, die stark von kleinbäuerlichen, häufig als präkapitalistische Relikte verstandenen Produktionsverhältnissen geprägt sind.[2]

In der Regel lässt sich die Entwicklung kapitalistischer Produktionsverhältnisse im ländlichen Raum an drei Merkmalen festmachen: dem Grad der Einbindung in nationale und globale Märkte, der Herausbildung von Lohnarbeitsverhältnissen in der landwirtschaftlichen Produktion sowie kapitalistischer Eigentumsverhältnisse in Bezug auf die Produktionsmittel (Land, Saatgut etc.). Ausgehend von diesen Merkmalen ist die globale Landwirtschaft aktuell von divergierenden Produktionsformen gekennzeichnet, die sich hinsichtlich der Arbeitsproduktivität und den Produktionsverhältnissen unterscheiden.[3]

Im Globalen Norden, d. h. in Westeuropa, den USA, Kanada und Japan ist die Landwirtschaft nahezu vollständig kapitalistisch organisiert; dies zeigt sich unter anderem an der markt-

2 Michael Watts: The Southern Question. Agrarian Questions of Labour and Capital, in: Haroon A. Akram-Lodhi/Cristóbal Kay (Hrsg.): Peasants and Globalization. Political Economy, Rural Transformation and the Agrarian Question, London 2009, S. 262–287.

3 Haroon A. Akram-Lodhi/Cristóbal Kay: Surveying the Agrarian Question (Part 2): Current Debates and Beyond, in: The Journal of Peasant Studies, Vol. 37 (2010), Nr. 2, S. 255–284.

förmigen Gestaltung der Eigentumsverhältnisse. Nur Betrieben, die sich am Markt gegenüber anderen behaupten, gelingt es, den für die landwirtschaftliche Produktion notwendigen Zugang zu und Besitz an Land zu sichern und wenn notwendig zu erweitern, alle anderen verschwinden. Der Rückgang der produzierenden Betriebe in absoluten Zahlen in Europa im 20. Jahrhundert – in Westdeutschland unter dem Begriff »Höfesterben« bekannt – sowie der Anstieg des durchschnittlichen Landbesitzes pro Betrieb (Landkonzentration) unterstützen dieses Argument.[4] Die Bewirtschaftung erfolgt in hohem Maße automatisiert, sie ist kapitalintensiv und benötigt nur wenig menschliche Arbeitskraft. Auch in Lateinamerika, Afrika und Asien etabliert sich seit Jahrzehnten ein landwirtschaftlicher Sektor, auf den diese Beschreibungen zutreffen. Mit Exporten von Soja, Fleisch, Getreide, Palmöl, Zitrusfrüchten etc. trägt dieser aufgrund günstiger Produktionsbedingungen (vor allem hinsichtlich der Lohnkosten und der klimatischen Bedingungen) zur Versorgung der globalen Märkte mit »billigen« und nicht-saisonalen Nahrungs- und Futtermitteln sowie pflanzlichen Energieträgern bei. Diese exportorientierte Landwirtschaft ist kapital- und flächenintensiv und wird kontinuierlich ausgeweitet. Die sozialen Folgen sind steigende ungleiche Landbesitzverhältnisse, Verdrängung und Enteignung kleinbäuerlicher Landwirtschaft sowie der Rückgang von Arbeit im ländlichen Raum. Trotz dieser Tendenzen stellt die kleinbäuerliche Landwirtschaft als arbeitsintensive und oft nur geringfügig mechanisierte Form der landwirtschaftlichen Produktion für die Mehrzahl der ländlichen Bevölkerung im Globalen Süden die zentrale Lebensgrundlage dar. Ein Großteil der globalen Lebensmittel wird nach wie vor unter den Bedingungen des Marktes von Kleinbäuerinnen und -bauern erzeugt. Ungeachtet der fortschreitenden Kommerzialisierung und einer Ausweitung agrarindustrieller Produktionskomplexe hat sich die kleinbäuerliche Landwirtschaft in den ver-

4 Chris Carlson: Rethinking the Agrarian Question: Agriculture and Underdevelopment in the Global South, in: Journal of Agrarian Change, Vol. 18 (2018), Nr. 4, S. 703–721.

gangenen Jahrzehnten konsolidiert. Wir argumentieren, dass die Auswirkungen der Digitalisierung in der Landwirtschaft ausgehend von der »Agrarfrage« und hiermit verbundenen strukturellen Unterschieden analysiert werden müssen.

Für die Analyse der ökologischen Widersprüche der Digitalisierung der Landwirtschaft beziehen wir uns auf Erkenntnisse aus dem Feld der Politischen Ökologie.[5] Aus dieser Perspektive sind ökologische Krisen in der Landwirtschaft nicht das Ergebnis von falschem Management, Effizienzdefiziten und fehlender moderner Technologien. Ökologische Krisen werden stattdessen als immanent mit der kapitalistischen Produktionsweise und verbunden mit den sie absichernden sozialen Herrschaftsverhältnissen (Klasse, Geschlecht, »Rasse«) betrachtet. Die ökologische Krise wird so als Verteilungsfrage begreifbar.

Gemeinsam mit ökomarxistischen Überlegungen zum Verhältnis von Natur und Kapital geht die Politische Ökologie davon aus, dass Natur über stoffliche Eigenschaften, d. h. eine spezifische Materialität verfügt. Auf diese ist der kapitalistische Reproduktionsprozess angewiesen. Natur kann nicht beliebig angeeignet, technologisch unterworfen oder manipuliert werden. Wird dies dennoch versucht, treten die stofflichen Besonderheiten, etwa die Bodenfruchtbarkeit oder die Fähigkeit von Pflanzen, CO_2 zu speichern, in Form ökologischer Krisen in Erscheinung. Den Zusammenhang zwischen ökologischer Krise und kapitalistischer Reproduktion hat Elmar Altvater ab Ende der 1980er-Jahre herausgearbeitet.[6] Ausgangspunkt seiner Analysen ist die marxsche Überlegung, dass die kapitalistische Produktion zugleich Arbeitsprozess und Verwertungsprozess ist und beide Prozesse in einem Spannungsverhältnis zueinander stehen. Der Zweck kapitalistischer Produktion besteht nicht in der Herstellung von Gebrauchswerten, sondern in der Produktion und Realisierung von Mehrwert. Aus diesem Grund steht die kapitalistische Produktionsweise in

5 Markus Wissen: The Political Ecology of Agrofuels: Conceptual Remarks, in: Kristina Dietz/Bettina Engels/Oliver Pye/Achim Brunnengräber (Hrsg.): The Political Ecology of Agrofuels, London 2015, S. 16–33.

6 Elmar Altvater: Sachzwang Weltmarkt, Hamburg 1987.

einem höchst widersprüchlichen Verhältnis zu den besonderen Qualitäten von Natur. Dies zeigt sich insbesondere in der kapitalistischen Landwirtschaft: Sie transformiert Natur (Böden etc.) in einem Ausmaß und mit einem Entwicklungsgrad der Produktivkräfte wie keine andere Produktionsweise vor ihr. Unter stofflichen Gesichtspunkten ist sie hochgradig abhängig von Natur und macht sich deren besondere Qualitäten (Bodenfruchtbarkeit, Fotosynthese, Stoffwechselprozesse) zunutze, um neue Bedürfnisse zu kreieren und Produkte und Technologien für deren Befriedigung zu entwickeln. Gleichzeitig abstrahiert sie von diesen Abhängigkeiten, ist also gleichgültig gegenüber den raum-zeitlichen und biophysikalischen Besonderheiten von Natur.[7]

Die Bereiche der digitalen Landwirtschaft: Hardware, »Software«, Fintech

Aktuelle Entwicklungen verweisen auf drei zentrale Bereiche des digitalen Wandels in der Landwirtschaft: *Hardware, »Software«* und die Finanztechnologie.

Die Hardware

Unter der *Hardware* der digitalisierten Landwirtschaft fassen wir Maschinen, Drohnen und Roboter. Maschinen verfügen über eine eigenständige Antriebstechnologie, doch trotz teilweise automatisierter Abläufe werden sie von Menschen bedient. Drohnen sind ferngesteuerte Fahrzeuge ohne Personenbesatzung. Können sie autonom fahren, zählen sie zur Gruppe der Roboter. Diese zeichnen sich dadurch aus, dass sie computergesteuert bzw. programmiert sind, also ohne direktes menschliches Zutun handeln. Manche sind mit künstlicher Intelligenz ausgestattet und mithin lernfähig.

Der Einsatz von Maschinen in der Landwirtschaft ist nicht neu. Dort wo Maschinen zum Einsatz kommen, werden sie mehrheitlich von Menschen gesteuert. Das soll sich in Zukunft

7 Kristina Dietz/Markus Wissen: Kapitalismus und »natürliche Grenzen«. Eine kritische Diskussion ökomarxistischer Zugänge zur ökologischen Krise, in: Prokla, Jg. 39 (2009), H. 156, S. 351–369.

ändern. Die weltmarktführenden Landmaschinenfirmen John Deere (USA), CNH (Großbritannien), AGCO (USA) und Kubota (Japan) haben autonom fahrende Traktoren entwickelt.[8] Diese sollen künftig alleine pflügen, selbstständig entscheiden, wann welches Saatgut wo ausgebracht, mit welchem Dünger und Pestizid eine Pflanze behandelt, wie viel sie gewässert und wann sie geerntet wird. Hierfür bedarf es der nötigen Infrastruktur (große Flächen, Straßen, Werkstätten, Tankstellen) sowie Feldfrüchte, die sich auch automatisiert säen, pflanzen und ernten lassen; zum Beispiel Weizen, Mais und Soja. Die Ernte von Kaffee, Bananen oder Kakao wird dagegen wohl Handarbeit bleiben.

Drohnen werden in der industrialisierten Landwirtschaft im Wasser und in der Luft eingesetzt. Sie kontrollieren den Anbau auf Schädlings- oder Pilzbefall, erstellen Luftbilder zu Kartierungszwecken oder übernehmen als robotisierte Bienen die Pflanzenbestäubung. In Japan wird ein Drittel des Reisanbaus mit Drohnen überwacht, während in Australien Viehzüchter*innen damit experimentieren, ihre Herden mit Drohnen zusammenzutreiben. In Malaysia und Indonesien werden Drohnen zur Überwachung von Arbeiter*innen auf Palmölplantagen eingesetzt. Besonders vielversprechend scheint die Nutzung von Drohnen in der Hochseefischerei, wo sie autonom Fische in Fangnetze treiben oder mobile Fischkäfige reparieren und kontrollieren.[9] Roboter kommen bereits an allen Stellen der Lieferkette zum Einsatz. Sie ersetzten menschliche Arbeit im Salatanbau (siehe das Beispiel von Iron Ox), helfen bei der regelmäßigen Umlagerung von Bierfässern, verpacken und etikettieren Gemüse, mixen Cocktails oder sollen Burger braten.[10]

Entscheidend an der Hardware ist, dass sie mit GPS-Systemen und Sensortechnologien ausgestattet ist, mittels derer sie nicht nur programmierte Anweisungen empfängt, sondern

8 Pat Mooney: Blocking the chain. Konzernmacht und Big-Data-Plattformen im globalen Ernährungssystem, 2018, unter: www.land-conflicts.fu-berlin.de/_media_design/Policy-Paper-Reihe/BlockingTheChain_Deutsch_web.pdf, S. 13.

9 Ebd., S. 14–16.

10 Nils-Viktor Sorge: Restaurant feuert ersten Burger-Roboter, in: Manager Magazin, 19.3.2018.

auch alle Arbeitsabläufe sowie andere relevante Informationen in Daten übersetzt. Daten zur Bodenbeschaffenheit und Photosynthese, Klima- und Wetterbedingungen sowie zu Fahrt- und Pausenzeiten von Arbeiter*innen werden mit Satelliteninformationen verbunden, zu Kennziffern zusammengefasst und in Datenplattformen gespeichert. Sie stehen sowohl den Produzent*innen als auch den Herstellerfirmen zur Verfügung. Ersteren dienen sie der frühzeitigen und gezielten Intervention – etwa bei Schädlingsbefall, Trockenheit oder Nährstoffmangel – sowie zur Überwachung der Arbeit. Letztere erhalten ständig Rückmeldungen über die Leistungen ihrer Anlagen und wissen so, wie sie sie optimieren können.

Die »Software«

Im Kontrast zur Hardware bestehend aus Maschinen, Drohnen und Robotern bilden die neuen digitalen Gentechnikverfahren und synthetische Biologie (*Synbio*) die sogenannte Software der digitalen Landwirtschaft. Während zur Herstellung genetisch veränderten Saatguts bislang eine Gensequenz aus einer Pflanze im Labor aufwändig und mit hoher Fehlerquote in das Genom einer anderen eingeführt werden musste, lassen sich heute Genome am Computer in sogenannten *genome-editing*-Verfahren gezielt auftrennen, zerschneiden und anders zusammensetzen.[11] So werden per Mausklick Pflanzensorten geschaffen, die gegen Krankheiten, Trockenheit oder Hitze resistent sind, mehr Früchte produzieren, ölhaltiger sind oder spezifische Geschmacksrichtungen aufweisen. *Genome editing* ermöglicht nicht nur die Züchtung von Pflanzen, auch krankheitsresistente Schweine oder Rinder, die mehr Muskelmasse ausbilden, lassen sich genetisch entwickeln. Im Juli 2018 entschied der Europäische Gerichtshof, dass diese neuen Verfahren ebenso wie herkömmliche Methoden zur Gentechnik zählen. Genmanipulierte Fleisch- oder Fischprodukte sind daher

11 Beate Friedrich/Sarah K. Hackfort: Konfliktfeld »neue Gentechnik«. Regulierung landwirtschaftlicher Biotechnologien zwischen Innovation und Vorsorge, in: GAIA Ecological Perspectives for Science and Society, Vol. 27 (2018), Nr. 2, S. 211–215, hier S. 211.

in der EU bislang nicht zugelassen, in Kanada und den USA hingegen hat der Verkauf von genmodifiziertem Lachs bereits begonnen.[12]

Synbio-Verfahren bieten die Möglichkeit, Nahrungsmittel, Gewebe, Duft- und Aromastoffe auf der Basis von Hefe und Algen künstlich herzustellen.[13] Damit lassen sich sowohl klimabezogene Risiken als auch Abhängigkeiten von arbeitsintensiven Produktionsprozessen etwa bei der Herstellung von Vanille minimieren. Die Gewinnung natürlicher Vanille basiert auf einem arbeitsintensiven Prozess der Züchtung und Fermentierung der Schoten der Vanillepflanze oder von Holzzellstoffen. Demgegenüber lässt sich auf der Basis von Hefe und mit geringen Produktionskosten ein Vanillearoma im Labor erzeugen, das dem Original sehr nahekommt.[14] Synthetische Lebensmittelerzeugung beschränkt sich nicht auf Aromastoffe. Das US-amerikanische Agrarunternehmen Cargill investiert in die Entwicklung und Vermarktung von Fleischzellkulturen für Burger. Der auf der Basis von genmanipulierter Hefe hergestellte *Impossible Burger* kann bereits in US-Restaurants verzehrt werden.[15]

Fintech: Transaktionen mittels Blockchains

Ein dritter Bereich der Digitalisierung, der für die gesamte Agrarlieferkette von Bedeutung ist, sind digitale Finanztechnologien (*Fintech*) wie Kryptowährungen oder *Blockchains*. Blockchains sind technische Verfahren zur netzwerkartigen, schnellen Abwicklung von Handels- und Finanztransaktionen. Sie bestehen aus chronologisch geordneten Ketten von Dateneinheiten, den sogenannten Blöcken. Blockchains können in der

12 Transparenz Gentechnik: Gentechnik-Lachs. Zwanzig Jahre Zulassung, zögerliche Vermarktung, 18.9.2018, unter: www.transgen.de/tiere/392.gentechnisch-veraenderter-lachs.html.

13 Büro für Technikfolgenabschätzung beim Deutschen Bundestag (TAB): Synthetische Biologie. Die nächste Stufe der Bio- und Gentechnologie, in: TAB-Fokus 7/2015 zum Arbeitsbericht Nr. 164.

14 Miriam Boyer, mündlich Januar 2019.

15 Lydia Mulvani/Deena Shanker: Why the »Bloody« Impossible Burger Faces Another FDA Hurdle, 26.12.2018, in: Bloomberg, unter: www.bloomberg.com/news/articles/2018-12-26/why-the-bloody-impossible-burger-faces-another-fda-hurdle.

Landwirtschaft vielfältig genutzt werden: Verträge, Saatgutdatenbanken oder Bodenkataster lassen sich digital über Blockchains verwalten. Unternehmen entlang der Agrarlieferkette können eine Blockchain nutzen, um durch direkten, digitalen Zugriff auf Verbraucherdaten die Erzeugung, Verarbeitung und den Transport bestimmter Lebensmittel zu beschleunigen. So kann ein Supermarkt die Information in eine Blockchain speisen, dass der Vorrat an Sojajoghurt schwindet, was ohne weitere Kommunikation dazu führt, dass der Sojahersteller die Produktion erhöht. Über die Blockchain vermittelt, werden im richtigen Moment die Laster bereitstehen, um das Soja zur bereits informierten weiterverarbeitenden Fabrik zu bringen. Sobald die Joghurts hergestellt sind, warten erneut Laster, die das Produkt zum entsprechenden Supermarkt fahren. An keiner Stelle ist direkter Kontakt nötig, über die Blockchain werden Mengen, Preise und Termine digital kommuniziert. Blockchains sollen die Transaktionskosten senken, Lieferzeiten und Lebensmittelverschwendung reduzieren. Derartige Verfahren sind auch für kleinbäuerliche Produzent*innen interessant. Mittels Blockchains lassen sich Subventionen direkt übermitteln oder angebaute Produkte ohne Zwischenhandel vermarkten, vorausgesetzt, es gibt Internet und ein dafür taugliches technisches Gerät.[16]

Die Auswirkungen der Digitalisierung

Die Auswirkungen der Digitalisierung auf die Produktionsverhältnisse in der Landwirtschaft sowie auf das Verhältnis von Gesellschaft und Natur lassen sich bislang nur ansatzweise erkennen. Es deutet einiges auf eine grüntechnologische Fortsetzung des in den 1970er-Jahren begonnenen neoliberalen Strukturwandels hin, mit dem Unterschied, dass die Datenkontrolle als Machtressource an Bedeutung gewinnt. Dadurch verändern sich Arbeitsprozesse und Konzentrationsprozesse nehmen zu, ohne dass die ökologischen Widersprüche gelöst werden.

16 Chloe Cornish: Ag tech fundraising doubles as farmers seek disruptive solutions, in: Financial Times, 8.1.2018.

Arbeit und Arbeitsverhältnisse

Ein Ziel der politischen Förderung der Digitalisierung in der Landwirtschaft ist, neue Einkommensmöglichkeiten zu schaffen und Wohlstand in ländlichen Räumen zu steigern. Zwar würden durch die Automatisierung Arbeitsplätze wegfallen, aber auch neue hochwertigere entstehen. Gemäß UN-Welternährungsorganisation FAO lebt die Hälfte der Weltbevölkerung in ländlichen Regionen und die Mehrzahl ist in der Landwirtschaft tätig.[17] Dabei ist Einkommensdiversifizierung zunehmend die Norm. Die ländliche Arbeiter*innenklasse setzt sich aus Menschen zusammen, die zur Sicherung der Lebensgrundlagen unterschiedliche Formen von Arbeit miteinander kombinieren: meist informelle und saisonale Lohnarbeit im Agrarsektor, selbstständige Arbeit im familiären landwirtschaftlichen Betrieb, informelle Arbeit im Dienstleistungssektor etc. Jenseits der materiellen Grundlagen sind die Reproduktionsmöglichkeiten dieser Gruppe durch Differenzen entlang der Kategorien Geschlecht, Ethnizität, Religion, Kaste etc. fragmentiert. Nicht allen bieten sich die gleichen Chancen am ohnehin prekären ländlichen Arbeitsmarkt; das ändert sich auch mit zunehmender Digitalisierung nicht.[18]

Eine der zentralen Entwicklungen in der kapitalistisch organisierten Landwirtschaft ist neben der Trennung der Bauern und Bäuerinnen von den Produktionsmitteln (Land, Saatgut etc.) die Mechanisierung und Automatisierung von Arbeit, d. h. die Übernahme von menschlicher Arbeit durch Maschinen. Vor allem hierüber wurde die Arbeitsproduktivität in der Landwirtschaft in der Vergangenheit erhöht. Da Arbeit im Globalen Norden bereits zu einem hohen Maß automatisiert ist, wird die Digitalisierung hier die bestehenden Verhältnisse kaum transformieren. Anders ist dies im Globalen Süden. Hier ist ein struktureller Wandel in den ländlichen Arbeitsmärkten zunächst infolge von weiteren Mechanisierungen

17 FAO: World Food and Agriculture. Statistical Pocketbook 2018, unter: www.fao.org/publications/highlights-detail/en/c/1164465.

18 Henry Bernstein: Rural Livelihoods and Agrarian Change: Bringing Class back in, in: Norman Long/Wang Yihuan/Ye Jingzhong (Hrsg.): Rural Transformations and Development – China in Context, Cheltenham 2010, S. 79–109.

zu erwarten. Die schrittweise Mechanisierung der Ernte im Zuckerrohrsektor Brasiliens seit 2007 ist hierfür ein Beleg.[19] Mit dem Einsatz von Erntemaschinen wird die Arbeit derjenigen, die ihr Einkommen durch das Schneiden von Zuckerrohr sichern, überflüssig. Dies betrifft vor allem niedrigqualifizierte Landarbeiter*innen. Gleichzeitig entstehen wenige neue, qualifizierte Stellen für Fahrer*innen, Mechaniker*innen etc., die aber nur selten von jenen übernommen werden, die zuvor Zuckerrohr manuell geerntet haben.

Mit der Digitalisierung verändern sich darüber hinaus die Arbeitsabläufe: Diejenigen, die die Maschinen steuern, werden von ihnen überwacht und kontrolliert. Drohnen überwachen Arbeiter*innen auf Palmölplantagen, Erntemaschinen im Zuckerrohrsektor speichern, wie viel welche*r Arbeiter*in wann geerntet hat, wann er oder sie eine Pause gemacht hat oder langsamer war als andere. Digitalisierung dient vor allem der Kontrolle, Standardisierung und Beschleunigung von Arbeit mit der Folge, dass sich weltweit autonome Handlungsspielräume von Arbeiter*innen reduzieren.[20]

Auch auf die selbstständige Arbeit von Kleinbauern und -bäuerinnen wirkt sich die Digitalisierung aus, vor allem dann, wenn über Genmanipulationen und synthetische Herstellungsverfahren arbeitsintensive kleinbäuerliche Erzeugung überflüssig wird. Große Proteste rief in den 1990er- und 2000er-Jahren Genforschung an Reis hervor: Thailändischer Jasminreis macht einen großen Anteil des in die USA importierten Duftreises aus. Durch patentierte genetische Veränderung sollte er künftig in den USA angebaut werden. Das wurde bislang nicht umgesetzt – könnte aber bedeuten, dass fünf Millionen Kleinbauern und -bäuerinnen in Thailand ihre Lebensgrundlage verlieren, weil sich der Reisanbau für sie nicht mehr lohnt.[21]

19 Jan Brunner: Die Verhandlungsmacht von Arbeiter*innen und Gewerkschaften in landwirtschaftlichen Transformationsprozessen. Eine Analyse des Zuckerrohrsektors in Bundesstaat São Paulo, in: GLOCON Working Paper Series, Berlin 6/2017.

20 Matthias Martin Becker: Der Kardinalfehler der Debatte über Automatisierung, in: OXI. Wirtschaft anders denken, Januar 2019.

21 Monika Hoegen: Biopiraterie oder Saatgutklau. Hersteller und Kleinbauern bezichtigen sich gegenseitig, in: Süddeutsche Zeitung, 12.11.2003, unter: www.deutschlandfunk.de/biopiraterie-oder-saatgutklau.697.de.html?dram:article_id=72846.

Konzentrationsprozesse und Abhängigkeiten

Ein weiteres Versprechen der Digitalisierung lautet mehr Transparenz, Dezentralisierung und sinkende Kosten durch Effizienzsteigerung. Das soll Wettbewerb ermöglichen, an dem auch Start-ups und kleine Produzent*innen teilhaben können. Doch es zeigt sich, dass sowohl von den digitalen Technologien im Bereich der *Hardware* als auch von den Methoden der Genveränderung und Patentierung vor allem kapitalstarke Betriebe und Unternehmen profitieren. Das liegt einerseits an der Kapitalintensität der Technologien, andererseits an der wachsenden Konkurrenz um Anbau- und Verbraucherdaten. Landmaschinen mit digitaler Technologie sind teuer und ihr Einsatz lohnt sich erst bei entsprechender Flächengröße. Aus diesen Gründen sind es vor allem Betriebe und Unternehmen mit Zugang zu Kapital und Land, die sie anschaffen. Zwar wird beteuert, dass mit der Digitalisierung gentechnische Verfahren kostengünstiger werden und so auch kleinen Start-ups die Möglichkeit bieten, zu investieren. Doch werden in der Regel Start-ups von Großunternehmen aufgekauft.[22] Folglich dient der augenscheinliche Wettbewerb unter derzeitigen Bedingungen nur der weiteren Monopolisierung und damit der Festschreibung bisheriger Produktionsverhältnisse.[23]

Zudem erhöhte der Wettbewerb um den Zugang zu und die Kontrolle über Daten nicht nur die Konkurrenz von Unternehmen innerhalb eines Sektors, sondern auch sektorenübergreifend. Im Agrarbereich stehen hier vor allem Anbau- und Verbraucherdaten im Mittelpunkt. Für letztere interessieren sich zunehmend Internetkonzerne wie Google oder Amazon. Erstere werden insbesondere von Landmaschinen gesammelt. Das macht den Sektor attraktiv für Pestizid- und Düngemittelunternehmen, die auf Grundlage der Anbaudaten ihre Produkte anpassen können. Bereits heute dominieren drei Firmen 80 Prozent des globalen Getreidehandels, der Handel mit

22 Mooney: Blocking the chain, S. 12–13.

23 Tom Strohschneider: Zerschlagen, verstaatlichen, kontrollieren? Wie die Macht der Big-Tech-Konzerne begrenzt werden soll, in: OXI, 26.2.2018, unter: oxiblog.de/zerschlagen-verstaatlichen-kontrollieren-wie-die-marktmacht-der-grossen-tectkonzerne-amazon-google-apple-facebook-baadd-begrenzt-werden-soll.

Saatgut für Mais liegt zu 65 Prozent in den Händen von nur zwei Konzernen. Pat Mooney sagt voraus, dass die drei Knotenpunkte entlang der Agrarlieferkette (Inputs, Landmaschinen und Lebensmittelverarbeitung) künftig jeweils von ein bis zwei Unternehmen kontrolliert werden.[24] Konkret könnte das heißen, dass das Unternehmen, das Landmaschine X herstellt, in Zukunft entscheidet, welches Saatgut derselben Firma wann gesät und welches Düngemittel und Pestizid desselben Konzerns wann verwendet wird. Die Maschine funktioniert schlichtweg nicht mit anderen Produkten – so wäre die Marktposition des Unternehmens gesichert. Die Bauern und Bäuerinnen hingegen könnten immer weniger eigene Entscheidungen treffen, da sie die Produkte von ein und demselben Unternehmen nutzen müssen.

Blockchains versprechen dezentrales und transparentes, manipulationssicheres Handeln in Netzwerken, denn theoretisch können alle Computer eines Netzwerks, also alle beteiligten Akteure – Landwirt*innen, Agrarunternehmen, Banken, Supermarktketten etc. – Blöcke formen. Dieses Versprechen basiert allerdings auf der Annahme gleichmächtiger Akteure im Netzwerk. De facto ist die Macht im Netz extrem ungleich verteilt, je größer die Rechenkraft eines Akteurs, desto größer die Einflussnahme. Blockchains in der Landwirtschaft sind nichts anderes als die digitale Durchsetzung des »Recht[s] des (Rechen-)Stärkeren«.[25]

Die ökologischen Widersprüche der Digitalisierung: Kapital und Technik vs. Natur

Schließlich verbindet sich mit der Digitalisierung die Erwartung, die Effizienz auf den Äckern steigern und hierüber eine ressourcenschonende, nachhaltige und klimaneutrale Produktion garantieren zu können. Wenn in Zukunft Messsonden Daten über den Nährstoffgehalt der Böden melden, kann bedarfsorientierter gedüngt werden. Regelmäßige Informatio-

24 Mooney: Blocking in the chain, S. 35.

25 Rainer Behak: In Technik gegossener Anti-Institutionalismus, in: OXI. Wirtschaft anders denken, Januar 2019.

nen von Drohnen über Pilz- oder Schädlingsbefall können helfen, gezielt und punktuell Pestizide und Herbizide einzusetzen, statt wie zuvor flächendeckend Gift zu sprühen. All das lässt hoffen, dass Böden weniger überdüngt werden und Insekten seltener durch Pflanzengifte sterben. Ein zweites Argument lautet, dass mit den digitalen Technologien Erträge und Produktivität gesteigert werden, denn eine »Rund-um-die-Uhr« kontrollierte Natur lässt sich im Sinne der Profitmaximierung besser beherrschen. Was beide Argumente ausblenden, sind die sozialen Verhältnisse und die ökologischen Widersprüche einer an der Mehrwertproduktion und Naturbeherrschung orientierten Landwirtschaft.

Denn im Kapitalismus muss auch eine digitalisierte Landwirtschaft wachsen. Mit der Ausweitung maschinenlesbarer Produktionsprozesse in Monokulturen werden nicht nur lokal angepasste und auf Sortenvielfalt fokussierte Produktionsweisen verdrängt, ebenso werden sich Rebound-Effekte einstellen.[26] Unter dem Zwang zum Wachsen bedarf es immer mehr landwirtschaftlicher Fläche, die mit den digital aufgerüsteten Maschinen bearbeitet werden kann. Die Erschließung dieser Flächen ist nur durch Verdrängung anderer Nutzungen, der Umwandlung von Grünflächen und Feuchtgebieten sowie der Entwaldung möglich. Aufgrund der Kopplung von *Hardware* und »*Software*«, d. h. von Maschinen mit genetisch verändertem Saatgut, Düngemittel und Pestiziden, nimmt bei mehr bearbeiteter Fläche der Nährstoff- und Pestizideintrag insgesamt zu, auch wenn er pro Flächeneinheit sinkt.

Bis in die 1960er- und 1970er-Jahre zeichnete sich die kapitalistische Landwirtschaft durch enorme Produktivitätssteigerungen aus. Grund hierfür waren die Reduzierung der Produktionskosten durch Mechanisierung und der Einsatz von künstlichem Dünger und Pestiziden. Seit den 1980er-Jahren beginnen die Ernteerträge im Verhältnis zum Düngemitteleinsatz zu sinken, das gleiche gilt für das Verhältnis von Ernte-

26 Tilman Santarius: Der Rebound-Effekt: Die Illusion des grünen Wachstums, in: Blätter für deutsche und internationale Politik (Hrsg.): Mehr geht nicht. Der Postwachstums-Reader, Berlin 2015, S. 167–174.

erträgen und Chemieeinsatz. Immer schwerere Traktoren und Erntemaschinen erhöhen zudem die Bodenverdichtung mit der Folge, dass die Bodenfruchtbarkeit sinkt.[27] Hieran wird deutlich, dass auch eine technologisch hochentwickelte Agrarproduktion auf die Reproduktionsbedingungen der Natur angewiesen ist. Sie zu ignorieren und von einer technisch vermittelten Zunahme der Naturbeherrschung als Lösung der ökologischen Krise auszugehen, bedeutet nichts anderes als ihre Verstärkung.

Schlussfolgerungen

Wir sind in diesem Beitrag der Frage nachgegangen, wie sich die Digitalisierung in der Landwirtschaft vollzieht und welche Auswirkungen auf die Produktions- und gesellschaftlichen Naturverhältnisse zu erwarten sind. Digitale Technologien werden die dominanten Produktionsverhältnisse in der Landwirtschaft nicht grundlegend verändern. Vielmehr ist eine Verstärkung bestehender struktureller Ungleichheiten sowie ökologischer Widersprüche zu erwarten. Hier liegen die Ansatzpunkte politischer Interventionen.

Mit technologischen Veränderungen in der *Hardware*, »*Software*« und dem Finanzwesen stehen Agrarunternehmen Technologien und Massendaten zu Verfügung, die die bisherige kapitalistisch-industrielle Landwirtschaft verändern werden. Sie wird mit (noch) weniger menschlicher Arbeitskraft auskommen und Arbeit und ihre Abläufe aufgrund minutiöser Überwachung weiter reglementieren. Das erzeugt bei den verbleibenden Arbeiter*innen Verunsicherung. Die Hürden für Arbeitskämpfe werden unter digitalen Voraussetzungen eher höher als niedriger.

Die Digitalisierung verspricht einen Zuwachs an Naturbeherrschung mit dem Ziel, die Produktivität zu steigern und die ökologischen Folgen einer ausbeuterischen Landwirtschaft zu bearbeiten. Das mag räumlich begrenzt, für einige und über einen gewissen Zeitraum möglich sein. Allerdings

27 Tony Weis: The Accelerating Biophysical Contradictions of Industrial Capitalist Agriculture, in: Journal of Agrarian Change, Vol. 10 (2010), Nr. 3, S. 315–341.

mit dem Effekt der Verdrängung und der Externalisierung ökologischer Folgen.[28] In einer digitalisierten Landwirtschaft werden in Zukunft weniger Menschen, die der ländlichen Arbeiter*innenklasse angehören – auch Kleinbauern und -bäuerinnen –, Arbeit im ländlichen Raum finden und sie werden zunehmend von den ökologischen Folgen durch Klimawandel, Grundwasserverschmutzung, Artensterben etc. betroffen sein. Dennoch wird die kleinbäuerliche Landwirtschaft nicht aus den ländlichen Regionen verschwinden, für sie werden die Reproduktionsbedingungen möglicherweise schwieriger. Statt jedoch einen Beitrag zur allgemeinen Wohlstandssteigerung zu leisten, wird die Digitalisierung die Ungleichheiten im ländlichen Raum verstärken. Die Digitalisierung entpuppt sich bei einer differenzierten Analyse als eine Fortsetzung der Umverteilung von unten nach oben. Denn nur die besitzenden Klassen sowie wenige qualifizierte Arbeiter*innen können unter den gegebenen strukturellen Bedingungen von ihr profitieren, es sei denn, die bestehenden Eigentums- und Besitzverhältnisse würden radikal transformiert. Schließlich untergräbt auch eine digitalisierte kapitalistische Agrarproduktion als Verwertungsprozess mittelfristig jene sozial-ökologischen Voraussetzungen, auf die sie als Arbeitsprozess angewiesen ist. Dieser Widerspruch lässt sich nur gesellschaftlich lösen, nicht technisch.

Mit *Synbio*-Verfahren soll sich die Essenz von Nahrungsmitteln revolutionieren. Synthetisch erzeugtes Fleisch oder durch digitale Datenbanken erstelltes Saatgut von dürreresistenten Pflanzen werfen jedoch nicht nur alte Fragen nach dem ethischen Umgang mit dem Leben auf. Sie bieten auch viele Möglichkeiten neuer Patentierungen und damit Kontrolle über Wissen, was weitere Abhängigkeiten schafft. Zudem verstärkt der industrielle Anbau genmodifizierter Pflanzen den Rückgang an Biodiversität, doch weniger Vielfalt heißt, dass Fehler viel größere Auswirkungen haben. So fehlt es zunehmend an der Sortenvielfalt für lokale Anpassungen an den Klimawandel.

28 Stephan Lessenich: Neben uns die Sintflut. Die Externalisierungsgesellschaft und ihr Preis, München 2016.

Die zunehmende Digitalisierung befördert Konkurrenz zwischen Unternehmen verschiedener Sektoren im Zugang zu und der Kontrolle über Daten. Anstelle einer Demokratisierung und Dezentralisierung der Produktion durch neue Plattform- und Blockchaintechnologien, kommt es verstärkt zur Monopolbildung und Machtkonzentration. Konzernzusammenschlüsse wie der von Bayer und Monsanto sind nur ein Beispiel für die derzeitige Fusionswut im Agrarsektor; auch Internetkonzerne wie Google oder Amazon versprechen sich Profite von der Kontrolle der Daten und kaufen Start-Ups oder kleinere Unternehmen auf. Immer weniger Firmen kontrollieren damit die Erzeugung von immer mehr Nahrung an immer mehr Stellen der Agrarlieferkette. Damit entscheiden sie, was wir essen und wie die Nahrungsmittel hergestellt werden.

So haben die Unternehmen auch die größte Verfügungsgewalt über Anbau- und Verbraucherdaten. Da ihr Ziel die Steigerung des eigenen Profits ist, liegen hier wichtige Ansatzpunkte für politische Interventionen: Ein erster wichtiger Schritt wäre es, Konzernkonzentration zu stoppen und die anhaltenden sektorenübergreifenden Fusionen zu regulieren. Grundsätzlicher gilt es, den Zugang zu und die Kontrolle über Daten zu vergesellschaften. Es bedarf gemeinsamer Entscheidungen darüber, welche Daten von wem gesammelt, wie sie ausgewertet und genutzt werden. Offen gelegte Algorithmen machen es darüber hinaus möglich, dass Menschen Hinweise von Maschinen nachvollziehen und sich im Zweifel anders entscheiden können. Beispiele zeigen bereits, dass Kleinbäuer*innen oder Kooperativen mittels vernetzter Kommunikation, Produktion und Handel höhere Gewinne erzielen oder Subventionen auch tatsächlich erhalten.

III Digitale Arbeit und vernetzte Produktion

Florian Butollo

Vernetzungstechnologie und Produktionsnetzwerke

Digitalisierung und die Reorganisation globaler Wertschöpfung

Die Analyse der permanenten Revolutionierung der Produktivkräfte im Anschluss an Marx muss heutzutage vom Faktum fragmentierter Produktionsnetzwerke ausgehen. Rationalisierung findet eben nicht nur im einzelbetrieblichen Rahmen statt, indem Maschinen eingesetzt werden, um die Produktivität eines integrierten Fertigungsprozesses zu steigern, sondern fokussiert im Sinne einer »systemischen Rationalisierung«[1] darauf, funktional und räumlich separierte Produktionsprozesse optimal zu verzahnen. Damit machen sich führende Markenunternehmen nicht nur globale Ungleichheiten zunutze, indem beispielsweise die Produktion in Niedriglohnländern angesiedelt werden kann, sondern sie beziehen auch Vorteile aus einer hierarchischen Integration der Lieferkette. Denn der produzierte Mehrwert wird grob gesagt entsprechend der Machtressourcen der beteiligten Unternehmen realisiert, d. h. vor allem gemäß ihrer Fähigkeit, Innovationsprozesse und den Absatz der Endprodukte zu kontrollieren.[2]

Das unter dem Begriff »Digitalisierung« subsumierte Technologiebündel, das derzeit vor allem im Bereich der digitalen Prozesssteuerung mittels des Internets der Dinge und neuer Verfahren der automatisierten Datenanalyse eine Weiterentwicklung erfährt, wirkt sich nun besonders auf die Beziehungen zwischen wirtschaftlichen Akteuren aus, also auf die Struktur und die Geografie globaler Wertschöpfung.

1 Vgl. Dieter Sauer: Systemische Rationalisierung/Wertschöpfungsketten, in: Harmut Hirsch-Kreinsen/Heiner Minssen (Hrsg.): Lexikon der Arbeits- und Industriesoziologie, Berlin 2013, S. 437–442.

2 Stefanie Hürtgen/Boy Lüthje/Wilhelm Schumm/Martina Sproll: Von Silicon Valley nach Shenzhen. Globale Produktion und Arbeit in der IT-Industrie, Hamburg 2009; Gary Gereffi: The Global Economy: Organization, Governance, and Development, in: Neil J. Smelser/Richard Swedberg (Hrsg.): The Handbook of Economic Sociology, Princeton 2005, S. 160–182.

Im Folgenden werde ich diesen Zusammenhang zwischen digitalen Netzwerktechnologien und Produktionsnetzwerken beleuchten. Überraschenderweise geschieht das im medialen Diskurs kaum, zumal dieser bislang kaum die transnationale Verkettung globalisierter Produktion und die darin eingeschriebenen Ungleichheiten thematisiert. Industrie 4.0 ist vielmehr ein dezidiert nationales Projekt, das bewusst an den »deutschen Tugenden« diversifizierter Qualitätsproduktion andockt. Und jüngst wird das mit dem Label »KI Made in Germany«, der Quintessenz der kompetitiven deutschen Künstliche-Intelligenz-(KI)-Strategie, auf die Spitze getrieben. Diese nationale Orientierung ist in Zeiten weltumspannender Produktionsnetzwerke und einer (insbesondere im KI-Bereich) international agierenden und kooperierenden Forschungscommunity anachronistisch. Sie entspricht dem Motiv, durch Technologieführerschaft die nationale Konkurrenzfähigkeit zu erhalten oder auszubauen, vernachlässigt aber eine systematische Diskussion darüber, welche Auswirkungen die gegenwärtige Phase der Digitalisierung auf globale Produktionsnetzwerke hat. Obwohl postuliert wird, dass Industrie 4.0[3] Auswirkungen auf die »gesamte Wertschöpfungskette« habe,[4] scheint die vernetzte Produktion nur auf dem sicheren Hallen-

3 Der Begriff »Industrie 4.0« ist im Kontext dieses Artikels eine Anspielung an die einschlägige Debatte. Damit sei nicht gesagt, dass die Vorstellung einer vierten industriellen Revolution als einheitlicher Stufe industrieller Produktion stichhaltig ist. Vielmehr ist von einem Bündel von »4.0-Technologien« auszugehen, die selektiv und kontextabhängig eingesetzt werden – meist ohne revolutionäre Effekte auf etablierte Fertigungssysteme. Vgl. zur Kritik des Begriffs Florian Butollo/Thomas Engel: Industrie 4.0 – arbeits- und gesellschaftspolitische Perspektiven. Zwischen Dystopie und Euphorie, in: Z. Zeitschrift Marxistische Erneuerung, Nr. 103, 2015, S. 29–41; Florian Butollo/Ulrich Jürgens/Martin Krzywdzinski: Von Lean Production zur Industrie 4.0. Mehr Autonomie für die Beschäftigten?, in: AIS-Studien, Vol. 11 (2018), Nr. 2, S. 75–90; Sabine Pfeiffer: Warum reden wir eigentlich über Industrie 4.0? Auf dem Weg zum digitalen Despotismus, in: Mittelweg 36, Jg. 24 (2015), H. 6, S. 14–36.

4 Der Unternehmensverband der IT-Wirtschaft BITKOM definiert beispielsweise: »Der Begriff Industrie 4.0 steht für die vierte industrielle Revolution, einer neuen Stufe der Organisation und Steuerung der gesamten Wertschöpfungskette über den Lebenszyklus von Produkten. Dieser Zyklus orientiert sich an den zunehmend individualisierten Kundenwünschen und erstreckt sich von der Idee, dem Auftrag über die Entwicklung und Fertigung, die Auslieferung eines Produkts an den Endkunden bis hin zum Recycling, einschließlich der damit verbundenen Dienstleistungen.« Unter: www.bitkom.org/Themen/Digitale-Transformation-Branchen/Industrie-40/Was-ist-Industrie-40-2.html.

boden des Einzelbetriebs stattzufinden, in Form von greifbaren Artefakten wie Tablets oder Datenbrillen.

Im Folgenden werden, mit selektiven Verweisen auf empirische Fälle, einige theoretische Überlegungen dazu angestellt, wie sich das Bündel neuer digitaler Technologien auf die Geografie und die Struktur der Wertschöpfung auswirkt. Die Diskussion zeigt, dass die Erwartung einer Rückverlagerung automatisierter industrieller Fertigung in sogenannte Hochlohnländer einseitig ist, weil sie vernachlässigt, dass die Kombination aus E-commerce-Plattformen und datentechnisch optimierten Logistiknetzwerken den gegenteiligen Effekt einer geografischen Fragmentierung der Herstellungsprozesse hat. Strukturveränderungen sind eher, wie im zweiten Abschnitt ausgeführt wird, von der Etablierung des *industrial internet* bzw. der *Internet-of-Things*-(IoT)-Plattformen[5] zu erwarten, über die sich Elemente des Plattformkapitalismus[6] im industriellen Bereich etablieren. Eine mögliche Folge dessen ist die zunehmende Bedeutung von Nutzerdaten in digital-hybriden Fertigungsprozessen, die sich in einem Wettlauf um die Datenzentralisierung und deren Operationalisierung äußert.

Kein Rückbau globalisierter Fertigung

Die Adidas Speedfactory in Ansbach ist eine Fabrik, die Sportschuhe herstellt. Sie ist aber auch eine Fabrik, die einen Diskurs produziert, was sich nicht zuletzt an der Außendarstellung des Unternehmens bemerkbar macht, in der imaginierte Bilder vollautomatisierter Schuhproduktion von bedeutungsschwangerem Dampf umhüllt sind. Die Message der Speedfactory: Sportschuhe werden nun wieder in Deutschland gefer-

5 Darunter versteht man Plattformen, die Daten zentralisieren, bearbeiten und auswerten, die aus dem Monitoring der mit Sensoren ausgestatteten Abläufe in Produktion, Logistik und Distribution entstammen. Dies kann zur Optimierung der Prozesse im Sinne einer Erhöhung der relativen Mehrwertrate genutzt werden und erleichtert die Kopplung zwischen Produktion und Distribution im Sinne einer besseren Taktung von Wertschöpfungsketten.

6 Mit Plattformkapitalismus bezeichnet Srnicek neue Wertschöpfungsmodelle und Konzentrationsprozesse infolge der Zentralisierung von Daten, die den Gegenwartskapitalismus durchdringen, vgl. Nick Srnicek: Plattform-Kapitalismus, Hamburg 2018.

tigt und dies zeige die Zukunft auf. Diese Gegenerzählung zur Praxis des Konzerns – die Fabrik in Ansbach stellt gegenwärtig etwa 500 000 Paar Schuhe pro Jahr her, die Fabriken in Asien 400 Millionen Paar – wird von Presse und Politik willig aufgenommen, denn sie ist eine willkommene Botschaft: Produktion kann sich in Deutschland wieder lohnen! Die Angst vor Arbeitsplatzverlusten durch Offshoring gehört der Vergangenheit an![7]

Dieser Mythos beruht auf zwei Behauptungen: Erstens würden die Lohnkostendifferenzen zwischen sogenannten Hochlohn- und Entwicklungsländern zunehmend irrelevant, da die Automatisierung so weit voranschreite, dass Lohnkosten keinen relevanten Faktor mehr darstellten. Zweitens sei die Produktion in unmittelbarer Kundennähe in kurzatmigen und zunehmend auf individuelle Bedürfnisse zugeschnittenen Märkten von Vorteil. Somit lohne sich die regionale Integration von Herstellung und Zielmärkten wieder – die Tage des *global sourcing* seien gezählt.

Die Wirkungen der Automatisierung werden jedoch falsch interpretiert. Erstens verkennt das *Re-shoring*-Argument die anhaltenden Automatisierungshemmnisse, die eine Vollautomatisierung der Fertigung auch gegenwärtig unrealistisch machen.[8] Zwar relativiert eine steigende organische Zusammensetzung des Kapitals, also ein Übergewicht der Ausgaben für Investitionsgüter im Verhältnis zur gesamten Lohnsumme, die Relevanz der Lohnkostendifferenz, doch bleiben erhebliche Kostenunterschiede in Bezug auf die Verfügbarkeit von Land und die vor- und nachgelagerten Tätigkeiten bestehen. Zudem verändern sich die Kostenvorteile der Standorte

7 Die Speedfactory ist hierbei nur ein Kristallisationspunkt einer allgemeinen Diskussion um *Re-shoring* und regionalisierte, dezentrale Produktion, die von eigens gegründeten Lobbying-Verbänden vorangetrieben und auch in der wissenschaftlichen Literatur diskutiert wird, vgl. z. B. Jan Stentoft u.a.: Manufacturing Backshoring: A Systematic Literature Review, in: Operations Management Research, Vol. 9 (2016), Nr. 3–4, S. 53–61; McKinsey & Company: Is Apparel Manufacturing Coming Home? Nearshoring, Automation, and Sustainability – Establishing a Demand-Focused Apparel Value Chain, o.O. 2018.

8 Vgl. die Beiträge von Kim Moody, Judy Wajcman und Sabine Pfeiffer in diesem Band.

in die entgegengesetzte Richtung, als dies von Anhängern der *Re-shoring*-These angenommen wird: Da die Kosten von Automatisierungsanlagen aufgrund der zunehmenden Leistungsfähigkeit digitaler Technologien rasant sinken, rentieren sich Investitionen in Automatisierung nun auch an den Standorten, an denen die Produktionsregime bislang von der scheinbar grenzenlosen Verfügbarkeit billiger Arbeit gekennzeichnet waren. China erlebt derzeit einen rasanten Prozess »nachholender Automatisierung«[9] und in Osteuropa operieren beispielsweise die führenden Automobilunternehmen mittlerweile auf einem ähnlichen Automatisierungsniveau wie in den Werken in Deutschland – wobei die Lohnkosten weiterhin deutlich unter den Standards in Deutschland liegen.[10] Das Resultat dieser Mischung aus Hightech und Niedriglohn ist eine erhöhte Produktivität von Einheiten in Schwellenländern – und somit ein anhaltender Abwanderungsdruck nach Osteuropa und zumindest kein massenhafter Exodus großer Schuh- oder Textilproduzenten aus China in Richtung Europa oder die USA.

Auch das Argument der Vorteile regional integrierter Produktion aufgrund der Nähe zum Kunden ist einseitig. Die Nähe zu Kundenmärkten war schon immer ein wesentliches Motiv für die Globalisierung der Produktion und gewinnt mit dem Wachstum der Kundenmärkte in großen Schwellenländern zusätzlich an Bedeutung. Mit der Investition in neun neue Fabriken in China verfolgt Volkswagen schließlich nicht die Strategie, Pkw für den europäischen Markt zu produzieren, sondern den chinesischen Markt zu bedienen und somit Transportkosten zu reduzieren, Unwägbarkeiten protektionistischer Abschottung der Märkte entgegenzuwirken und auch in der Produktentwicklung bzw. im Produktmix stärker auf spezielle

9 Florian Butollo/Boy Lüthje: »Made in China 2025«: Intelligent Manufacturing and Work, in: Kendra Briken/Shiona Chillas/Martin Krzywdzinski/Abigail Marks (Hrsg.): The New Digital Workplace. How New Technologies Revolutionise Work, London 2017, S. 42–61.

10 Martin Krzywdzinski: Automation, Skill Requirements and Labour-use strategies: High-wage and Low-wage approaches to High-tech Manufacturing in the Automotive Industry, in: New Technology, Work and Employment, Vol. 32 (2017), Nr. 3, S. 247–267.

Präferenzen in den jeweiligen Märkten reagieren zu können. Investitionsstrategien des *»produce where you sell«*[11] bieten also insbesondere in großen Schwellenländern Konkurrenzvorteile gegenüber reinen Importeuren, die nicht nur höhere Transaktionskosten haben, sondern meist schwächer darin sind, die Nachfrageprofile der Zielmärkte zu bedienen.

Diese Vorteile sind jedoch aus mehreren Gründen nicht als absolut zu verstehen. Erstens stellt sich grundsätzlich die Frage, zu welchem Grad die Ausdifferenzierung der Märkte tatsächlich eine schnelle Reaktionsfähigkeit der Unternehmen erfordert und die geografische Nähe zum Konsumenten zu einer Conditio sine qua non macht. Dies wird im Rahmen der Industrie-4.0-Diskussion suggeriert und damit die sogenannte Losgröße 1, die individualisierte Produktion nach Kundenwunsch, zum universellen Prinzip einer neuen »Stufe« industrieller Produktion deklariert. Dieser Auffassung nach reagieren Unternehmen auf zunehmend ausdifferenzierte Märkte. Doch zugleich offenbaren medial prominent platzierte Ansätze wie die Speedfactory das Bestreben, eben solche Bedürfnisse bei den Konsumenten zu *kreieren*. Hinter dem mit Industrie 4.0 verknüpften Wachstumsversprechen verbirgt sich aus dieser Perspektive eher ein Versuch der Industrie, neue Verkaufsstrategien zu verfolgen, deren Erfolg angesichts einer stagnierenden Konsumnachfrage und zunehmender gesellschaftlicher Ungleichheit fraglich ist.

Doch selbst wenn man jenseits der Übertreibungen der »Losgröße 1« von zunehmend ausdifferenzierteren und kurzatmigeren Märkten ausgeht, erfordert deren Bedienung nicht zwangsläufig die Fertigung in unmittelbarer Kundennähe. Denn erstens bestehen viele Produkte wie z. B. Autos oder IT-Hardware aus Bausätzen von Komponenten, die je nach

11 Florian Butollo/Martin Ehrlich/Thomas Engel: Amazonisierung der Industriearbeit? Industrie 4.0, Intralogistik und die Veränderung der Arbeitsverhältnisse in einem Montageunternehmen der Automobilindustrie, in: Arbeit: Zeitschrift für Arbeitsforschung, Arbeitsgestaltung und Arbeitspolitik, Vol. 26 (2017), Nr. 1, S. 33–59; Butollo/Jürgens/Krzywdzinski: Von Lean Production zur Industrie 4.0; Gary Herrigel/Volker Wittke/Ulrich Voskamp: The Process of Chinese Manufacturing Upgrading: Transitioning From Unilateral to Recursive Mutual Learning Relations, in: Global Strategy Journal, Vol. 3 (2013), S. 109–125.

gewünschter Konfiguration zusammengesetzt werden. Die Komponenten werden von einem Netz aus Zulieferern bezogen, die keinesfalls in unmittelbarer Nähe vom Endabnehmer lokalisiert sein müssen und deren Produkte nicht individualisiert, sondern standardisiert sind. Wer braucht beispielsweise personalisierte Wischermotoren oder Zylinderköpfe im Auto, die man meist nicht einmal zu Gesicht bekommt? Während in der Autoindustrie durchaus Vorteile eines lokalen Clustering der Lieferkette in derselben Großregion überwiegen, bleibt die IT-Industrie das Paradebeispiel für globale Produktion und *global sourcing*. In beiden Branchen führt die Kombination aus Automatisierung und möglichen Vorteilen der Konsumentennähe derzeit kaum zu Umwälzungen in der räumlichen Struktur der Fertigung.

Diese Konstanz hängt auch mit einer wichtigen Gegentendenz zur regionalen Integration von Märkten und Fertigung zusammen – dem digitalisierten E-commerce/Logistik-Nexus. Dies wird an der Funktionsweise von Amazon deutlich: Das Unternehmen ist in der Lage, Produkte binnen kürzester Zeit an Konsumenten auszuliefern, weil es auf Grundlage der Nutzerdatenanalyse in der Lage ist, das zukünftige Bestellverhalten zu antizipieren. Entsprechend werden die Güter vorausschauend auf die lokalen Warenhäuser verteilt, von wo aus sie schnell ausgeliefert werden können. Die »Vernichtung des Raums durch die Zeit«,[12] die Marx in den »Grundrissen« als dem Kapitalismus innewohnende Tendenz beschreibt, ist der Gegenstand der Rationalisierungsstrategien im Logistiksektor, die durch neue Möglichkeiten der Datentransparenz im

12 »Das Kapital treibt seiner Natur nach über jede räumliche Schranke hinaus. Die Schöpfung der physischen Bedingungen des Austauschs – von Kommunikations- und Transportmitteln – wird also für es in ganz anderem Maße zur Notwendigkeit – die Vernichtung des Raums durch die Zeit. Insofern das unmittelbare Produkt nur massenhaft verwertet werden kann auf fernen Märkten, im Maße als die Transportkosten abnehmen, und insofern andrerseits Kommunikationsmittel und Transport selbst nur Sphären der Verwertung, der vom Kapital betriebenen Arbeit abgeben können, insofern massenhafter Verkehr stattfindet – wodurch mehr als die notwendige Arbeit ersetzt wird – ist die Produktion wohlfeiler Transport- und Kommunikationsmittel Bedingung für die auf das Kapital gegründete Produktion und wird *daher* von ihm hergestellt.« Karl Marx: Grundrisse der Kritik der politischen Ökonomie, in: Karl Marx/Friedrich Engels: Werke [MEW], Berlin 1956ff., Bd. 42, S. 430–431.

Kontext des IoT und der Datenzentralisierung durch Onlineplattformen einen Schub bekommen. Amazon ist ein Beispiel dafür, dass *global sourcing* und die Zielsetzung einer schnellen Reaktionsfähigkeit auf eine ausdifferenzierte Kundennachfrage nicht im Widerspruch stehen, sondern durch den E-commerce/Logistik-Nexus vermittelt werden können.

Zwar gibt es große Unterschiede zwischen den Onlinehändlern, die private Kunden bedienen, und dem *supply-chain management* großer Unternehmen, doch greifen Elemente der beschriebenen Logiken auch in der Lieferkette. Kontraktfertiger in der Elektronikindustrie wie Foxconn und Flextronics, die als Auftragsproduzenten für die großen Markenunternehmen der IT-Branche fungieren, organisieren ihre Fertigung z. B. schon seit den frühen 2000er-Jahren so, dass Knotenpunkte zur Konfiguration der Produkte in Nähe der Zielmärkte eingerichtet werden, während die eigentliche Fertigung in Asien verortet ist. Das Erfolgsgeheimnis dieser Firmen liegt eben nicht nur in der Kombination aus Hightech und Niedriglohn, sondern in ihren ausgefeilten Logistiknetzwerken, die auf Grundlage von Datenmonitoring und vorausschauender Analyse die Lagerungskosten minimieren. Grundsätzlich ist der Logistiksektor ein Experimentierfeld für neue Formen der Automatisierung und der Prozessinnovation, mit der die Transaktionskosten weiter gesenkt werden sollen.

Momenten der geografischen Integration von Konsumentenmärkten und Fertigungskapazitäten stehen also, je nach Produkt und Fertigungslogik, Momente der erneuten geografischen Fragmentierung gegenüber. Eine dem digitalisierten Kapitalismus innewohnende Tendenz zur De-Globalisierung, die in der *Re-shoring*-Diskussion an die Wand gemalt wird, ist nicht auszumachen.

Daten, *industrial internet* und Plattformen

Einen wesentlichen Effekt auf die Konkurrenzbeziehungen im digitalisierten Kapitalismus scheint die Entwicklung von Innovations- und Geschäftsmodellen zu haben, die auf der Generierung, der Aufbereitung und der Auswertung von Daten basieren. Die Aneignung von privaten Nutzerdaten als eines Rohstoffs neuen Typs[13] bildet den Grundstein des Aufstiegs der führenden Internet-Unternehmen wie Google, Facebook und ihrer chinesischen Pendants Alibaba und Tencent. Die organisatorische Form der Plattform ist diesen Geschäftsmodellen angemessen, da sich in ihr Gebrauchswerte für die Nutzer mit der Funktion verbinden, Daten über ihr Nutzerverhalten zu generieren und zu zentralisieren. Ihr Zweck liegt letztendlich im Verkauf der Nutzerdaten an Dritte, vor allem in dem Sinne, dass sie als große Werbeagenturen ihren Kunden die Mittel für zielgerichtete Werbung an die Hand geben.

Für die Frage nach den Wirkungen des aktuellen Technologieschubs auf die Strukturen globaler Wertschöpfung ist nun interessant, inwieweit Elemente dieser Funktionsweise auch den industriellen Bereich prägen – und genau dies ist die Schnittstelle, an der unter den Stichwörtern *industrial internet bzw.* »IoT-Plattformen« aktuell ein Wettlauf um neue Geschäftsmodelle und Anwendungen entbrannt ist. Wie schon in vergangenen Phasen sozio-technischen Wandels bzw. der technisch-organisatorischen Innovation handelt es sich dabei um einen kompetitiven Prozess mit offenem Ausgang, in dessen Rahmen die Neuverteilung des realisierten Werts auf alte und neue Akteure verhandelt wird.

Das Prinzip der Plattformen ist im industriellen Bereich nicht unbedingt neu. Anwendungen von Unternehmenssoftware wie SAP oder Oracle wurden seit den 2000er-Jahren nahezu unverzichtbar und legen davon Zeugnis ab, welch hohe Bedeutung datenbasierte Prozesse schon heute gewonnen haben. In ähnlicher Weise verkauft Siemens schon seit Langem Steuerungssoftware für Industriebetriebe, die durchaus mit Betriebssystemen für den industriellen Bereich vergleichbar sind. Auch hier besteht daher die Gefahr einer Mystifizierung, wie sie für die Digitalisierungsdebatte im Allgemeinen typisch ist: Die Neuartigkeit von Entwicklungen wird übertrieben, weil Kontinuitäten übersehen werden. Andererseits ist das Niveau

13 Srnicek: Plattform-Kapitalismus, S. 41–46.

der Datenintegration aufgrund der gestiegenen Leistungsfähigkeit von Prozessoren (und Sensoren) sowie der Verfügbarkeit riesiger Datensätze wesentlich höher. Das Internet der Dinge soll entsprechend ein umfassendes digitales Monitoring materieller Prozesse ermöglichen, mit dessen Hilfe diese optimiert werden. Solche Anwendungen und die zugehörigen Plattformen werden nun auch für den industriellen Bereich entwickelt, wobei sowohl klassische Industrieunternehmen (Siemens, Bosch, Trumpf) als auch Datenspezialisten (SAP und in China vor allem Alibaba) um Marktanteile kämpfen.

Dieser Wettlauf ist deswegen brisant, weil die Auswertung von Anwendungsdaten eine wesentliche Quelle für Produkt- und Prozessinnovationen sein kann. Je mehr Daten über Kundenpräferenzen, Nutzergewohnheiten, Kaufverhalten, aber auch die Auslastung und die Abläufe in der Fertigung verfügbar sind, desto eher können diese Schnittstellen optimiert werden. Das allumfassende Sammeln von Daten wird daher zu einem Faktor in den innovationsgetriebenen Konkurrenzbeziehungen. Sie sind der entscheidende Rohstoff für die Entwicklung von Anwendungen der sogenannten Künstlichen Intelligenz, denn neue Ansätze des machine learning basieren vor allem auf der Auswertung riesiger Datensätze.

Im Folgenden werden einige Anwendungen solcher Plattformen und mögliche Auswirkungen auf die Struktur der Wertschöpfung diskutiert.

IoT-Plattformen zur Prozessoptimierung

Die Plattformen führender Hersteller von industriellem Equipment wie Siemens, Bosch und Trumpf zielen vor allen Dingen auf das Monitoring und die Auswertung von Fertigungsdaten, die ihrerseits zur Optimierung einzelner Prozesse eingesetzt werden können. Ein konkretes Anwendungsbeispiel ist das sogenannte *predictive maintenance* (vorausschauende Instandhaltung), bei dem auf Grundlage eines breiten Sets von Prozessdaten prognostiziert werden kann, welche Wartungs- und Reparaturarbeiten an industriellen Anlagen vorgenommen werden müssen. Damit kann die Störungsanfälligkeit der

Prozesse reduziert und der Arbeitsprozess der Instandhalterinnen rationalisiert werden. Denn während diese bisher erst im Störfall in Aktion traten, können nun Wartungs- und Reparaturarbeiten vorausschauend und regelmäßig geplant werden. In diesem Bereich dürfte es zu einer Polarisierung zwischen höher und niedriger qualifizierten Tätigkeiten kommen: Die operative Instandhaltung wird auf ein routinisiertes Teiletauschen reduziert, während an die Datenanalytik der IT-Spezialisten zusätzliche Anforderungen gestellt werden.

Das Feld der Instandhaltung ist jedoch nur beispielhaft für Prozessoptimierungen auf Grundlage von Big Data. Das Monitoring von Daten über Materialbeschaffenheit, Fertigungsprobleme oder Taktgeschwindigkeiten treibt die Verwissenschaftlichung der Produktion, von der Marx in den »Grundrissen« spricht,[14] auf die Spitze. Der Produktionsprozess steht den Beschäftigten umso mehr als eine objektive Gegebenheit gegenüber, dem sie sich anpassen müssen, und er soll zunehmend verzahnt sein mit den Verkaufszahlen in »Echtzeit« und den datenbasierten Prognosen über die weitere Marktentwicklung.

Da dieser Gesamtorganismus stets variabel und flexibel auf die Märkte reagieren soll, steigen die Anforderungen an die Beschäftigten, die diesen permanenten Wandel mitgehen sollen. Eine schlichte Dequalifizierung ist daher unwahrscheinlich und im betrieblichen Kontext erscheint vielmehr ein subtiler Zwang zur Weiterbildung als zeitgenössische Form einer permanenten Bewährungsprobe: Nur wer sich ständig selbst optimiert und die neuesten technologischen Trends mit vollzieht, wird einen Stammplatz in der gut bezahlten Kernbelegschaft finden. Zugleich ist jedoch in Deutschland das Angebot an gut ausgebildeten Fachkräften knapp. Unternehmen reagieren darauf mit dem Einsatz digitaler Assistenzsysteme, die es auch weniger gut ausgebildeten Beschäftigten erleich-

14 »In dem Maße aber, in dem die große Industrie sich entwickelt, wird die Schöpfung des wirklichen Reichtums abhängig weniger von der Arbeitszeit und dem Quantum angewandter Arbeit als […] vom allgemeinen Stand der Wissenschaft und dem Fortschritt der Technologie, oder der Anwendung dieser Wissenschaft auf die Produktion.« MEW, Bd. 42, S. 600.

tern sollen, den jeweiligen Anforderungen des produktiven Organismus gerecht zu werden. Diese Technologien sind als ein Versuch zu lesen, den gestiegenen Flexibilitätsanforderungen gerecht zu werden, ohne die Belegschaften umfassend zu qualifizieren. Momente der permanenten Weiterbildung und der Dequalifizierung durch Assistenzsysteme stellen also widerstrebende Tendenzen dar: Einerseits kommt es zu einer Aufwertung der Facharbeit in den industriellen Kernsektoren, andererseits werden, etwa in den Lagerhallen großer Logistiker, der innerbetrieblichen Logistik in der Industrie oder bei Zulieferern von standardisierter Massenware, verstärkt geringqualifizierte Massenarbeiter eingesetzt.

SmartFactory as a Service

Die datenbezogene Optimierung des gesamten Produktionsprozesses erleichtert es zudem, diesen selbst zu einer Ware zu machen. Diesen Ansatz verfolgen Geschäftsmodelle, die anderen Unternehmen Produktionskapazitäten zur Verfügung stellen. Dies kann sowohl in Bezug auf den gesamten Herstellungsprozess eines Produkts als auch für Einzelprozesse geschehen. Die Kommodifizierung des Gesamtprozesses erfolgt beispielsweise im Modell *»SmartFactory as a Service«*, das der Roboterhersteller Kuka zusammen mit der Porsche-Tochter MHP und der Münchener Rückversicherung etablieren will. Dieses Konsortium verspricht ihren Kunden, perspektivisch den gesamten Fertigungsprozess zu übernehmen und dabei den Anforderungen an Qualität, Flexibilität und Diversität gerecht zu werden. Dieses Geschäftsmodell setzt somit die Logik der Kontraktfertigung fort, die in der Elektronikindustrie von der Arbeitsteilung zwischen Apple und Foxconn symbolisiert wird, überträgt diese aber auf Bereiche der diversifizierten Qualitätsproduktion wie z. B. die Automobilindustrie, in der solche Modelle bislang kaum etabliert sind. Solche Modelle sind von der Überzeugung getragen, dass die Wertschöpfung der Zukunft vor allem auf der Beherrschung von Produktinnovation und Marketing basieren werden, während die Prozessoptimierung und die Fertigung im engeren

Sinne an dafür spezialisierte Kontraktfertiger abgestoßen werden kann. Dieses Modell könne nun deswegen in komplexeren Fertigungsbereichen funktionieren, da über IoT-Plattformen die permanente Prozessoptimierung und -anpassung gewährleistet werden könne. Sollten dennoch Abweichungen vom versprochenen Planziel erfolgen, sind Verluste durch die Münchener Rückversicherung gedeckt.

In der Elektronikindustrie hat diese Trennung von Markenunternehmen und Kontraktfertigern zu einer drastischen Polarisierung der Lieferkette zwischen hochprofitablen Technologieunternehmen auf der einen Seite und Kontraktfertigern auf der anderen Seite geführt. Die Geschäftsmodelle der Letzteren basierten auf der »Optimierung« weltweiter Fertigungsprozesse unter Ausnutzung der Lohnkostendifferenz sowie ethnischer und geschlechtlicher Ungleichheiten.[15] Es ist keineswegs ausgemacht, dass Geschäftsmodelle wie *»Smart-Factory as a Service«*, sollten sie sich denn tatsächlich als erfolgreich erweisen, dieselben Effekte hätten, zumal es große Unterschiede in der Beschaffenheit der Fertigung und den jeweiligen Anforderungen an Arbeit gibt. Solche Ansätze werfen aber die Frage danach auf, welche Unternehmen zukünftig die Marktführerschaft erreichen können. Vorstöße wie die viel diskutierte Ankündigung von Google, in Zukunft auf Basis der Kompetenz im Bereich des autonomen Fahrens selbst Autos bauen zu wollen, würden jedenfalls realistischer, wenn es auf der anderen Seite Fertigungsspezialisten gibt, die ihre Services anbieten. Eine weitere Umverteilung des realisierten Mehrwerts von der Fertigung in Bereiche der Produktinnovation und -distribution erscheint wahrscheinlich.

Produktionsbezogene Plattformen als Vertiefung des E-commerce

Es gibt jedoch auch eine gegenläufige Tendenz zur Trennung von Fertigung und Distribution im Sinne einer Vermischung von Modellen des E-commerce und der Fertigung. Diese kann

15 Vgl. Hürtgen/Lüthje/Schumm/Sproll: Von Silicon Valley nach Shenzhen.

produzentengetrieben von traditionellen Industrieunternehmen ausgehen oder von E-commerce-Unternehmen, die sich zunehmend der Fertigung bemächtigen.

Die stilisierte Vorstellung des Industrie-4.0-Betriebes entspricht der ersten Variante: Kunden können über Onlineplattformen ihre Produkte konfigurieren, die dann gemäß den individuellen Präferenzen gefertigt werden. Ein solches Modell setzt aufseiten der Fertigung vor allem hoch entwickelte Lean-Production-Modelle voraus, welche die Abstimmung zwischen Marktanforderungen und Fertigungsprozessen über die feingliedrige Steuerung der Abläufe gewährleisten. De facto handelt es sich dabei nicht um eine industrielle Revolution, sondern um eine sukzessive Weiterentwicklung der Produktionsmodelle der 1990er- und 2000er-Jahre, deren Fluchtpunkt schon immer die Bearbeitung des Zielkonflikts zwischen *economies of scale*, also Effizienzgewinnen durch Massenproduktion, und einer variantenreichen, flexiblen Produktion war.[16] In der Automobilindustrie sind solche Geschäftsmodelle heutzutage schon etabliert und auch in anderen Branchen, wie z. B. der chinesischen Haushaltgeräteindustrie, wird damit experimentiert.

Diesen Varianten einer Fertigung nach dem Prinzip »Losgröße 1« stehen jedoch netzwerkbasierte Ansätze gegenüber, die nicht auf der Flexibilität der hochtechnologisch aufgerüsteten Einzelfabrik beruhen, sondern auf der Flexibilität des Netzwerks. Alibaba verfolgt mit der Plattform *Taogongchang* einen Ansatz, bei dem die Prinzipien des E-commerce auf die Fertigung übertragen werden. Im Ergebnis kommt es zu einer riesigen vernetzten Fabrik, die aus Zehntausenden Kleinstproduzenten besteht. Die Kunden, die nach Zulieferern suchen, wählen online geeignete Produzenten aus, bei denen sie ihre spezialisierten Bestellungen aufgeben können, die auch in sehr kleiner Stückzahl geliefert werden können. Alibaba besinnt sich damit auf seine ursprüngliche Kernkompetenz, die Vermittlung zwischen Käufern und einem riesigen Netz chine-

16 Butollo/Ehrlich/Engel: Amazonisierung der Industriearbeit?; Butollo/Jürgens/Krzywdzinski: Von Lean Production zur Industrie 4.0.

sischer Produzenten. Diese Funktionen werden aber durch Big-Data-Auswertungen ergänzt, die eine vorausschauende Kapazitätenplanung erleichtern. Denn aus den Konsumentendaten der Gegenwart kann der zukünftige Bedarf abgeschätzt werden, was den Unternehmen bei der Planung ihrer Angebote und der Kapazitätsauslastung hilft.

Dieses Produktions- und Distributionsmodell kommt ohne hochtechnologische Kompetenzen bei den eigentlichen Produzenten aus. In sogenannten Taobao-Dörfern arbeiten Hunderte Kleinstproduzenten mit bescheidener technologischer Ausstattung die Bestellungen der Onlinekunden ab. Alibaba verschafft sozusagen der chinesischen kleinbetrieblichen Fertigung ein Update ganz im Sinne der »Losgröße 1« und konserviert sie damit. Es ist ein Irrtum anzunehmen, dass Produktion im digitalen Zeitalter vor allem den Pfad einer hochtechnologischen Fertigung à la Industrie 4.0 einschlagen wird. Der chinesische Pfad zeigt vielmehr die Bandbreite der Online-to-Offline Geschäftsmodelle, die fertigungsseitig durchaus mit Lowtech-Produktion und billiger Arbeit vereinbar sind.

Datengetriebene Rationalisierung im 21. Jahrhundert

Die vielfältigen Ansätze einer Reorganisation der Wertschöpfung mittels digitaler Technologien weist zunächst einmal darauf hin, dass die Vorstellungen einer neuen Stufe industrieller Produktion, wie sie im Kontext der Diskussion um »Industrie 4.0« propagiert werden, einseitig sind. Die Zielvorstellung einer extrem vielseitigen Einzelfabrik, die flexibel und schnell auf individuelle Kundenwünsche reagiert, knüpft bewusst an den Stärken der diversifizierten Qualitätsproduktion in Deutschland an, vernachlässigt jedoch konkurrierende Ansätze einer E-commerce- bzw. netzwerkgetriebenen digitalisierten Produktion, möglicherweise auch deswegen, weil Deutschland bisher nicht über die geeigneten Player verfügt, solche Ansätze zu verfolgen. Entsprechend reduziert sich die im Kontext der Industrie-4.0-Programme geführten Diskussion über die Restrukturierung von Wertschöpfungsketten in

Deutschland meist auf die einzelbetriebliche Rolle der Smart Factory, während die viel wichtigere Frage der Um- und Neuverteilung des realisierten Mehrwertes in Produktionsnetzwerken und deren mittelbare Folgen auf globale Arbeitswelten unberücksichtigt bleibt.

Eine realistischere Einschätzung der gegenwärtigen Entwicklungen fällt nicht leicht, da noch nicht ersichtlich ist, welche Ansätze sich im gegenwärtigen kompetitiven Suchprozess als überlegen herausstellen werden, und die verfolgten Lösungen zudem je nach Sektor, Produkt und technologischem Stand variieren. Als gemeinsamer Nenner stellt sich dennoch die Integration von Kundendaten und Fertigungsprozessen einerseits bzw. die Sammlung und Optimierung von produktionsbezogenen Daten andererseits heraus. Für beide Funktionen erscheint das Organisationsprinzip der Plattform erfolgversprechend zu sein, weshalb ein Wettlauf um die Etablierung von *industrial-internet*-Plattformen entbrannt ist. Derzeit ist nicht absehbar, ob dies einen ähnlichen Konzentrationsprozess wie im Bereich des Onlineshoppings oder der Social-Media-Plattformen nach sich ziehen wird. Dagegen spricht, dass die Datengenerierung mit wesentlich höherem Aufwand verbunden ist (Installation von Sensoren etc.) und die Anwendungen spezifischer sind, also mehreren Anbietern mit differenzierten Aufgabenfeldern Platz lassen.

Trotzdem werden *industrial-internet-Plattformen* wahrscheinlich eine zunehmend dominante Rolle in Wertschöpfungsketten einnehmen, da den von ihnen zentralisierten Daten eine wichtige Rolle für die Steuerung von Produktionsprozessen zukommt. Führende Industrieunternehmen und Datenunternehmen konkurrieren gegenwärtig um die Vormachtstellung und gehen mitunter strategische Kooperationen ein.

In Bezug auf die Strukturen und die Geografien der Wertschöpfung stellt sich vor allem die Frage, ob immaterielle Prozesse der Produktentwicklung und des Marketing weiter von der Fertigung im engen Sinne entkoppelt werden, die entsprechend geringere Anteile an der Realisierung des Mehrwerts abschöpft. Diese Tendenz war in den letzten Jahren beispielsweise in der IT- und in der Bekleidungsindustrie virulent, konnte sich aber in der Autoindustrie nicht durchsetzen. Die Bedeutung dieser Frage liegt letztendlich darin, ob die Fertigung von einer ähnlichen Abwertung betroffen sein wird, wie es in der IT-Hardwareproduktion der Fall war, und dies in ähnlicher Weise zu einer Abwertung von Arbeit führen wird.

In Bezug auf die Geografie der Produktionsnetzwerke kann der Trend einer stärkeren Integration von Kundendaten und Fertigungsprozessen durchaus Tendenzen einer stärkeren regionalen Integration Vorschub leisten, da Produktion viel stärker als bisher auf die Präferenzen lokaler Kunden reagieren wird. Aus den im zweiten Abschnitt ausgeführten Gründen ist ein *Re-shoring* der Fertigung jedoch unwahrscheinlich und es könnte allenfalls von einem *Near-shoring* ausgegangen werden, bei dem Produktion für europäische Märkte beispielsweise in Osteuropa oder Fertigung für die USA in Mexiko angesiedelt wird. Die entgegenwirkende Tendenz vorausschauender und zunehmend effizienter Logistiknetze bewirkt allerdings, dass eine stärkere regionale Integration keineswegs in schroffem Gegensatz zur Fortexistenz des *global sourcing* stehen muss.

Wenn wir in der hier dargestellten Weise die neuen Technologien als Perfektionierung flexibler globaler Fertigungsprozesse begreifen, wirft das die theoretisch spannende Frage auf, ob zukünftig Fehlallokationen und damit Überproduktionskrisen durch eine zunehmende Anpassungsfähigkeit des Kapitals vermieden werden könnten. Die reaktive Produktion nach der »Losgröße 1« könnte gar als Verwirklichung einer kybernetisch unterstützten bedürfnisorientierten Planung gelesen werden, die auch die Starrheit der bürokratischen wirtschaftlichen Planung vermeidet.

Im Sinne eines theoretisch denkbaren Potenzials ist dies durchaus der Fall, wie Simon Schaupp und Georg Jochum an anderer Stelle in diesem Band ausführen. Doch ist es unwahrscheinlich, dass dieses Potenzial realisiert wird, solange die Produktions- und Distributionsprozesse kompetitiv organisiert und der Dynamik einer zunehmenden Finanzialisierung ausgesetzt sind. Ganz im Gegensatz zur Hoffnung auf eine ausgewogenere und nachhaltigere wirtschaftliche Entwicklung mehren sich die Anzeichen für neue spekulative Übertreibungen, Überinvestitionen (derzeit beispielsweise in der Robotik) und einen Wettlauf der geostrategischen Blöcke. Dass der Diskurs über technologische Entwicklungen nur noch in Hype-Zyklen geführt werden kann, ist ein deutliches Anzeichen dafür.

Nadine Müller

Computerisierung: Software und Demokratisierung der Arbeit als Produktivkraft

Mit der *Computerisierung* geht die produktivitätssteigernde Wirkung der industriellen Kooperation und Arbeitsteilung, zu der die Trennung von Kopf- und Handarbeit und der Gegensatz von Leitung und Ausführung gehören, zunehmend verloren. Aber unter den derzeitigen Verhältnissen kann sich eine neue Form der Kooperation und damit auch die *Produktivkraft* der Computerisierung nicht voll entfalten: Stattdessen werden Kompromisse in der Arbeitsorganisation durchgesetzt, die mit Widersprüchen einhergehen und sich negativ auf die *Qualität der Arbeitsbedingungen* auswirken – Arbeit wird prekarisiert und intensiviert, während Möglichkeiten einer Selbstorganisation der Arbeitenden und ihrer demokratischen Beteiligung nur begrenzt zugelassen werden.[1]

Vom Industriekapitalismus zur Computerisierung

Mit Blick auf die Entstehung des industriellen Kapitalismus beschreibt Marx die Bedeutung der Kooperation und Arbeitsteilung für die Produktivkraft. Während im Feudalismus ein geringer Grad von Arbeitsteilung vorherrschte, und das hauptsächliche Eigentum im Grundeigentum bestand,[2] entstehen im Zusammenhang mit dem *kapitalistischen* Privateigentum höher entwickelte Formen von Arbeitsteilung und Kooperation. Erst mit der Konzentration der Arbeitsmittel, der Maschinen in der Fabrik in Form individueller Kapitale ist eine bestimmte Kooperation und Arbeitsteilung möglich geworden, auf denen die Entwicklung der gesellschaftlichen

1 Diese sowie die folgenden Überlegungen stützen sich auf meine ausführlichere Darstellung in Nadine Müller: Reglementierte Kreativität. Arbeitsteilung und Eigentum im computerisierten Kapitalismus, Berlin 2010 (Neuauflage in Vorbereitung).

2 Karl Marx/Friedrich Engels: Die deutsche Ideologie, in: Karl Marx/Friedrich Engels: Werke [MEW], Berlin 1956ff., Bd. 3, S. 25

Produktivkraft von Arbeit beruht. Diese produktive Funktion des Kapitals wird von ihm im folgenden Zitat ausgeführt:

»Im vierten Abschnitt [zur Produktion des relativen Mehrwerts] wurde gezeigt, wie die Entwicklung der gesellschaftlichen Produktivkraft der Arbeit Kooperation auf großer Stufenleiter voraussetzt, wie nur unter dieser Voraussetzung Teilung und Kombination der Arbeit organisiert, Produktionsmittel durch *massenhafte Konzentration ökonomisiert, schon stofflich nur gemeinsam anwendbare Arbeitsmittel, z. B. System der Maschinerie* usw., ins Leben gerufen, ungeheure Naturkräfte in den Dienst der Produktion gepresst und die Verwandlung des Produktionsprozesses in technologische Anwendung der Wissenschaft vollzogen werden können. Auf Grundlage der Warenproduktion, wo die Produktionsmittel Eigentum von Privatpersonen sind, wo der Handarbeiter daher entweder isoliert und selbstständig Waren produziert oder seine Arbeitskraft als Ware verkauft, weil ihm die Mittel zum Selbstbetrieb fehlen, *realisiert sich jene Voraussetzung nur durch das Wachstum der individuellen Kapitale oder im Maße, worin die gesellschaftlichen Produktions- und Lebensmittel in das Privateigentum von Kapitalisten verwandelt werden.«*[3]

Zugleich ist der Privatbesitz an Produktionsmitteln Voraussetzung für Ausbeutung, also die Aneignung unbezahlter Mehrarbeit,[4] und bringt die Trennung von Leitung und Ausführung mit sich. Diese Zweischneidigkeit von Ökonomisierung einerseits und Ausbeutung andererseits charakterisiert kapitalistische Produktivität: Güterherstellung ist im Kapitalismus produktiv, wenn sie einen Profit erzielt. Sie ist daher nicht unbedingt produktiver bzw. profitabler, wenn die zur Güterproduktion notwendige Arbeitszeit verkürzt wird; sogar das Gegenteil kann der Fall sein. »Hier wie überall muss man unterscheiden zwischen der größren Produktivität, die der Entwicklung des gesellschaftlichen Produktionsprozesses, und der größren Produktivität, die seiner kapitalistischen Ausbeutung geschuldet ist.«[5]

3 Karl Marx: Das Kapital, Bd. 1, MEW, Bd. 23, S. 652, Hervorh. N.M.

4 Ebd., S. 231.

5 Ebd., S. 445.

Einerseits steckt in der kapitalistischen Güterherstellung also das Moment der Ausbeutung (Exploitation), der Erhöhung der Exploitationsrate als Ursache gesteigerten Profits bzw. Produktivität. Andererseits gibt es das Moment allgemein-gesellschaftlicher Produktivität: die Verkürzung der zur Produktion notwendigen Arbeitszeit durch Technikentwicklung, maßgeblich durch Verbesserung der Maschinenanlagen in der Industrie.[6] »Es ist klar, dass bloßes Deplacement der Arbeit stattfindet, also die Gesamtsumme der zur Produktion einer Ware erheischten Arbeit nicht vermindert oder die Produktivkraft der Arbeit nicht vermehrt wird, wenn die Produktion einer Maschine so viel Arbeit kostet, als ihre Anwendung erspart. [...] Die Produktivität der Maschine misst sich daher an dem Grad, worin sie menschliche Arbeitskraft ersetzt.«[7]

Im Kontrast zu dieser industriell-kapitalistischen Kooperation und Produktivität kommt es mit dem Prozess der Computerisierung zu einer grundlegenden Transformation des zentralen Arbeitsmittels, also der Technik, sowie zur Entwicklung einer entsprechenden Arbeitsorganisation, insbesondere der Arbeitsteilung und Kooperation, die das Moment der »allgemein-gesellschaftlichen Produktivität« betreffen. Produktivkraft ist wesentlich bestimmt durch die Produktionsmittel (Arbeitsgegenstand und Arbeitsmittel), insbesondere den *technischen Stand der Arbeitsmittel*, sowie durch die Arbeitskraft und hier im Wesentlichen durch den *Stand der Arbeitsteilung und Kooperation*. Es wird gezeigt, dass die produktivitätssteigernde Wirkung der industriellen Kooperation und Arbeitsteilung, der Trennung von Kopf- und Handarbeit, zunehmend verloren geht. Daran anschließend wird beleuchtet, wie innerhalb neoliberaler Verhältnisse die Trennung von

6 Eine Steigerung der Produktivität wird auch durch eine Erhöhung der Intensität der Arbeit erreicht, also durch eine zunehmende Verausgabung von Arbeitskraft in einem gegebenen Zeitraum (ebd., S. 361). Die Intensität wächst »mit dem Fortschritt des Maschinenwesens und der gehäuften Erfahrung« der Arbeiter (ebd., S. 431). Es bildet sich jeweils eine *Durchschnittsintensität* heraus, über deren Verausgabung der Kapitalist wacht (ebd., S. 328). Auf die Profitrate wirkt zudem die Verkürzung der Zirkulationszeit der Güter durch verbesserte Kommunikation (Karl Marx: Das Kapital, Bd. 3, MEW, Bd. 25, S. 81).

7 MEW, Bd. 23, S. 412.

Leitung und Ausführung trotzdem aufrechterhalten wird und welche Folgen dies für den Arbeitsmarkt und die Qualität der Arbeitsbedingungen hat. Weil sich eine neue, komplexe Form der Kooperation nicht voll entfalten kann, kommt es im Prozess der Computerisierung zu Produktivitätsdefiziten.

Computerisierung als Dominanzwechsel

Die Computerisierung zeichnet sich durch eine Transformation des dominanten *Produktionsmittels* und der *Arbeitsorganisation* (insbesondere der Form der Arbeitsteilung, Kooperation und des Eigentums) aus. Im Prozess der Computerisierung findet ein Dominanzwechsel[8] von körperlicher Arbeit an der Maschine als wesentlichem Arbeitsmittel in der Industrie zu geistig-kreativen Tätigkeiten, die vor allem durch Software unterstützt werden, statt.

Software als dominantes Produktionsmittel

Ab Mitte der 1970er-Jahre führte die Mikroelektronik, deren Entwicklungs- und Anwendungsvoraussetzung Software ist, zur Automation eines großen Teils vor allem körperlicher Routinearbeit in den Industrienationen. Während für die Überwachung und Steuerung der Maschinenproduktion nur noch wenige Arbeiter erforderlich waren, nahmen die *Angestellten* – vor allem in der *Programmierung* für die NC-Maschinen, in *Forschung und Entwicklung* sowie in der Disposition – zu.[9] In den 1980er-Jahren konstatierte Burghardt, dass Mechanik zunehmend durch Software ersetzt wurde, und die Kosten sich von der Fertigung auf die Entwicklung verlagerten.[10] Die Entwicklungsanstrengungen wurden von der Hardware auf

8 Der Begriff Dominanzwechsel bezeichnet eine Verhältnisumkehrung: Eine zunächst nachgeordnete wird zur bestimmenden Funktion, womit die Entstehung neuer Qualitäten einhergeht; siehe Klaus Holzkamp: Grundlegung der Psychologie, Frankfurt a. M./New York 1985, S. 80, hier noch gleichbedeutend mit »Funktionswechsel«.

9 Projekt Automation und Qualifikation: Automation in der BRD. Probleme der Produktivkraftentwicklung, Berlin 1975, S. 81; Hermann May: Arbeitsteilung als Entfremdungssituation in der Industriegesellschaft von Emile Durkheim bis heute, Baden-Baden 1985, S. 50.

10 Manfred Burghardt: Projektmanagement. Leitfaden für die Planung, Überwachung und Steuerung von Entwicklungsprojekten, Berlin/München 1988, S. 10.

die Software ausgerichtet.[11] Auf Basis neuer Softwarekonzepte war das »Personal Computing« möglich geworden.[12] Software breitete sich auch dadurch über die Fertigung hinaus auf andere Bereiche der Produktion und Dienstleistungen aus, die an Bedeutung zunahmen. In den 1990er-Jahren erkannten Hirsch-Kreinsen und Seitz, dass der Maschinenbau seine Schlüsselrolle innerhalb der industriellen Entwicklung an die Informations- und Kommunikationstechnologie (IKT) abgegeben hatte.[13]

Seit der ökonomischen Krise 2008 hat die IKT-Branche ihre Bruttowertschöpfung deutlich auf insgesamt rund 89 Milliarden Euro im Jahr 2013 gesteigert. Damit liegt ihr Beitrag zur gewerblichen Wertschöpfung mit 4,7 Prozent gleichauf mit dem Automobilbau und vor dem Maschinenbau. Mit 91 Prozent entfällt ein Großteil der Bruttowertschöpfung der gesamten IKT-Branche im Jahr 2013 auf die IKT-Dienstleister.[14] Einer Prognose der BITKOM zufolge steigt wie bereits in den Vorjahren insbesondere das Geschäft mit Software, das nochmals um 5,5 Prozent auf 20,2 Milliarden Euro zulegen konnte. Die Technikentwicklung ist also durch eine zunehmende Relevanz von Software geprägt.

Auch Roboter (Halb-/Automaten) werden von Computerprogrammen gesteuert. »Im Jahr 2018 nutzt im Bereich des Verarbeitenden Gewerbes nahezu jedes sechste Unternehmen (16%) in Deutschland mit mindestens 10 Beschäftigten Industrie- oder Serviceroboter. [...] Industrieroboter werden beispielsweise für Schweißarbeiten, Laserschneiden und Speziallackierung genutzt. Serviceroboter werden etwa für Überwachung, Transport und Reinigung eingesetzt.«[15] Im Verarbeitenden

11 Lothar Hack/Irmgard Hack: Die Wirklichkeit, die Wissen schafft. Zum wechselseitigen Begründungsverhältnis von »Verwissenschaftlichung der Industrie« und »Industrialisierung der Wissenschaft«, Frankfurt a. M./New York 1985, S. 468–469.; Walter L. Bühl: Wissenschaft und Technologie. An der Schwelle zur Informationsgesellschaft, Göttingen 1995, S. 41.

12 Andrea Baukrowitz: Neue Produktionsmethoden mit alten EDV-Konzepten? In: Rudi Schmiede (Hrsg.): Virtuelle Arbeitswelten, Berlin 1996, S. 49–77, hier S. 57.

13 Hartmut Hirsch-Kreinsen/Beate Seitz: Innovationsprozesse im Maschinenbau, Dortmund 1999, S. 20–21.

14 BMWi: Monitoring-Report Digitale Wirtschaft, 2014.

15 PM des Statistischen Bundesamtes vom 3.12.2018.

Gewerbe sind noch ca. 17 Prozent der deutschen Erwerbstätigen tätig, während im Dienstleistungsbereich inzwischen ca. drei Viertel der Arbeitsplätze zu finden sind.[16] So gab es 2018 ca. 44,7 Millionen Erwerbstätige in Deutschland.[17] Im Jahr 2018 waren noch 7,7 Millionen Menschen im Verarbeitenden Gewerbe tätig, während in den Dienstleistungsbereichen bereits 33,4 Millionen Erwerbstätige gearbeitet haben.[18]

Im Dienstleistungssektor sehen sich inzwischen 83 Prozent der befragten Beschäftigten in ihrer Arbeit von Digitalisierung betroffen, 63 Prozent in hohem oder sehr hohem Maß. »Die Digitalisierung hat in der Rechts- und Steuerberatung (97,7%), bei den IT-Dienstleistungen (96,1%) ebenso wie bei den Versicherungen (95,0%) am stärksten Einzug gehalten. Dagegen ist der Digitalisierungsgrad im Bereich Gebäudebetreuung, Garten-/Landschaftsbau mit 41,7% derzeit am geringsten, am zweitniedrigsten im Sozialwesen mit 67,3%.«[19] Lediglich 16 Prozent der befragten Beschäftigten haben in ihrer Arbeit mit computergesteuerten Maschinen oder Robotern zu tun, wobei der Anteil unter den Beschäftigten im Gesundheitswesen mit 29 Prozent am höchsten liegt. Im Dienstleistungssektor sind elektronische Kommunikationsmittel mit 72 Prozent am weitesten verbreitet, gefolgt von Arbeit mit unterstützenden elektronischen Geräten (55 Prozent) und softwaregesteuerten Arbeitsabläufen wie beispielsweise Routen- und Terminplanung mit 50 Prozent.[20]

Arbeitsorganisation: Anforderungen der Computerisierung

Während sich das neue dominante Produktionsmittel Software herausbildet, transformiert sich die Arbeitsorganisation, insbesondere Arbeitsteilung und Kooperation. Dies ist das

16 Gerhard Bosch/Claudia Weinkopf: Arbeitsverhältnisse im Dienstleistungssektor, in: WSI-Mitteilungen 9/2011, S. 439–449.

17 Statista 2019, unter: de.statista.com/statistik/daten/studie/3267/umfrage/anzahl-der-erwerbstaetigen-in-deutschland-seit-dem-jahr-1991.

18 Statistisches Jahrbuch 2018, unter: de.statista.com/statistik/daten/studie/1248/umfrage/anzahl-der-erwerbstaetigen-in-deutschland-nach-wirtschaftsbereichen.

19 Ines Roth: Digitalisierung und Arbeitsqualität, hrsg. von ver.di, Berlin 2017, S. 19.

20 Ebd., S. 21.

zweite entscheidende Moment der Computerisierung. Wie oben dargestellt, muss mit Blick auf die Produktivität deren Zweischneidigkeit berücksichtigt werden. Deshalb wird die Veränderung der Arbeitsorganisation auf zwei Ebenen analysiert: Auf der ersten Ebene werden die *Arbeitsanforderungen* untersucht, was dem Projekt Automation und Qualifikation (PAQ) zufolge ein analytischer Zugriff ist. Unter ihnen wird gefasst, »was idealerweise geschehen müsste, soll die neue Technologie ihren Möglichkeiten entsprechend angewandt werden«.[21] Erst auf der zweiten Analyseebene wird die *praktische Einlösung* dieser Anforderungen im bisherigen Prozess der Computerisierung betrachtet. Diese Methode der »Widerspruchsanalyse« fokussiert Probleme von Arbeit auf ihrem fortschrittlichsten Stand, auch um darin Möglichkeitsräume für Emanzipation zu untersuchen.[22] Die Anforderungen an computerisierte Arbeit werden hier im Hinblick auf vier wesentliche Dimensionen zusammengefasst: (a) Kompetenz, (b) Planung, (c) Arbeitsteilung und (d) Kooperation.

(a) Durch die Rationalisierung eines Großteils von Routinetätigkeiten sowie die gestiegene Durchschnittsqualifikation der Beschäftigten – das Wissen über Software nimmt innerhalb der Kompetenzen zu – erhält *kreative Arbeit* einen zentralen Stellenwert. Der Anteil kreativer Arbeit im Prozess der Computerisierung erhöht sich, weil die Bedeutung innovativer gegenüber routinierter Tätigkeit steigt – Letztere kann leichter durch Software ersetzt werden. Nach Baukrowitz und Boes kommt es gar zu einer Parallelisierung von Innovations- und Arbeitsprozess.[23] Einer Umfrage der PricewaterhouseCoopers (PwC) zufolge halten 83 Pro-

21 Frigga Haug: Lernverhältnisse. Selbstbewegungen und Selbstblockierungen, Hamburg 2003, S. 270. Siehe zum PAQ auch den Beitrag von Frigga Haug in diesem Band.

22 Projekt Automation und Qualifikation: Widersprüche der Automationsarbeit. Ein Handbuch, Berlin 1987, S. 179, 194–196.; Nadine Müller: Reglementierte Kreativität, S. 55.

23 Andrea Baukrowitz/Andreas Boes: Arbeit in der »Informationsgesellschaft«. Einige Überlegungen aus einer (fast schon) ungewohnten Perspektive, in: Rudi Schmiede (Hrsg.): Virtuelle Arbeitswelten. Arbeit, Produktion und Subjekt in der »Informationsgesellschaft«, Berlin 1996, S. 129–158, hier S. 151.

zent der befragten Firmen Innovationen schon heute für wichtig oder unverzichtbar, um im globalen Wettbewerb zu bestehen.[24] Und in einer ver.di-Umfrage stimmen mehr als drei Viertel der befragten Betriebs-, Personal- und Aufsichtsräte der Aussage zu, die Digitalisierung erhöhe die Notwendigkeit, innovativ zu sein – also mehr Innovationen in kürzeren Abständen auf den Weg zu bringen.[25]

Der Anstieg kreativ-innovativer Anteile an computerisierter Tätigkeit bedeutet, dass diese zunehmend die Gestaltung der Arbeits- und Lebenswelt im technischen als auch politischen, sozialen, organisatorischen und kulturellen Sinn umfasst: Es wird entschieden, in welcher Weise Sozialität in Computerprogrammen zu formalisieren ist.[26] Der kreative Arbeitsprozess ist wiederum nicht vollständig durch Software oder Planung »von oben« strukturierbar. Entscheidungen sind somit auch hinsichtlich sozialer Verhältnisse zu treffen, die *nicht formalisierbar* sind. Entsprechend setzen sich die Kompetenzen der Arbeitenden neben technischen zunehmend auch aus sozialen und wirtschaftlichen Kenntnissen zusammen, zu denen sogenannte Soft Skills wie Teamfähigkeit gehören.

Insbesondere in den Dienstleistungstätigkeiten, die zu ca. drei Viertel durch »interaktive Arbeit« gekennzeichnet sind, reichen die Anforderungen von der Kooperations-, Gefühls- und Emotionsarbeit bis hin zum »subjektivierenden Arbeitshandeln«.[27] Damit ist gemeint, dass die Beschäf-

---

24 PwC: Innovation – Deutsche Wege zum Erfolg. 2015, unter: pwc.de/de/consulting/innovationsfaehigkeit-entscheidet-ueber-unternehmenserfolg.jhtml.

25 Ines Roth: Innovationsbarometer 2015. Digitale Innovationen im Dienstleistungssektor – Bedeutung und Folgen, hrsg. vom ver.di-Bereich Innovation und Gute Arbeit, Berlin 2015, S. 12, unter: innovation-gute-arbeit.verdi.de/innovation.

26 Andrea Baukrowitz/Andreas Boes/Bernd Eckhardt: Software als Arbeit gestalten. Konzeptionelle Neuorientierung der Aus- und Weiterbildung von Computerspezialisten, Opladen 1994; Marcel Christ/Detlef Krause/Arno Rolf/Edouard Simon: Wissen, wie alles zusammenhängt. Das Mikropolis-Modell als Orientierungswerkzeug für die Gestaltung von Informationstechnik in Organisationen und Gesellschaft, in: Informatik-Spektrum, Jg. 29 (2006), H. 4, S. 263–273.

27 Fritz Böhle/Ursula Stöger/Margit Weihrich: Interaktionsarbeit gestalten. Vorschläge und Perspektiven für humane Dienstleistungsarbeit, Berlin 2014, S. 19; Nadine Müller/Anke Thorein: Arbeit mit Menschen humanisieren, in: ver.di (Hrsg.): Arbeitspolitik von unten. 10 Jahre ver.di-Initiative Gute Arbeit, Ber-

tigten im Service mit Individuen arbeiten und damit die Abläufe nicht in allen Aspekten vorhersehbar sind. Deshalb müssen sie mit Unsicherheiten und Unwägbarkeiten umgehen, indem sie dialogisch-explorativ vorgehen, mit allen Sinnen empfinden, empathische Beziehungen aufbauen etc. Diese Offenheit von Dienstleistungsarbeit verlangt Kreativität, weshalb sie – mit dem Ziel ihrer Professionalisierung – auch in Analogie zum »künstlerischen Handeln« untersucht wurde.[28]

Die *Selbstständigkeit* der Arbeitenden erhöht sich mit ihren neuen Kompetenzen, die zur vermehrten Eigeninitiative der Arbeitenden führen. Ein Beispiel hierfür sind selbstorganisierte Evaluationen absolvierter Projekte. Die sich im Prozess der Computerisierung herausbildende kreative Kompetenz stellt das erste Argument für die Notwendigkeit einer steigenden Partizipation der Arbeitenden an Entscheidungsprozessen und einer zunehmenden Selbstorganisation dar.

(b) Computerisierte Arbeit ist aufgrund ihres zunehmenden kreativen Charakters nicht vollständig zerleg- und planbar wie manuelle Operationen an der Maschine. Tätigkeiten in der (Software-)Entwicklung wie auch die meisten im Dienstleistungsbereich[29] sind zu einem erheblichen Teil unvorhersehbar, auch aufgrund neuer Erkenntnissen und Schwierigkeiten, die sich im Arbeitsablauf ergeben. Gerade in der Entwicklung ändern sich technische als auch Kundenanforderungen ständig, aufgestellte Pläne sind nach kurzer Zeit überholt. Daher arbeitet das Management oft mit Planungshorizonten und Schätzverfahren. Die Aufwandsschätzungen der Beschäftigten werden in die Planung einbezogen. Entwickler führen zunehmend eigene Abstimmungen und Planungen durch. Nur eine intensive

lin 2018, unter: innovation-gute-arbeit.verdi.de/gute-arbeit/materialien-und-studien, S. 41–44.

28 Jost Wagner: Die Kunst guter Dienstleistung – eine Strategie für innovative Dienstleistungsarbeit, in: ver.di (Hrsg.): Dienstleistungsinnovationen, Berlin 2013, S. 49–56.

29 Ebd., S. 50.

Kooperation zwischen den am Entwicklungsprojekt Beteiligten ermöglicht flexible Reaktionen auf Unvorhergesehenes und lässt Verbesserungen stetig in den Prozess einfließen. Auch deshalb erproben Beschäftigte vermehrt ohne Anordnung von oben andere, bessere Vorgehensweisen wie agile Methoden, die sich zunehmend ausbreiten und bei denen die Fähigkeit des Einzelnen und die Selbstorganisation der Teams betont wird.[30] Im Prozess der Computerisierung wird eine *kooperative Planung* erforderlich. Dies ist ein weiteres Indiz für eine zunehmende Notwendigkeit von Selbstorganisation der Arbeitenden.

(c) Im Prozess der Computerisierung bildet sich die *Spezialisierung der Kompetenzen* als neue dominante Form der Arbeitsteilung heraus, die sich grundlegend von der Arbeitszerlegung in der Industrie unterscheidet. Diese Spezialisierung von zunehmend innovativ-kreativer und komplexer Arbeit vollzieht sich innerhalb und außerhalb des entstandenen Berufsfeldes Informatik und IT, in der Softwareentwicklung wie auch darüber hinaus. Es sind besondere Kenntnisse für die Entwicklung – unter anderem verschiedene Programmiermethoden und -sprachen – wie auch zur Anwendung von Software erforderlich, die oft als IT- oder Medienkompetenz bezeichnet werden. Spezielles Wissen braucht es auch darüber hinaus, denn nicht jede Tätigkeit kann mittels Software ausgeführt werden und oft erlaubt erst das entsprechende Kontextwissen die zielführende Entwicklung und Anwendung von Programmen.

Brynjolfsson und McAfee sagen einen Anstieg der Nachfrage nach hochqualifizierten Beschäftigten voraus, bei gleichzeitigem Rückgang einfacher Tätigkeiten: »Wie wir demonstrieren werden, gab es nie eine bessere Zeit

30 68 Prozent der in der Studie Status Quo Agile 2016/2017 Befragten geben an, dass ihre Projekte teils agil arbeiten, 20 Prozent sogar durchgängig, während lediglich 12 Prozent aller Projekte ausschließlich mit konventionellen Methoden arbeiten (Ayelt Komus u. a.: Status Quo Agile 2016/2017, Koblenz 2017). Siehe zu agilem Arbeiten das agile Manifest, unter www.agilemanifesto.org/iso/de/manifesto.html; Nadine Müller: Reglementierte Kreativität, S. 119f., 180; Digitalisierung und Agilität, in: ver.di (Hrsg.) 2018, S. 32–34 sowie den Beitrag von Phoebe Moore in diesem Band.

für Arbeitskräfte mit speziellen Kompetenzen oder der richtigen Ausbildung, denn solche Menschen können die Technik nutzen, um Wert zu generieren und abzuschöpfen. Für Arbeitnehmer mit ›gewöhnlichen‹ Kompetenzen und Fähigkeiten gab es dagegen kaum eine schlechtere Zeit, denn Computer, Roboter und andere digitale Technik erwerben solche Kompetenzen und Fähigkeiten mit beispielloser Geschwindigkeit.«[31]

Mit der sich ausbreitenden Form der Spezialisierung und der damit einhergehenden größer werdenden Verantwortung vollzieht sich insgesamt eine *Individualisierung* der Arbeitenden, die perspektivisch jeden Einzelnen schwerer entbehrlich macht: So zeigen empirische Untersuchungen, dass zum Beispiel das Vorgehen der Entwickler nicht vollständig durch einen vorgeschriebenen Prozess normiert werden kann. Damit sind sie auch nicht problemlos austauschbar.[32] Kennzeichnend für die Spezialisierung sind zunehmend lange theoretische wie auch praktische Ausbildungszeiten sowie Arbeitserfahrungen als wesentlicher Teil der persönlichen Entwicklung. Das dabei akkumulierte (auch implizite) Wissen kann nicht in Gänze von einer auf eine andere Person übertragen werden. Für die Anwendung spezieller Kenntnisse in Tätigkeiten, die sich im Prozess der Computerisierung stetig wandeln, ist zudem eine andauernde aktive Auseinandersetzung der Arbeitenden mit den jeweiligen Themen erforderlich. »Permanentes Lernen« bzw. Weiterbildung gewinnt an Bedeutung. Auch diese Spezialisierung und Individualisierung begründen eine zunehmende Notwendigkeit von Selbstorganisation seitens der Arbeitenden.

(d) Spezialisierung der Kompetenzen ist die besondere Form einer neuen Kooperation, die sich von der »einfachen« in der Industrie in eine »komplexe« weiterentwickelt. Die

31 Erik Brynjolfsson/Andrew McAfee: The Second Machine Age. Wie die nächste digitale Revolution unser aller Leben verändern wird, Kulmbach 2014, S. 20.

32 Paul S. Adler: Practice and Process. The Socialization of Software Development, Academy of Management Proceedings, 2003 (1), icos.groups.si.umich.edu/adlerpaper.pdf; S. 180.

Komplexität speist sich zunächst aus den bereits ausgeführten Merkmalen Kreativität, kooperative Planung sowie individualisierte Spezialisierung und darüber hinaus aus der räumlichen Ausdehnung der Produktion, ihrer globalen Dezentralisierung. Die Kooperation wird zunehmend unternehmensübergreifend und transnational, insbesondere bei der Softwareproduktion.

Zudem richtet sich die Kooperation nicht mehr nur direkt auf den Stoffwechsel mit der Natur wie in der industriellen Produktion, sondern auch auf komplexe wirtschaftlich-gesellschaftliche Vorgänge, wie beispielsweise die Unternehmenssoftware von SAP zeigt. Die Kooperation im Arbeitsprozess ist zudem durch unterschiedliche Interessen der Beteiligten (Kunden, Eigentümer, Manager, Arbeitende etc.) strukturiert.[33] Die Handhabung auftretender Interessenskonflikte wird somit Teil der Arbeitsausführung und verkompliziert sie zusätzlich.

Hierarchisches Management wird ineffizient, weil die Planung, Bewertung und Integration von Leistungen durch die Arbeitenden flexibler und sachlich angemessener ist. Komplexe Kooperation kann also besser durch die Selbstorganisation der Arbeitenden gewährleistet werden. Aufgrund der neuen dominanten Form der Arbeitsteilung als Spezialisierung von Wissen – im Gegensatz zur industriellen Form als Zerlegung in manuelle Teiloperationen – wird die Trennung von Leitung und Ausführung zum Problem und eine Demokratisierung[34] der Arbeitsteilung unum-

33 Helmut Drüke: Internet. Technologie des Neo-Taylorismus oder Durchbruch zur Ent-Hierarchisierung in den Akteursbeziehungen, in: Georg Schreyögg (Hrsg.): Wissen in Unternehmen: Konzepte, Maßnahmen, Methoden, Berlin 2001, S. 249–265, hier S. 254–256.

34 »Demokratisierung bedeutet weitere und tiefere Beteiligung. Dies würde die Verfügungsrechte über die Produktionsmittel verallgemeinern, sodass Arbeitnehmer und Konsumenten an Entscheidungen über Produkte, Produktionslinien, Arbeitsorganisation, Marktverhalten der Unternehmen beteiligt wären.« (Alex Demirović: Demokratie in der Wirtschaft. Positionen, Probleme, Perspektiven, Münster 2007, S. 64) Nach Demirovic gab es noch bis in die 1980er-Jahre Konzepte, die Wirtschaftsdemokratie und in diesem Rahmen auch die Mitbestimmung theoretisch entfalten wollten: »Gefordert wurde die Durchführung auf zwei weiteren Ebenen: am Arbeitsplatz die direkte Partizipation und auf der makroökonomischen Ebene Instrumente unternehmens- und branchenübergreifen-

gänglich: »[W]ir haben eine Andeutung von der Entfaltung einer nicht-antagonistischen, kooperativen Individualität als Produktivkraft vor uns«.[35]

Neoliberales Management der Computerisierung

Statt die hier skizzierten Anforderungen computerisierter Arbeit konsequent umzusetzen, gehen die Unternehmen vermehrt dazu über, die Leistungen der Erwerbstätigen mittels einer Ergebnissteuerung im Sinn einer »strategischen Vermarktlichung« zu intensivieren.[36] Dies führt zu überlangen Arbeitszeiten, zu unbezahlter Mehrarbeit und dem Begehren der Unternehmen, den Achtstundentag sowie die gesetzlich vorgeschriebenen Ruhezeiten zu schleifen. Versuche der Leistungsverdichtung durch (zu kurze) vorgegebene Zeiten führen auch dazu, dass sie entweder nicht eingehalten oder im schlimmsten Fall Projekte abgebrochen werden. Protagonisten agiler Programmiermethoden vertreten deshalb die Praktik des nachhaltigen Tempos (*sustainable pace).* Denn aufgrund ständiger Überstunden sind Entwickler kaum mehr in der Lage, klar und übersichtlich zu codieren. Sie werden unproduktiv und programmieren mehr Fehler.[37] Nicht nur im Softwareentwicklungsbereich nimmt die Produktivität mit längeren Arbeitszeiten ab.[38] Strategien wie Rentabilitätsvorgaben und Reduktion von Personalkosten erhöhen also nur bedingt und nicht nachhaltig die Produktivität im »allgemein-gesellschaftlichen« Sinne. Zudem resultieren überlange Arbeitszeiten und ständige Arbeitsverdichtung in einer Verschlechterung der Arbeitsqualität: Psychische Belastungen nehmen zu.

der sowie globaler Steuerung [...] Beides sollte die vorhandenen Institutionen der betrieblichen und Unternehmensmitbestimmung ergänzen.« (ebd., S. 64).

35 Projekt Automation und Qualifikation: Entwicklung der Arbeit, Berlin 1978, S. 135.

36 Manfred Moldaschl/Dieter Sauer: Internalisierung des Marktes. Zur neuen Dialektik von Kooperation und Herrschaft, in: Heiner Minssen (Hrsg.): Begrenzte Entgrenzungen. Wandlungen von Organisation und Arbeit, Berlin 2000, S. 205–224.

37 Kent Beck: eXtreme Programming Explained: Embrace Change, Reading, MA 2000.

38 Hartmut Seifert: Je länger, desto langsamer, in: BöcklerImpuls 20/2008, unter: boeckler.de/pdf/impuls_2008_20_6.pdf.

Arbeitsqualität im Dienstleistungsbereich

Das bestätigt eine repräsentative Umfrage mit dem DGB-Index Gute Arbeit im Jahr 2016 mit dem Schwerpunkt Digitalisierung: Fast die Hälfte der in (sehr) hohem Maß digital Arbeitenden im Dienstleistungssektor geben an, die Arbeitsbelastung sei für sie durch die Digitalisierung insgesamt größer geworden. Die Mehrbelastung hängt insbesondere mit einer Steigerung der Arbeitsmenge (56 Prozent) und mit erhöhtem Multitasking (57 Prozent) zusammen. 59 Prozent geben an, sehr häufig oder oft unter Zeitdruck zu stehen. 47 Prozent berichten von einem Anstieg der Überwachung und Kontrolle der Arbeit. Generell deuten die Ergebnisse darauf hin, dass die psychischen Belastungen im Zuge der Digitalisierung steigen, die körperlichen Belastungen hingegen geringer werden. Dagegen haben sich die Entscheidungsspielräume der Beschäftigten im Durchschnitt nur leicht erweitert (von einer Vergrößerung berichten 25 Prozent). Wo die Arbeitsbedingungen insgesamt schlecht sind, verengen sich die Spielräume, für Führungskräfte und Beschäftigte mit (hoch-)komplexen Tätigkeiten vergrößern sie sich überdurchschnittlich.[39]

Fortgesetzte Ambivalenz der Produktivität und das Produktivitätsparadoxon

Einerseits zeigt sich, dass mit der Computerisierung die Produktivität steigt:[40] 300 000 Stellen in der Industrie wurden

39 Nadine Müller/Ines Roth: Einleitung, in: Ines Roth: Digitalisierung und Arbeitsqualität, hrsg. von ver.di, Berlin 2017, S. 6–9., hier S. 8.

40 Einige Wissenschaftler gehen davon aus, dass die Digitalisierung die Weltwirtschaftsleistung um 193 Billionen US-Dollar in 2011 erhöhte. Karim Sabbagh u. a.: Digitalization for Economic Growth and Job Creation: Regional and Industry Perspectives, in: Beñat Bilbao-Osorio/Soumitra Dutta/Bruno Lanvin (Hrsg.): The Global Information Technology Report 2013. Growth and Jobs in a Hyperconnected World, Genf 2013, S. 35–42. Von 1998 bis 2012 hat die Digitalisierung laut einer Prognos-Analyse in Deutschland Jahr für Jahr mit 0,5 Prozentpunkten zum Wachstum der Wertschöpfung im Dienstleistungssektor beigetragen. Demnach kann ein knappes Drittel des gesamten tertiären Wertschöpfungswachstums in diesem Zeitraum auf die Digitalisierung zurückgeführt werden – kumuliert und in absoluten Zahlen entspricht dies einem Betrag von 95,1 Milliarden Euro (Bitkom/Prognos (Hrsg.): Digitale Arbeitswelt. Gesamtwirtschaftliche Effekte – Endbericht, o. O. 2013; Vereinigung der Bayerischen Wirtschaft: Digitalisierung als Rahmenbedingung für Wachstum. Eine vbw-Studie, erstellt von der Prognos AG, o. O. 2013.

abgebaut, während auch aufgrund des demografischen Wandels 1,3 Millionen Arbeitsplätze von 2001 bis 2014 im Gesundheits- und Sozialbereich entstanden – so eine Studie des Instituts der deutschen Wirtschaft.[41] Bezüglich dem zukünftig benötigten Arbeitsvolumen nach Berufshauptfeldern weist das Institut für Arbeitsmarkt- und Berufsforschung (IAB) in einer Prognose darauf hin, dass auch im Jahr 2030 die meisten Arbeitsstunden in Büro- und kaufmännischen Dienstleistungsberufen (7,9 Mrd. Stunden) aufgewendet werden, aber dann nicht mehr gefolgt von den be- und verarbeitenden und instandsetzenden Berufen (7,5 Mrd. Stunden), sondern von den Gesundheits- und Sozialberufen sowie Körperpflege (7,8 Mrd. Stunden).[42] Osborne und Frey kommen zu dem Ergebnis, dass durch digitale Automatisierung in den nächsten Jahren 47 Prozent der US-amerikanischen Arbeitsplätze gefährdet sind. Zu noch höheren Zahlen gelangen Brzeski und Burk für Deutschland: Ihnen zufolge sind 59 Prozent von den Arbeitsplätzen in ihrer jetzigen Form der sozialversicherungspflichtig und geringfügig Beschäftigten durch Automatisierung bedroht. Die Autoren gehen davon aus, dass das größere Gewicht der Industrie in Deutschland für den Unterschied verantwortlich ist.[43] Fakt ist: Rationalisierung mit Freisetzungseffekten findet im Prozess der Computerisierung statt und setzt sich weiter fort.

Andererseits ist es schwierig, Produktivität computerisierter Arbeit exakt zu ermitteln. Vieles weist darauf hin, dass ein anderer Maßstab als bei industrieller Arbeit angelegt werden muss, da sich beide doch grundlegend unterscheiden. Insgesamt ist die Produktivität der Softwareherstellung zumindest noch Anfang der 2000er-Jahre als relativ niedrig angesehen worden.[44] Verschiedene Autoren haben in ihren Studien zur

41 Teresa Stiens: Mehr Jobs weniger Gehalt, in: Süddeutsche Zeitung, 16.4.2015.

42 IAB: Qualifikations- und Berufsfeldprojektion bis 2030, Kurzbericht 18/2012, unter: doku.iab.de/kurzber/2012/kb1812.pdf.

43 Carl Benedikt Frey/Michael A. Osborne: The Future of Employment: How susceptible are Jobs to Computerisation?, Oxford 2013; Carsten Brzeski/Inga Burk: Die Roboter kommen. Folgen der Automatisierung für den deutschen Arbeitsmarkt, in: IngDiBa, Economic Research, 30.4.2015; Tobias Kaiser: Maschinen könnten 18 Millionen Arbeitnehmer verdrängen, in: Die Welt, 2.5.2015.

44 Vgl. Adler: Practice and Process.

»Informationstechnologie« ein »Produktivitätsparadoxon« konstatiert.[45]

Uneingelöste Anforderungen der Computerisierung: Produktivitätsdefizite

Auf ein prinzipielles Produktivitätsproblem computerisierter Arbeit verweisen ständige Zeitverzögerungen und Budgetüberschreitungen in (Software-)Entwicklungsprojekten von Unternehmen. Zeitverzögerungen treten vor allem in der Analysephase des Entwicklungsprozesses auf. In dieser Phase werden die Produktanforderungen festgelegt, wozu eine intensive Kooperation von Entwicklern und Anwendern vonnöten ist. Diese findet jedoch aufgrund von Konkurrenz untereinander sowie zu den Kunden teils nicht statt. Es zeigt sich, dass die Vermittlung eines Wissensaustausches über Vorgesetzte zu viel Zeit in Anspruch nimmt und zu mangelnder Flexibilität bei Problemlösungen führt. Vorgesetzte verfügen nicht mehr über detailliertes Planungswissen. Folglich kommt es zu fehlerhaften und verspäteten Entscheidungen. Krisenmanagement und permanente Umorganisationen, die selbst wiederum Produktivitätsprobleme generieren, sind die Folge.

Wie anhand vier wesentlicher Anforderungen (Kreativität, kooperative Planung, Spezialisierung der Kompetenzen und komplexe Kooperation) gezeigt bildet sich die Notwendigkeit einer zunehmenden Selbstorganisation und damit von Ansätzen einer »kooperativen Individualität« als Gegentendenz zur hierarchischen Trennung von Leitung (Management) und Ausführung (Arbeitende) heraus. Die für den industriellen Kapitalismus typische Arbeitsteilung in Form der Arbeitszerlegung sowie der Trennung von Hand- und Kopfarbeit *ist im Prozess der Computerisierung unproduktiv geworden.*

Der Widerspruch zwischen anhaltender Hierarchie in den derzeitigen politisch-ökonomischen Verhältnissen und einer kooperativen Individualität wird praktisch vor allem mittels

45 Axel Zerdick u. a.: Die Internet-Ökonomie. Strategien für die digitale Wirtschaft, Berlin u. a. 2001, S. 138; Manuel Castells: Das Informationszeitalter. Wirtschaft, Gesellschaft, Kultur, Opladen 2001, S. 90.

der sogenannten Matrixprojektorganisation[46] gelöst sowie mittels indirekter Steuerung und einer zunehmenden, aber unzureichenden Umsetzung agiler Methoden – sozusagen als Kombination der Trennung von Leitung und Ausführung mit einer begrenzten, relativen Selbstorganisation der Arbeitenden. Aufgrund der verbleibenden Hierarchie kommt es neben anderen gravierenden Problemen wie einer Zunahme der psychischen Belastungen zu einem überzogenen Personalabbau und einer ineffizienten Arbeitsteilung jenseits der Spezialisierungen der Beschäftigten und damit zu einer Verschwendung von Kompetenzen.

Transformation des Kapitals

Bestand die produktive Funktion des privaten Kapitals in der Industrie darin, die »einfache Kooperation« in der Fabrik zu ermöglichen, gerät es nun im Prozess der Computerisierung unter Druck: Kooperation findet nicht mehr schwerpunktmäßig in der Fabrik statt, sondern ist in ihrer komplexen Form auf einen globalen und unternehmensübergreifenden Wissensaustausch angewiesen. Deshalb transformiert sich das Privatkapital in dreifacher Weise:

Erstens transnationalisiert es sich und bildet globale Produktionsnetzwerke. Um den Profit zu erhöhen, spielt im Prozess der Computerisierung die globale Dezentralisierung der Produktion eine wesentliche Rolle. Sie begann in den 1970er-Jahren mit der flexiblen Automatisierung und ermöglichte mit dem Internet ab den 1990er-Jahren eine transnationale Koordination der Arbeitsprozesse. Damit verschärfte sich die nun nahezu weltweite Konkurrenz auf dem Arbeitsmarkt.[47] Nicht nur geringere Lohnkosten in zuvor wenig industrialisierten

46 In einer Matrixprojektorganisation werden Projekte neben oder in der Linienorganisation eingerichtet. Der Linienvorgesetzte bleibt meist disziplinarisch weisungsbefugt. Siehe Manfred Burghardt: Projektmanagement. Leitfaden für die Planung, Überwachung und Steuerung von Entwicklungsprojekten, Berlin/München 1988, S. 10.

47 Robert B. Reich: Die neue Weltwirtschaft. Das Ende der nationalen Ökonomie, Frankfurt a. M/Berlin 1993, S. 233–235.; Elmar Altvater/Birgit Mahnkopf: Grenzen der Globalisierung. Ökonomie, Ökologie und Politik in der Weltgesellschaft, Münster 2007, S. 319.

Staaten sind ein Grund, Produktionsprozesse zu verlagern, sondern auch das Unterlaufen gewerkschaftlicher Rechte und Proteste. Diese neoliberale Politik transnationaler Unternehmen drängt nationalstaatliche Sozialleistungen zugunsten höherer Profite zurück.[48] Arbeitsplätze wurden also nicht nur automatisiert, sie sind zum Teil verlagert worden. Die Konkurrenz zwischen und innerhalb der Unternehmen, deren Standorte zumeist als Profit- und Costcenter konzipiert sind, verkompliziert aber auch den Wissensaustausch und verhindert Synergieeffekte – insbesondere in der Entwicklungsarbeit.

Zweitens wird der Bereich des sogenannten geistigen Eigentums ausgeweitet und zu einem umkämpften Terrain,[49] vor allem auf dem Gebiet der Softwarepatente und -lizenzen. In den letzten Jahrzehnten ist es zu einer zunehmenden Anzahl von Patenten gekommen, deren positiver Einfluss auf Innovationen umstritten ist. Viele Erfindungen bleiben ein Geschäftsgeheimnis. Laut Gröndahl sind die heftigsten Auseinandersetzungen in den letzten Jahren um Softwarepatente geführt worden,[50] deren Vergabe in den USA seit den 1980er-Jahren legalisiert ist und in Europa zumindest praktiziert wird. Hierbei handelt es sich um ein entscheidendes Moment der Transformation des Privateigentums: Verschiedene neue Lizenzmodelle ermöglichen eine Umwandlung vormals freier[51] in proprietäre Software oder die Kombination beider. Mit diesen Lizenzmodellen sind die ökonomischen Vorteile freier Software zumindest zum Teil verwertbar. Diese Vorteile resultieren aus einem neuen Entwicklermodell, bei dem »Tausende von Menschen in der ganzen Welt« *selbst*

48 Wolfgang Fritz Haug: Politisch richtig oder richtig politisch. Linke Politik im transnationalen High-Tech-Kapitalismus, Hamburg 1998, S. 57–58.

49 Beispielsweise soll das Arbeitnehmererfindungsrecht als Persönlichkeitsrecht dem Erfinder das Recht an seiner Invention sichern. In den Unternehmen kollidiert dies mit dem Arbeitsvertrag, sodass die Arbeitenden dieses Recht gegen eine geringe Vergütung abtreten müssen. Dies zieht auch Demotivation bei den Arbeitenden und Konflikte nach sich.

50 Boris Gröndahl: Die Tragedy of the anticommons. Kapitalistische Eigentumskritik im Patentwesen, in: Prokla, Jg. 32 (2002), H. 1, S. 89–101, hier S. 97.

51 Copyleft-Lizenzen wie die GPL (General Public Licence) garantieren am nachhaltigsten die freie Verfügbarkeit von Software sowie ihrer Modifikationen.

organisiert zusammenarbeiten.[52] Aber diese Lizenzen behindern bzw. beschränken zugleich eine effiziente Kooperation durch ihre Privatisierung und damit einhergehende Eingrenzung, sodass die Transformation des Kapitals krisenbehaftet und umkämpft bleibt.

Drittens ist Crowdwork eine weitere Strategie der Unternehmen, möglichst die Vorteile der Kooperation im Internet zu nutzen: Arbeit wird (meist) punktuell bei Soloselbstständigen zugekauft. Die »Vermittlung« übernehmen Onlineplattformen.[53] Hier wird ebenfalls versucht, die Kooperation über das eigene Unternehmen hinaus auszuweiten, sodass möglichst schnell auf ein weltweit verteiltes Wissen zurückgegriffen werden kann. Dabei geht es jedoch nicht mehr um eine Eigeninitiative von Entwicklern und anderen Beschäftigten, sondern um ein Geschäftsmodell. »Arbeitskosten« spielen eine große Rolle, die (zunächst) reduziert werden, unter anderem durch die hiermit hergestellte globale Konkurrenz. Gespart wird gerade in Deutschland an Sozialbeiträgen und sonstigen betrieblichen oder tariflichen Kosten. Denn Soloselbstständige erhalten in der Regel kein Urlaubsgeld, keine Lohnfortzahlung im Krankheitsfall und keine Weiterbildung. Sie sind für den Arbeits- und Gesundheitsschutz am Arbeitsplatz selbst verantwortlich. Das Arbeitsschutzgesetz oder die Arbeitsstättenverordnung – Normadressat ist der Arbeitgeber – greifen nicht. Die schlechte Absicherung ist nicht nur ein persönliches Risiko für die betroffenen Erwerbstätigen, sondern stellt – bei zunehmender Verbreitung – die Finanzierung des Sozialversicherungssystems in Frage. Aber es entstehen auch Risiken für die Unternehmen, zum Beispiel durch die geringere Loyalität der Auftragnehmer oder den Abfluss von Know-how.[54]

52 Sabine Nuss: Copyright & Copyriot. Aneignungskonflikte um geistiges Eigentum im informationellen Kapitalismus, Münster 2006, S. 77.

53 Nadine Müller: Crowdwork und Mitbestimmung, in: Zeitschrift Gute Arbeit, 2017, H. 12, S. 17–20, hier S. 17.

54 Ebd.

Ausweg Demokratisierung: Arbeitspolitik von unten

Der Prozess der Computerisierung erfasst alle ökonomischen Bereiche und Branchen, wenn auch in unterschiedlicher Intensität. Die Computerisierung befindet sich an einem Punkt, an dem die Potenziale – auch für eine größere gesellschaftliche Produktivität – deutlich werden, aber sich nicht entfalten. Es haben sich bisher eher Kompromisse und Notlösungen auf arbeitsorganisatorischer Ebene durchgesetzt, die teils auf Modelle aus der Industrie, Ergebnissteuerung und damit auf Personalabbau, Arbeitszeitverlängerung sowie Arbeitsintensivierung setzen. Die Arbeitsbedingungen haben sich entsprechend für einen großen Teil der Beschäftigten eher verschlechtert.

Um die Arbeitsqualität zu verbessern, aber auch eine kooperative Individualität und gesamtgesellschaftliche Produktivkräfte zu entfalten, ist an den widersprüchlichen Entwicklungen im Prozess der Computerisierung anzusetzen. Ein zentraler Widerspruch des neoliberalen Managements der Computerisierung, der Konflikte provoziert, besteht zwischen fortwährender Hierarchie einerseits und Selbstorganisation der Arbeitenden innerhalb und außerhalb des Betriebs andererseits. Durch diese Selbstorganisation werden die sozialen Bindungen im computerisierten Arbeitsprozess aufgrund der Notwendigkeit der aktiven Integration spezialisierter Kompetenzen versachlicht. Damit bilden die Arbeitenden das *Potenzial* für eine kooperative Individualität aus.

Eine zentrale Aufgabe von Interessenvertretungen der Arbeitenden bestünde demnach in der Förderung praktizierter Selbstorganisation der Erwerbstätigen und ihrem Wunsch, direkter mitzubestimmen. Nach Trautwein-Kalms steigen die Chancen auf Mitgliedergewinnung, wenn die »Entfaltung von Individualität durch gewerkschaftliche Arbeit unterstützt wird«,[55] wenn die Gewerkschaften mehr Beteiligungsmög-

55 Gudrun Trautwein-Kalms: Ein Kollektiv von Individualisten? Interessenvertretung neuer Beschäftigtengruppen, Berlin 1995, S. 221.

lichkeiten und *Demokratie* bieten.[56] Hierfür bietet die gewerkschaftliche Initiative der Guten Arbeit als »Arbeitspolitik von unten«[57] einen Ansatz. Sie konnte bisher nicht nur erste Erfolge mit Blick auf die mit der neoliberalen Privatisierungspolitik einhergehende *Prekarisierung* von Arbeitsverhältnissen vorweisen,[58] sondern hat auch das Problem der *Überlastung* der Arbeitenden identifiziert und zu ersten Lösungen beigetragen wie Tarifverträge zum Belastungsschutz, zur mobilen Arbeit, zum Gesundheitsmanagement sowie zur Digitalisierung. Diesbezüglich – vor allem mit Blick auf Entwicklungen aus dem Bereich der Künstlichen Intelligenz – drängen die Gewerkschaften auf eine Ausweitung der Mitbestimmung.[59]

56 Ebd., S. 223–224.

57 ver.di (Hrsg.): Arbeitspolitik von unten. 10 Jahre ver.di-Initiative Gute Arbeit, Berlin 2018.

58 Frank Bsirkse: Transformation der Dienstleistungsarbeit. Leitbild Gute Dienstleistungen und Gute Arbeit, in: Lothar Schröder/Hans-Jürgen Urban (Hrsg.): Jahrbuch Gute Arbeit 2019. Transformation der Arbeit – Ein Blick zurück nach vorn, Frankfurt a. M. 2019, S. 36–50, hier S. 40.

59 ver.di: Arbeiten 4.0 braucht gleichberechtigte Teilhabe! Mehr Mitbestimmung und Demokratie in der digitalen Arbeitswelt, Berlin 2016, unter: verdi.de/themen/digitalisierungskongresse/kongress-2016; ver.di: WOZU, WAS und WIE sollen Algorithmen lernen? Gute Arbeit und Künstliche Intelligenz sowie Beiblatt KI, Berlin 2018, unter: innovation-gute-arbeit.verdi.de/themen/digitale-arbeit/beschluesse-und-positionen.

Phoebe Moore

Agiles Arbeiten und Messung des Affektiven[1]

Heutzutage werden am Arbeitsplatz Sensorik und Trackingtechnologien in einem Maße eingesetzt, wie es sich Fredick W. Taylor nicht hätte träumen lassen. Mit ihnen sollen sowohl die Produktivität der Beschäftigten wie ihre Eigenverantwortung für ihre Gesundheit und ihr Wohlbefinden gemessen und optimiert werden. Durch diese Verbindung von Wohlergehen und Produktivität sollen die affektiven Momente der Arbeit erfasst und beeinflusst werden, die für die Bewältigung der Turbulenzen erforderlich sind, die mit der zunehmenden Anwendung des Modells des »agilen Arbeitens« verbunden sind; einem Modell, in dem von den Arbeiterinnen erwartet wird, symbolische Anweisungen von Maschinen zu befolgen.

Diese Arbeitsgestaltung der Agilität werde ich aus feministisch-marxistischer Perspektive einer kritischen Analyse unterziehen, wobei ich mich auf Theorien des Arbeitsprozesses stütze, die sich mit der Kontrolle am Arbeitsplatz durch neue Technologien beschäftigen. Im Mittelpunkt stehen hier allerdings nicht die traditionellen Methoden zur Steigerung der Produktivität von Arbeit, sondern Formen, in denen affektive Arbeit[2] gemessen und eingesetzt wird. Während es der kapitalistische Arbeitsprozess normalerweise erzwingt, erweiterte Momente der gesellschaftlich notwendigen Arbeit

1 Originalbeitrag. Aus dem Englischen übersetzt von Britta Grell.

2 Affektive und emotionale Arbeit sind nicht identisch, worauf ich hier aus Platzgründen nicht näher eingehen werde. Nähere Erläuterungen finden sich unter anderem bei Phoebe Moore: Tracking Affective Labour for Agility in the Quantified Workplace, in: Body & Society, Vol. 24 (2018), Nr. 3, S. 39–67; Arlie Russell Hochschild: The Managed Heart. Commercialisation of Human Feeling, Oakland 2012 [1983]; Paul Brook: Emotional Labour and the Living Personality at Work: Labour Power, Materialist Subjectivity and the Dialogical Self, in: Culture and Organization, Vol. 19 (2013), Nr. 4, S. 332–352; Antonio Negri: Value and Affect, in: boundary, Vol. 26 (1999), Nr. 2, S. 77–88; Patricia T. Clough: The Affective Turn: Political Economy, Biomedia and Bodies, in: Theory, Culture & Society, Vol. 25 (2008), Nr. 1, S. 1–22.

auszublenden, zielen die Strategien der Profitsteigerung von agilen Methoden ausdrücklich darauf, bisher unsichtbar gebliebene Arbeitszeit anzuerkennen und für die Extraktion von Mehrwert nutzbar zu machen. Dafür kommen Wearables und andere Trackinggeräte zum Einsatz, die zunehmend in die Privatsphäre eingreifen.

Einleitend werde ich den Ursprung und die Entwicklung des Konzepts der Agilität skizzieren. Auch bei dieser Managementtheorie geht es darum, dass Arbeit effektiv und den unternehmerischen Erwartungen entsprechend ausgeführt wird; aber agile Methoden beinhalten eine Reihe neuer Funktionen. Sie reagieren damit auf sich beschleunigende Marktschwankungen, das unvermeidliche Vordringen neuer Technologien und den zunehmenden Einsatz von Technologien, die sowohl dem industriellen Fortschritt wie der Überwachung der Arbeitsleistung dienen. Anschließend befasse ich mich mit den Auswirkungen des Konzepts auf die Subjektivität der Arbeiterinnen und den Anforderungen, die agiles Arbeiten an die Beschäftigten stellt. Zum Schluss werde ich das »Quantified Workplace«-Projekt vorstellen, das wir an einem konkreten Fall empirisch untersuchen konnten.

Agilität

Im produzierenden Gewerbe sind agile Methoden bereits seit Beginn der 1990er-Jahre bekannt. 1991 verkündete in den USA ein Zusammenschluss von über 150 Führungskräften aus der Industrie die »21st Century Manufacturing Enterprise Strategy«, mit der die Zukunft US-amerikanischer Hersteller gesichert werden sollte. Zugleich kam es zur Gründung des Agile Manufacturing Enterprise Forum. Konzepte agilen Arbeitens sind eine Reaktion auf die »durch ständigen Wandel hervorgerufene Komplexität« und eine »Strategie, wie man in einem schwer zu antizipierenden Umfeld erfolgreich sein kann«.[3] Agil bedeutet eine proaktive Herangehensweise an die Kunden-Produzenten-Beziehung anstelle einer hierarchischen Struk-

3 Luis M. Sanchez/Rakesh Nagi: A Review of Agile Manufacturing Systems, in: International Journal of Production Research, Vol. 39 (2010), Nr. 16, S. 3561–3600.

tur, wie sie für die fordistische Fließbandherstellung typisch war. Dieses aus der Industrie stammende Konzept erlebte 2001 eine Renaissance, als 17 Software-Entwickler, die alle genug hatten von der Bürokratie und den vielen Hindernissen, die ihrer Meinung nach den technischen Fortschritt behinderten, ihre Vorstellungen vom idealen Produktions- und Entwicklungsteam als »Agility Manifesto« veröffentlichten.[4]

Dieses Manifest gab der Unzufriedenheit vieler IT-Fachkräfte Ausdruck, die beklagten, dass das in Fabriken angewandte Wasserfallmodell für die Software-Entwicklung untauglich sei. Die Wasserfallmethode basiert auf der traditionellen sequentiellen Entwicklung von Produktionsprozessen. Im Gegensatz dazu soll Agilität »Teams dabei helfen, auf Unvorhersehbares mit inkrementellen, iterativen Arbeitskadenzen und empirischem Feedback zu reagieren«.[5] Agiles Arbeiten und Produzieren erfordern ein vereinfachtes und leicht nachzuahmendes Modell der selbstorganisierten und teambasierten Software-Entwicklung und -bereitstellung. Es erfordert die »Fähigkeit, sowohl *Wandel* herbeizuführen, als auch auf ihn zu reagieren, um in einem *turbulenten* Geschäftsumfeld bestehen zu können«.[6] Sowohl bei der industriellen Produktion als auch bei der Software-Entwicklung gehen Verfechter von agilen Methoden davon aus, dass Disruptionen und Unsicherheiten normal sind, dass sie mit dem Einsatz von Technologien überwunden werden können und dass den Beschäftigten nichts anderes übrig bleibt, als mit einer Reihe von Techniken der Selbstzurichtung und Selbstoptimierung dieser ständigen Unsicherheit zu begegnen. Dazu gehören auch Maßnahmen der Selbstkontrolle und Selbstbeobachtung, die gleichermaßen der Produktivität wie der eigenen Gesundheit dienen sollen. Verfahren der agilen Arbeitsorganisation erzeugen neuen Druck auf die Arbeiter, weil sich mit ihnen a) das Verhältnis zwischen Mensch und Maschinen ändert und

4 Unter: https://agilemanifesto.org/iso/de/manifesto.html.

5 The Agile Movement, 2008, unter: agilemethodology.org/agile-methodology-what-is-it.

6 James A. Highsmith: Agile Software Development Ecosystems, Boston 2002.

von uns erwartet wird, »mit ihnen Schritt zu halten«; b) weil von den Beschäftigten erwartet wird, selbstständig mit den Turbulenzen fertig zu werden; und c) weil damit neue Anforderungen an Teamfähigkeit und den Umgang mit angeblich horizontalen Strukturen gestellt werden, die eine spezifische Subjektivität voraussetzen.

Agilität ist auf Gruppenarbeitsprozesse angewiesen, weil »die individuellen Rollen voneinander abhängig sind und kollektives Arbeiten erfordern« und weil »soziotechnische Systemprinzipien schon frühzeitig Einfluss auf die Gestaltung von Gruppenarbeit genommen haben«.[7] Parker zufolge, die sehr viel zu Arbeitsgestaltung geschrieben hat, liegt ein Schwerpunkt in der jüngsten Forschung zur Steuerung von Arbeitsprozessen auf der Autonomie von einzelnen Gruppen und Arbeitsteams. Wie organisationspsychologische Studien zeigen, führt mehr Autonomie zu mehr Zufriedenheit im Job und einer engeren Bindung an die Firma. In einem »Input-Prozess-Output«-Modell sind »Inputs« eine gruppenorientierte Arbeitsgestaltung, die Gruppenzusammensetzung und Umgebungseinflüsse; »Prozesse« beinhalten intermediäre Gruppenzustände und Gruppennormen, die zu Attributen werden; und »Outputs« sind das, was Parker »*affektive* Reaktionen auf Team-Angehörige« nennt. Affektiv bezieht sich in der Organisationspsychologie auf geteilte positive Emotionen; dies ist eine völlig andere Bedeutung als bei Spinoza oder marxistisch-feministischen und postautonomistischen Autorinnen.

Oft wird Gruppenarbeit eine psychologische Stärkung der Einzelnen zugeschrieben, aber sie führt nicht immer zu positiven Ergebnissen. Gerade in Teams scheinen sich Arbeiter sehr rigide an Vorgaben und Werte zu halten, was dazu führen kann, dass sich zunächst hoch motivierte Team-Mitglieder mit der Zeit überlastet fühlen. Manchmal haben Menschen den Eindruck, dass sich zu viel Gruppenarbeit in eine »heimtücki-

7 Sharon K. Parker: Beyond Motivation: Job and Work Design for Development, Health, Ambidexterity, and More, in: Annual Review of Psychology, Vol. 65 (2014), S. 661–691, hier S. 666.

sche Form der Kontrolle«[8] verwandeln kann, die an ein Panoptikum erinnert.

Nach der Veröffentlichung des »Agile Manifesto« im Jahr 2001 begannen viele Unternehmen in verschiedenen Sektoren, den Wert von mehr betrieblicher Agilität und Flexibilität anzuerkennen. Sie schätzen besonders die »Möglichkeit, im Laufe der Zeit schneller und wirksamer auf rapiden Wandel und hohe Unsicherheit reagieren zu können«.[9] Agilität sei eine »Ko-Evolution von Arbeitsplätzen und Arbeit«, eine Art Kaizen im Sinne »ständiger Verbesserungen«.[10] Agilität funktioniere weder »von oben nach unten, noch von unten nach oben, sondern von außen nach innen«.[11] Agile Arbeitsorganisation wird als eine Form des umfassenden Qualitätsmanagements verstanden und zugleich als ein leistungsstarkes Arbeitssystem. Das Ganze folgt der Logik, dass Unternehmen stärker in die Qualität des Personals investieren müssen, weil dies der entscheidende Ansatzpunkt sei, um wettbewerbsfähig zu werden oder zu bleiben.[12]

Wenn man seinen Beschäftigten dauerhaft Hochleistungen abverlangen will, dann muss man Programme und Maßnahmen einführen, um deren Beteiligung an Entscheidungen zu erhöhen. Das Unternehmen, auf dessen spezielle Arbeitsorganisation weiter unten noch genauer eingegangen wird, versprach, ideale agile Arbeitsplätze zu schaffen. Zu diesem Zweck band es seine Mitarbeiterinnen umfassend in den Aufbau neuer Systeme ein, unter anderem machte es sie zu Subjekten

8 Ebd.

9 Michael L. Joroff u. a.: The Agile Workplace, in: Journal of Corporate Real Estate, Vol. 5 (2003), Nr. 4, S. 293–311, hier S. 294.

10 Andy Danford u. a.: Partnership High Performance Work Systems and Quality of Working Life, in: New Technology, Work and Employment, Vol. 23 (2008), Nr. 3, S. 151–166.

11 Steve Denning: How to Make the Whole Organisation Agile, in: Forbes, 22.7.2015, unter: www.forbes.com/sites/stevedenning/2015/07/22/how-to-make-the-whole-organization-agile.

12 Jasmine Tata/Sameer Prasad: Cultural and Structural Constraints on Total Quality Management Implementation, in: Total Quality Management, Vol. 9 (1998), Nr. 8, S. 703–710; Harvie Ramsay/Dora Scholarios/Bill Harley: Employees and High-Performance Work Systems: Testing inside the Black Box, in: British Journal of Industrial Relations, Vol. 38 (2000), Nr. 4, S. 501–531.

eines Büroverwaltungsexperiments, in dem sich der Anspruch auf optimale Qualität und Höchstleistungen widerspiegelt.

Während die »wissenschaftliche Betriebsführung« des Taylorismus einer Neugestaltung der Arbeitsprozesse diente, die einseitig vom Management bestimmt wurde, erwartet das agile Arbeitskonzept von den Beschäftigten, dass sie ihre Arbeitsplätze aktiv mitgestalten und sich an Entscheidungen beteiligen. Lazzarato sieht allerdings in den Techniken partizipativen Managements »Herrschaftstechnologien, mit denen ›subjektive Prozesse‹ in Gang gesetzt und kontrolliert werden sollen«.[13]

Die quantifizierbare, agile Arbeiterin

Betrachten wir nun, wie es den Beschäftigten gelingt, spezifische Subjektivitäten und Fähigkeiten als Momente der affektiven Arbeit herauszubilden, die für die eigenständige Steuerung des agilen Arbeitsprozesses und seinen Erfolg unerlässlich sind. Agile Arbeitsplätze erfordern agile Mitarbeiter.

Agile Konzepte betrachten Änderungen am Arbeitsplatz als unweigerliche Folge eines nicht aufhaltbaren technologischen Wandels. Da dieses Modell der Arbeitsorganisation auf die Initiative von Software-Entwicklern und Programmierern zurückgeht, steht bei ihm das Ziel im Mittelpunkt, Technologien »freizusetzen«, zu lancieren oder zu erfinden. Agile Konzepte sind daher auch von einem bestimmten Verständnis des Mensch-Maschine-Verhältnisses geprägt. Die technologische Entwicklung wird als ein vom Menschen unabhängiger »Fortschritt« begriffen, dem wir uns anpassen müssen.

Schon Marx schrieb in dem viel zitierten Maschinenfragment, dass die Arbeiter den Maschinen unterworfen werden. Agile Arbeitskonzepte gehen hier noch einen Schritt weiter: Der Alltag der Beschäftigten ist inzwischen derart vom Eindruck der Überlegenheit der Maschinen geprägt, dass die Menschen kaum noch erkennen können, ob sie zu diesen in

13 Maurizio Lazzarato: Immaterial Labor, in: Michael Hardt/Paolo Virno (Hrsg.): Radical Thought in Italy: A Potential Politics, Minneapolis/London 1996, S. 133–147.

einem Konkurrenz- oder Kooperationsverhältnis stehen. Von den Arbeiterinnen wird erwartet, dass sie selbst die Auswirkungen des ständigen technologischen Wandels bewältigen – sei es durch emotionales Management, affektive Kontrolle oder die Kultivierung neuer Subjektivitäten, die für Gruppenarbeit und ständige persönliche Veränderungen erforderlich sind. Der Umgang mit Veränderungen wird zu einer lebenslangen Aufgabe, die auch die Sorge um das eigene Wohlbefinden einschließt. Unternehmen bieten ihren Beschäftigten immer öfter Wellnessprogramme an, um ihre »Resilienz«, ihre psychische und physische Widerstandsfähigkeit zu stärken, statt den Veränderungen und der Unsicherheit entgegenzuwirken. Letzteres wird anscheinend nicht einmal in Erwägung gezogen.

Im Prinzip machen agile Arbeitsmethoden den traditionellen Manager überflüssig. Die Beschäftigten sollen stärker als zuvor auf Kundenwünsche eingehen und sicherstellen, dass die richtigen Technologien, Produkte und Dienstleistungen hergestellt und angeboten werden. Agile Arbeiter müssen daher daran gewöhnt werden, ständig mit Änderungen umzugehen und diese auch auf der persönlichen und subjektiven Ebene nachzuvollziehen. Wir sollen immer auf dem Sprung sein und mobil bleiben. Dies passt gut zu dem Trend, Arbeit immer mehr zu quantifizieren,[14] was von den Beschäftigten verlangt, ständig verfügbar und kontrollierbar zu sein. Dadurch verschwimmen die klaren Grenzen zwischen Management und Arbeiterinnen und es kommt zu einer immer stärkeren Verschränkung von Arbeit, Identität und Leben. Es wird immer schwieriger, sich auszuloggen, aus- oder abzuschalten.[15] Agile Arbeiter »kämpfen darum, in Ruhe gelassen zu werden, und wollen nicht einbezogen werden; eine Form der Verweigerung, die ihre fordistischen Vorgänger merkwürdig gefunden hätten«.[16] Da der Bedarf an affektiver

14 Phoebe Moore: The Quantified Self in Precarity? Work, Technology and What Counts, London 2018.

15 Melissa Gregg: Work's Intimacy, Cambridge/Malden 2011.

16 Peter Fleming: Resisting Work. The Corporatisation of Life and its Discontents, Philadelphia 2015, S. 83.

Arbeit in agilen Arbeitskontexten zunimmt, erwarten sich die Unternehmen von deren Erfassung genauere Kenntnisse darüber, inwieweit ihre Beschäftigten kurz vor einem Kollaps stehen oder dabei sind, sich anderweitig auszuklinken – eine Form von *People Analytics.*

Die Erfassung affektiver Arbeit

Affektive Arbeit ist gesellschaftlich notwendige reproduktive Arbeit. Diese in der Regel unsichtbare und kaum beachtete Arbeit ist die Grundlage für die Aufrechterhaltung der kapitalistischen Arbeitsbeziehungen und für die Reproduktion von Subjektivitäten, die mit den Anforderungen des Kapitalismus kompatibel sind. Die Beschäftigten müssen widerstandsfähig sein und mit den Bedingungen unablässigen Wandels zurechtkommen. Affektive Arbeit bezieht sich auf »Arbeitsformen, die Seinszustände, Wohlbefinden, Begehren, Gelassenheit und Leidenschaft erzeugen und stärken«.[17] Es geht also um das, was häufig als »Bauchgefühle« bezeichnet wird. Obwohl gewöhnlicher Weise von Frauen die Übernahme affektiver Arbeit erwartet wird,

> »handelt es sich hierbei nicht um genderspezifische Formen der Arbeit, die zuweilen als ›Frauenarbeit‹ definiert werden. Affektive Arbeit bezieht sich auf den interaktiven Charakter von Arbeit, auf ihre Fähigkeit, Kommunikationsflüsse zu fördern. Von daher ist sie vielseitig einsetzbar und berührt eine Reihe von verschiedenen Aktivitäten.«[18]

Affektive Arbeit reicht über das Körperliche hinaus, sie berührt Dimensionen, die darunter oder dahinter liegen. Sie zu messen und zu erfassen, erfordert eine spezifische Form der Kontrolle durch das Management mittels der »Modulation von Affekten«.[19] Mit Trackinginstrumenten werden

17 Jason Read: The Micro-Politics of Capital. Marx and the Prehistory of the Present, Albany/New York 2003, S. 128.

18 Silvia Federici: On Affective Labour, in: Michael A. Peters/Ergin Bulut (Hrsg.): Cognitive Capitalism, Education and Digital Labour, New York 2011, S. 57–74, hier S. 63.

19 William Bogard: Digital Resisto(e)rs, in: CTheory, 2010, S. 4–21.

körperliche und affektive Fähigkeiten erfasst und überwacht, um drohende körperliche und psychische Zusammenbrüche von Beschäftigten vorherzusehen und abzuwenden. Formen affektiver Arbeit werden zu einer von den Unternehmen auferlegten »moralischen Verpflichtung«. Die Subjekte müssen sich nachweislich darum bemühen, ihre Widerstandskraft zu stärken; sie müssen sich gegen Unsicherheit wappnen, noch mehr Eigenverantwortung für persönliches Wohlbefinden und Gesundheit übernehmen und davon abkommen, Stress und Krankheiten mit schlechten Arbeitsbedingungen in Verbindung zu bringen.

Der Prozess der Messung und Quantifizierung affektiver Arbeit – der meiner These nach beim »Quantified Workplace«-Experiment im Vordergrund stand – beinhaltet Bemühungen, eben jene »unsichtbare Arbeit« zu erfassen, deren gesellschaftliche Ausblendung von feministischer Seite immer kritisiert wurde.[20] Die Einführung agiler Arbeitsmethoden ist also der Versuch des Kapitals, den Gebrauchswert affektiver Arbeit in einen Tauschwert zu verwandeln. Das Konkrete soll zerlegt und in Abstraktionen aufgelöst werden, um Affekte kommodifizieren und potenziellen Widerstand umgehen zu können. Nicht ohne Grund wird affektive Arbeit unsichtbar gemacht. Wenn sie jetzt enthüllt wird, dann geschieht dies nach bereits festgelegten Vorgaben, was »gesehen« und gemessen werden soll, worauf jede Theorie der Arbeitszeit beruht.[21]

Im Folgenden werden Ergebnisse einer empirischen Feldforschung der Autorin dargestellt, die sich auf die Wellnessinitiative eines Unternehmens bezog, die von ihm als »Quantified Workplace« bezeichnet wurde. Natürlich wurden die beteiligten Beschäftigten von der Geschäftsleitung nicht *explizit* darum gebeten, ihre »affektive Arbeit« zu erfassen. Unsere Untersuchungsergebnisse zeigen jedoch, dass über das Tracking und Messen von »Stress«, »subjektiver Produktivität«

20 Marion Crain/Winifred R. Poster/Miriam A. Cherry (Hrsg.): Invisible Labour. Hidden Work in the Contemporary World, Oakland 2016.

21 L. J. B. Hayes/Sian Moore: Care in a Time of Austerity: the Electronic Monitoring of Homecare Workers' Time, in: Gender, Work and Organisation, Vol. 24 (2017), Nr. 4, S. 329–344.

und »persönlichem Wohlbefinden« in Kombination mit der Erfassung von Körperdaten wie Herzfrequenz und Schlafverlauf genau das passiert ist. Wenn wir davon ausgehen, dass affektive Arbeit eine wichtige Voraussetzung für ein erfolgreiches *change management* auf der persönlichen Ebene ist, und angesichts der Tatsache, dass das Projekt während einer größeren Restrukturierung im Zuge einer Fusion und der Einführung agiler Methoden stattfand, zeigt sich an diesem Projekt, dass neue Formen der Erfassung von affektiver Arbeit eine neue Dimension der unternehmerischen Kontrolle eröffnen.

Das »Quantified Workplace«-Projekt

Das Projekt fand in den Jahren 2015 bis 2016 über einen Zeitraum von zwölf Monaten in einem Unternehmen in den Niederlanden statt. Die Geschäftsleitung gab an 30 ihrer Mitarbeiter Fitbit-Aktivitätstracker aus und installierte auf ihren Arbeitscomputern entsprechende Trackingsoftware.[22] Die Firma stellte zudem individualisierte Dashboards sowie ein gemeinsames Dashboard zur Verfügung, auf dem alle Trackingdaten gespeichert und für alle anderen Teilnehmer sichtbar gemacht wurden. Die teilnehmenden Beschäftigten erhielten des Weiteren an jedem Arbeitstag Lifelog-E-Mails, in denen sie gebeten wurden, ihren *Stress*, ihre eigene *Produktivitä*t und ihr *Wohlbefinde*n auf einer Likert-Skala von 1 bis 5 zu bewerten.

Das Projekt fand während einer Phase des *change managements* statt, das sowohl die Übernahme der wesentlich kleineren Firma, die im Bereich der Arbeitsgestaltung tätig war, durch einen multinationalen Immobilienkonzern betraf, wie die Einführung einer agilen Arbeitsorganisation. Die kleinere Firma hatte das »Quantified Workplace«-Projekt vorgeschlagen und leitete seine Umsetzung. Der zuständige Projektmanager erklärte, er wolle die Beschäftigten bei der Anpassung an das neue agile und mobile Arbeitsumfeld unterstützen. Sein

22 Das Projekt wurde von der British Academy in Leverhulme mit einer geringen Summe finanziell gefördert. Die Aufgabe der Autorin bestand in der unabhängigen wissenschaftlichen Begleitforschung in Form von Interviews und eigenen Erhebungen. Soweit die Beteiligten zustimmten, erhielt das Forscherteam einen beschränkten Zugang zu den persönlichen Daten.

Ziel sei es herauszufinden, wie stark sich diese Transformationsphase auf das Selbstbewusstsein, das Stressempfinden, das Wohlbefinden *(wellbeing)* sowie das *wellbilling* der Mitarbeiter auswirken würde (mit *wellbilling* bezeichnete er die Höhe des Umsatzes, den ein Mitarbeiter für die Firma generiert). Die Unternehmensleitung sei dagegen vor allem an einem Vergleich von subjektiv und objektiv erfasster Produktivität interessiert gewesen, auf der Grundlage von Daten zum gesundheitlichen Zustand und den mit den Trackinggeräten gemessenen Aktivitäten, sowie an den Möglichkeiten, diese »in Rechnung zu stellen«.

Unsere Untersuchung ergab, dass von den Beschäftigten erwartet wurde, alle emotionalen oder physischen Belastungen, die Folgen des betrieblichen Wandels und veränderter Anforderungen waren, mehr oder minder eigenständig zu bewältigen. Die Selbsteinschätzungen der Mitarbeiterinnen über tägliche Lifelog-E-Mails dokumentieren diesen einjährigen Prozess mit einer Fülle von Daten. Sie berichteten von einer erhöhten Arbeitsbelastung und erhöhten Erwartungen an ihre Reisebereitschaft infolge der Unternehmensfusion. Obwohl unsere Studie darauf verzichtete, spezifische Veränderungserwartungen mit Formen affektiver Arbeit direkt in Verbindung zu bringen, war unter den Beschäftigten eine deutlich gesteigerte Selbstwahrnehmung und Selbststeuerung zu erkennen. Sie investierten viel mehr in die Pflege ihrer Gesundheit und in ihr eigenes Wohlbefinden, und sie bereiteten sich körperlich und emotional intensiver auf ihre Arbeit vor. Das ergab eine Auswertung der Daten vonseiten der Unternehmensleitung und auch die unserer eigenen Erhebungen und Interviews. Das Management hatte mit seiner täglichen Befragung zum subjektiv wahrgenommenen Stress, zur subjektiv wahrgenommenen Produktivität und zum subjektiv wahrgenommenen seelischen und physischen Zustand genau diesen Zusammenhang im Blick. Die auf Selbsteinschätzungen beruhenden Daten ermöglichten es der Unternehmensleitung, die Produktivitätswerte mit den individuellen Wahrnehmungen der Beschäftigten abzugleichen und mit dem, was wir als den Anteil von affektiver Arbeit betrachten. Zugleich nutzte sie dieses Wissen, um die Arbeitslast sowie die agile Verantwortlichkeit für Mobilität und Teamwork zu erhöhen.

Die in das Experiment einbezogenen Beschäftigten gaben freimütig Auskunft über ihre persönlichen Erfahrungen mit dem veränderten Arbeitsumfeld. Sie betonten, dass sich im Zuge der eingeführten Trackingsysteme und Datenauswertungen Bedenken in Bezug auf Eingriffe in ihre Privatsphäre ergeben hätten. Sie berichteten von mehr Stress als Ergebnis der erhöhten Arbeitsbelastung und der gestiegenen Erwartungen der Geschäftsführung an ihre Mobilität und Reisebereitschaft, von ihren ambivalenten Gefühlen in Bezug auf die erweiterte Autonomie und von ihrer Sensibilisierung hinsichtlich des eigenen körperlichen und psychologischen Wohlbefindens. Am ausführlichsten äußerten sich die Beschäftigten zu den höheren Belastungen in Bezug auf die affektive Arbeit. Sie machten sich am meisten Gedanken über die Auswirkungen der größeren Eigenverantwortung, über den vertraulichen Umgang mit ihren Daten und äußerten den Wunsch nach mehr Unterstützung, zum Beispiel durch Coaching, vonseiten des Unternehmens.[23]

Was uns die Befragten zum Schutz ihrer Privatsphäre sagten, hat durchaus mit affektiver Arbeit zu tun, weil das Bedürfnis nach Vertraulichkeit, das zunächst vielleicht nur einem instinktiven Unbehagen entspringt, schnell in Arbeit ausarten kann. Es kann zu einem Verteidigungsmechanismus gegenüber veränderten Managementmethoden im Zuge der Unternehmensfusion oder der Einführung einer agilen Arbeitsorganisation werden. Die Antworten der Beschäftigten in den Interviews verweisen auf eine gesteigerte individuelle Wahrnehmung von solchen Aktivitäten, die von den traditionellen Parametern zur Messung von Arbeit nicht erfasst werden und die wir der Kategorie der affektiven Arbeit zuordnen würden:

23 In den ersten Interviews äußerten drei der Befragten Bedenken in Bezug auf den Umgang der Unternehmensleitung mit ihren persönlichen Daten, in den zuletzt durchgeführten Interviews waren es 21 Personen.

> »Ich beobachte, dass sich meine Herzfrequenz erhöht, wenn ich frustriert bin.«
>
> »[Meine Beteiligung am ›Quantified Workplace‹-Projekt] erhöhte meine Wahrnehmung in Bezug auf die eigene körperliche Betätigung, meine Herzfrequenz und meinen allgemeinen Gesundheitszustand.«
>
> »Ich habe viel über meine Vorstellung von Produktivität hinzugelernt. Produktivität hat nichts mit Rechnungen zu tun, die wir unseren Kunden zuschicken können. Zuvor war ich der Ansicht: Okay, meine Produktivität lässt sich an der Anzahl der Stunden ablesen, die ich für unsere Kunden gearbeitet habe. Aber manchmal fühle ich mich sehr produktiv, da geht es aber mehr um interne Dinge. Mir hilft es, anders über Produktivität nachzudenken.«
>
> »Ich bin überzeugt, ich mache mir heute mehr Gedanken über das, was Produktivität bedeutet. Ich denke, das trifft es. Nicht, dass ich meine eigene Produktivität direkt erhöht hätte, aber ich kann nun besser nachvollziehen, in welchen Momenten ich besonders produktiv bin. Genau das ist vielleicht der nächste Schritt, auf der Grundlage dieses Wissens in Zukunft zu handeln.«
>
> »Ich bin fest davon überzeugt, dass es dein Bewusstsein schärft hinsichtlich dessen, was du tust.«

Ein Beschäftigter gab in einem der Interviews an, dass er über die Beteiligung an dem Projekt zu einem besseren Körperbewusstsein gelangt sei.

> »Ich denke, ein gesteigertes Bewusstsein ist der Schlüssel zu vielem. Es kommt gar nicht darauf an, sofort dein ganzes Verhalten zu ändern, sondern dass du deinen Körper anders wahrnimmst und auch die Probleme, mit denen er zu tun hat. Es ist wichtig, dass man sich damit befasst und beginnt, das eigene Handeln daran auszurichten.«

Am Ende des Projekts hatten es 75 Prozent der Beteiligten verlassen. Außerdem sagten immer mehr (am Schluss 73 Prozent), dass sie die Trackingtechnologien nicht mehr regelmäßig nutzen würden. Während sich in den Interviews ein hoher Grad von passivem Widerstand zeigte, weist der Rückzug aus dem Projekt auf aktiven Widerstand hin. Leider konnten wir nicht mit denjenigen sprechen, die zum Zeitpunkt der Durchführung der zweiten Interviewreihe bereits aus dem Projekt ausgeschieden waren. Aber schriftliche Befragungen und einige der Interviews verweisen auf Schwierigkeiten im Umgang mit den technischen Geräten und starke Zweifel am Sinn des Projekts:

> »Für mich und einige andere stellt sich die nicht ganz unwichtige Frage, wie verlässlich dieses FitBit ist.«
>
> »Dieses Ding [FitBit] ist vielleicht viel intelligenter und zeichnet nicht nur meine Daten auf.«

Ein Teilnehmer an der zweiten Interviewreihe zeigte sich frustriert:

> »Ich bekomme keinerlei Antworten; ich fülle nur all diese Formulare aus, aber niemand gibt mir ein Feedback, ob meine Ergebnisse gut sind oder nicht. Ich will nur wissen, ob sie gut sind, und dann meine Arbeit erledigen.«

Als wir in der zweiten Interviewrunde die Verbliebenen fragten: »Wie hat sich Ihr Verhältnis zum ›Quantified Workplace‹-Projekt verändert?« stießen wir auf weitergehende Ablehnung:

> »Ich habe immer noch Zweifel bezüglich des Projekts. Und ich trage das FitBit auch nicht mehr so häufig. Und wenn ich es trage, dann ist das eher für mich selbst, um zu sehen, wie aktiv ich bin und wie viel ich mich bewege.«
>
> »Bei mir haben sich die Überlegungen, die ich bereits ganz am Anfang hatte, bestätigt. Es ist besser, sein Verhalten ausgehend von seinen Gefühlen zu verändern, statt wegen eines Geräts.«
>
> »Nachdem ich über mehrere Monate mein Verhalten am Arbeitsplatz verfolgt hatte, konnte ich eigentlich nur feststellen, dass sich wenig verändert hatte.«
>
> »Ich habe nicht viel aus dem Ganzen gelernt.«

Damit stellt sich die Frage, inwieweit das Projekt gescheitert ist. Was bleibt, ist eine umfangreiche Sammlung von Daten, die während des Transformationsprozesses erhoben wurden und die sich zu einem nicht unbeträchtlichen Teil auf das beziehen, was ich und andere affektive Arbeit nennen – Aspekte von Arbeit, die in der Vergangenheit vonseiten der Unternehmensführungen in der Regel vernachlässigt worden sind. Mit datenorientierten Technologien konnten Informationen über die Erfahrungen der Beschäftigten mit Veränderungen am Arbeitsplatz zusammengetragen werden. Da Quantifizierungen eine scheinbar »objektive Vernunft und interessenlose Rationalität« zum Ausdruck bringen,[24] ist es sehr wahrscheinlich, dass mit dieser Art von Praxis die Intensivierung von Leistungskontrollen verschleiert wird. Neue Trackingtechnologien und ihre Anwendung neutralisieren Maßnahmen, die auf der Grundlage großer Datenmengen getroffen werden, und erleichtern eine neue Form des Personalmanagements, die als *People Analytics* bezeichnet wird.

Fazit

Der Einsatz neuer Technologien am quantifizierten Arbeitsplatz gehört zur Form eines erneuerten Taylorismus, einem Prozess der Beherrschung. Die Quantifizierung neuer Arbeitsbereiche mithilfe von Trackingtechnologien soll den Unternehmen dabei helfen, sich im Verdrängungswettbewerb zu behaupten. Auf lange Sicht könnte dieser Ansatz jedoch das Leben in einem nicht auf Dauer zu verkraftenden Maße dem Kapital unterwerfen und damit jede Möglichkeit qualitativer Erfahrungen außerhalb des Kapitalismus zerstören, die beide für das Funktionieren kapitalistischer Beziehungen notwendig sind (als Gebrauchswert, Arbeitskraft, Begehren). Dies würde zu anhaltendem Widerstand und neuen Arbeitskämpfen führen. Auf jeden Fall können wir davon ausgehen, dass ein immer stärkerer Druck auf den Arbeiterinnen lastet und ihnen eine Verschlechterung ihrer Lage droht, weil das mit diesen Prozessen einhergehende System der totalen Mobilisierung und Überwachung ihre Gesundheit und Sicherheit beeinträchtigt

24 David Beer: Metric Power, London 2016, S. 49.

und immer mehr Angst, Burn-outs und Überlastung verursacht. Von der neoliberalen Ideologie werden solche Probleme nach wie vor als Anpassungsschwierigkeiten der Arbeiter, als persönliche psychische Mängel oder Bildungsdefizite dargestellt. Dabei handelt es sich um die systemischen Effekte eines bestimmten Arbeitsprozesses.

Das Kapital ist versucht, in neue Selbsttrackingtechnologien zu investieren – nicht weil dies dem Allgemeinwohl dient, wie uns die weitverbreitete Rhetorik zum Thema Wellness und die immer häufiger von Unternehmen angebotenen Programme zur Steigerung des Wohlbefindens und der Gesundheit ihrer Mitarbeiter weismachen wollen. Firmen greifen zu diesen Mitteln, um ihre Gewinne zu erhöhen. Die Quantifizierung der affektiven Arbeit als Teil der agilen Arbeitsorganisation geht davon aus, dass alle Beteiligten über die gleichen Kompetenzen verfügen und auf gleicher Augenhöhe miteinander konkurrieren und sich weiterentwickeln können. Differenzen bei den Fähigkeiten, Arbeitszeitkapazitäten und der Umstand, dass nicht alle den gleichen Zugang zu Sozialkapital haben, werden einfach ignoriert. Diese falschen Grundannahmen können leicht diskriminierende Bewertungen nach sich ziehen oder zu zusätzlichem Stress und mehr Belastungen in Form von Arbeitsintensivierung und -beschleunigung führen.

Bei dem hier beschriebenen »Quantified Workplace«-Projekt hat sich die Unternehmensleitung vorbehalten, uns nur beschränkt Auskunft über die tatsächliche und geplante Nutzung der erhobenen Daten zu geben (selbst die Projektteilnehmerinnen wurden darüber im Unklaren gelassen). Aber es besteht kein Zweifel daran, dass die Möglichkeiten der Anwendung und Auswertung vielfältig und weitreichend sind. Die im Mai 2018 in Europa eingeführte Datenschutzgrundverordnung (DSGVO) geht auf einige der Risiken ein, die neue Formen der Datenerfassung am Arbeitsplatz mit sich bringen. Sie fordert von den Unternehmen mehr Transparenz und verlangt, bei Datensammlungen die Zustimmung der Betroffenen einzuholen, sowie menschliches Eingreifen in Entscheidungen, die auf der Grundlage von automatisierter Datenerfassung und von Algorithmen getroffen werden.[25]

Die Machtverhältnisse in der kapitalistischen Reproduktion sind schon von Marx kritisiert worden. Heute sind Maschinen mehr denn je »zum Symbol für die ordnende Regulierung des Lebens« geworden:[26] Sie führen zu einer ständigen Beschleunigung des Arbeitsprozesses, der die Arbeiter mit sich reißt. Die Reaktionen der Arbeiterinnen und ihr ausdrücklicher Rückzug aus dem oben beschriebenen Projekt zeigen, dass sie sich der mit den neuen Kontrollmechanismen verbundenen Spannungen bewusst sind. Dafür stehen auch die anhaltenden Kämpfe um die Ausgestaltung von Arbeitsprozessen, in denen Agilität ein Schlüsselfaktor ist. Von daher ist es dringend notwendig, Strategien und Methoden wie agiles Arbeiten, die das gesamte Leben betreffen, stärker als bisher kritisch zu hinterfragen.

Wie sich an dem hier vorgestellten Projekt zeigt, müssen die Beschäftigten verschiedene Formen von affektiver Arbeit aufbringen, um selbstständig mit den externen Umwälzungen umgehen zu können. Dadurch drohen sie zu agilen Subjekten in einem ewigen Zustand der Entfremdung zu werden. Denn worauf bereits das »Agile Manifesto« hingewiesen hat: Computer und Maschinen entwickeln sich zwangsläufig schneller als Menschen, was für die Arbeiter bedeutet, sich ständig weiterbilden und anpassen zu müssen. Während die Machtverhältnisse zwischen Mensch und Maschine gesehen werden, geht bei der Diskussion von agilen Arbeitsmodellen häufig verloren, was für die Arbeiterinnen wirklich auf dem Spiel steht: die (Un-)Möglichkeit eines Lebens außerhalb des Kapitalismus und jenseits externalisierter Parameter für die Erfassung von Daten über das Arbeitsleben; zunehmende Entfremdung und ein größerer Zwang zur Unterordnung, während das Surplus affektiver Arbeit ständig abstrahiert und

25 Phoebe Moore: Work and the GDPR: The Future for Algorithms and People Analytics? 7.11.2017, unter: phoebevmoore.wordpress.com/2017/11/07/the-gdpr-algorithms-and-people-analytics.

26 Carolyn Merchant: Der Tod der Natur. Ökologie, Frauen und neuzeitliche Naturwissenschaft, München 1987, S. 232.

quantifiziert wird, um herauszufinden, wie wahrscheinlich der physische oder psychische Zusammenbruch von Beschäftigten ist; die Beschleunigung der Kommodifizierung des Alltagslebens im neoliberalen Kapitalismus, in dem den Menschen immer öfters empfohlen wird, sie sollten »ihren Weg aus dem Elend heraus selbst messen«.[27] Wir werden daran erinnert, dass »im heutigen Denken von Managern die Subjektivität der Arbeiterinnen nur berücksichtigt wird, um sie entsprechend den Anforderungen der Produktion zu kodifizieren«.[28] Der erhebliche Widerstand der Arbeiter gegen das »Quantified Workplace«-Projekt belegt, dass neue Managementpraxen im Zuge der Digitalisierung kein Fait accompli sind. Zukünftige Forschung in diesem Bereich sollte sich darauf konzentrieren, wie entfremdete Arbeiterinnen auf die Einführung solcher Erfassungs- und Trackingmethoden an ihrem Arbeitsplatz reagieren, und die sich abzeichnenden psychosozialen und physischen Risiken und Belastungen identifizieren, die ein quantifiziertes, agiles Arbeitsumfeld mit sich bringt.

27 Ruth Cain: Measure your own misery: Self-quantification and the techno-recovery imperative in mental health ›mHealth‹ discourse. Presentation, International Initiatives in Promoting Political Economy (IIPPE), Berlin 13.9.2017.

28 Lazzarato: Immaterial Labor, S. 136.

IV Plattform-Kapitalismus auf dem Prüfstand

Christine Gerber

Alte Herrschaft in digitalen Gewändern?

Der Arbeitsprozess auf Crowdwork Plattformen

Technologische Innovationsschübe befeuern seit jeher Ängste um Dequalifizierung, Autonomie- und Jobverlust durch die Maschinen. Teil der Geschichte der Automatisierung ist jedoch auch die Schaffung neuer Aufgaben, wie sich derzeit eindrucksvoll am Beispiel der plattformbasierten Onlinearbeit, der sogenannten *Crowdwork*, zeigt.[1] Sie bezeichnet »bezahlte, in formaler Selbstständigkeit erbrachte, ortsunabhängige Arbeitsleistungen mit digitalem Ergebnis, die von einer Internet-Plattform vermittelt und in ihrem gesamten Ablauf [...] online abgewickelt werden«.[2] Plattformen wie Upwork, 99designs oder Clickworker organisieren eine Vielzahl von Aufgaben, von der einfachen Audiotranskription und Fotokategorisierung bis hin zur anspruchsvollen Produktentwicklung und Lösung wissenschaftlicher Probleme. Manche dieser Aufgaben werden aus der betrieblichen Arbeit herausgelöst; andere sind gänzlich neu oder waren nie betrieblich organisiert. Allesamt umfassen sie jedoch Aufgaben, die Menschen am Computer machen, aber Computer alleine nicht machen können. Die technologische Grundlage dafür stellen neue Informations- und Kommunikationstechnologien, insbesondere datenerfassende, auswertende und steuernde Algorithmen sowie deren einfache Bereitstellung durch Cloud-Computing. Sie ermöglichen Formen der Vernetzung und Koordination, die ortsunabhängige Arbeitsprozesse scheinbar neuartig und nahtlos integrieren und Produktion dezentralisieren.

1 Für die Auslagerung von bezahlten Aufgaben über Internetplattformen gibt es verschiedene Begriffe, darunter *online gig work* oder *on-demand work*. Plattformen nutzen die *Crowd*-Terminologie selten, sondern rekurrieren auf »Kreative«, »Experten«, »Freelancer« oder Ähnliches. Anstelle der digitalen Fabrik soll das Bild von talentierten und unabhängigen Freiberuflern geschaffen werden.

2 Hans Pongratz/Robin Schenkewitz: Online-Arbeit auf Internet-Plattformen. Orientierungshilfe zum Nebenverdienst. Handlungsbroschüre im Rahmen des Verbundprojekts »Herausforderung Cloud und Crowd«, S. 10.

Durch die digitale Vermittlung erweitern und entgrenzen Plattformen den Zugriff auf Arbeitskraft und erlauben, scheinbar unbegrenzte Produktivitätspotenziale zu erschließen.

Doch Kapitale stehen auch vor spezifischen Herausforderungen, Arbeitskraft profitabel zu verwerten. Wie klassische Unternehmen müssen Plattformmanagements die potenzielle Arbeitskraft der Crowd erst in tatsächlich verausgabte und mehrwertbildende Arbeit transformieren. Dies geschieht nach Marx im sogenannten Arbeitsprozess, über den das Management die Herrschaft zu sichern sucht.[3] Doch Plattformen fehlen hierfür die klassischen betrieblichen Strukturen; stattdessen stehen sie einer anonymen, flexiblen und global verteilten Arbeiterschaft gegenüber.

In der Literatur finden sich zwei Vorstellungen davon, wie Crowdwork-Plattformen die Arbeitsprozesse gestalten, um das Transformationsproblem zu lösen. Auf der einen Seite steht die These der Industrialisierung von Kopfarbeit (das heißt indirekten, informationsverarbeitenden Tätigkeiten) durch neue digitale Technologien und der Plattform als Maschinensystem im »digitalen Kapitalismus«. In Deutschland argumentieren insbesondere Andreas Boes und Kolleginnen, dass durch die Informatisierung des Produktionsraumes »geistige Tätigkeiten nicht mehr primär ausgehend vom individuellen Geschick, sondern arbeitsteilig in einem ›objektiven Prozess‹« organisiert werden können, »wie es in der ›großen Industrie‹ durch die Maschinensysteme oder im Fordismus mit dem Fließband geschehen ist.«[4] Von einigen Autoren wird auch Crowdwork als »digitaler Taylorismus« charakterisiert.[5] Dabei stehen Plattformen wie Amazon Mechanical Turk im Fokus,

3 Karl Marx: Das Kapital, Bd. 1, in: Karl Marx/Friedrich Engels: Werke [MEW], Berlin 1956ff., Bd. 23, S. 192–200.

4 Andreas Boes/Tobias Kämpf/Barbara Langes/Thomas Lühr: »Lean« und »agil« im Büro: Neue Formen der Organisation von Kopfarbeit in der digitalen Transformation, Bielefeld 2018, S. 41, 181.

5 Moritz Altenried: Die Plattform als Fabrik. Crowdwork, Digitaler Taylorismus und die Vervielfältigung der Arbeit, in: Prokla, Jg. 47 (2017), H. 187, S. 175–192, hier S. 176; Aniket Kittur/Jeffrey Nickerson/Michael Bernstein/ Elizabeth Gerber/Aaron Shaw/John Zimmerman/Matt Lease/John Horton: The Future of Crowd Work, in: Proceedings of the 2013 Conference on Computer Supported Cooperative Work, CSCW '13. New York, NY: ACM, S. 1303.

die standardisierte Kleinstaufgaben mit niedrigen Stücklöhnen organisieren. Neu sei die eigentümliche Individualisierung und Unsichtbarkeit menschlicher Arbeit durch das soziotechnische Design: Als Teil der Softwarearchitektur erhielte sie die Erscheinung eines Codes, der on demand abrufbar und damit dem Rhythmus der Plattform unterworfen sei.[6] Die digitale Arbeitsumgebung erlaube zudem eine scheinbar allumfassende Kontrolle. Diese Beschreibung gleicht der tayloristischen Fließbandarbeit des 21. Jahrhundert: Mit dem Ziel der Maximierung des relativen Mehrwerts greifen Plattformen planvoll in die Teilung und Ausführung der Arbeit ein; Arbeit wird somit auch reell subsumiert und dem Takt der Plattform als Äquivalent zum Maschinensystem unterworfen.[7]

Eine andere Lesart begreift Plattformen als intermediäre, hyperpotente Infrastrukturen, auf denen sich Kundinnen und Käufer finden und interagieren können, die Produktion und ein Großteil der Betriebskosten (zum Beispiel für fixes Kapital, Qualifizierung und Kontrolle) jedoch komplett an dieselben ausgelagert werden.[8] Die formal selbstständige Crowd produziert immaterielle Güter ortsunabhängig und weitestgehend autonom. Sie besitzt zudem die Produktionsmittel größtenteils selbst. Plattformen könnten demnach keine direkte Kontrolle über den Wertschöpfungsprozess behaupten, denn sie können weder Arbeitsabläufe noch Arbeitsgeschwindigkeit zentral vorgeben. Dieser Lesart zufolge ersetzen Plattformen die klassische Organisationskontrolle durch Marktsteuerung. Indem sie die Infrastrukturen besitzen, könnten Plattformen allerdings die dort zusammenlaufende kommunikative Arbeit und gesellschaftliche Wissensressourcen subsumieren und in Form wertvoller Daten abschöpfen.[9] Eine solche, an die Ideen des Postoperaismus angelehnte Lesart begreift die Subsum-

6 Lilly Irani: The Cultural Work of Microwork, in: New Media & Society, Vol. 17 (2015), Nr. 5, S. 720–739.

7 MEW, Bd. 23, S. 331–407.

8 Vgl. Felix Gnisa in diesem Band; Martin Kornberger/Dane Pflueger/Jan Mouritsen: Evaluative Infrastructures: Accounting for Platform Organization, in: Accounting, Organizations and Society, Vol. 60 (2017), S. 79–95.

9 Nick Srnicek: Plattform-Kapitalismus, Hamburg 2018, S. 47, 78.

tion der Arbeit auf Plattformen folglich nur als *formell* und impliziert damit erweiterte Handlungsspielräume für die Seite der Arbeit: Neben höherer Selbstbestimmung und Autonomie der Arbeiterinnen würde sich ihre Marktmacht stärken, denn die Konzeption und Ausführung der Arbeit und somit das komplette Produktionswissen lägen wieder bei ihnen. Beiden Lesarten folgen widersprüchliche Implikationen: Ist die Plattform als eine virtuelle Variante der betrieblichen Form anzusehen oder stellt sie etwas gänzlich Neues dar? Kann Arbeit durch die Plattform auch reell unter das Kapital subsumiert werden oder erweitert sich die Autonomie der Arbeit?

Ausgehend von diesen Fragen untersucht der Beitrag, *erstens,* wie Plattformen vor dem Hintergrund der spezifischen Kontroll- und Steuerungsprobleme den Arbeits- und Produktionsprozess organisieren. Dies dient, *zweitens,* der allgemeineren Frage, inwiefern mit Crowdwork ein neuer, stabiler Typus der verteilten Produktion und kapitalistischen Arbeit entsteht. Die Ergebnisse zeigen, dass Plattformen durchaus als Betriebsäquivalente fungieren: Sie organisieren für Kapitale einen ortsunabhängigen Arbeitsprozess und somit Managementfunktionen als Ware. Dabei orientieren sie sich entlang der Aufgabenkomplexität an bekannten Formen der Arbeitsorganisation, dem Taylorismus und agilen Methoden, die sie jedoch auf die Produktion digitaler Güter anwenden. Zwar entstehen durchaus komplexere und anpassungsfähigere Arbeitsregime als oftmals angenommen. Gleichzeitig ist davon auszugehen, dass das Arbeitsmodell aufgrund der kurzlebigen und anonymen Arbeitsbeziehungen nur in bestimmten Nischenbereichen eine längerfristige Rationalisierungsstrategie darstellt. Die Relevanz des Arbeitsmodells scheint vor allem in der Erprobung neuer, technisch basierter Managementsysteme zur Transformation der Arbeitskraft zu liegen. Insbesondere die technologische Gestalt, in der Herrschaft den Arbeitern gegenübertritt, zerstreut und individualisiert den betrieblichen Konflikt zwischen Arbeit und Kapital.[10]

10 Der Beitrag basiert auf dem dreijährigen Forschungsprojekt »Zwischen digitaler Bohème und Prekarität. Arbeit und Leistung in der Crowd« unter Leitung von

Herausforderungen im plattformbasierten Arbeitsprozess

Ein Kernthema der Arbeitssoziologie ist die Frage, welche Formen der Arbeitsorganisation und betrieblichen Kontrolle Managements als die betriebliche Vertretung des Kapitals entwickeln, um Arbeitskraft in mehrwertbildende Arbeit zu transformieren. Die Arbeitsprozessdebatte entwickelte ihre Theorien zunächst am Leitbild des *Taylorismus*, das lange Zeit das industrielle Rationalisierungsparadigma im 20. Jahrhundert prägte.[11] Im tayloristischen Arbeitsprozess sicherte das Management die Herrschaft über den Arbeitsprozess durch die Trennung von Ausführung und Planung der Fertigungsschritte nach dem Babbage-Prinzip. So wurden Prozesse geschaffen, in denen ungelernte Arbeiterinnen in vielen Einzelschritten komplexe Produkte fertigen und dabei direkt kontrolliert werden konnten. Ihr Arbeitswissen wurde durch die Kodifizierung von Arbeitsabläufen in die Maschinen verdinglicht, Arbeit standardisiert und dequalifiziert.

Die steigende technische Zusammensetzung und Komplexität der Produktion, kürzere Innovationszyklen, höhere Marktkonkurrenz und die zunehmende Bedeutung indirekter Bereiche innerhalb von Industrieunternehmen (zum Beispiel Verwaltung, IT, Forschung und Entwicklung) gebar neue Leitbilder der Arbeitsorganisation. Einerseits entdeckten Managements das kreative Arbeits- und Erfahrungswissen ihrer Mitarbeiter als Ressource zur Rationalisierung und machten es durch dezentrale Koordinierung und Teamarbeit nutzbar. Andererseits minderte sich die Möglichkeit, Leistung durch direkte Kontrolle allein zu regulieren. Managements setzten somit zunehmend auf indirekte Kontrolle, um einen gewissen Grad an »Consent« und »verantwortlicher Autonomie« herzustellen.[12] Die neuen

Dr. Martin Krzywdzinski am Wissenschaftszentrum Berlin. Die im Beitrag verwendeten Zitate stammen aus Interviews mit Vertretern verschiedener Plattformen sowie mit auf ihnen aktiver Crowdworker, die im Rahmen des Projekts geführt wurden.

11 Harry Braverman: Die Arbeit im modernen Produktionsprozeß, Frankfurt a. M. 1977; Michael Burawoy: The Politics of Production, London 1985.

12 Stephen Ackroyd/Paul Thompson: Organizational Misbehaviour, London 1999; Philip Edwards: Conflict at Work: A Materialist Analysis of Workplace Relations, Oxford 1986.

Leitbilder entwickelten sich entlang dieser Logik einer systemischen Rationalisierung durch die dezentrale Verkettung der einzelnen Arbeitsschritte: die Lean Production in der industriellen Produktion und das *agile Management* in den indirekten Bereichen.[13]

Auf den ersten Blick scheint die plattformbasierte Onlinearbeit für das Kapital ein gänzlich neues Rationalisierungsparadigma darzustellen. Die Produktion wird dezentralisiert und Betriebskosten werden größtenteils externalisiert. Arbeitskraft kann scheinbar in Sekundenschnelle und zu jeder Tageszeit für jegliche Art ortsunabhängiger Tätigkeiten angezapft werden. So können neue Produktivitätspotenziale erschlossen und auf eine globale Reservearmee zurückgegriffen werden. Die Crowd ist vereinzelt, heterogen und meist nur temporär aktiv, sodass kollektive Solidaritäten geschweige denn Organisierung schwierig sind. Zudem stellt der zeit- oder ergebnisbasierte Wettbewerbsmodus auf Plattformen sie in direkte Konkurrenz zueinander.

Doch auch Plattformmanagements sind mit dem Transformationsproblem der Arbeit konfrontiert. Dabei fehlen ihnen die klassischen Mechanismen der betrieblichen Arbeitssteuerung und -kontrolle: Anstelle eines gemeinsamen Betriebs, Arbeitszeiten, Kolleginnen und dauerhaften Aufgaben sind sie mit Anonymität, Mobilität und Volatilität konfrontiert. Die radikale Vermarktlichung stellt Plattformen vor spezielle Steuerungs- und Kontrollprobleme. Zum einen können Crowdworker ihre Arbeitskraft mit einem Klick entziehen und zu anderen Plattformen abwandern; oftmals sind Crowdworker auf mehreren Plattformen registriert. Für Plattformen, die auf Netzwerkeffekte und Monopolisierung angewiesen sind, ist das ein zentrales Risiko und kann das Unternehmen in Kürze aus dem Markt stoßen.[14] Die beson-

13 Boes u.a.: »Lean« und »agil« im Büro, S. 22–30.

14 Für Kunden und Crowd hängt die Attraktivität einer Plattform unter anderem davon ab, zu wie vielen Transaktionspartnern sie Zugang ermöglicht. Sie wandern daher zu der Plattform, die eine kritische Masse an dem jeweilig anderen Akteur versammelt (Netzwerkeffekt), was wiederrum zu Monopolisierungstendenzen führt. Siehe hierzu Srnicek: Plattform-Kapitalismus, S. 50.

ders hohe Mobilität der Arbeitskräfte kann daher potenziell eine Verhandlungsmacht für die digitalen Produzenten darstellen.[15] Gleichzeitig entstehen Herausforderungen hinsichtlich der Qualitätskontrolle und Leistungsregulierung, denn Arbeitskraft ist nicht anlernbar, Arbeitswissen nicht speicherbar und subjektive Arbeitspotenziale nicht planbar, wenn ein Auftrag von mitunter Tausenden anonymen Crowdworkern gleichzeitig bearbeitet wird, die über den Globus verstreut und flexibel arbeiten.

Zudem besitzt die Crowd innerhalb des Arbeitsprozesses einen hohen Grad an Autonomie aufgrund des fehlenden unmittelbaren Zugriffs auf die Körper der Arbeit. Die unbekannte und unabhängige Crowd besitzt ihre Produktionsmittel teilweise selbst, denn die Produktion der digitalen Güter findet auf ihren persönlichen Endgeräten statt und stellt sich für Plattformen zunächst als Blackbox dar. Die Objektivierung der Arbeit und Sicherung der Herrschaft im Arbeitsprozess stellt so eine besondere Herausforderung dar, denn der Arbeitsprozess kann lediglich über die allgemeine, digitale Infrastruktur gesteuert werden. Aufgrund unklar formulierter Anweisungen, technischer Probleme, fehlender direkter Kommunikation, unpassender oder vorgetäuschter Qualifikationen kann es zu Schwierigkeiten bei der Durchführung von Projekten kommen. Die digitalen Infrastrukturen sind zudem keine eisernen Käfige und können individuell oder kollektiv ausgetrickst werden. So können mehrere Personen von einem Account arbeiten, falsche Angaben im Profil gemacht werden oder Arbeitsergebnisse aufgrund fehlender Anreize oder organisationaler Bindung bewusst fehlerhaft abgeliefert werden.

Im Folgenden soll untersucht werden, wie Plattformen mit diesen Herausforderungen umgehen.

15 Chris Smith: The Double Indeterminacy of Labour Power: Labour Effort and Labour Mobility, in: Work, Employment & Society, Vol. 20 (2006), Nr. 2, S. 389–402.

Arbeitsprozesse auf Crowdwork-Plattformen

Aus der Literatur lassen sich drei zentrale Funktionen von Plattformen zusammentragen.[16] Erstens übersetzen Plattformen Kundenaufträge in strukturierte *Arbeitsabläufe:* Sie modulieren den Auftrag in klar definierte und abgegrenzte Aufgabeneinheiten, definieren den Wettbewerbsmodus und bestimmen den Modus der Qualitätskontrolle und Bezahlung. Zweitens koordinieren sie auf Basis der permanent gesammelten und auf der Plattform zentralisierten Informationen mithilfe von Algorithmen die *Aufgabenverteilung.* Entgegen des Versprechens von Crowdwork ist der Zugang zu Arbeit längst nicht so offen für alle. Drittens setzen sie *Sanktions- und Anreizmechanismen,* um indirekt Aktivität zu mobilisieren und Leistung zu steuern, wobei insbesondere digitale Reputationen und Spielelemente eine wichtige Rolle spielen.

In der konkreten Ausgestaltung des Arbeitsprozesses sind jedoch Unterschiede je nach Aufgabenkomplexität zu erkennen. Der Beitrag unterscheidet zwischen Mikro- und Makroaufgaben.[17]

Mikroaufgaben

Eine Vielzahl von Plattformen (zum Beispiel Clickworker oder Figure Eight) hat sich auf die Organisierung von einfachen Routine- und Unterstützungsaufgaben (Fotokategorisierung, Audiotranskription) oder Aufgaben, die kein spezifisches und professionelles Vorwissen benötigen (Umfragen, Apptesting, Kurztexte), spezialisiert. Die Natur dieser Aufgaben erlaubt es, sie in kurze, extrem standardisierte und klar definierte Aufgabeneinheiten zu zerlegen, die in wenigen Sekunden oder Minuten abgearbeitet werden können. Jede *Mikroaufgabe* ist so konzipiert, dass ein Crowdworker sie unabhängig von

16 Jan-Marco Leimeister/Shkodran Zogaj/David Durward/Ivo Blohm: Systematisierung und Analyse von Crowd-Sourcing-Anbietern und Crowd-Work-Projekten, Düsseldorf 2016.

17 Justin Cheng/Jaime Teevan/Shamsi Iqbal/Michael Bernstein: Break it Down: A Comparison of Macro- and Microtasks, in: Proceedings of the 33rd annual ACM Conference on Human Factors in Computing Systems, CHI '15. New York, NY: ACM, S. 4061–4064.

anderen oder von Zeit und Ort abarbeiten kann und weder die Kundin noch das Endprodukt kennen muss. Arbeit wird für die Crowd auf ihren Arbeitsdashboards nur in Form der Teilaufgaben sichtbar und zumeist auch nur dort bearbeitbar.

Will ein Unternehmen beispielweise Tausende Fotos digitalisieren, zerlegt die Plattform den Auftrag so, dass eine Aufgabeneinheit die Verschlagwortung eines Fotos nach einer Kategorie (beispielsweise Farbe) ist. Inhalte wie Produktangebote für die eigene Homepage übersetzt die Plattform in eine Vielzahl von Kurztextaufgaben mit klarer Arbeitsanweisung, definierter Wortanzahl und Schlüsselwörtern. So erklärt eine Crowdworkerin:

»Da kriegt man eine bestimmte Anzahl von Wörtern und darf nur die Informationen verwenden die man da kriegt. Es sind manchmal so bestimmte Vorgaben, die das sehr einschränken.«

Diese *Taskifizierung* erinnert an das tayloristische Rationalisierungsparadigma: Loslösung des unmittelbaren Arbeitsprozesses von den individuellen Fertigkeiten der Arbeiter, Trennung von Planung und Ausführung, zentrale Anleitung von *one-best-way*-Arbeitsabläufen sowie umfassende Optimierung und Kontrolle des einzelnen Arbeitsschritts. Die Zerlegung geschieht entweder direkt durch Plattformmitarbeiter *(full service)* oder indirekt durch die Vorgabe von standardisierten Auftragsmasken *(self service)*. Arbeit wird für die Crowd auf ihren Arbeitsdashboards nur in Form der Teilaufgaben sichtbar.

Das benötigte Arbeitswissen wird durch diese spezielle Aufgabengestaltung formalisiert und kodifiziert; implizites Wissen soll offengelegt, zentralisiert und enteignet werden. Die Notwendigkeit von implizitem, Erfahrungs- oder Team-basiertem Arbeitswissen wird weitestgehend minimiert und die konkrete Arbeit auf ihre quantitative Wertbildung reduziert.

Zwar gibt es auch auf Mikroplattformen Qualifikationsstufen: beispielsweise verlangen Textaufgaben oft einen Qualifikationstest oder ein Mindestranking. Doch die Tests sind meistens genauso standardisiert wie die Aufgaben selbst. Auch die digitale Reputation vermisst die *Microworker* vorrangig auf Basis objektiver Leistungskriterien (vergangene Arbeitsbewertungen, Aktivität, Dauer auf der Plattform). Die Qualifikationsstufen dienen vor allem dazu, allgemeine Kontrollschwellen einzuziehen, um unerfahrene oder leistungsschwache Onlinearbeiterinnen von bestimmten, anspruchsvolleren Aufgaben auszuschließen. Eine individuelle Auswahl anhand von Qualifikationen oder Bewerbung findet nicht statt.

Prinzipiell sollen alle registrierten Crowdworker die Mikroaufgaben machen können, ohne miteinander kommunizieren, den Kunden oder das Gesamtprodukt kennen zu müssen. Dezentrale Kommunikation, Teamarbeit oder Koordinierung zwischen den Produzentinnen der einzelnen Fertigungsschritte, wie beispielsweise in der Lean Production, sind nicht nötig und werden von der digitalen Infrastruktur zumeist gar nicht erst ermöglicht. Dieser Modus der in das technologische Design der Plattform eingelassenen Arbeitsteilung ermöglicht es, digitale Güter gewissermaßen seriell und verteilt mit einer anonymen und stets wechselnden Arbeiterschaft zu produzieren. Gleichzeitig ist der Anwendungsbereich dieses Arbeits- und Produktionsmodells hierdurch stark begrenzt.

Ganz ohne Kommunikation kommen allerdings auch Mikroaufgaben nicht aus. Die meisten Plattformen ermöglichen den Austausch auf separaten Foren außerhalb des eigentlichen Arbeitsprozesses. Sie dienen in erster Linie der Selbst-Hilfe und Selbst-Regulierung der Crowd bei arbeitsbezogenen oder technischen Problemen, ähnlich dem betrieblichen Pausenraum, denn ihnen gegenüber steht meist nur eine kleine Anzahl an Plattformmitarbeitern. Gleichzeitig verleihen sie der Plattform ein menschliches Antlitz, was die Bindung und Motivation erhöhen kann.

Die Zerlegung und Standardisierung von Arbeit in Mikroaufgaben ermöglicht darüber hinaus eine für die besondere Störanfälligkeit von Crowdwork notwendige Fehlertoleranz und unmittelbare Kontrolle der Arbeitsschritte. Das Endresultat der einzelnen Teilaufgaben ist vorab bis zu einem gewissen Grad bestimmbar und kann auf richtig oder falsch überprüft werden, beispielweise ob das T-Shirt auf einem Bild tatsächlich gelb ist, ob eine Audiosequenz korrekt transkribiert wurde oder die Rechtschreibung und geforderten Schlüsselwörter in der kurzen Produktbeschreibung stimmen. Oft wird davon ausgegangen, dass die Kontrolle hauptsächlich durch Algorithmen stattfinde. Für sehr einfache Aufgaben wie die Fotokategorisierung gibt es automatisierte Kontrolllösungen (zum Beispiel vorprogrammierte Testaufgaben). Die meisten Aufgaben werden jedoch auch weiterhin von Menschen kontrolliert. Das deutet auf die Begrenztheit von Algorithmen hin. Menschliche Arbeit füllt auch innerhalb der Managementsysteme von Plattformen die Lücken der Automatisierung.

Zumeist wird die Kontrolle wiederum als bezahlte Aufgabe an Crowdworker ausgelagert, die sich durch hohe Rankings oder spezielle Tests dafür qualifiziert haben. Dabei entstehen jedoch keine längerfristigen Arbeitsprofile oder Verantwortlichkeiten wie in der betrieblichen Anstellung: Die kontrollierenden Crowdworker sind meist genauso anonym und stets wechselnd wie die gesamte Crowd. Viele Crowdworker kritisierten die daraus resultierende Unvorhersehbarkeit. Da nicht jede Mikroaufgabe von menschlicher Hand geprüft werden kann, werden komplementär Algorithmen genutzt, beispielsweise zur Regulierung des Aufgabenzugangs oder zur Schaltung von Kontrollintervallen; beide hängen unter anderem von der Höhe des Reputationscores ab.

Die durch den fehlenden Zugriff auf die Körper der Arbeit bedingte Autonomie der Crowd bleibt dennoch eine Störanfälligkeit für Plattformen. Zwar wird der Crowd diese Autonomie über die Produktion ein Stück weit genommen, indem die digitale Infrastruktur der Plattformen zum Arbeitswerkzeug wird. Bis auf einige Ausnahmen sind die meisten Aufgaben technisch so angelegt, dass sie direkt auf der Plattform erledigt werden. Ein zentraler Aspekt der betrieblichen Arbeitssteuerung und der reellen Subsumtion kann jedoch nicht in den virtuellen Betrieb übertragen werden: die Arbeitstaktung. In industriellen Arbeitsprozessen ist die Zergliederung der Arbeit an die Produktionsgeschwindigkeit gekoppelt und das Management kann den Arbeitstakt unmittelbar über das Maschinensystem kontrollieren. Crowdworker können jedoch frei entscheiden, wann sie arbeiten und welche Aufgaben sie machen wollen; zudem ist ihnen innerhalb der definierten Auftragslaufzeit überlassen, wie lange sie für eine Aufgabe brauchen. Der Arbeitstakt kann nicht unmittelbar in die digitale Infrastruktur eingelassen, sondern nur indirekt angeleitet werden: über den Stücklohn, den zeitbasierten Wettbewerb sowie die digitale Reputation.

Mikroaufgaben werden üblicherweise mit einem Stücklohn im Cent- bis zweistelligen Euro/Dollarbereich vergütet. Dieser orientiert sich an einem Mindeststundenlohn, der auf die geschätzte Bearbeitungsdauer heruntergebrochen wird, sowie auf Erfahrungswissen. Crowdworker müssen Aufgaben also mit einem gewissen Zeitdruck erledigen, denn braucht man länger, wird de facto der Lohn gedrückt. In der Tat ist dies ein häufiger Beschwerdepunkt vieler Crowdworker. Zudem findet eine indirekte Taktung über die zeitbasierte Konkurrenz statt, denn es bekommt diejenige den Auftrag, die ihn zuerst bearbeitet. Um einen Auftrag schneller abzuwickeln, das heißt die Taktung zu erhöhen, wird der Stücklohn hochgeschraubt: Durch den gestiegenen finanziellen Anreiz steigt der Wettbewerb um die Aufgabe. Schließlich ist auch auffällig, dass Aktivität eine zentrale Variable in der digitalen Reputation vieler Mikroplattformen ist: Zumeist zählen nur die Bewertungen des letzten Monats; das Ranking sinkt, wenn man für mehrere Tage nicht aktiv ist und auf einigen Plattformen sogar dann, wenn man Aufträge nicht aktiv ablehnt. So soll permanente Aktivität und Leistung mobilisiert werden.

Insgesamt ist der Arbeitsprozess auf Mikroplattformen stark zergliedert und standardisiert, um die Arbeitskraft einer großen Masse anonymer, stets wechselnder Crowdworker profitabel zu verwerten. Das Endprodukt entsteht, indem Plattformen die Teileinheiten des- und reintegrieren und so den Arbeitsablauf zentral anleiten. Man kann daher durchaus von einer Objektivierung und reellen Subsumtion der Arbeit unter das Kapital sprechen.

Makroaufgaben

Weniger Beachtung hat die Vielzahl von Plattformen (zum Beispiel Jovoto oder Upwork) gefunden, die Aufgaben mit einem hohen Maß an benötigter Kreativität oder professionellem Vorwissen organisieren. Kunden beauftragen Plattformen beispielweise mit der Erstellung von Designs und Produktideen, mit der Entwicklung von Softwareprogrammen oder der Lösung wissenschaftlicher Probleme. Die Aufgaben formulieren zwar konkrete Ziele, doch das Endprodukt ist aufgrund der Komplexität des Produktionsprozesses und des notwendigen Arbeitswissens im Vorfeld nicht bestimmbar und standardisierbar: Zumeist gibt es kein eindeutiges richtig oder falsch. Der Arbeitsprozess kann folglich nicht zentral angeleitet und in Teilaufgaben zergliedert werden. Stattdessen werden *Makroaufgaben* als mehrtägige oder mehrwöchige Projekte organisiert. Die Vergütung im drei- bis fünfstelligen Bereich ist wesentlich höher aber auch unsicherer als auf Mikroplattformen, da es nicht um die quantitative Abarbeitung von Aufgaben, sondern Gewinnung eines besten Beitrags geht.

Marktplatzplattformen wie Upwork lösen diese Unsicherheit auf, indem sie sich auf die Vermittlungsfunktion beschränken und reine Marktplätze schaffen. Mittels komplexer Vermessungs- und Rankingalgorithmen *matchen* sie eine Auswahl potenziell passender Freelancer mit Kunden. Letztere stellen allerdings selbst ihre Aufträge online, wählen und kommunizieren direkt mit Freelancern, verhandeln bilateral Projektabläufe und Vergütung. Der Arbeits- und Produktionsprozess ist nicht an die Plattform gebunden, sondern kann in andere Kanäle überführt werden.

Anders bei Wettbewerbsplattformen wie Jovoto oder CrowdMed: Kundenaufträge werden als mehrtägige oder mehrwöchige Contests mit relativ standardisierten Briefings und Zeitplänen organisiert. Nach dem *Launch* eines Projekts folgt die *Submission Phase,* in der die Crowd eigenständig Beiträge erarbeitet und auf die Plattform hochlädt. Darauf folgen Zwischenetappen wie die *Rating* und *Feedback Phase,* in denen

Beiträge hauptsächlich von der *Crowd Community* (allen registrierten Mitgliedern) und manchmal auch Kunden, Jury oder Plattform-Guides bewertet und kommentiert werden und Nachbearbeitungen stattfinden können. Schließlich folgt die *Curation Phase,* in der die Kundin (zumeist auf Basis des vorangegangenen Ratings) Gewinner auswählt. Wie auf Makroplattformen kreative Arbeit standardisiert und rationalisiert wird, zeigt sich im Zitat des Mitarbeiters einer US-amerikanischen Designplattform:

»*[Unsere]* Plattform bringt eine Menge Struktur in den Designprozess [...] indem wir sehr spezifische Fragen stellen, Fristen angeben. Auf halbem Weg, nach vier Tagen, müssen sie eine Gruppe von Finalisten benennen [...] Und ehrlich gesagt [...] versuchen wir, es noch schneller hinzukriegen *[und]* den ganzen Prozess noch effizienter zu machen.«

Durch die Vorgabe standardisierter und kurzzyklischer Projektabläufe geben Plattformen zumindest teilweise den Arbeitsablauf und Arbeitstakt vor und verändern den Arbeitsprozess auch reell. Zwar wird ein erster Entwurf gänzlich autonom am privaten PC produziert. Die Arbeitswerkzeuge, beispielweise spezielle Softwareprogramme und private Dateien mit individuell gesammeltem Vorwissen oder Materialien, gehören den Produzentinnen. Doch relevante Arbeitsschritte werden ergänzt: die Kontrolle, die Kommunikation und die Kollaboration. Um ein Endprodukt zu werden, müssen die Entwürfe erst diese Arbeitsschritte durchlaufen. Dieser Teil des Arbeitsprozesses wird zudem auf die Plattform geholt, womit sie teilweise selbst zum Produktionsraum wird.

Auch auf Wettbewerbsplattformen kann so die Kontrolle der Arbeit effizient und dezentral durch die Crowd, anders als bei Mikroplattformen in Form unbezahlter Extraarbeit, organisiert werden. Denn automatisierte Kontrolllösungen sind für die Produktion von solch subjektiven Gütern ohnehin stark begrenzt, beispielweise auf die Prüfung von Dateiformen. Die Crowd lädt ihre Zwischenstände und Endprodukte auf die Plattform hoch, wo alle registrierten Mitglieder Spam und Plagiate melden, Feedback und Kritik geben sowie Beiträge bewerten sollen. Für dieses *Community Engagement* (oder passender *Peer-to-Peer*-Kontrolle) erhalten sie Reputationspunkte. Da weder Kunde noch Community Hunderte bis Tausende Beiträge oder Profile durchsehen können, filtern Makroplattformen bereits im Vorfeld durch komplexe Vorhersagealgorithmen eine überschaubare Anzahl an wahrscheinlich passenden Beiträgen oder Onlinearbeiterinnen. Die Daten dafür stammen einerseits aus der permanenten Vermessung der Onlinearbeiter, die in der digitalen Reputation zusammenfließen. Sie umfassen nicht nur objektive Kriterien (Leistungsbewertung, Zertifikate und Kenntnisse, Aktivität), sondern auch subjektive (Community Engagement, Kommunikation und Kollaboration mit Community und Kunden, außerberufliche Erfahrungen). Andererseits werden die Algorithmen durch die permanente Interaktion (liken, bewerten, melden, kommentieren) auf der Plattform selbst gefüttert.

Während also auf Mikroplattformen kaum Kommunikation im Arbeitsprozess nötig und technisch möglich ist, lassen sich auf Wettbewerbsplattformen lange Diskussionsthreads und unzählige Likes innerhalb der einzelnen Projekte sowie auf den individuellen Profilen beobachten. Auf vielen dieser Plattformen entfachen sich lebendige, wenn auch stets projektzentrierte, Diskussionen, in denen Probleme im Arbeitsprozess besprochen und kollektiv gelöst, Beiträge diskutiert und kollaborativ weiterentwickelt werden. Das implizite und subjektive Wissen, das für die Produktion kreativer und komplexer Güter zentral ist, wird zwar nicht standardisierbar und verallgemeinerbar, aber zumindest teilweise sichtbar und aneigbar. Wettbewerbsplattformen appropriieren das lebensweltliche Erfahrungswissen und die Intelligenz der Masse, die *Crowd Wisdom*.

Hieraus ergibt sich jedoch auch eine spezifische Störanfälligkeit: Die Kollaboration kollidiert mit dem hohen Wettbewerb. Wettbewerbsplattformen versuchen diesen Widerspruch mithilfe von Anreizsystemen und *Gamification* aufzulösen. Viele vergeben für *Collaboration* und *Community Engagement* Reputationspunkte, einige sogar Awards, die das individuelle

Portfolio schmücken dürfen oder einen separaten finanziellen Anreiz beinhalten.

Die Form der kurzzyklischen Projektarbeit mit Zwischenetappen und Leistungszielen, die Bedeutung von implizitem Wissen sowie die dezentrale und indirekte Kontrolle durch eigenverantwortliche Selbststeuerung, Kollaboration im Team und *Peer-to-Peer*-Kontrolle erinnern an die agilen Arbeitsmethoden, die insbesondere bei Angestelltentätigkeiten im Büro Popularität erlangt haben.[18] Zwar kann das benötigte Arbeitswissen nicht standardisiert und kodifiziert werden, allerdings sollen die dahinterliegenden hochqualifizierten Prozesse, die für Managements eine Blackbox darstellen, sichtbar gemacht werden. Anders als bei Mikroaufgaben kann auf Makroplattformen das benötigte Arbeitswissen nicht standardisiert und kodifiziert werden; im Gegenteil, denn die subjektiven Fähigkeiten sind zentral. Eine Aufgabe ist zwar nicht an eine bestimmte Person gebunden, was dem Prinzip von Crowdwork widersprechen würde, doch die Person, die sie macht, muss ihre Subjektivität einsetzen.

Tatsächlich lässt sich auf Makroplattformen aller Art eine stark individualisierte Sichtbarkeit und Subjektivierung beobachten. Eine Mitarbeiterin beschreibt die Profile auf ihrer Wettbewerbsplattform so:

»Hier haben Sie ihre Badges *[deutsch = Abzeichnen, zur Verhaltenssteuerung genutzte Spielelemente].* [...] *[Sie]* ist äußerst aktiv, indem sie anderen Kreativen Feedback gibt und die Menschen ständig ermutigt. [...] Das ist eine Art sozialer Status auf der Plattform. [Sie] verdient *[Punkte]* für jede Interaktion. Wenn *[sie]* also Feedback zu einer Idee gibt, eine Idee bewertet, Ideen einreicht oder ein Team zusammenstellt.«

Einerseits soll so Anerkennung als Anreiz geschaffen werden, um professionelle Freiberufliche anzuziehen; andererseits sind genau diese subjektiven Ressourcen wichtiges Arbeitswissen. Im Gegensatz zur häufig konstatierten Unsichtbarkeit muss die Crowd auf Makroplattformen sich als talen-

18 Boes u.a.: »Lean« und »agil« im Büro, S. 28–30.

tierte Experten darstellen, um sich von der Masse der Wettbewerberinnen abzusetzen.[19] Einerseits soll so Anerkennung als Anreiz geschaffen werden, um professionelle Freiberufliche anzuziehen; andererseits sind genau diese subjektiven Ressourcen wichtiges Arbeitswissen. Für die Individuen kann dieses Arbeitsregime zur Subjektivierung und zum Druck der Selbstvermarktung führen: Ein »unternehmerisches Selbst« wird abverlangt, um die eigene Arbeitskraft als Ware auf dem Onlinearbeitsmarkt zu verkaufen.[20]

Auf Wettbewerbsplattformen für Makroaufgaben ist die Form der Subsumtion nicht die zentrale Anleitung der Arbeit, sondern die vernetzte, dezentrale Interaktion, durch die die gemeinschaftliche Substanz und die subjektiven Ressourcen den Bedingungen und Dynamiken des Kapitalismus unterworfen werden.[21]

Alte Herrschaft im digitalen Gewand

Die Betrachtung zeigt, dass mit Crowdwork durchaus ein neuartiger aber keinesfalls einheitlicher Typus kapitalistischer Arbeit entsteht. Es entstehen unterschiedliche Prozesse und Ausmaße der reellen Subsumtion, die je nach Aufgabenkomplexität in vielfacher Hinsicht vergleichbar mit bestehenden betrieblichen, insbesondere tayloristischen und agilen Arbeitsprozessen sind. Auf Mikroplattformen ist die Form der Subsumtion die Zergliederung des Arbeitsprozesses, die Zentralisierung und Standardisierung des Arbeitswissens. Plattformen reagieren damit auf die stets wechselnde und anonyme Arbeiterschaft, um trotz deren physischer und formaler Autonomie einfache digitale Güter in einem proto-tayloristischen Arbeitsprozess seriell und standardisiert produzieren zu lassen. Gleichzeitig schränkt diese Arbeitsorganisation den Anwendungsbereich stark ein.

19 Hans Pongratz: Of Crowds and Talents: Discursive Constructions of Global Online Labour, in: New Technology, Work and Employment, Vol. 33 (2018), Nr. 1, S. 58–73.

20 Alessandro Gandini: The Reputation Economy. Understanding Knowledge Work in Digital Society, London 2016; Ulrich Bröckling: Das unternehmerische Selbst: Soziologie einer Subjektivierungsform, Berlin 2013.

21 Jodi Dean: Der kommunistische Horizont, Hamburg 2016, S. 92.

Auf Makroplattformen behalten die Onlinearbeiterinnen ihre hohe Autonomie indessen auch innerhalb der Produktion, denn der Arbeitsprozess kann nicht zergliedert und objektiviert werden und das Arbeitswissen bleibt implizit. Vielmehr geht es darum, die Subjektivität des Einzelnen reell zu subsumieren, indem die Kommunikation und Interaktion zu integralen Bestandteilen des Arbeitsprozesses werden, die im Produktionsraum der Plattform stattfinden. Zwar ist davon auszugehen, dass auch hier das Arbeitsmodell auf bestimmte Nischentätigkeiten, für die kein unternehmensspezifisches Wissen oder längerfristige Verantwortlichkeiten notwendig sind, begrenzt bleiben wird. Doch die Komplexität der Arbeitsregime auf Makroplattformen in Kombination mit der allgemeinen Normalisierung eines neoliberalen Selbstunternehmertums legen nahe, dass die plattformbasierte Onlinearbeit für bestimmte Bereiche der kreativen und höherqualifizierten Aufgaben durchaus eine längerfristige Rationalisierungsstrategie darstellen kann, zum Beispiel als Rückseite von agilen Managementmethoden in Angestelltentätigkeiten.

In beiden Fällen zeigt sich die aktiv strukturierende Rolle von Plattformen. Während sie Arbeit im Vergleich zur betrieblichen Beschäftigung radikal vermarktlichen, nehmen sie innerhalb der soziotechnischen Dreiecksbeziehung zwischen Kapital und Arbeit eine betriebsäquivalente Rolle ein: Sie übersetzen Kundenaufträge in einen Arbeitsprozess, der Arbeit in Gebrauchswerten materialisiert. Sie organisieren also *Managementfunktionen als Ware.* Hierin könnte ein grundlegender Veränderungsschritt im Kapitalismus liegen: Vom frühkapitalistischen Unternehmenspatriarch über das Unternehmensmanagement bis hin zur externen Plattform managen sich die Kapitale immer weniger selbst. Die entstehenden Managementregime rationalisieren potenziell nicht nur betriebliche Arbeit, sondern sind auch in sich hoch rationalisiert, indem beispielsweise die Crowd selbst zur dezentralen und gegenseitigen Kontrolle eingebunden wird.

Neu ist, dass die betriebliche Herrschaft dem Individuum als neutrale, technologische Gestalt gegenübertritt. Ähnlich wie im

Maschinensystem wird betriebliche Herrschaft in der Materialität der Plattform verdinglicht: In ihren Algorithmen und Designs liegt ihre politische und soziale Macht, denn wer den Raum bestimmt, Schnittstellen beherrscht und Zugänge verwaltet, gibt die Handlungsoptionen vor und regiert. Die Plattform als Äquivalent zum marxschen Maschinensystem, wie ausgehend von Andreas Boes und Kollegen geschlussfolgert werden könnte, scheint jedoch zu weit gegriffen. Aufgrund der formalen Unabhängigkeit und des fehlenden unmittelbaren Zugriffs können die Plattformen die Körper der Arbeit nicht direkt ihrem Takt unterwerfen und entfremden. Vielmehr regieren sie durch *infrastrukturelle Macht:* Eine Macht, die sich zurücknimmt und den Raum, die Interessen und Präferenzen ordnet anstelle der Körper; eine Macht die regiert, ohne zu regieren.[22]

Hieraus ergeben sich grundlegende *Implikationen für die Seite der Arbeit.* Es entsteht ein hybrides Arbeitsregime, das als abhängige Unabhängigkeit charakterisiert werden kann: Die Onlinearbeiter sind formal selbstständig, hoch mobil und flexibel; dennoch sind ihre Arbeitsbedingungen abhängig von der Plattformen. Die technologische Gestalt der Herrschaft lässt sie als nicht vorhandene Herrschaft und nicht hinterfragbare Ordnung erscheinen. Der betriebliche Konflikt wird anonymisiert, zerstreut und individualisiert. Stattdessen werden fragmentierte und entkollektivierte »Solo-Kapitalisten«[23] gefordert, die sich zum Verkauf der eigenen Arbeitskraft selbst-ökonomisieren und, insbesondere auf Makroplattformen, selbst-vermarkten. Plattformen sind jedoch mitnichten eiserne Käfige und das Spannungsfeld zwischen radikaler Marktabhängigkeit und Autonomiekonstruktion löst sich an Stellen in Akzeptanzproblemen, abweichendem Arbeitshandeln bis hin zu Widerstandspraktiken auf.[24] Zudem stellt die hohe Mobilität der Crowd eine starke Machtressource dar.

22 Unsichtbares Komitee: An unsere Freunde, Hamburg 2015, S. 65, 66, 99.

23 Timo Daum: Das Kapital sind wir, Hamburg 2017, S. 174.

24 Christine Gerber/Martin Krzywdzinski: Brave New Digital Work? New Forms of Performance Control in Crowdwork, in: Research in the Sociology of Work, Vol. 33 (2019), S. 121–143, i. E.

Crowdwork unterstreicht die arbeitsintensive Kehrseite der Digitalisierung. Die Verallgemeinerbarkeit des Arbeitsmodells scheint aufgrund der spezifischen Steuerungs- und Kontrollprobleme begrenzt. Crowdwork sollte vor allem als Experimentierfeld für neue Verwaltungsformen des Kapitals sowie für die betriebliche Herrschaft durch digitale, infrastrukturelle Macht gedeutet werden, die in Zukunft bestimmte Belegschaftsschichten regieren könnte und dabei nicht auf selbstständige Plattformtätigkeiten begrenzt bleiben muss.

Felix Gnisa

Das Maschinensystem des 21. Jahrhunderts?

Zur Subsumtion der Kommunikation durch digitale Plattformtechnologien

Einigen Ausführungen nach ist mit dem Advent digitaler Technologie eine Phase der ökonomischen Reproduktion eingeläutet, die besonders günstige Bedingungen für die Überwindung kapitalistischer Gesellschaften in sich trägt. Big-Data-Analysen und additive Produktionsverfahren wie 3D-Drucker sollen die Chance eröffnen, ökonomische Prozesse einer dezentralen Planung zuzuführen, statt sie über den Markt zu steuern.[1] Die Immaterialisierung von Produktionsmitteln, beispielsweise in Form von Softwarecodes, soll das Verteilungsprinzip des Privateigentums überflüssig machen.[2] Prognostizierte Automatisierungsschübe könnten den Weg bahnen zu einer Überwindung der Arbeitsgesellschaft.[3] Diese Überlegungen stellen dabei den Gedanken in Rechnung, dass sich die Plausibilität postkapitalistischer Ambitionen nicht zuletzt darüber ausweist, inwiefern denkbare effiziente Alternativen zu einer Wirtschaftsweise existieren, die sich über den Markt steuert und dabei Herrschaft über Arbeit ausübt. Ein wichtiges Kriterium solch einer postkapitalistischen Ökonomie ist dabei auch, inwiefern digitale Technologien die unmittelbaren Produzentinnen[4] befähigen, den Produktionsprozess selbst zu organisieren. Denn alle gesamtgesellschaftlichen Planungsfantasien taugen nichts – auch das zeigt die Tragödie der staatsbürokratischen Sozialismen –, wenn sie nicht durch die *demokratische Verfügung betrieblicher Produktion* gestützt

1 Paul Mason: Postkapitalismus. Grundrisse einer kommenden Ökonomie, Berlin 2016. Siehe auch den Beitrag von Schaupp/Jochum in vorliegendem Band.

2 Jeremy Rifkin: Die Null-Grenzkosten-Gesellschaft. Das Internet der Dinge, kollaboratives Gemeingut und der Rückzug des Kapitalismus, Frankfurt a. M. 2014.

3 Nick Srnicek/Alex Williams: Die Zukunft erfinden. Postkapitalismus und eine Welt ohne Arbeit, Berlin 2016.

4 Im gesamten Text wird das generische Femininum verwendet.

sind und damit Gefahr laufen, bürokratische Herrschaft auch jenseits der Marktsteuerung gesellschaftlicher Reproduktion zu tradieren.[5]

Die in den letzten 15 Jahren entstandenen digitalen Plattformökonomien sind zur Diskussion dieses Problems ein lohnenswerter Untersuchungsgegenstand. Sie spiegeln als digitale Pionierbranchen eine neue produktive Logik des Kapitalismus wider, in der es für Unternehmen weniger darum geht, Produkte zu fertigen, sondern Kommunikationsinfrastrukturen zur Verfügung zu stellen, auf denen Nutzerinnen, Arbeiterinnen, Händlerinnen und Unternehmen miteinander interagieren können.[6] Damit unterscheiden sie sich stark von einem Typ der Arbeitsorganisation, aus dessen Betrachtung eher pessimistische Urteile über die Möglichkeit einer demokratischen Arbeitsorganisation entsprungen sind: der *reell subsumierten* industriellen Fabrik. Vor dem Hintergrund dieser pessimistischen Vergleichsfolie lässt sich an ihnen verdeutlichen, dass der digitale Kapitalismus eine neue Qualität von Subsumtion von Arbeit etabliert und damit auch ein grundsätzlich anderes Verhältnis von Produktivität, technologischer Herrschaft über Arbeit und den Bedingungen einer Aneignung von Technologie als sein industrieller Vorgänger.

Reelle Subsumtion als pragmatisches Problem technologischer Aneignung

Marx führt die Konzepte der formellen und reellen Subsumtion von Arbeit unters Kapital ein, um Verwandlungen von Organisationsformen und Technologien zu beschreiben, die durch strukturelle Dynamiken der kapitalistischen Produktionsweise motiviert sind. Als formell subsumiert beschreibt Marx die handwerkliche Produktion im Verlagssystem des

5 Zur konzeptionellen und historischen Tradition der Arbeiterinnenselbstverwaltung: Karl Korsch: Arbeitsrecht für Betriebsräte, Berlin 1922; Dario Azzellini/Immanuel Ness (Hrsg.): *»Die endlich entdeckte politische Form«. Fabrikräte und Selbstverwaltung von der russischen Revolution bis heute*, Köln 2012.

6 Nick Srnicek: Platform-Kapitalismus, Hamburg 2018; Oliver Nachtwey/Philip Staab: Die Avantgarde des digitalen Kapitalismus, in: Mittelweg 36, Jg. 24 (2015), H. 6, S. 59–84.

merkantilen Kapitalismus. Die Arbeit der Handwerker war zwar in den Wertschöpfungskreislauf eines Kapitals integriert, ihre Weise zu arbeiten blieb jedoch davon unangetastet. Im Prozess der reellen Subsumtion hingegen wird diese Arbeitsweise selbst umgestaltet, sodass sie die Anforderungen einer auf Marktkonkurrenz beruhenden Ökonomie erfüllt.[7] Das Resultat ist die industrielle Arbeitsorganisation, für die arbeitssoziologische Untersuchungen, die sich am Theorem der reellen Subsumtion orientierten,[8] eine ernüchternde Produktivkraftdiagnose stellten. Grundlegend war die Beobachtung, dass die Rationalisierung industrieller Arbeit wesentlich über zeitliche Effizienzgewinne vonstattenging und dass diese *Zeitökonomie* über die Scheidung von konzeptionellen und ausführenden Tätigkeiten erreicht wurde: Das Arbeitswissen konzentrierte sich in den Arbeits- und Planungsbüros der Fabriken, der Großteil der Produzentinnen wurde zur Ausführung vorher bestimmter und kleinteiliger Arbeitsschritte angewiesen. Die Zergliederung der Arbeit und die Spezialisierung der Teilarbeiterinnen führte dazu, dass diese die monotone Arbeit schneller erledigten, als der ehemals qualifizierte Handwerker, in dessen Person noch die einzelnen Fertigungsschritte vereinigt waren. In der Technologie der industriellen Fabrik, dem *Maschinensystem* gewann diese *Technik der Rationalisierung* eine sachliche Gestalt: Das von den Fertigungsarbeiterinnen enteignete Arbeitswissen wurde in Werkzeug- und Bewegungsmaschinen eingeschrieben, die den Takt der Produktion vorgaben, ein Großteil der Produzentinnen musste dem so determinierten Produktionsfluss folgen. Im Prozess der reellen Subsumtion schreiben sich so zwei strukturelle Charakteristika kapitalistischer Gesellschaften in die Gestalt produktiver Technologie ein: In der Dimension der Zentralisie-

7 Karl Marx: Das Kapital, Bd. 1, in: Karl Marx/Friedrich Engels: Werke [MEW], Berlin 1956ff., Bd. 23, S. 331–407.

8 Joachim Bergmann: Reelle Subsumtion als arbeitssoziologische Kategorie, in: Wilhelm Schumm (Hrsg.): Zur Entwicklungsdynamik des modernen Kapitalismus. Beiträge zur Gesellschaftstheorie, Industriesoziologie und Gewerkschaftsforschung. Symposium für Gerhard Brandt, Frankfurt a. M. 1989, S. 39–48; Rudi Schmiede: Reelle Subsumtion als gesellschaftstheoretische Kategorie, in: Schumm: Entwicklungsdynamik, S. 21–38.

rung von Arbeitswissen reflektiert sich die *Klassenstruktur,* in der Dimension der zeitlichen Taktung die *Tauschwertimperative,* weil Marktvorteile für Unternehmen wesentlich über die Reduktion lebendiger Arbeitszeit erlangt werden. Gleichermaßen entwickelt sich in diesem Prozess somit aber Herrschaft über Arbeit *und* Produktivität in einem. Herrschaft, weil ein Großteil der Arbeiterinnen nicht mehr das Wissen über den Arbeitsprozess besitzen; Produktivität, weil *damit* die serielle Produktion standardisierter Güter zeitlich beschleunigt und Massenproduktion überhaupt erst ermöglicht wurde.

Der Prozess der reellen Subsumtion bedeutet damit ein pragmatisches Problem für eine progressive Transformation von Gesellschaft, die nicht auf die entwickelten Reichtumspotenziale verzichten will. Die Verknüpfung der effizienten ökonomischen Reproduktion mit einem Produktionsmittel, das die Entmündigung einer Mehrheit der Arbeiterinnen verfestigt, kann ernsthafte Schwierigkeiten für das Projekt einer demokratischen Arbeitsorganisation bedeuten. Denn für diese ist letztlich das Wissen um den Produktionsprozess relevant.[9]

Produktivität: Allokation und effiziente Informationsregime

Die reell subsumierte Fabrik organisiert Produktivität durch die Zentralisierung von Arbeitswissen. Die digitalen Plattformen hingegen sind funktional nur, weil sie es Unternehmen ermöglichen, produktives Wissen anzusteuern, das sich nicht innerhalb ihrer organisationellen Grenzen befindet, sondern bei verstreuten Produzentinnen. An vier Plattformtypen, welche produktive Tätigkeit organisieren,[10] lässt sich dies verdeutlichen.

9 Historisch relevant wurde dieses Problem beispielsweise für die Sowjets im revolutionären Russland, deren Kontrolle über die Fabrik nicht in einer wirklichen Entscheidungsmacht über die Produktion bestand, sondern nur in der Überprüfung der Ingenieure und ehemaligen Kapitaleigner, die weiterhin die Produktion steuerten. Vgl. David Mandel: Die Bewegung der Fabrikkomitees in der Russischen Revolution, in: Azzelini/Ness: Politische Form, S. 129–164.

10 Nicht alle Plattformen organisieren produktive Tätigkeit, weshalb sie hier aus pragmatischen Gründen unerwähnt bleiben. Für einen instruktiven Überblick vgl. Srnicek: Plattform-Kapitalismus.

1) Plattformen der Gig-Economy wie Uber, Airbnb oder Helpling vermitteln soloselbstständige Taxifahrerinnen, private Ferienwohnungen oder Reinigungskräfte.[11] Die Plattformen besitzen weder die materiellen Ressourcen noch die Arbeitskräfte, um bestimmte Dienste zu erfüllen, sondern stellen eine digitale Infrastruktur zur Verfügung, um Arbeitsaufträge, Ressourcen und Arbeit zu vermitteln. Damit sind sie sowohl auf die materiellen Ressourcen der Produzentinnen angewiesen, als auch auf das Wissen über das Vorhandensein bestimmter Ressourcen und Arbeitskräfte, das nur durch die Produzentinnen beigesteuert werden kann.
2) Auf Mikro-Task-Plattformen wie Amazon Mechanical Turk oder Clickworker werden Arbeitsaufgaben mit niedrigerer Komplexität ausgeschrieben. Das Portfolio reicht von der Texterstellung für Produktbeschreibungen, der Transkription von Audiobeiträgen, der Verschlagwortung von Bildern bis zur Übersetzung kleiner Texteinheiten. Es handelt sich um extrem niedrigqualifizierte Arbeit. Die Auftrag gebenden Unternehmen sind hier dennoch nicht nur auf das Wissen der Produzentinnen zum Lösen dieser Aufgaben angewiesen, sondern sind ebenso wenig in Kenntnis darüber, wer eine bestimmte Aufgabe bearbeiten sollte. Die Zuordnung von Talenten und Arbeiten organisiert sich durch die eigenständige Übernahme von Aufgaben durch die Arbeitskräfte.[12] Weil somit das Wissen über effektive Passungen zwischen Arbeitsvermögen und Aufträgen von den Arbeiterinnen beigesteuert wird, ist es möglich, eine sehr hohe Anzahl an Clickworkern durch wenige Mitarbeiterinnen zu orchestrieren. Auf der größten Mikro-Task-Plattform Crowdflower stehen fünf Millionen angemeldeten Arbeiterinnen 100 Mitarbeiterinnen gegenüber.[13]

---

11 Florian A. Schmidt: Arbeitsmärkte in der Plattformökonomie. Zur Funktionsweise und den Herausforderungen von Crowdwork und Gigwork, Bonn 2016, S. 19–21.

12 Jan-Marco Leimeister/Shkodran Zogaj/David Durward/Ivo Blohm: Systematisierung und Analyse von Crowd-Sourcing-Anbietern und Crowd-Work-Projekten, Düsseldorf 2016, S. 44–45; Schmidt: Arbeitsmärkte, S. 15–16.

13 Schmidt: Arbeitsmärkte, S. 15.

3) Auf Kreativplattformen wie Jovoto, auf denen Produktinnovationen oder das Designen von Markenlogos abgewickelt werden,[14] oder der Software-Entwicklungsplattform Topcoder[15] werden die Aufträge ebenso an eine offene Menge ausgeschrieben. Im Gegensatz zu den Mikro-Task-Plattformen handelt es sich hier um hochqualifizierte, kreative Arbeit, in der ein hochgradig implizites Wissen für Unternehmen ansteuerbar wird. Gleichermaßen müssen Crowdworker eigenverantwortlich entscheiden, ob sie einer angebotenen Aufgabe gewachsen sind oder nicht. Auf deutschsprachigen Crowdworking-Plattformen für hochqualifizierte Arbeit werden somit auch hier ca. 94 000 Mitglieder von nur 23 internen Mitarbeiterinnen betreut.[16]
4) Social-Media-Plattformen wie Facebook oder Google ermöglichen die sozialen Interkationen ihrer Nutzerinnen, um diesen personalisierte Werbung schalten zu können. Durch das Posten von Inhalten und Kommentaren, das Schließen von Freundschaften oder die Teilhabe an Gruppen produzieren die Nutzerinnen ein Netz kulturellen Wissens, das ausgewertet eine Kartografie von Bedürfnissen, Lebensformen und Stilen ergibt. Zwar scheint es gewagt, das Verhalten der Nutzerinnen als Arbeit zu bezeichnen.[17] Dennoch stellt deren Kommunikation in ihrer werberelevanten Dimension eine produktive Tätigkeit im Wertschöpfungskreislauf von Kapital dar und kann damit subsumtionstheoretisch gedeutet werden.

All diesen Plattformen gleicht trotz ihrer unterschiedlichen »Arbeitsprozesse«, dass sich in ihnen Informationen über produktive Fähigkeiten, Ressourcen und Bedürfnisse sammeln,

14 Leimeister u. a.: Systematisierung, S. 46–48.

15 Karim M. Lakhani/David A. Garvin/Eric Lonstein: Topcoder (A). Developing Software through Crowdsourcing, in: Harvard Business School Case Study Nr. 610-032, Cambridge 2010.

16 Volkmar Mrass/Christoph Peters: Crowdworking-Plattformen in Deutschland, in: Working Paper Series Nr. 16, Kassel 2017, S. 13–14.

17 Prominent wird diese Annahme vertreten bei: Christian Fuchs/Sebastian Sevignani: What is Digital Labour? What is Digital Work? What's their Difference? And why do these Questions Matter for Understanding Social Media?, in: Triple C 2/2013, S. 237–293.

die zur Koordinierung von Produktion verwendet werden. Das dort akkumulierte Wissen ist also keines, das für den unmittelbaren Produktionsprozess selbst relevant ist – die Plattformen beschaffen nicht das Fahren von Autos oder das Programmieren einer Software –, sondern für die Kooperation der Produzentinnen. Die Plattformen ermöglichen, dass ein Taxifahrer auf Uber von einer bedürftigen Passagierin Notiz nimmt, das die von anderen Nutzerinnen produzierten kulturellen Artefakte auf Facebook der Bewertung digitaler Communities ausgesetzt werden oder Unternehmen die spezifisch qualifizierte Arbeitskraft ausfindig machen können, die produktives Wissen beisteuern kann. Bei den in den digitalen Infrastrukturen verdichteten Informationen handelt es sich daher um allokatives Wissen und bei den Plattformen um *allokative Produktionsmittel,* weil sie die Zuteilung von notwendigen Arbeiten, Ressourcen und Fähigkeiten ermöglichen.

Als allokative Produktionsmittel repräsentieren die Plattformtechnologien eine grundlegend andere Produktivitätsform als das industrielle Maschinensystem: Für Marx galt Produktivität als Verwohlfeilerung von Waren, durch die »[...] mit dem selben Quantum Arbeit mehr Ware [...]«[18] hergestellt wird. Damit einher geht eine bestimmte Logik von Produktionsorganisation, die davon ausgeht, dass Arbeit in weiten Teilen nicht darin besteht, das Produkt zu entwerfen, sondern es zu materialisieren. In der standardisierten industriellen Produktion werden Produkte von Forschungs- und Entwicklungsabteilungen designt, Ingenieurinnen im Betriebsmittelbau konzipieren daraufhin Produktionsanlagen; Arbeitsbüros definieren Arbeitsschritte, Teilarbeiterinnen führen diese schließlich aus. Rationalisierung heißt hier, dem ideell konzipierten Produkt mit so wenig Arbeitsaufwand wie möglich einen materiellen Körper zu geben. Das ist der Pfad der reellen Subsumtion: Eine Produktionslogik, in der Ingenieurinnen und Management vom Produkt wissen und ein Großteil der Fertigungsarbeiterinnen es materialisiert.

18 MEW, Bd. 23, S. 386.

Die zweite Vorstellung von Produktivität bietet Yochai Benkler, ein Theoretiker der Netzwerkproduktion: Produktivität ist die *Funktion eines Arbeitsvermögens und der Ressourcen, auf die es Zugriff hat.*[19] Sie geht davon aus, dass das Produkt *nicht-standardisiert, immateriell oder dynamisch* ist und deswegen Arbeit in diesem Fall vorrangig darin besteht, es konzeptionell zu erstellen. Die verschiedenen Plattformtypen geben dafür gute Beispiele:

Weder Auftraggeberin noch Management auf Crowdworking-Plattformen wissen, wie ein Code für ein bestimmtes Programm oder eine Werbekampagne aussehen soll, die sie in Auftrag geben. Bei Social-Media-Plattformen können die Big-Data-Analystinnen gleichfalls nicht bestimmen, welche kulturellen Praktiken sich besonderer Beliebtheit erfreuen, suchen die werbeschaltenden Unternehmen, für die Datensätze ausgewertet werden, doch gerade nach Äußerungen der Nutzerinnen über ihre Vorlieben, damit sie Werbeanzeigen personalisieren können. *Das Produkt ist nicht-standardisierbar.*

Auch bei Plattformen der Gig-Economy, in denen keine kreative Arbeit angesteuert wird, ist das Produkt nicht letzthin bestimmbar: Das Uber-Management kann beispielsweise nicht planen, welches Bedürfnis nach einer Fahrt durch welche Fahrerin erledigt werden soll. Das Produkt, also das *Matching* von Ressource und Bedürfnis, ist zeitlich und örtlich *dynamisch* und daher auf den informationellen Beitrag der Fahrerinnen angewiesen.

Die Mikro-Task-Plattformen renovieren auf den ersten Blick das tayloristische System der industriellen Arbeit, weil sie sich durch das Ausschreiben extrem zergliederter Teilaufgaben auszeichnen.[20] Auf der anderen Seite geht diese Zergliederung des Gesamtprozesses nicht mit einem Wissen über das herzustellende Produkt aufseiten der Auftraggeber einher. Das ist ein wichtiger Unterschied zur Arbeit in der industriel-

19 Yochai Benkler: Coase's Penguin, or, Linux and ›The Nature of the Firm‹, in: Yale Law Journal, Vol. 112 (2002), Nr. 3, S. 369–446, hier S. 415–417.

20 Moritz Altenried: Die Plattform als Fabrik. Crowdwork, Digitaler Taylorismus und die Vervielfältigung der Arbeit, in: Prokla, Jg. 47 (2017), H. 187, S. 175–192.

len Fabrik, der aus dem *immateriellen* Charakter des Arbeitsproduktes resultiert. Innerhalb der industriellen Produktion materieller Güter konnten Arbeitsbüros das Ergebnis selbst einzelner Teiltätigkeiten bestimmen, weil Arbeiter letztlich nur das schon vorhandene ideelle Konzept eines Produktes seriell materialisierten. Würde hingegen die Übersetzung eines Textes schon im Kopf der Auftraggeberin auf Mikro-Task-Plattformen existieren, müsste sie nicht erstellt werden; wenn sie aber hergestellt wird, entwirft ihre Produzentin neues Wissen. Dass die Auftraggeberin nichts von dem Produkt wissen, das sie suchen, wird am Modus der Kontrolle deutlich, durch den sie sich der korrekten Lösung einer Arbeitsaufgabe versichern. Meist werden die Aufgaben von mehreren Clickworkern durchgeführt und individuelle Abweichungen durch Algorithmen als dysfunktionale Lösungen identifiziert. Die Unsicherheit über die Gestalt des Arbeitsproduktes soll über den Vergleich des durch die Clickworker gelieferten Wissens reduziert werden, kann aber nicht nur durch eine absolute Übertragung des Produktionswissens auf die Seite der Auftraggeberin aufgehoben werden.[21]

Wenn in all diesen Fällen das Produkt erst konzeptionell durch die Produzentinnen entworfen wird, dann ist es für ein Unternehmen, das nicht weiß, durch welches Arbeitsvermögen die Lösung eines Produktionsproblems bewältigt werden kann, funktional, dieses an die größtmögliche Menge von Produzentinnen zu adressieren, damit ein passendes Arbeitsvermögen von jenem Notiz nimmt. Das bedeutet die benklersche Produktivitätslogik: Der Benefit der digitalen Infrastrukturen steigt, je größer die potenziellen Funktionen von Arbeitsvermögen und Ressourcen sind. Gegenüber der materialisierenden Produktivität des Maschinensystems ist Allokation damit wesentlich eine immaterielle Produktivität, weil ein effektives Passungsverhältnis Resultat der Verdichtung von Informationen ist.

21 Schmidt: Arbeitsmärkte, S. 16.

Entfremdung: Subsumtion der Kommunikation

Ausgehend von der allokativ-immateriellen Produktivität lässt sich gegenüber der materialisierenden Produktivität des Maschinensystems eine neue Form der Subsumtion von Arbeit identifizieren. Die Plattformen leisten die Allokation in einer Weise, in der die Produzentinnen der *verselbstständigten Kommunikation* unterworfen sind, ebenso wie die Fertigungsarbeiterinnen den selbstständigen Werkzeugmaschinen. Pointiert lässt sich dies an zwei Plattformen und deren algorithmischen Mechanismen veranschaulichen: der Gig-Plattform Uber und der Mikro-Task-Plattform Amazon Mechanical Turk:

Uber

Uber steuert über drei algorithmische Werkzeuge die lebendige Arbeit:

Zum ersten bestimmt ein Algorithmus automatisch über die Zuordnung von Fahrerinnen und Passagierinnen. Dabei haben die Fahrerinnen keine Möglichkeit, eine Vorauswahl über erwünschte Gäste zu treffen, sondern müssen anhand der von Uber gelieferten Informationen über Ort, Name und Rating der Passagierinnen entscheiden, ob sie den Auftrag annehmen. Nachdem eine Frist von 15 Sekunden ohne eine Annahme verstrichen ist, wird der Auftrag automatisch einer anderen Fahrerin zugeordnet. Die Kriterien für die Zuweisung bleiben für die Fahrerinnen dabei unbekannt. Teilweise erhalten sie Anfragen für Gegenden, in denen andere Kolleginnen schneller am gewünschten Ort wären. Über das Kriterium der Entfernung hinaus kann auch das gegenseitige *Rating* von Fahrerinnen und Passagierinnen oder die Dauer der Login-Zeit als Datengrundlage für das *Matching* verwendet wird. Etwa werden Fahrerinnen, die ihre *App* für lange Zeit aktiviert halten, Anfragen mit einer größeren Distanz zugeordnet.[22]

22 Min Kyung Lee/Daniel Kusbit/Evan Metsky/Laura Dabbish: Working with Machines. The Impact of Algorithmic and Data-Driven Management on Human Workers, in: Proceedings of the 33rd Annual ACM Conference on Human Factors in Computing Systems, New York 2015, S. 1603–1612.

Durch den sogenannten *Surge-Pricing*-Algorithmus werden zum zweiten dynamische Preise für hochfrequentierte Gegenden und Zeiten berechnet. Sobald die Nachfrage in einem Gebiet das Angebot übersteigt, werden die entsprechenden Zonen auf den Displays der Fahrerinnen als Surge-Pricing-Zonen dargestellt. Mit aggressiven Reizen wie dem Senden von Push-Mitteilungen auch beim Abschalten der App, wiederholten Hinweisen auf mögliche *Surge-Pricing*-Zonen beim Abmelden und dem Versenden von E-Mails bei prognostizierten hohen Nachfragevolumina soll die finanzielle Motivation der Fahrerinnen stimuliert werden. Die Prognosen über Stoßzeiten werden dabei aus der Auswertung vergangener Fahrtdaten gewonnen.[23] Für die Fahrerin hingegen ist nicht sicher, inwiefern sie tatsächlich von den *Surge-Pricing*-Zeiten profitieren, denn der Zuordnungsalgorithmus kann sie ebenso zu Passagierinnen lenken, die sich außerhalb der entsprechenden Zonen befinden. Ebenso droht Uber mit der Exklusion von der Plattform, wenn die Fahrerinnen Aufträge außerhalb der *Surge-Pricing*-Zonen ablehnen. Einerseits wird also durch das Platzieren algorithmisch berechneter Reize der Pool lebendiger Arbeit aktiviert, um die Friktionen von Nachfragekonjunkturen auszugleichen. Andererseits sorgt der algorithmische Zuordnungsmechanismus dafür, dass die Hinweise auf höhere Verdienstmöglichkeiten nicht gegen die durch Uber bestimmte Logik der Zuordnung eingesetzt werden.

Zum dritten findet eine Steuerung der Allokation über das gegenseitige *Rating* von Fahrerinnen und Passagierinnen und die Berechnung von Annahmeraten statt. Uber zahlt einen garantierten Stundenlohn im Falle einer bestimmten Annahmerate, deaktiviert hingegen auch Fahrerinnen mit geringen Werten. Oftmals genügt eine Wertung von 4,5 von 5 Punkten, um deaktiviert zu werden. Die Fahrerinnen stehen damit unter dem Druck der Kundenbewertung und bilden ein »service-mindset«[24]

23 Ebd., S. 1605–1607; Alex Rosenblat/Luke Stark: Algorithmic Labor and Information Asymmetries: A Case Study of Uber's Drivers, in: International Journal of Communication, Vol. 10 (2016), S. 3758–3784, hier S. 3766–3769.

24 Lee u. a.: Working with Machines, S. 1608.

aus, um das emotionale Wohlbefinden der Passagierinnen zu steigern, beispielsweise indem sie durch diskrete Gespräche und Augenkontakte feststellen, ob ein Fahrgast eine Konversation wünscht, welche Musik geboten ist oder ob die Klimaanlage zu kalt ist.[25] Die algorithmischen Leistungsbemessungen und Annahmeraten werden jede Woche an die Fahrerinnen gesendet, damit diese angehalten werden, eine für die Plattform funktionale Arbeitshaltung einzunehmen.[26]

Amazon Mechanical Turk

Für die Mikro-Task-Plattform Amazon Mechanical Turk wurden bereits mehrere Crowdsourcing-Werkzeuge für Unternehmen entwickelt, die das automatische Managen von Clickworkern für komplexe Arbeitsaufgaben ermöglichen. Eines davon ist Turkomatic,[27] das die Koordinierung eines arbeitsteiligen Prozesses über die selbstständige Kooperation von Algorithmen und Produzentinnen organisiert. Das Programm erstellt hierfür zuerst eine Vorlage für eine Aufgabendefinition – beispielsweise das Schreiben einer Produktbeschreibung für einen Onlineversandhandel –, die von einer Auftraggeberin ausgefüllt wird und in der ein fixer Preis für die Lösung einer HIT *(Human Intelligence Task)* ausgeschrieben wird. Danach werden einem programmierten Ablauf folgend verschiedene Abschnitte des Arbeitsprozesses in die Menge geworfen, welche Lösungen zurücksendet, auf deren Grundlage weitere Produktionsschritte ausgeschrieben werden.

Die erste HIT besteht darin einzuschätzen, inwiefern die Komplexität der Aufgabe mit dem ausgeschriebenen Preis vereinbar ist. Falls ein Clickworker entscheidet, dass dies nicht der Fall ist, wird durch Turkomatic eine neue HIT entworfen, um die Aufgabe zu partitionieren. Dieser Prozess wird solange wiederholt, bis die entsprechend niedrige Komplexität für den

25 Rosenblat/Stark: Algorithmic Labor, S. 3772.

26 Ebd.

27 Anand Kulkarni/Matthew Can/Björn Hartmann: Collaboratively Crowdsourcing Workflows with Turkomatic, in: Proceedings of the ACM 2012 Conference on Computer Supported Cooperative Work, New York 2012, S. 1003–1012.

fixierten Preis erreicht ist, wonach Turkomatic einen Clickworker anweist, in einer HIT darüber zu entschieden, ob die Teilaufgaben sequenziell, also aufeinander aufbauend, oder parallel bearbeitet werden können. Wenn alle zergliederten HITs erledigt sind, erstellt Turkomatic eine sogenannten *Merge-HIT,* welche die Clickworker anweist, die Teilaufgaben zusammenzusetzen. In allen Phasen werden die Zwischenergebnisse der Teilaufgaben zur Bewertung durch andere Arbeiterinnen ausgeschrieben. Falls Zwischenergebnisse als völlig dysfunktional markiert werden, schreibt der Algorithmus automatisch alle Aufgaben neu aus, die von einer Revision betroffen sind.

In beiden Fällen ist alles Wissen, das im Produkt amalgamiert, durch die Arbeiterinnen bereitgestellt, nur stehen sie als in der Menge Verstreute dieser Kooperation nicht bewusst gegenüber, sondern sind den durch algorithmische Verlaufsbahnen festgelegten Arbeitsschritten und Koordinierungsweisen unterworfen. Die Produzentinnen kooperieren nicht miteinander, sondern mit der algorithmischen Maschine, dienen ihr als Kommunikatoren, die Informationen senden, damit sie den weiteren Arbeitsprozess planen kann und gehen so mit der Technologie ein sich dynamisch steuerndes Verhältnis ein, in dem allerdings die Arbeiterinnen als Elemente eines Gesamtsystems eingesetzt sind, dessen Steuerungsziele durch automatisierte Kommunikationsweisen definiert sind. Die Produzentinnen partizipieren an einem gemeinsam konstituierten Pool von allokativen Informationen, nur ist die Zirkulation dieser Informationen – *ihre Kommunikation* – über enteignete Bahnen strukturiert, die nicht der Verfügung der Arbeiterinnen unterstellt sind, sondern kapitalfunktionalen Kriterien genügen: Die Informationen über zu erledigende Fahrten in Kombination mit *Surge-Pricing*-Informationen bei Uber dienen der schnellen Passung von Angebot und Nachfrage, die Rating-Mechanismen der Disziplinierung einer funktionalen Arbeitshaltung. Das Selbstmanagement und die Zergliederung der Arbeit auf Crowdworking-Plattformen dienen der Verbilligung der Arbeit,[28]

28 So konnte der Preis der Arbeit für einen Lexikonartikel durch die Zergliederung relativ von 3,05 US-Dollar für 393 Wörter auf 3,26 US-Dollar für 658 Wörter redu-

dem Abbau interner Managementkosten[29] sowie dem Schutz interner Wissensressourcen der Unternehmen, welche Aufträge ausschreiben.[30]

In Anbetracht der zwei Dimensionen der reellen Subsumtion – Klassenstruktur und Zeitökonomie – findet sich dergestalt eine spezifische Form der Subsumtion wieder. In der Dimension der Klassenstruktur enteignen die Plattformen Arbeitswissen – nicht in Form von unmittelbarem Produktionswissen, sondern *allokativem Wissen.* Eine Reorganisation dieses Wissens nach den Maßgaben der Zeitökonomie und damit eine zeitliche Taktung der Produktion lässt sich den Plattformtechnologien allerdings nicht nachsagen. Die Plattformen organisieren Passungen, nicht jedoch die Beschleunigung der Produktion. Um mit der Unsicherheit umzugehen, inwiefern die für ein Produkt aufgewendete Arbeitsintensität dem gesellschaftlich gegebenen Produktivitätsniveau entspricht, setzen die (kommerziellen) Plattformen allesamt auf die finanziellen Zwänge des Stücklohns. Hier zeigt sich eine Parallele zur Phase der formellen Subsumtion. Durch das Unwissen über den Arbeitsprozess konnten Manufaktur- und Fabrikeigentümer dort die Durchsetzung von Leistungsvorstellungen nicht durch Arbeitsanweisungen ausüben, sondern mussten versuchen, diese mittels finanzieller Machtmittel herzustellen – beispielsweise, indem der Lohn industrieller Arbeiter durch Subkontrakte an die hergestellte Menge von Produkten gekoppelt wurde.[31]

Dass die zeitliche Dimension der reellen Subsumtion im Herrschaftscharakter der Technologie keine Rolle spielt, zeigt einerseits die andere Produktivitätslogik und damit den nichtstandardisierten, dynamischen und immateriellen Charakter

ziert werden. Vgl. Aniket Kittur u. a.: Crowdforge: Crowdsourcing Complex Work, in Proceedings of the 24th annual ACM Symposium on User Interface Software and Technology (ACM, 2011), S. 43–52.

29 Also der oben erwähnte Abbau interner Mitarbeiter.

30 Jan Marco Leimeister/Shkodran Zogaj: Neue Arbeitsorganisation durch Crowdsourcing: Eine Literaturstudie, Düsseldorf 2013, S. 32–33.

31 Harry Braverman: Die Arbeit im modernen Produktionsprozeß, Frankfurt a. M./New York 1977, S. 56–58; Paolo Virno: Grammatik der Multitude. Untersuchungen zu gegenwärtigen Lebensformen, Berlin 2005, S. 20–21.

der Arbeitsprodukte an, die durch die Plattformen hervorgebracht werden und bei denen eine zeitliche Taktung schwieriger vorgenommen werden kann. Anderseits und wenn man der Rede von den Plattformen als Pionierbranchen des digitalen Kapitalismus folgt, stellt es ein Indiz dar, dass zeitliche Effizienz in einer Ökonomie, in der digitale Plattformen opportun werden, eine unbedeutendere Rolle spielt, als günstige Passungsverhältnisse.

Aneignung: Eine Technik vom Arbeiterinnenstandpunkt und das Gewicht des Immateriellen

Die spezifische Qualität von Subsumtion lässt schließlich Schlüsse darüber zu, inwiefern eine effiziente Arbeitsorganisation notwendigerweise mit einer Enteignung von Arbeitswissen einhergehen muss. Damit ist das Konzept brauchbar, um die Möglichkeit einer Transformation von Technologie für eine demokratische Arbeitsorganisation auszuloten. Grundsätzlich müsste eine solche Technologie ausdrücken, dass das Arbeitswissen der Verfügung der Produzentinnen unterstellt ist. Für die industrielle Arbeitsorganisation läuft dies darauf hinaus, jenes Arbeitswissen, dem die Produzentinnen durch die Maschinen unterworfen sind, wieder zu den Arbeiterinnen zu verlagern. Eine Technologie vom Arbeiterinnenstandpunkt aus müsste wieder Werkzeugcharakter besitzen und deren Kontrolle unterworfen sein. Damit aber zeigt sich wiederum ein pragmatisches Dilemma der Aneignung für die Technologie der reell subsumierten Fabrik, in der Produktivität und Herrschaft eng gekoppelt sind: Die Rückführung des Arbeitswissens läuft Gefahr, sich in einer Rückkehr zu handwerklichen Formen der Produktion zu verirren und damit die zeitlichen Effizienzgewinne der Enteignung zu neutralisieren. Ein Beispiel für solch einen Versuch, stellen die durch *shop stewards* beim britischen Konzern Lucas Aeroplane entwickelten Konzepte über *Telechirische Geräte* dar, die es ermöglichen sollten, dass eine Arbeiterin Roboterwerkzeuge über Schalthebel und Fernsehkameras steuert, statt sich der Bewegung automatisierter Werkzeugmaschinen anzupassen.[32] Die *Telechirics* wären der Kontrolle der Arbeiterin unterstellt gewesen und hätten sicher seine physischen und optischen Fähigkeiten erweitert; ob sie in der Lage gewesen wären, die Produktion zeitlich effizient zu gestalten, ist jedoch fraglich.

Die Subsumtion der Kommunikation birgt demgegenüber möglicherweise günstigere Bedingungen für solch ein Projekt der Aneignung. Abschließend sollen drei Indizien angeführt werden, die den Verdacht stützen könnten, dass die Effektivität allokativer Produktivität nicht von der Entmündigung der Produzentinnen abhängig ist.

Zunächst konstituiert sich das allokative Wissen als *gemeinsamer* Pool von Informationen. Damit muss es nicht mehr darum gehen, dieses allokative Arbeitswissen zu den einzelnen Produzentinnen zurückzuführen. Vielmehr müsste für eine alternative Technologie die Weise, wie die Informationen kommuniziert werden, den Vorstellungen aller Produzentinnen genügen; die Kriterien der Allokation müssten Resultat eines demokratischen Aushandlungsprozesses sein. Bereits bestehende Konzepte in den Computerwissenschaften über Plattformen, die eine dezentrale Stromversorgung in *smart grids*[33] ermöglichen und dabei die bereit gestellten Ressourcen nicht nur nach Effizienz-, sondern ebenso nach Gerechtigkeitskriterien zuordnen, deuten die Plausibilität einer solchen Möglichkeit an. Wesentlich ist, dass eine solche alternative Organisation des allokativen Arbeitswissens nicht die Möglichkeit effektiver Allokation verhindern muss.

Weiterhin besteht der prinzipielle Charakter der Plattformtechnologien darin, dass sie mit Unsicherheiten im Arbeitsprozess umgehen; sie machen es möglich, Arbeit zu organisieren, für die nicht feststeht, *wie* das Produkt aussehen soll, *zu welchem* Zeitpunkt und *an welchem* Ort es benötigt wird. Diese Unsicherheit führt auch zu einem irreduziblen Rest von Steue-

32 Peter Löw-Beer: Industrie und Glück. Der Alternativ-Plan von Lucas Aerospace, Berlin 1981, S. 94.

33 Jeremy Pitt/Andrzej Nowak: The Reinvention of Social Capital for Socio-Technical Systems, in: IEEE Technology and Society Magazine, Vol. 33 (2014), Nr. 1, S. 27–33, 80.

rungsmacht für die Produzentinnen im Arbeitsprozess – nicht das algorithmische Werkzeug *Turkomatic* legt die spezifische Zergliederung des Arbeitsprozesses fest, sondern Clickworker. Nahegelegt ist damit die prinzipielle Möglichkeit, Arbeitsprozesse durch Plattformen zu organisieren, die von sehr weiten Steuerungsmöglichkeiten der Produzentinnen ausgehen – beispielsweise, indem alle Beteiligten bei der Übersetzung eines Textes Überblick über den Gesamtarbeitsprozess und damit Mitsprachekompetenzen bei einzelnen Arbeitsschritten haben – *ohne* die effektive Herstellung von Passungsverhältnissen zu neutralisieren.

Dass das Verhältnis von Produktivität und Herrschaft kein konstitutives mehr ist, deutet schließlich auch ein mangelnder Zusammenhang von kapitalistischer Landnahme und Produktivitätsentwicklung an. Das Maschinensystem war die Krönung einer Entwicklung, an deren Beginn der selbstständige Handwerker und an deren Ende die industrielle Produktion stand. Reichtumsentwicklung und kapitalistische Landnahme waren eng miteinander verknüpft. Die Produktivitätslogik der Plattformen hingegen fand Yochai Benkler in den Arbeitszusammenhängen der Free-Software-Bewegung der 1990er-Jahre, die fähig war, für die heutige Netzinfrastruktur bedeutsame Softwareprodukte zu entwickeln.[34] Heutige Plattformen imitieren damit eine Arbeitsweise, die schon unter nichtkapitalistischen Bedingungen eine effiziente Organisationsform darstellte. Fraglich ist damit, ob dieser Arbeitsweise durch Herrschaft über Arbeit neue produktive Dynamiken abgewonnen wurden.

Treffen diese Vermutungen zu, wären eine effiziente ökonomische Reproduktion und die Kontrolle von Arbeiterinnen über ihre Arbeitszusammenhänge kein Widerspruch mehr. Möglicherweise eröffnet damit die produktive Logik des digitalen Kapitalismus neuen Spielraum für eine Demokratisierung von Arbeitsorganisation, die Teil einer gesamtgesellschaftlichen Transformationsstrategie sein kann.

34 Beispielsweise den Apache Web-Server.

Sebastian Sevignani

Digitale Arbeit und Prosumption im Kapitalismus

Der Begriff der digitalen Arbeit hat Konjunktur. Es werden darunter ganz verschiedene Tätigkeiten, wie die Hebung seltener Erden für die Informations- und Kommunikationsindustrien, die von digitalen Technologien unterstützte Industrie- und Dienstleistungsarbeit (Arbeit und Industrie 4.0), oder die Herstellung von Hard- und Software verstanden. Dieser Beitrag konzentriert sich auf den kapitalismustheoretisch interessantesten und herausforderndsten (Kern-)Bereich digitalen Arbeitens: Die Produktion von Informationen und Daten, die während der Nutzung von Informationstechnologien wie dem Internet und »sozialen« Medien geschieht.

Unter sozialen Medien sollen dabei all jene sozio-technischen Arrangements verstanden werden, die nicht ausschließlich Mittel menschlicher Kognition sind, sondern wechselseitige, kommunikative Beziehungen erlauben, die auch in kooperative Strukturen zwischen den Menschen münden können. Zum Beispiel teilen Nutzerinnen von Facebook aus einer Vielzahl subjektiver Gründe ihre Ansichten (Kognition) mit anderen Nutzern, erhalten von ihnen ein Feedback (Kommunikation), gründen vielleicht langfristig eine Gruppe (Kooperation) und werden auch außerhalb von Facebook themenspezifisch aktiv. Das Internet als System weltweit-vernetzter Computer eröffnet einen neuen sozialen Handlungsraum.[1]

Mit dem Begriff der Prosumption wird die Gleichzeitigkeit von Produktions- und Konsumptionsprozessen ausgedrückt. Diese Denkbewegung, also verschiedene Funktionsbereiche der Ökonomie in ihrem notwendigen Zusammenhang zu

1 Vgl. Andreas Boes/Tobias Kämpf/Katrin Gül/Barbara Langes/Thomas Lühr/Kira Marrs/Alexander Ziegler: Digitalisierung und ›Wissensarbeit‹: Der Informationsraum als Fundament der Arbeitswelt der Zukunft, in: Aus Politik und Zeitgeschichte, Jg. 66 (2016), H. 18–19, S. 32–39.

betrachten, ist aus einer von Marx herkommenden Perspektive nichts Außergewöhnliches.[2] Prosumption soll aber nun die nachträgliche Verschränkung getrennt angenommener Bereiche und Rollen bezeichnen, wenn das Handeln der Konsumenten für die Produktion von Gütern und Dienstleistungen nutzbar gemacht wird; Konsumentinnen produktive Rollen übernehmen. Dies war bereits ein Merkmal der vordigitalen Ära der Konsumgesellschaft;[3] zum Beispiel übernehmen Konsumenten produktive Tätigkeiten, indem sie in Fast-Food-Restaurants das Geschirr selbst abräumen oder im Haushalt anfallende vermeintliche »Abfallprodukte« wiederverwerten.

Im Informationsraum gewinnt die digitale Prosumption eine entscheidende neue Qualität: Aufgrund der besonderen Eigenschaften von Informationen, dass Andere von ihrer Nutzung schwer ausgeschlossen werden können und sie sich im Konsum nicht verbrauchen, können Produktions- und Konsumptionsrollen zeitlich und örtlich unmittelbar (und vielfach unbemerkt) zusammenfallen. Da zudem jedes konsumierende Handeln im Informationsraum Spuren hinterlässt, die für die Produktion genutzt werden können und immer mehr Handlungen mit dem Informationsraum verbunden sind, stellen diese vermeintlichen »Abfallprodukte« der digitalen Prosumption eine neuen Akkumulationssphäre für das Kapital dar, die durch Internetgiganten wie Google oder Facebook repräsentiert wird.

Welche Rolle dieses Phänomen der Prosumption in einer Theorie des informationellen Kapitalismus spielt, war und ist Gegenstand einer vorwiegend in englischer Sprache geführten Kontroverse, die als *Digital Labour Debate* bekannt wurde.[4] An

2 Erstens verbraucht jede Arbeit »ihre stofflichen Elemente, ihren Gegenstand und ihr Mittel, verspeist dieselben und ist also Konsumtionsprozess« (Karl Marx: Das Kapital, Bd. 1, in: Karl Marx/Friedrich Engels: Werke [MEW], Berlin 1956ff., Bd. 23, S. 198). Zweitens besteht ein Bereich der Ökonomie in der Produktionsmittelherstellung, ist also Produktion für die anschließende produktive Konsumtion, und drittens nimmt Marx Konsumptionsprozesse auch unter dem Blickwinkel des Erhalts der Arbeitskraft in den Blick (reproduktive Konsumption).

3 Vgl. George Ritzer: The »New« World of Prosumption: Evolution, »Return of the Same,« or Revolution?, in: Sociological Forum , Vol. 30 (2015), Nr. 1, S. 1–17.

4 Vgl. Sebastian Sevignani: Facetten der Debatte über das digitale Arbeiten. Herausforderungen für eine kritische Theorie des informationellen Kapitalismus, in: Prokla, Jg. 47 (2017), H. 186, S. 43–62.

dieser Stelle möchte ich darlegen, welcher sozial- und kapitalismustheoretische Zugang zum Problem der Prosumption aus meiner Sicht hilfreich ist. Zunächst beschäftige ich mich mit der Frage, ob es gerechtfertigt ist, von der digitalen Prosumption als Arbeit zu sprechen. Dann frage ich, ob digitale Prosumption ausgebeutet werden kann und abschließend verorte ich die Debatte um den ökonomischen Wert digitaler Prosumption in einer erweiterten Kapitalismustheorie, die die Artikulation verschiedener Produktionsweisen berücksichtigt.

Prosumption als digitale Arbeitstätigkeit

Befragt man Internetnutzerinnen, wie sie ihre Onlineaktivitäten einschätzen, würde wahrscheinlich nur eine Minderheit sagen, dass es sich dabei um Arbeit handele. Häufig angeführte Gründe dafür sind, dass die Nutzung sozialer Medien in der Freizeit stattfindet, Spaß macht, kein (greifbares) Arbeitsprodukt entsteht und nicht entlohnt wird. Jedoch lässt sich nicht unmittelbar an diesem Alltagsverstand ansetzten. Was als Arbeit gilt, ist durch die Erfahrungen im Kapitalismus verengt (z. B. dass nur Lohnarbeit »wirkliche« Arbeit sein könne). Wird dieser verengte Arbeitsbegriff einfach reproduziert, führt dies analytisch zu einer Blockierung des kritischen Nachdenkens über Tätigkeiten, die von dieser Norm abweichen. Und politisch käme man vielleicht wie der Frühsozialist Charles Fourier auf die Idee, Arbeit als solche abschaffen zu wollen, was schon von Marx kritisiert wurde.[5]

Einer kritischen Theorie geht es deshalb zunächst um eine Erweiterung des Arbeitsbegriffs gegenüber dem Alltagsverstand. Dabei kann man bereits bei Marx selbst ansetzen, entscheidend wurde dies aber von neo-marxistischen Ansätzen vorangetrieben. Für Marx ist der Springpunkt der politischen Ökonomie die Unterscheidung von konkret-nützlicher, gebrauchswertproduzierender Arbeit und ihrer kapitalistischen Form als abstrakter Arbeit.[6] Er betont zudem, dass, auch

5 Karl Marx: Grundrisse der Kritik der politischen Ökonomie, MEW, Bd. 42, S. 512, 607.

6 MEW, Bd. 23, S. 56.

wenn Arbeit sich nicht ins Spiel auflöst, sie doch eine Quelle von Lustempfindung sein kann. Später wurde die Erweiterung des Arbeitsbegriff von ganz unterschiedlichen Autoren und Theorieschulen nachhaltig empfohlen: Marxistische Feministinnen haben auf die Probleme eines lohnzentrierten Verständnisses von Arbeit und die damit einhergehende Privatisierung und Unkenntlichmachung der Produktion des Lebens und der weiblichen Arbeitskraft aufmerksam gemacht.[7] Herbert Marcuse hat im Anschluss an Fourier und psychoanalytische Überlegungen die Möglichkeit einer lustvollen Qualität der Arbeit diskutiert.[8] Die Arbeiten der marxistisch orientierten Cultural Studies haben das Verhältnis von Basis und Überbau neu gefasst und Kommunikation als gesellschaftlichen Basisprozess angesehen.[9] Die an die Aktivitätstheorie anschließende kritische Psychologie hat die Verknüpfung von Arbeit und Sprache entwicklungsgeschichtlich aufgearbeitet.[10] Die kritische Linguistik und Semiotik argumentieren, dass Kommunikation eine Form von Produktion (der Zeichen) ist.[11] Und schließlich popularisierte die heute im Kontext des informationellen Kapitalismus breiter diskutierte postoperaistische Tradition das Konzept der immateriellen, kommunikativen und affektiven Arbeit.[12]

Ähnlich wie die Theorie gesellschaftlicher Informatisierung[13] schlage ich vor, die Digitalisierung als eine Entwicklung

7 Claudia von Werlhof/Maria Mies/Veronika Bennholdt-Thomsen: Frauen, die letzte Kolonie. Zur Hausfrauisierung der Arbeit, Reinbek 1988.

8 Herbert Marcuse: Triebstruktur und Gesellschaft: Ein philosophischer Beitrag zu Siegmund Freud, Frankfurt a. M. 1965.

9 Raymond Williams: Means of Communication as Means of Production [1978], in: Culture and Materialism. Selected Essays, London 2005, S. 50–63.

10 L. S. Vygotsky: Mind in Society: The Development of Higher Psychological Processes, Cambridge 1978.

11 Valentin M. Vološinov: Marxismus und Sprachphilosophie. Grundlegende Probleme der soziologischen Methode in der Sprachwissenschaft, Frankfurt a. M. 1975; sowie: Ferruccio Rossi-Landi: Sprache als Arbeit und als Markt, München 1972.

12 Michael Hardt/Antonio Negri: Empire: die neue Weltordnung, Frankfurt a. M. 2003; Tiziana Terranova: Free Labour: Producing Culture for the Digital Economy, in: Social Texts, Vol. 18 (2000), Nr. 2, S. 33–58; Yann Moulier Boutang: Cognitive Capitalism, Cambridge 2012.

13 Andreas Boes/Tobias Kämpf: Informatisierung als Produktivkraft. Der informatisierte Produktionsmodus als Basis einer neuen Phase des Kapitalismus, in: Klaus Dörre/Dieter Sauer/Volker Wittke (Hrsg.): Kapitalismustheorie und Arbeit: Neue

des Systems menschlicher Produktivkräfte und als Teil des umfassenderen Prozesses der Informatisierung zu fassen. So kann die Prosumption als informationelle Arbeit gefasst werden. Das System der menschlichen Produktivkräfte besteht aus den tätigen Subjekten, die mit Arbeitsmitteln an Gegenständen arbeiten; dabei formen sich die Subjekte selbst, sie »bilden« sich und die äußere Natur um. Sie vergegenständlichen ihre Kompetenzen und Fähigkeiten, die sie in früheren Tätigkeiten gewonnen haben, in Arbeitsprodukten und eigenen sich diese in erneuten Tätigkeitsprozessen (wieder) an. In jeder dieser Tätigkeiten werden kognitive Fähigkeiten gebraucht. Was den Menschen von den beeindruckenden Baumeistereigenschaften der Bienen unterscheidet, ist nach Marx der Umstand, dass Bienen ihre Bauwerke bzw. ihre Waben nicht im Kopf vorwegnehmen können.[14]

In der Gestalt von Informationen und dann in maschinell verarbeitbaren Daten findet dieses »Vorwegnehmen im Kopf« eine eigenständige materielle Gestalt. Zur Veranschaulichung ein Beispiel: Daten, die nur elektronische Impulse oder Zahlen sind, werden zu Informationen, wenn sie eine Bedeutung für etwas erlangen. Die Zahl 37,9 wird zur Information, wenn sie auf einer Temperaturskala abgetragen wird, die nur bis 45 geht. Dann ist 37,9 eine hohe Temperatur, die Fieber und eine Krankheit des menschlichen Körpers anzeigt. Der Prozess der Informatisierung geht den umgekehrten Weg: Wissen und Erfahrungen werden auf Informationen reduziert, von ihrem Kontext abgelöst und dadurch zwischen den Menschen teilbar. Digitalisierung bedeutet im Vergleich zum umfassenderen Prozess der Informatisierung eine weitere Reduzierung, ein stärkeres Ablösen von Erfahrungen in Form von Daten.[15] Menschliche Erfahrungen können so erstens schnell geteilt

Ansätze soziologischer Kritik, Frankfurt a. M. 2012, S. 316–335; Sebastian Sevignani: Historisch-Materialistische Medien- und Kommunikationstheorie 2.0, in: Maske und Kothurn, Jg. 64 (2018), S. 59–88.

14 MEW, Bd. 23, S. 193.

15 Rudi Schmiede: Informatisierung, Formalisierung und kapitalistische Produktionsweise. Entstehung der Informationstechnik und Wandel der gesellschaftlichen Arbeit, in: Rudi Schmiede (Hrsg.): Virtuelle Arbeitswelten. Arbeit, Produktion und Subjekt in der »Informationsgesellschaft«, Berlin 1996, S. 15–47.

werden. Zweitens können sie auf informationeller Ebene modifiziert und mit anderen in Form von Daten und Informationen vorliegenden Wissensbeständen kombiniert und integriert werden – und zwar unter Umgehung einer erneuten aneignenden Rückbeziehung auf die sich (zwischenzeitlich) verändernde Erfahrungswelt. Informationen und Daten sind vergegenständlichte kognitive Fähigkeiten der Menschen und damit auch Arbeitsprodukte, nur eben nicht im klassischen Sinne greifbare.

Analog zu diesem erweiterten Arbeitsverständnis ist es naheliegend, auch die objektiven Elemente des Systems der Produktivkräfte und damit den Begriff der Produktionsmittel zu erweitern. Raymond Williams hat vorgeschlagen, Kommunikationsmittel als Produktionsmittel zu verstehen.[16] Diese umfassen Informationen (oder formalisierte Daten) als Arbeitsgegenstände und Medien als sozio-technische Arrangements, in denen diese durch die menschliche Arbeitskraft und ihr Wissen verändert, kombiniert und bearbeitet werden können.[17] Digitale Prosumption bedeutet demnach, mit Kommunikationsmitteln zu arbeiten und Informationen zu produzieren.

Durch die digitale Informatisierung als Produktivkraftentwicklung entsteht zum Beispiel das Potenzial, situatives Wissen und Erfahrungen sehr schnell und unter Einbezug aller Betroffenen mit allgemeinen gesellschaftlichen Anforderungen abzugleichen und zu diskutieren. Anders ausgedrückt: Es besteht die Chance, viele Teil- und Produktionsöffentlichkeiten mit einer tendenziell allgemeinen und demokratischen Öffentlichkeit zu verknüpfen. Dieser emanzipatorischen Perspektive stehen jedoch die in kapitalistischen Gesellschaften vorherrschenden Bedingungen im Weg. Zum einen existiert

16 William Henning James Hebblewhite: »Means of Communication as Means of Production« Revisited, in: Triple C: Communication, Capitalism & Critique. Open Access Journal for a Global Sustainable Information Society, Vol. 10 (2012), Nr. 2, S. 203–213.

17 Eine ausgearbeitete marxistische Medientheorie steht meines Wissens noch aus, vgl. meine Vorarbeiten in: Sevignani: Historisch-Materialistische Medien- und Kommunikationstheorie 2.0.

strukturelle Ungleichheit, zum anderen wenden sich die vergegenständlichten menschlichen Fähigkeiten gegen ihre eigenen Schöpfer, was als Entfremdung bezeichnet werden kann. Damit stellt sich die Frage, inwieweit beides – Ausbeutung und entfremdete Vergesellschaftung durch den Wert – auf das Phänomen der Prosumption im informationellen Kapitalismus zutrifft.

Ausgebeutete digitale Prosumption

In einer sehr allgemeinen Bedeutung bezeichnet Ausbeutung einen sozialen Mechanismus, der das »Glück der Starken« mit »der Not der Schwachen« verbindet.[18] Das Verbindende zwischen beiden antagonistischen »Klassen« besteht darin, dass die Ausgebeuteten von den produktiven Ressourcen und der Aneignung der von ihnen erwirtschafteten Arbeitserträge ausgeschlossen sind. Die Ausbeutenden verfügen hingegen über die relevanten Arbeitsmittel und die Produkte der Arbeit. In dieser generellen Verwendung lässt sich der Ausbeutungsbegriff problemlos auf die digitale Prosumption anwenden.[19]

Entscheidend ist hierfür, dass die Kommunikationsmittel in ihrer Rolle als Produktionsmittel nicht ausschließlich mit der Verfügung über ein technisches Gerät und dem Zugang zum Informationsraum identifiziert werden dürfen. Auch geht der Begriff nicht einfach in einem Eigentumsverhältnis auf. In einer von Marx herkommenden Perspektive geht es primär nicht um den »juristischen Ausdruck« Eigentum, sondern um eine Charakterisierung von Produktionsverhältnissen,[20] die die Verfügung über die Reproduktion des Lebens und der Lebensmittel regeln. Dies schließt durchaus funktionelle Äquivalente zum Privateigentumsrecht mit ein, wie zum Beispiel die bei sozialen Medien auftretenden Netzwerkeffekte, die bei der Frage nach der Verfügung über die relevanten Kommuni-

18 Luc Boltanski/Ève Chiapello: Der neue Geist des Kapitalismus, Konstanz 2006, S. 398

19 Mark Andrejevic: Exploitation in the Data Mine, in: Christian Fuchs/Kees Boersma/Anders Albrechtslund/Marisol Sandoval (Hrsg.): Internet and Surveillance. The Challenges of Web 2.0 and Social Media, New York 2012, S. 71–88.

20 Karl Marx: Zur Kritik der Politischen Ökonomie, in: MEW, Bd 13, S. 3–160, hier S. 9.

kationsmittel zu berücksichtigen sind. Privateigentum z. B. an technischer Kommunikationsinfrastruktur spielt hier eine Rolle, aber keine ausschließliche. Ein Smartphone mit einer Facebook-App wird erst zusammen mit einem Serverpark, der zentralisierte soziale Medien ermöglicht und den Ressourcen der Aufmerksamkeit und Reichweite, die soziale Medien interessant machen, zum relevanten Kommunikationsmittel. Sind diese Ressourcen einseitig verteilt, besteht ein sozialer Zwang für die Internetnutzerinnen, eines der verfügbaren und beliebten sozialen Medien zu benutzen, andernfalls droht der soziale und kommunikative Untergang in einer digital vernetzten Welt. Auf Basis einer – eigentumsrechtlich – abgesicherten Verfügung über technische Infrastruktur (Software, Server) und Arbeitskräfte (Innovation, Marketing etc.) gelingt es einer geringen Zahl kommerzieller Unternehmen, Netzwerkeffekte auszunutzen und Aufmerksamkeit und Kommunikationsprozesse zu kanalisieren. So werden die global meist genutzten Onlinedienste mit nur einer Ausnahme (Wikipedia) derzeit von privatwirtschaftlichen Unternehmen betrieben, die Gewinne erzielen wollen.[21]

Verschiedene Geschäftsmodelle sind im Informationsraum denkbar. Beispielsweise kann direkt für die Nutzung von Internetdiensten bezahlt werden (z. B. Onlinezeitungen mit Paywall), allerdings ist dies bei den meisten der populären nicht der Fall, da sie kostenfrei zugänglich sind (z. B. YouTube, Google-Suchmaschine und Facebook). Bei diesen kostenfreien Angeboten besteht das Geschäftsmodell darin, dass entweder der Verkauf zusätzlicher Leistungen an die Nutzung gekoppelt wird oder durch den Verkauf von Werbeplätzen Einnahmen generiert werden.

Von Ausbeutung kann gesprochen werden, wenn die Tätigkeit der Nutzer, ihre Prosumption von Informationen, für dieses Geschäftsmodell genutzt wird. Ihre Kognition, Kom-

21 Siehe die von alexa.com berechneten globalen Reichweiten der sechs meistgenutzten Internetdienste: google.com (41,724%), youtube.com (43,036%), facebook.com (21,489%), baidu.com (9,847%), wikipedia.org (8,921%), yahoo.com (8,198%) (Stand 21.10.2017).

munikation und Kooperation wird für Verwertungszwecke eingespannt. Dafür bedarf es der Überwachung, mit der die Nutzerinnen und ihre Tätigkeiten identifiziert, sortiert und vergleichend ausgewertet werden.[22] Beim Werbemodell wird die Überwachung am deutlichsten, weil ihre Ergebnisse den Werbekunden angeboten werden.

Wenn Überwachung im Spiel ist, kommt es zum Austausch privater Daten, der durch einen Privatsphärenvertrag[23] legitimiert wird. Eine zentrale Passage aus den Nutzungsbedingungen von Facebook lautet:

»Dir gehören alle Inhalte und Informationen, die du auf Facebook postest […]. Ferner: Für Inhalte wie Fotos und Videos, die unter die Rechte an geistigem Eigentum (sog. »IP-Inhalte«) fallen, erteilst du uns durch deine Privatsphäre- und App-Einstellungen die folgende Erlaubnis: Du gibst uns eine nicht-exklusive, übertragbare, unterlizenzierbare, gebührenfreie, weltweite Lizenz zur Nutzung jeglicher IP-Inhalte, die du auf oder im Zusammenhang mit Facebook postest (»IP-Lizenz«)« (Facebook Nutzungsbedingungen, Stand: 1.10.2014)

Ich spreche im Kontext dieses Privatsphärenvertrages in Analogie zu Marx' doppelt freien Lohnarbeitern von den doppelt freien Internetnutzerinnen. Sie sind frei von den relevanten Kommunikationsmitteln (erste Freiheit), gelten aber rechtlich als Eigentümer ihrer Daten, über die sie frei verfügen können (zweite Freiheit). Damit wird der Austausch privater Daten gegen die Leistungen von Internetdiensten legitimiert, was die Überwachung der Prosumententätigkeiten und der Aneignung der von ihr erzeugten Daten beinhaltet.

Entgegen der Ansicht, dass prosumptive Tätigkeiten nur formell unter das (kommunikative) Kapital subsumiert werden, also die eigentlichen Tätigkeiten zwar in Verwertungsprozesse eingespannt, von diesen aber nicht umgestaltet werden, gibt es gute Gründe davon auszugehen, dass die Ausbeutung der

22 Oscar H. Gandy: The Panoptic Sort. A Political Economy of Personal Information, Boulder 1993.

23 Sebastian Sevignani: Privacy and Capitalism in the Age of Social Media, New York 2016.

Prosumption diese nicht unberührt lässt.[24] Gerade weil überwachungsbasierte Geschäftsmodelle auf die Prosumptionstätigkeit der Nutzer angewiesen sind, greifen die Kommunikationsmittelbesitzer in das kognitive, kommunikative und kooperative Geschehen im Informationsraum ein. Überwachungsbasierte Geschäftsmodelle werden etwa in dem Maß profitabler, wie die Nutzerinnen mehr verwertbare Daten preisgeben oder wertvollere Informationen generieren. Aufgrund der Verfügung über die Kommunikationsmittel beeinflussen kommerzielle soziale Medien anders als alternative, nicht-kommerzielle soziale Medien die Nutzungsaktivitäten stark in diese Richtung. Die Tatsache, dass es im informationellen Kapitalismus regelmäßig zu Krisen der Privatheit kommt, kann als Indiz für die Subsumtion der Prosumption unter das Kapital gewertet werden, weil Nutzer die an der Warenproduktion ausgerichtete Entwicklung sozialer Medien als Eingriff in ihre Autonomie erfahren.[25] (Klassen-)Kämpfe gegen Ausbeutung können sich dieser Analyse entsprechend heute auch in Kämpfen für Datenschutz, Privatheit und gegen Überwachung zeigen.

Prosumption und Wert in einer erweiterten Theorie des Kapitalismus

Zu den umstrittensten Fragen in der kritischen Theorie des informationellen Kapitalismus gehört die Analyse der ökonomischen Verwertung der Prosumption. Hier geht es erstens um die Frage, ob durch Prosumption Wert produziert wird

24 Mit der Unterscheidung zwischen reeller und formeller Subsumtion der Arbeit unter das Kapital verweist Marx darauf, dass der konkrete Arbeitsprozess durch das Kapitalverhältnis beeinflusst wird. Formelle Subsumtion bedeutet, dass zunächst nicht unter dem Kapitalverhältnis stattfindende Arbeitstätigkeiten diesem untergeordnet werden, ohne aber die Tätigkeit selbst zu ändern, dies geschieht erst in der reellen Subsumtion. Die Theorie des kognitiven Kapitalismus postuliert entgegen Marx, der eine Tendenz zur reellen Subsumption sah, dass es in der informationellen Phase des Kapitalismus zu einer Umkehrung dieser Tendenz komme. Dies ändere auch die Aneignungsweise von Werten grundsätzlich. Profite würden zu Renten, d. h. der Werttransfer von den Arbeiterinnen zum Kapital finde heute vorwiegend äußerlich und nachträglich, d. h. ohne Organisation und Kontrolle der Arbeit statt. Vgl. Carlo Vercellone: From Formal Subsumption to General Intellect: Elements for a Marxist Reading of the Thesis of Cognitive Capitalism, in: Historical Materialism, Vol. 15 (2007), Nr. 1, S. 13–36.

25 Sebastian Sevignani: Privatheit, Entfremdung und die Vermarktung persönlicher Daten, in: Forschungsjournal Soziale Bewegungen, Jg. 30 (2017), H. 2, S. 170–179.

und wie er sich auf unterschiedliche Klassen verteilt. Zweitens wird die Frage nach einer erweiterten Kapitalismustheorie aufgeworfen, die über die engen marxschen Bestimmungen im »Kapital« hinausgeht: Der Kapitalismus erscheint als ein komplexes Gebilde des Zusammenspiels unterschiedlicher Aneignungs- sowie ganzer Produktionsweisen.

Tätigkeiten können erstens zur Kapitalakkumulation beitragen oder für diese funktional sein. Marx unterscheidet mit dem Profit, der Rente und den Handelserträgen verschiedene Arten, wie Kapital akkumuliert wird. Renten sind Einkommen, die durch die Monopolisierung von produktivitätssteigernden Mitteln realisiert werden können, z. B. durch die Verpachtung von Grund und Boden. Handelserträge werden durch das Ausnutzen von Preisniveaus erzielt. Beide Formen sind für Marx jedoch letztlich Abzüge andernorts erwirtschafteten Profits und daher eine Form von inner-ökonomischer Umverteilung auf verschiedene Kapitalklassen. Tätigkeiten, die Profite ermöglichen, tragen direkt und Tätigkeiten, die Renten und Handelserträge ermöglichen, indirekt zur Kapitalakkumulation bei. Funktional für die Kapitalakkumulation sind hingegen Tätigkeiten, die die Bedingungen für diese Verwertungsmöglichkeiten schaffen. Sie können reproduktive Tätigkeiten genannt werden.[26] Darunter fallen z. B. Care-Tätigkeiten, die die Arbeitskraft reproduzieren, ebenso aber Tätigkeiten, die die natürlichen und politischen,[27] sowie – für unseren Fall bedeutsamen – informationellen oder wissensbezogenen[28] Voraussetzungen der Kapitalakkumulation produzieren und sicherstellen. Das Herstellen der Ermöglichungsbedingungen kann anderen Logiken als der Kapitalakkumulation folgen und z. B. commons-basiert[29] organisiert sein, wie etwa die Produk-

26 Tithi Bhattacharya (Hrsg.): Social Reproduction Theory. Remapping Class, Recentring Oppression, London 2017.

27 Nancy Fraser: Behind Marx's Hidden Abode. For an Expanded Conception of Capitalism, in: New Left Review, Nr. 86, 2014, S. 55–72.

28 Bob Jessop: Knowledge as a Fictitious Commodity: Insights and Limits of a Polanyian Perspective, in: Ayse Bugra/Kaan Agartan (Hrsg.): Reading Karl Polanyi for the Twenty-First Century. Market Economy as a Political Project, New York 2007.

29 Massimo de Angelis: Omnia Sunt Communia. On the Commons and the Transformation to Postcapitalism, London 2017.

tion Freier Software, auf der auch alternative soziale Medien beruhen können.

Zweitens können all diese Tätigkeiten entlohnt oder unentgeltlich geleistet werden. Werttheoretisch gibt es hier im Anschluss an Marx eine Kontroverse darüber, wie man den Wert fassen kann und soll. Einer mehr aus der klassischen politischen Ökonomie entnommenen substanzialistischen Arbeitstheorie des Werts steht eine geltungslogische Theorie, die den Wert strikt an den monetären Tausch und damit an die Lohnform bindet, gegenüber.[30] Während bei ersterer Position der Wert in aufgewendeter (Arbeits-)Zeit am Ort der Produktion gemessen werden kann, betont die zweite Position, dass Wert ein nicht direkt messbares soziales Verhältnis ist, das sich nur im Geld zeigt. Geleistete Arbeit hat keinen Wert, wenn ihre Ergebnisse nicht auf Märkten und in Geldbeträgen realisiert werden können. Die zweite Position fasst meiner Ansicht nach besser den Umstand, dass etwas heute nur als wertvoll gilt, wenn es Eingang in eine Reihe offizieller Statistiken wie der zum Bruttosozialprodukt findet, und betont die bedeutende Rolle des Geldes. Alle erarbeiteten Werte streben im Kapitalismus nach der Geldform.

Das eben skizzierte polit-ökonomische Instrumentarium kann aus meiner Sicht nur ungenügend mit der von Marx benutzten, aber von ihm uneindeutig verwendeten Unterscheidung zwischen produktiver und unproduktiver Arbeit[31] abgebildet werden. Der Kapitalismus besteht aus einer komplexen und krisenhaften Artikulation unterschiedlicher Produktionsweisen. Im digitalen Kapitalismus wird diese, in der kritischen Entwicklungstheorie verschiedener, peripherer Länder verbreitete Einsicht,[32] auch für die Zentren des Kapitalismus sehr deutlich. Einerseits lassen sich Kapitalstrategien beobachten, die verstärkt auf »Landnahmen« der Ergebnisse

30 Simon Mohun: Does All Labour Create Value?, in: Alfredo Saad-Filho (Hrsg.): Anti-Capitalism. A Marxist Introduction, London 2002, S. 42–58.

31 Ebd.

32 Vgl. etwa Stuart Hall: ›Rasse‹, Artikulation und Gesellschaften mit struktureller Dominante, in: Stuart Hall: Rassismus und kulturelle Identität. Ausgewählte Schriften, Bd. 2, Berlin 1994, S. 89–136.

der Prosumption setzen, wenn informationelle Produkte angeeignet werden. Landnahmen finden aber auch statt, wo Warenproduktion mit einer intakt bleibenden alternativen Produktionsweise gekoppelt wird. Interaktionen in kommerziellen Sozialen Medien, welche eher auf dem Modell der Gabe oder der commons statt des Tausches beruhen, können beispielsweise im Sinne der Warenproduktion »angezapft« werden.

Vor diesem theoretischen Hintergrund wird die Begrenztheit dessen deutlich, was Marx im »Kapital« analysiert, nämlich die Ausbeutung der Arbeit, die in die Lohn- also Warenform gezwungen wird.[33] Er interessiert sich hier für die Fortexistenz des Ausbeutungsmechanismus unter politischen und ökonomischen Bedingungen der doppelt freien Lohnarbeit und der (unvollständigen) Verallgemeinerung einer Produktionsweise, in der der Reichtum einer Gesellschaft in Form von Waren auftritt. Und im ersten Band geht es ihm zudem vor allem um die Produktion von Profit und nicht um innerökonomische Umverteilungsprozesse. Wenn Ursula Huws[34] daran anknüpfend diese Form der Arbeit kapitalismus- und klassentheoretisch als »Knotenpunkt« hervorhebt, wird sie zwar analytisch der strukturierenden Rolle des kapitalistischen Reichtums, der nur in Geld gemessen werden kann, gerecht. Sie unterschätzt aber die für die Transformation des Kapitalismus nicht unwichtige Tatsache, dass der Kapitalismus auch von außerhalb des Bereichs der produktiven Lohnarbeit herausgefordert werden kann. Widersprüche und Reibungspunkte finden sich nicht nur in diesem Knotenpunkt des Kapitalismus, sondern auch im Verhältnis zu seinem ermöglichenden Außen. Erfahrungen, Werte und Normen, die aus den landgenommenen Außenbereichen kommen, können mit der kapitalistischen »Wertlogik« in Konflikt geraten.[35]

33 MEW, Bd. 23, S. 386.

34 Ursula Huws: Labor in the Global Digital Economy. The Cybertariat Comes of Age, New York 2014, S. 149–181.

35 Fraser: Behind Marx's Hidden Abode.

Kapitalistische Entwicklung vollzieht sich als komplexe Innen-Außen-Bewegung.[36] Stets beinhaltet sie die Internalisierung von Externem, die Inklusion externalisierter Bereiche, die Okkupation eines nicht oder nicht vollständig kommodifizierten Außen. Beim Klassenkampf geht es deshalb nicht allein um die Intensivierung, Begrenzung oder gar Aufhebung von kapitalistischer Ausbeutung. Klassenhandeln zielt immer auch auf Grenzverschiebungen zwischen Inklusions- und Exklusionsbereichen der Gesellschaft, bezahlter und unbezahlter Arbeit, Ausbeutung und Überausbeutung etc. Beispielsweise stehen in einigen Feldern der Prosumption nicht Kämpfe um und für einen (besseren) Lohn im Vordergrund, sondern etwa im Fall sozialer Medien die Verletzung von zwischen den Nutzern ausgehandelten Privatheitsnormen durch kommerzielle Akteure, deren Zugriff auf private Daten sich nicht mittels der in der technischen Struktur dieser Medien eingebauten Privatsphäre-Regelungen verhindern lässt. Allerdings und hier zeigt sich wiederum die besondere gesellschaftliche Bedeutung des »Knotenpunkts« bezahlter produktiver Arbeit im Kapitalismus, orientiert sich die gesellschaftliche Auseinandersetzung um Privatheit sehr stark am Diskurs des (kapitalistischen) Privateigentums und des Marktes, mitunter wird sogar ein Lohn für Facebook-Nutzerinnen gefordert.

Digitale Prosumption, so ließe sich Alvin Toffler kapitalismustheoretisch ergänzen, ist also nicht nur das zeitliche und räumliche Zusammenfallen von Produktion und Konsumption in einer Produktionsweise, sondern auch von Reproduktion und Produktion, sowie verschiedener Produktionsweisen. Sie kann im Anschluss an die hier vorgestellten Überlegungen sehr verschiedene Tätigkeitsformen annehmen. Aus ihrer »Natur« kann nicht auf ihre polit-ökonomische Rolle im Kapitalismus geschlossen werden. Prosumption kann bezahlt oder unentgeltlich sein, sie kann über verschiedene Wege direkt zur Kapitalakkumulation beitragen oder für diese funktional sein.

36 Klaus Dörre: Die neue Landnahme. Dynamiken und Grenzen des Finanzmarktkapitalismus, in: Klaus Dörre/Stephan Lessenich/Hartmut Rosa (Hrsg.): Soziologie – Kapitalismus – Kritik. Eine Debatte, Frankfurt a. M. 2009, S. 21–86.

Digitale Prosumption und Facebook

Abschließend möchte ich die angestellten Überlegungen am Beispiel von Facebook illustrieren. Facebook ist ein börsennotiertes kommerzielles Unternehmen, welches einen Onlinedienst betreibt, der für das Unternehmen Erträge abwirft, die überwiegend aus Werbeeinnahmen stammen. Das soziale Netzwerk und alles, was in ihm stattfindet ist Mittel für diesen Zweck der Kapitalakkumulation. Werbekunden wird ein nach feinen Kriterien differenzierter Zugang zur Aufmerksamkeit von potenziellen Kundengruppen ermöglicht. Die werbetreibenden Unternehmen investieren in Werbung auf Facebook, entweder um den Absatz ihrer Waren zu steigern oder um durch die Kanalisierung von Aufmerksamkeit Marktbarrieren für Konkurrenten zu errichten. Ein steigender Anteil an Werbeausgaben wird heute in Onlinewerbung investiert. Er ermöglicht einigen sozialen Medien, profitabel zu sein und stürzt anderseits die klassischen Empfänger von Werbeeinahmen (»alte« Massenmedien) zunehmend in einen Finanzierungskrise.

Bei der Nutzung von Facebook handelt es sich um Prosumption. Nutzer-Interaktionen (Liken, Teilen, Kommentieren etc.) können als die Vergegenständlichung von Wissen zu Informationen und die erneute Aneignung und Integration dieser Informationen in subjektives Wissen verstanden werden. Die für den Informationsraum charakteristische Formalisierung der Informationen zu Daten erlaubt neue (z. B. von konkreten Orten unabhängigere) soziale Netzwerkbildung und diese folgt selbst nicht der Logik der Kapitalakkumulation. Auch wenn das Geschehen auf sozialen Medien vielfach im Anschluss an Pierre Bourdieu als eine Konkurrenz um symbolisches und soziales »Kapital«, also Anerkennung und Ansehen, interpretiert wurde, ist der Zweck der sozialen Netzwerkbildung nicht der monetäre Ertrag. Ich betrachte die Prosumption auf sozialen Medien als eine nicht-kapitalistische Produktionsweise, die neben der konkurrenzgetriebenen Zuweisung von Anerkennung, sicherlich auch kooperative Elemente enthält. Der Einsatz der Produkte und Mittel der Prosumption folgt hier, in den Interaktionen zwischen Nutzerinnen, nicht der Logik des Ausschlusses und der Ausbeutung.

Die Prosumption auf Facebook wird aber permanent überwacht, womit zwei Ziele verfolgt werden, die sich unterschiedlichen Produktionsweisen zuordnen lassen. Einerseits ist sie als horizontale Überwachung die Bedingung für die soziale Netzwerkbildung. Durch sie erfahren die Nutzer gegenseitig von ihren Aktivitäten. Als vertikale Überwachung hat sie andererseits zum Ziel, die Prosumption in eine Produktionsweise einzubinden, die an der Kapitalakkumulation orientiert ist. Dies markiert den Moment der Ausbeutung der Nutzerinnen, die auf ihre soziale Netzwerkbildung zurückwirkt. Ziel der vertikalen Überwachung ist es, die Prosumptionsdaten im Hinblick auf eine verkaufbare Ware zu identifizieren, zu sortieren und vergleichend auszuwerten. Dabei kann der Zugang zu den gesammelten Daten direkt gegen ein Entgelt Interessenten zugänglich gemacht werden, was aber die besondere Rolle von Facebook als Wächter über den Zugang zu den Nutzern und damit letztlich die Verwertungsmöglichkeiten einschränken würde. Im dominanten Geschäftsmodell bilden die Prosumptionsdaten den Rohstoff für die (überwiegend automatisierte, teilweise durch Lohnarbeit geleistete) Verfertigung von Nutzerprofilen, die den Werbekunden einen zielgenauen Zugang zur Aufmerksamkeit bestimmter Kundengruppen ermöglichen. Die vertikale Überwachung bedeutet Ausbeutung, weil die finanziellen Einnahmen von Facebook mit der Dauer, aber auch der Intensivität der digitalen Prosumption und Netzwerkbildung und damit in der Folge auch mit der Ungleichverteilung von Kommunikationsmitteln korreliert.[37] Facebooks Interesse an der Verwertung der sozialen Netzwerkbildung wirkt auf diese strukturierend zurück. So wurde seit dem Börsengang des Unternehmens zunehmend auf der Datenebene in den Prozess der Vergegenständlichung und Aneignung der Prosumption eingegriffen und die auf der Plattform gesammelten Daten wurden mit andernorts im

37 Christian Fuchs: Digital Labour and Karl Marx, London 2014, S. 115–116.

Informationsraum entstandenen Daten kombiniert, um die Erwartungen der Shareholder zu befriedigen. Beispielsweise wird bei Facebook über den Einsatz von Like-Buttons, die auf vielen Internetseiten zu finden sind, die Masse und auch die Qualität überwachter Daten gesteigert. Daten werden nicht nur auf der eigentlichen Plattform, sondern tendenziell im gesamten Internet erhoben und versprechen Rückschlüsse auf Konsumbedürfnisse. Ein weiteres Beispiel für die Beeinflussung der Nutzungstätigkeit ist, dass sogenannte *sponsored stories* an prominenter Stelle in der Timeline (der Startseite auf Facebook) untergebracht sind und somit die intendierte Kommunikation durch Werbebotschaften unterbrochen wird.

Die Prosumption der Nutzerinnen auf Facebook ist unbezahlt und sie ist keine Tätigkeit, die direkt zur Kapitalakkumulation beiträgt. Sie ist aber durch die Überwachung an die Akkumulation von Kapital angekoppelt und für diese funktional. Ohne die Ausbeutung der Prosumption gäbe es für Facebook keine Verwertungsmöglichkeiten. Bei Facebooks derzeitigen Gewinnen handelt es sich um eine innerökonomische Umverteilung der Profite von den werbetreibenden Kapitalien hin zu kommerziellen sozialen Medien. Es ist sinnvoll von einer Ausbeutung der Nutzer kommerzieller sozialer Medien zu sprechen. Allerdings handelt es sich um eine Form der Ausbeutung, die sich von der von Marx analysierten Reproduktion sozialer Ungleichheit durch Lohnarbeit unterscheidet.

Schluss

Im Sinne einer hier skizzierten erweiterten Theorie des Kapitalismus geht es darum, Kämpfe aus funktionalen Außenbereichen, wie z. B. die Kämpfe um Privatheit, klassentheoretisch und -politisch ernster zu nehmen. Doch was kann das genau bedeuten? Ich schließe mit drei kurzen Anmerkungen dazu: Eine Stärke des Ausbeutungsbegriffs ist es, dass die Benachteiligten als Produzenten ihres Unglücks in den Blick kommen. Den Ausbeutungsbegriff auf die Prosumption anzuwenden bedeutet, dass es die Tätigkeit der Nutzer ist, die die Basis der Macht der Internetkonzerne bildet. Von diesem Standpunkt kann von einem – freilich politisch zu organisierenden – objektiven Interesse ausgegangen werden, die Legitimation bestehender Vermachtung des Informationsraum vor dem Hintergrund der Möglichkeit der Kommunikationsverhältnisse dezentraler und egalitärer zu organisieren. Während die Frage, ob den Nutzerinnen ein Veränderungsinteresse (objektiv) zugeschrieben werden kann, also bejaht werden muss, ist die Bedeutung dieser Kämpfe für die Produktion des Kapitalismus im Ganzen schwieriger einzuschätzen. Sie ist einerseits sicherlich abhängig vom Anteil jener Unternehmen, deren Geschäftsmodelle auf der Ausbeutung der Prosumption basieren, an den global erwirtschafteten Profiten und in diesem Sinne eher ein Nebenschauplatz.[38] Andererseits wäre es aber falsch, die Bedeutung kommunikativer Kämpfe nur auf Basis ihres ökonomischen Gewichts zu bemessen.[39] Bilden gesellschaftliche Kommunikationsverhältnisse doch die Infrastruktur und den Raum, in welchem (Klassen-)Kämpfe sich nur formieren können. So gesehen sind Kämpfe für ein einen nicht-kommerziellen, ausbeutungsfreien, dezentral und demokratisch organisierten Informationsraum kaum zu überschätzen.[40]

38 Für 2007 hat Christian Fuchs berechnet, dass nur rund 12,4 Prozent der Profite der 2000 größten Unternehmen überhaupt auf den Informationssektor entfallen. Dieser umfasst aber bereits weit mehr Bereiche als die Unternehmen, die die Prosumption ausbeuten (u. a. Telekommunikation, Halbleiterindustrie, Soft- und Hardwareproduktion, alle Medienunternehmen). Vgl. Christian Fuchs: Capitalism or Information Society? The Fundamental Question of the Present Structure of Society, in: European Journal of Social Theory, Vol. 16 (2013), Nr. 4, S. 413–434.

39 Was aber für die an Marx anknüpfende Tradition nicht ungewöhnlich ist; kritisch dazu bereits: Dallas W Smythe: Communications: Blindspot of Western Marxism, in: Canadian Journal of Political and Social Theory, Vol. 1 (1977), Nr. 3, S. 1–28.

40 Siehe zum Beispiel Jodi Dean: Communicative Capitalism and Class Struggle, in: spheres. Journal for Digital Cultures, Nr. 1, 2014, S. 1–16; und Oskar Negt/Alexander Kluge: Öffentlichkeit und Erfahrung. Zur Organisationsanalyse von bürgerlicher und proletarischer Öffentlichkeit, Frankfurt a. M. 1972.

Timo Daum

Künstliche Intelligenz als vorerst letzte Maschine des digitalen Kapitals

Nachdem es einige Jahrzehnte ruhig um die Disziplin geworden war, erlebt die Künstliche Intelligenz (KI) derzeit eine beispiellose Renaissance. In der öffentlichen Diskussion dominieren dabei Vorstellungen Allgemeiner Künstlicher Intelligenzen *(general artificial intelligence)*, also von Maschinen, deren kognitive Fähigkeiten in Qualität und Quantität mit menschlichen vergleichbar sind. Wahlweise wird ihnen dabei zugetraut, den Dritten Weltkrieg auszulösen, wovon Tesla-Gründer Elon Musk überzeugt zu sein scheint, oder aber in friedlicher Absicht die Macht zu übernehmen, wie der deutsche KI-Guru Jürgen Schmidhuber anscheinend meint.[1]

Die Implementierung einer solchen »starken KI« steht allerdings auch in fernerer Zukunft wohl nicht auf der Tagesordnung. Schaut man genauer hin, werden derzeit kleinere Brötchen gebacken. Wenn es um Bilderkennung, die Vorauswahl von Bewerberinnen und Bewerbern, autonom fahrende Autos geht oder um *social scoring* – immer ist KI im Spiel, allerdings in ihrer »schwachen« Variante. Diese vermag in eng begrenzten Anwendungsbereichen bestimmte kognitive Aufgaben zu bewältigen, zu automatisieren und sich im Verlauf der Nutzung stetig zu verbessern – nicht mehr, aber auch nicht weniger.

KI-Methoden sind gereift, die das digitale Kapital in die Lage versetzen, ihren Datenextraktionismus zu optimieren. Die Unternehmen des digitalen Kapitalismus haben sich darauf spezialisiert, aus Datenozeanen verwertbare Information zu generieren und daraus ein profitables Geschäft zu machen. Das Kapital etabliert so eine neue gesellschaftliche Betriebs-

1 Alex Hern: Elon Musk says AI could lead to third world war, in: The Guardian, 4.9.2017; Vera Günther: Jürgen Schmidhuber: »KI kann Männer ersetzen«, in: Horizont, 26.9.2018.

weise, in der die Extraktion, Auswertung und Verwertung von Daten ins Zentrum der ökonomischen Aktivität gerät.

Die Extraktion, Aufbereitung und Analyse dieser Rohdaten geschieht zunehmend mit KI-gestützter Software. In vielen Bereichen stehen KI-Anwendungen in der Hand der Digitalkonzerne an der Schwelle zum Massenmarkt und sind dabei, zum Alltagsphänomen zu werden.

Eine kurze Geschichte der KI

Mit der Künstlichen Intelligenz ist es wie mit Gott: Es gibt sie zwar nicht, sie sorgt aber trotzdem für allerhand Aufruhr. Das gilt zumindest für die starke KI, bei der es um Automaten geht, die umfassend mit menschlichen Denkleistungen mithalten können. Starker KI liegt die These zugrunde, menschliche Denkfähigkeiten – Bewusstsein, Empathie, Moral – und höhere Hirnfunktionen seien nicht an eine bestimmte biologische Materialität gebunden, sondern könnten auch mit entsprechend leistungsfähigen Computern nachgebaut werden. Insbesondere im Silicon Valley gibt es durchaus Vorstellungen, künstliche und natürliche Intelligenzen würden demnächst miteinander verschmelzen.[2]

Das *mission statement* der die Disziplin begründenden Dartmouth-Konferenz aus dem Jahre 1956 brachte die Überzeugung zum Ausdruck, »dass sich jeder Aspekt des Lernens oder jedes andere Merkmal der Intelligenz im Prinzip so genau beschreiben lässt, dass eine Maschine gebaut werden kann, mit der sie simuliert werden können«.[3] Methodisch stand zunächst, favorisiert etwa vom KI-Pionier Marvin Minsky, ein Top-down-Ansatz im Vordergrund, bei dem versucht wird, die Regeln menschlichen Verhaltens zu programmieren.

Schwache KI hingegen begnügt sich damit, auf spezialisierte Aufgaben, z. B. das Klassifizieren von Bildinhalten, trainierte kognitive Systeme zu entwickeln. Mit Patrick Lang-

2 Vgl. etwa: Ray Kurzweil: The Singularity is Near. When Humans Transcend Biology, New York 2005.

3 John McCarthy/Marvin L. Minsky/Nathaniel Rochester/Claude E. Shannon: A Proposal for the Dartmouth Summer Research Project on Artificial Intelligence, 31.8.1955.

ley könnte man diese als »gelehrte Idioten« *(idiots savants)*[4] bezeichnen, die zwar eine besondere Begabung in einem bestimmten Feld aufweisen, außerhalb davon aber zu nichts zu gebrauchen sind. Hier wurde eher ein Bottom-up-Ansatz verfolgt, wie z. B. der Nachbau neuronaler Netzwerke, die Gehirnzellen simulieren und neue Verhaltensweisen erlernen sollten.

In der Anfangszeit der Disziplin, in den »guten alten Zeiten der KI«, wie Hector J. Levesque die euphorische Frühzeit der KI-Forschung nennt, herrschte Optimismus pur.[5] Lernende, denkende, dem Menschen ebenbürtige Maschinen zu bauen, galt nicht nur als erstrebenswert und machbar, es schien nur eine Frage weniger Computergenerationen, bis diese realisiert sein würden.

Der amerikanische KI-Pionier Arthur Samuel prägte 1959 den Begriff *machine learning* für Software, in die selbstlernende Verfahren implementiert sind, die also selbstständig aus sehr vielen Daten Modelle entwickeln kann.[6] *Deep learning* wiederum ist ein Teilbereich des maschinellen Lernens; es arbeitet mit künstlichen neuronalen Netzen, die dem menschlichen Gehirn nachempfunden sind, um zu besonders effizienten Lernerfolgen zu gelangen. Ziel neuronaler Netze ist es, in den Daten, mit denen das System gefüttert wird (Input), Strukturen zu erkennen, diese zu evaluieren und in vielen Durchläufen selbstständig die Ergebnisse (Output) zu generieren. *Deep learning* setzt auf statistische Datenanalyse und nicht auf einen deterministischen Algorithmus. Erste Erfolge rund um neuronale Netze gelangen bereits in den 1970er-Jahren. Nach einem sehr kritischen Bericht des Mathematiker Sir James Lighthill 1973 und der Streichung von Geldern durch den US-Kongress wurde es lange Zeit sehr ruhig um die Disziplin, der sogenannte KI-Winter war angebrochen.

4 Pat Langley: The Cognitive Systems Paradigm, in: Advances in Cognitive Systems, Vol. 1 (2012), S. 3–13.

5 Hector J. Levesque: Common Sense, the Turing Test, and the Quest for Real AI, Cambridge, MA 2017.

6 Arthur L. Samuel: Some Studies in Machine Learning Using the Game of Checkers, in: IBM Journal of Research and Development, 1959, S. 210–229.

Wenn derzeit über KI gesprochen oder geschrieben wird, dann meist von Anwendungen maschinellen Lernens. »Nach heutigem Stand beziehen sich die meisten KI-Fortschritte und Anwendungen, von denen Sie hören, auf eine Kategorie von Algorithmen, die als maschinelles Lernen bezeichnet wird. Diese Algorithmen verwenden Statistiken, um Muster in großen Datenmengen zu finden«, bilanziert der KI-Experte Alpaydin die derzeitige Situation.[7] Warum erleben wir also derzeit eine Renaissance jahrzehntealter Technologien?

Zum einen sind Methoden maschinellen Lernens dank günstiger und leistungsfähiger Computerhardware und der Reifung bestimmter Methoden an die Schwelle profitabler Anwendungen gelangt. Der chinesisch-amerikanische Investor und KI-Spezialist Kai Fu Lee sieht KI-Technologien an der Schwelle zum Massenmarkt, profitable Geschäftsmodelle seien in Reichweite und der breiten Anwendung stehe auch technisch nichts mehr im Wege. Er spricht daher vom »Zeitalter der Implementierung«. KI-basierte Produkte erreichen Produktreife und erobern den Massenmarkt, wie etwa persönliche Assistenten, Chatbots oder Software für das autonome Fahren.

Hinzu kommt das Vorhandensein immenser Datenmengen in vielen Anwendungsbereichen, die meist automatisch und kostenlos anfallen (Big Data), und die als Trainingsdaten für maschinelles Lernen bereitstehen. Im Gegensatz zu vorangegangenen Phasen in der Disziplin, in der es eher um wissenschaftliche Fortschritte ging, sind wir in das »Zeitalter der Daten« (Kai-Fu Lee) eingetreten. Die Menge an Trainingsdaten ist dabei entscheidend für die Qualität der damit gefütterten KI-Anwendungen. Infolgedessen habe heute derjenige, der über die meisten Daten in einem bestimmten Anwendungsfeld verfügt, die besten Chancen, gute KI-gestützte Anwendungen bereitstellen zu können.

Hier haben die Datenkonzerne aus dem Silicon Valley die Nase vorn. Die digitalen Großunternehmen, die sich in der Vergangenheit eine Vormachtstellung erarbeitet haben, set-

7 Ethem Alpaydin: Machine Learning. The new AI, Cambridge, MA 2016, S. 166.

zen verstärkt auf KI-Technologien. Sie sind es, die die größten Datensammlungen der Welt besitzen, die über das Kapital verfügen, um die Besten in der Disziplin anzuheuern, und die die größte Nutzerbasis als Abnehmer und gleichzeitig Datenlieferanten für ihre KI-Anwendungen haben. Apple, Amazon, Alphabet, Microsoft, Facebook und IBM sind die Namen derer, die den KI-Kuchen unter sich aufteilen. In China bietet sich derweil ein ähnliches Bild. Hier sind es die Großen Drei – die Suchmaschine Baidu, das Internetunternehmen Tencent und der Amazon-Klon Alibaba –, die über die größten Datensammlungen, die meisten Nutzerprofile, starke Cloud-Computing-Infrastrukturen, immense Geldmittel und genügend Computerpower verfügen, um bei der KI vorne mitspielen zu können.

Der Deep-Learning-Pionier Andrew Ng vergleicht die derzeitige Welle KI-getriebener Anwendungen mit dem Aufkommen der Elektrizität. »Vor etwa hundert Jahren, als wir mit dem Bau von Elektrizität begonnen haben, veränderte sich jeder Industriezweig: Industrie, Produktion, Landwirtschaft, Transportsektor, Kommunikation – jede dieser Branchen wurde durch die Elektrizität von Grund auf umgestaltet. Nun ist KI in der Lage, in vielen Branchen eine ebenso große Transformation einzuleiten«.[8] Sie werde so etwas wie die Grundtechnologie für eine Vielzahl digitaler Applikationen. Techniken um KI sind also auf dem Weg, zur Verarbeitungs- und Verwertungsmaschine Nummer Eins eines datenextraktiven Kapitalismus zu werden.

Drei Verwertungsmechanismen

Digitale Unternehmen sind zu den profitabelsten und mächtigsten der Welt geworden – Alphabet, Amazon, Apple, Facebook und Microsoft führen die Liste der wertvollsten Firmen an. Die genannten sind allesamt digitale Firmen, also Organisationen, deren Geschäftsbeziehungen mit Angestellten, Kunden, Lieferanten und anderen externen Partnern über digitale Netze organisiert sind.[9] Sie stehen stellvertretend für einen

8 Artificial Intelligence is the New Electricity – Andrew Ng, Medium.com, 28.4.2017.

9 Kenneth C. Laudon/Jane P. Laudon: Management Information Systems. Managing the Digital Firm, Upper Saddle River, N.J. 2002.

Kapitalismus, in dem sich alles um Information dreht – deren Generierung, Verbreitung über Netzwerke und schließlich deren Kapitalisierung.

Big Data, also das automatische Anfallen großer Datenmengen in digitaler Form, stellt den Rohstoff dieses kapitalistischen Verwertungsmodells dar. Datenextraktionismus nennt der Kapitalismuskritiker Evgeny Morozov deren Funktionsprinzip.[10] Informationen sind ins Zentrum wirtschaftlicher und sozialer Aktivität im digitalen Kapitalismus gerückt und haben vielfach klassische Güter, Dienstleistungen und mit diesen verknüpfte Geschäftspraktiken hinter sich gelassen oder an den Rand gedrängt. Überall ist mittlerweile von Daten und deren Extraktion, von Big Data und vom algorithmengesteuerten Schürfen in Datenminen die Rede.

Die Unternehmen des digitalen Kapitalismus errichten Plattformen[11], also Infrastrukturen, die sie Dritten zur Nutzung freigeben, dabei die Regeln bestimmen und bei jeder Aktion mitverdienen. Der Netzwerkeffekt, durch den der Nutzen eines Gutes mit steigender Nutzerzahl zunimmt, führt zu deren unerschütterlicher Monopolstellung. Plattformen setzen auf die Strategie der ständigen Benutzerbeteiligung, andauernde Re-Designs und optimierte Nutzererfahrung, um noch mehr Daten von ihren Benutzern zu extrahieren. Um in der Analogie zu bleiben: Dem Eisenerz, das aus der Erde geholt wird, entsprechen die Rohdaten, die meist durch das geschäftige Treiben auf den Plattformen generiert werden. Die hohe Marktkapitalisierung dieser Unternehmen, der eine verschwindend geringe Menge an Sachwerten gegenübersteht, beruht auf dem Verwertungsversprechen, das sich auf die immensen Nutzerzahlen und der von diesen generierten Daten stützt.

Das Modell macht Schule. Die Ökonomie der Daten und Information gewinnt in allen Branchen an Bedeutung, in der Industrie, der Landwirtschaft, im Finanz- oder Gesundheits-

10 Evgeny Morozov: Digital Democracy and Technological Sovereignty. Panel Discussion, opendemocracy.net, 13.12.2016.

11 Der englische Begriff *platform* kommt aus der Software-Entwicklung und bezeichnet dort eine Grundtechnologie, auf der dann bestimmte Dienste aufbauen.

sektor – in allen diesen Bereichen werden Datensammlungen und deren Auswertung mit KI-gestützten Technologien essenziell. Der Kritiker Srnicek betont die Bedeutung des Plattformmodells über die Onlinewirtschaft hinaus: »Zum einen dominieren Plattformen zunehmend strategisch wichtige Positionen innerhalb des Wirtschaftsgeschehens. Zum anderen durchdringen Plattform-Unternehmen zunehmend auch klassische Wirtschaftszweige.«[12] Die jeweils relevanten Player versuchen, Plattformen zu errichten, so etwa Siemens im Bereich industrieller Vernetzung.

Haben wir es mit einer neuen Phase in der Geschichte des Kapitalismus zu tun? Der industrielle Kapitalismus erscheint angesichts dessen als historische Epoche, die seit den 1970er-Jahren in Wellen durch neue Formen ergänzt bzw. von ihnen abgelöst wird. Vieles spricht dafür, dass das alte Akkumulationsmodell auf dem Rückzug ist. Drei neue Formen von Akkumulation zeichnen sich ab; sie wurden schon vor Langem beschrieben, verdichten sich aber erst jetzt zu einer neuen Phase.

Allgemeines Wissen als proprietärer Dienst (as a service)[13]

Der Kapitalismus des industriellen Zeitalters kreist um die Ausbeutung menschlicher Arbeit im Produktionsprozess. Karl Marx nennt das die »produktive Verausgabung von menschlichem Hirn, Muskel, Hand usw.«. Die Arbeit, welche sich im Endprodukt manifestiert, »welche die Substanz der Werte bildet, ist gleiche menschliche Arbeit, Verausgabung derselben menschlichen Arbeitskraft«, wobei die konkret geleistete immer erst hinterher sich beweisen muss als gesellschaftliche Durchschnittsarbeit.[14] Der ganze Sinn des kapitalistischen

12 »Ich bin derzeit etwas pessimistisch«, Nick Srnicek im Gespräch, in: OXI. Wirtschaft anders denken, Oktober 2018.

13 Der Ausdruck »as a service« wird im Zusammenhang mit Cloud Computing für Funktionalität verwendet, die als Service angeboten und nicht mehr als Software käuflich erworben wird.

14 Karl Marx: Das Kapital, Bd. 1, in: Karl Marx/Friedrich Engels: Werke [MEW], Berlin 1956ff., Bd. 23, S. 58.

Wirtschaftens liegt in der Extraktion des Mehrwerts, des unbezahlten Anteils der lebendigen Arbeit im unmittelbaren Produktionsprozess.

Zugleich operiert das Kapital auf dem »Stand der Technik«, setzt Wissen *(knowledge)* als Produktionsfaktor ein. Es bedient sich dabei der Erkenntnisse der Wissenschaft, diese erscheinen sogar als inhärente Eigenschaft des Kapitals selbst. »Von den heute Lebenden kennt keiner den Aufbau sämtlicher Apparate, über welche die Zivilisation verfügt. Gleichwohl gibt es jemanden, der diese Kenntnis besitzt: die Gesellschaft«, schrieb der Science-Fiction-Autor Stanislav Lem.[15] Marx verwendet für diese gesellschaftliche Funktion von allgemeinem Wissen den Begriff *general intellec*t (engl. für allgemeinen Verstand).[16]

In seinem berühmten Maschinenfragment entwirft er ein Szenario, in dem im Zuge der fortschreitenden Verwissenschaftlichung der Produktion und der Automatisierung von Abläufen der Anteil der unmittelbar vergegenständlichten Hand- oder Kopf-Arbeit immer weiter in den Hintergrund tritt. In letzter Konsequenz wird die unmittelbare Arbeit aus dem Produktionsprozess verdrängt und der *general intellect,* auf allgemeinem Wissen beruhende Technologie, wird zum entscheidenden Produktionsfaktor. Marx' Gedankenexperiment bzw. Extrapolation der automatischen Fabrik ist vergleichbar mit der asymptotischen Annäherung an eine Singularität: die politökonomische Division durch Null. Denn gibt es keine lebendige Arbeit mehr, dann auch keine Ausbeutung, keinen Mehrwert, keinen Profit – das Kapital verfehlt seinen Existenzzweck und verschwindet.

Parallelen zwischen dem Szenario des Maschinenfragments und dem heutigen digitalen Kapitalismus sind oft schon bemerkt worden. So lobt Nick Dyer-Witheford die prognostische Qualität des techno-futuristischen Maschinenfragments folgendermaßen: »Als hätte Karl Marx unsere heutige Informationsökonomie in einem Science-Fiction-

15 Stanislaw Lem: Summa technologiae, Frankfurt a. M. 1981, S. 169.
16 Karl Marx: Grundrisse der Kritik der politischen Ökonomie, MEW, Bd. 42, S. 491.

Roman beschrieben.«[17] Auch der französische Ökonom Yann Moulier-Boutang sieht im kontemporären »kognitiven Kapitalismus« den *general intellect* am Werk und beschreibt diesen als »eine Produktionsweise, in der der Gegenstand der Akkumulation hauptsächlich aus Wissen besteht, das zur grundlegenden Wertquelle wird, sowie zum Hauptort des Verwertungsprozesses«.[18]

Allerdings führt diese Dominanz des *general intellect* nicht zu einem Ende kapitalistischer Verhältnisse, wie Marx es in seinem Fragment gehofft hatte. Die *general-intellect*-Industrie, wie man die Digitalkonzerne gut und gerne bezeichnen könnte, schaffen es, den eigentlich schon gesellschaftlich-vergesellschafteten *general intellect,* als proprietären Service verpackt, trotzdem gewinnbringend zu verwerten. Diese beiden Prozesse – der stetig steigende Anteil kollektiven sozialen Wissens in der kapitalistischen Produktion einerseits und das ständige Bestreben des Kapitals, die Endprodukte dieses Prozesses zu privatisieren, andererseits – ziehen sich durch die gesamte Geschichte des Kapitalismus.

Die britische Marxistin Tessa Morris-Suzuki beschreibt dieses Phänomen folgendermaßen:

»Wieder einmal sind wir mit der Tatsache konfrontiert, dass bei der Produktion von Informationen freies soziales Wissen angeeignet und in eine Quelle privaten Gewinns umgewandelt wird. Wir haben uns von Marx' Bild des klassischen Kapitalismus entfernt, in dem die Produktionsmittel zu wettbewerbsfähigen Preisen auf dem Markt gekauft werden und die Quellen der Ausbeutung daher nur im Arbeitsprozess selbst liegen können. Theoretisch ist es nun möglich, dass Unternehmen ohne direkte Ausbeutung ihrer Arbeitskräfte Gewinne erzielen, indem sie ein freies Gut nutzen, um ein Produkt zu schaffen, das dann vorübergehend zum privaten Monopol des Unternehmens wird.«[19]

17 Nick Dyer-Witheford: Cyber-Proletariat: Global Labour in the Digital Vortex, London/Toronto 2015.

18 Yann Moulier-Boutang: Cognitive Capitalism, Cambridge/Malden MA 2012, S. 57.

19 Tessa Morris-Suzuki: Capitalism in the Computer Age and Afterword, in: Jim Davis/Thomas A. Hirschl/Michael Stack (Hrsg.): Cutting Edge. Technology, Information Capitalism and Social Revolution, London 1997, S. 57–71, hier S. 64.

Auch Slavoj Žižek sieht ein neues Akkumulationsmodell am Werk, in dem die Abschöpfung von Miete *(rent)* als monopolistisch vermittelte Nutzungsgebühr eines *general intellect,* der eigentlich schon Gemeingut ist, zur Quelle des Profits wird:

»Um diese neuen Formen der Privatisierung zu verstehen, sollte man den marxschen Begriffsapparat kritisch abändern: Weil er die soziale Dimension des *general intellect* (der kollektiven Intelligenz einer Gesellschaft) vernachlässigte, sah Marx die Möglichkeit einer Privatisierung des *general intellect* selbst nicht voraus – darum geht es im Wesentlichen beim Kampf um das ›geistige Eigentum‹«.[20]

Die Plattformen des digitalen Kapitalismus kommen diesem Szenario schon ziemlich nahe, denn sowohl die Daten als auch die Algorithmen sind zu großen Teilen öffentlich zugänglich – als open source, von uns allen erstellt, also ein gesellschaftliches Produkt, allgemeines Wissen. Genau das macht Google, wenn sie Webinhalte indizieren, daraus einen Service machen, dessen Nutzung sie wiederum verwerten.

Auch die Datensammlungen, die die KI-Anwendungen speisen, die Millionen Bilder, Texte, Sprachkommandos, haben wir alle kollektiv erzeugt. Sie sind eigentlich gesellschaftliches Gemeingut, und werden doch von wenigen privaten Akteuren dazu verwendet, proprietäre Services zu generieren, die ihre Profitabilität sichern. Allgemeines Wissen wird zur wichtigsten Produktivkraft des digitalen Kapitalismus, jedoch gelingt es ihm, dieses freie soziale Wissen paradoxerweise, als proprietären Dienst verpackt, zu verwerten.

Nutzergetriebener Kapitalismus

Die im Industriekapitalismus vorherrschende Form der Aneignung von Arbeitsprodukten, die Ausbeutung lebendiger Arbeit im unmittelbaren Produktionsprozess, ist zum einen historisch entstanden und zum anderen alles andere als alleinstehend. Heute erleben wir das Hinzutreten vielfältiger neuer Ausbeutungsformen, wie zum Beispiel der Userarbeit auf den

20 Slavoj Žižek: Der Mut der Hoffnungslosigkeit, Frankfurt a. M. 2018, S. 79.

Plattformen oder der kostenlosen Trainingsklassifizierungsarbeit von KI-Anwendungen.

Auf den Plattformen des digitalen Kapitalismus werden unablässig Daten generiert, die als Rohdaten das Ausgangsmaterial für deren Raffinierung durch Algorithmen und KI darstellen. Das Heben dieser Datenschätze besorgen allerdings keine lohnarbeitenden Mineure, deren Mehrarbeit vom Kapital angeeignet würde. Es sind die Nutzer auf den Plattformen, diese Doppelwesen aus Kunden und Arbeitern, die einen nicht enden wollenden Strom an Daten liefern, die somit als Ergebnis nicht entlohnter Userarbeit betrachtet werden können.

Neue Formen der Ausbeutung treten neben die Aneignung von Mehrwert in der Form der Lohnarbeit, die so als nur eine spezifische Form der Ausbeutung von Arbeit im unmittelbaren Produktionsprozess erscheint. Es gibt neue Formen der Ausbeutung, auf die »neue Formen der Mehrwertproduktion« folgen, wie Maurizio Lazzarato in diesem Zusammenhang betont.[21] Die Ausbeutung wird also ausgeweitet, überschreitet den Bereich der Lohnarbeit, die Begrenzung der Fabrik. Bereits bei Deleuze und Guattari findet sich diese Idee:

»Das Konzept des kapitalistischen Betriebs muss auf kollektive Institutionen, staatliche Institutionen, Medienapparate, Arbeitsplätze und die Mehrheit der unbezahlten Aktivitäten ausgedehnt werden. Man könnte sagen, dass die Hausfrau einen Job in der Schule hat, der Verbraucher im Supermarkt und die Fernsehzuschauer vor ihren Bildschirmen.«[22]

Heute erfreut sich das Modell des *user generated content* der Umsetzung auf breiter Front: Milliarden Menschen sind so in den nutzergetriebenen Kapitalverwertungsprozess eingebunden und arbeiten direkt fürs Kapital. Auch bei Negri und Hardt findet sich die Überzeugung, Wert werde durch biopolitische Arbeit bei der Produktion des sozialen Lebens selbst erzeugt.[23]

21 Maurizio Lazzarato: Signs and Machines. Capitalism and the Production of Subjectivity, Los Angeles 2014, S. 44.

22 Félix Guattari: La Révolution Moléculaire, Paris 1977, S. 95.

23 Michael Hardt/Antonio Negri: Empire. Die neue Weltordnung, Frankfurt a. M. 2002.

Paul Mason schließlich sieht den *general intellect* durch sozial kooperative Arbeit, etwa im Bereich der Commons, am Werk.[24]

Bei derzeitigen KI-Anwendungen wird dies besonders augenfällig: Kaufen Nutzer ein Produkt, das KI-Anwendungen für sie bereithält, etwa ein Smarthome-Geräte oder Hardware, die mit Sprachassistenten ausgestattet ist, kaufen sie ein Produkt, für dessen Erstellung und Betrieb sie gleichzeitig eine Ressource darstellen. Die Käufer werden zur Ressource, insofern sie zur ständigen Quelle neuer Sprachkommandos werden, die als Trainingsdaten zur Optimierung des Systems eingesetzt werden.

Die Digitalkonzerne spielen uns unsere gelabelten (beschrifteten) und kontextualisierten Daten, die wir selbst »in die Cloud hochgeladen haben«, als Anwendungen zurück. Die User leisten gleichzeitig kostenlose Arbeit, indem sie unbezahlt Feedback liefern über das Funktionieren der KI. Sie sind Kunde aber auch Produkt, insofern als ihre Aktionen, Entscheidungen und Vorlieben registriert und als Profil an Anzeigenkunden veräußert werden können.

Akkumulation durch Innovation

Rationalisierung in der Produktion ist seit jeher das Mittel der Wahl für das Kapital, um sich von der Konkurrenz abzuheben, indem es entweder günstiger als diese produzieren oder durch Produktinnovationen Marktanteile erobern kann. Die Konkurrenz ist so der treibende Motor für die historisch beispiellose innovative Kraft, kreative Zerstörung oder Fähigkeit zur Disruption – je nach Gusto. »Move fast and break things« ist bekanntlich das Motto von Mark Zuckerberg, das so auch von Schumpeter (schöpferische Zerstörung) oder Clayton Christensen (disruptive Innovation) stammen könnte.[25] Der Kapitalismus ist die innovativste Gesellschaftsordnung, die die Menschheit bis dato hervorgebracht hat – und gleichzei-

24 Paul Mason: Postkapitalismus. Grundrisse einer kommenden Ökonomie, Berlin 2018.

25 Joseph Schumpeter: Kapitalismus, Sozialismus und Demokratie, Stuttgart 1993; Clayton M. Christensen: The Innovator's Dilemma. When New Technologies Cause Great Firms to Fail, Boston 1997.

tig die zerstörerischste: Wenn vom Anthropozän, also der Ära der Herrschaft des Menschen über den Planeten die Rede ist, sollte eigentlich vom Kapitalozän gesprochen werden.[26] Denn erst seit der Industrialisierung schafft es die Menschheit, die Erdoberfläche nachhaltig zu verändern.

In der marxschen Kritik der politischen Ökonomie erschöpft sich die Innovation damit, dem »normalen« Produktionsprozess äußerlich zu sein, sie spielt in der Analyse des kapitalistischen Produktionsprozesses zunächst keine Rolle. Innovation ist selbst nicht wertproduktiv und betrifft die Arbeitswertlehre nicht. Innovation bleibt hier Sonderfall, Ausnahme, der Konkurrenz geschuldeter Coup eines Einzelkapitals.

Können Innovationen vom Sonderfall zum Normalfall werden? Die Historikerin Morris-Suzuki äußerte die These, dass dieser Fall eintreten könne, wenn zwei Bedingungen erfüllt seien: Wenn die Bedeutung direkter menschlicher Arbeit, die in das Produkt eingeht, marginal und gleichzeitig die Erstellung von Informationsprodukten zum zentralen Gegenstand der Profitgenerierung des Unternehmens wird. Dann »wird Innovation zum Kern der profitgenerierenden Aktivität«. Unter diesen Bedingungen wären die Unternehmen gezwungen, den Schwerpunkt der Profitproduktion zu verlagern, »von der Produktion von Gütern auf die Produktion von Innovationen – das heißt von neuem Wissen für die Herstellung von Gütern«.[27]

Die immer gleiche Produktion ein- und desselben physischen Gegenstands ist der Normalfall in der Produktion materieller Güter. Das n-te Exemplar eines identischen Stuhls mag durchaus auch noch einen Käufer finden, denn auch in die n-te identische Kopie ist konkrete Arbeit geflossen. Bei digitaler Information ist das nicht der Fall; einmal erstellte Information muss nicht immer wieder aufs Neue produziert werden, sie ist fürs Geschäft verbrannt.

26 Jason W. Moore (Hrsg.): Anthropocene or Capitalocene. Nature, History and the Crisis of Capitalism, Oakland 2016.

27 Tessa Morris-Suzuki: Robots and Capitalism, in: Jim Davis u.a.: Cutting Edge, S. 13–28, hier S. 18–19.

Die Generierung eines *ever-changing products,* eines Produkts, das sich ständig und kontinuierlich verändert und damit der Konkurrenz chronisch einen Schritt voraus ist, ist die Folge. In Morris-Suzukis Szenario wird die Ausnahme zur Regel, aus gelegentlichen Innovationssprüngen wird eine kontinuierliche Rampe. Innovation bekommt eine neue Bedeutung über seine Eigenschaft als Waffe in der Konkurrenz hinaus: Innovation wird zum Kern der gewinnbringenden Tätigkeit des Unternehmens.

Sie bezeichnet dieses Prinzip als »perpetuierte Innovations-Ökonomie« *(perpetual innovation economy),*[28] es ist durch die »unaufhörliche Erzeugung neuer Produkte und neuer Produktionsmethoden« gekennzeichnet; Mehr-Wissen *(surplus knowledge)* ist dabei zentral für die »Rohstoffproduktion von Wissen«.[29] Das Prinzip der kontinuierlichen Innovation löst ein lineares Akkumulationsmodell, bei dem einzelne Arbeitsteile kontinuierlich zu einem Arbeitsprodukt aggregiert werden, ab durch ein nicht-lineares. Immer öfter ist die Wiederholung eines bereits identisch erfolgten Arbeitsprozesses automatisiert, nahezu ohne Ressourcenaufwand (etwa beim Streamen von digitalen Inhalten), zu null Grenzkosten möglich.

Insbesondere KI-gestützte Produkte zeichnen sich dadurch aus, dass sie sich ständig verbessern. Der südkoreanische Unterhaltungselektronikkonzern LG macht daraus eine ganze Produktlinie: Unter dem Schlagwort »Evolve« werden Produkte angepriesen, die nicht nur nicht altern, sondern ewig jung bleiben, sich mit dem User verändern, von diesem erzogen werden, gerade so, als würde dieser ein Kind großziehen. Der technische Direktor von LG, I.P. Park, erklärte dazu: »Das Zeitalter der Künstlichen Intelligenz erlaubt uns, noch weiter zu gehen. Informationen werden jetzt mit ihre Nutzung im Laufe der Zeit besser, reicher und tiefer.«[30]

---

28 Ebd., S. 18.

29 Morris-Suzuki: Capitalism in the Computer Age, S. 60.

30 V. Keller: LG IFA 2018 Keynote speech: Evolve, Connect & Open with AI innovation, in: LG Magazine, 31.8.2018.

Die vorerst letzte Maschine des Kapitals

Ernst Bloch bemerkte einmal, es werde in marxistischen Kreisen nicht bestritten, »dass die jeweils letzte Maschine, welche die spätbürgerliche Technik erzeugt, die beste sei«.[31] Mit Fug und Recht kann Künstliche Intelligenz zumindest für den digitalen Kapitalismus als dessen vorerst letzte bezeichnet werden. Mit ihrer Hilfe gelingt es diesem, eine neue gesellschaftliche Betriebsweise zu konsolidieren, in der die Extraktion, Auswertung und Verwertung von Daten ins Zentrum der ökonomischen Aktivität gerät.

Bei der derzeitigen Welle an Anwendungen, die mit dem Label »Künstliche Intelligenz« versehen sind, haben wir es im Wesentlichen um datengetriebene Software zu tun, die in eng begrenzten Anwendungsbereichen reüssieren kann. Wir erleben eine Phase der KI-Entwicklung, in der die Technologien an der Hand der Digitalkonzerne massenmarktfähig gemacht und somit zur Alltagstechnologie werden. Ihre Funktion beschränkt sich auf konkrete Aufgaben, wie etwa die Klassifizierung von Bildern, das Erkennen von Mustern in Daten, die Darstellung von Mensch-Maschine-Schnittstellen und dergleichen. Der Bau denkender Maschinen steht nach wie vor nicht auf der Tagesordnung – vielmehr geht es darum, die datenextraktiven Geschäftsmodelle zu konsolidieren.

Nutzerreaktionen werden in vielen Bereichen in Echtzeit, d. h. ohne spürbare Verzögerung zwischen Eingabe und Ausgabe, zwischen Aktion und Reaktion, an das System rückgekoppelt. Dieses wird dadurch hinsichtlich der Laufzeit (runtime) optimiert. Benutzer-Signale (user signals), also Verhaltensmuster der User, werden für personalisierte Antworten, zur Fehlerkorrektur und zur inkrementellen Produktverbesserung in einem kybernetischen Regelkreis eingesetzt. Die KI-getriebenen Dienste werden dabei durch deren Kunden selbst optimiert, gleichzeitig durch deren Userdaten gespeist, in einem Kreislauf perpetuierter Innovation, der gleichzeitig Optimierung und Erneuerung zum Ziel hat als auch die Mone-

31 Ernst Bloch: Erbschaft dieser Zeit, Frankfurt a. M. 1985, S. 17.

tarisierung der Aktivität der Kunden selbst – mit immer besserer Userexperience. Der User wird zum dreiköpfigen Wesen, er oder sie ist gleichzeitig Kunde, Lieferant und Produkt.

KI ist eine Technologie, um Big Data auszuwerten, die kostenlose Arbeit der User effizienter zu verwerten und die digitale Arbeiterschaft zu überwachen, ganz wie das Fließband einerseits Rationalisierung, andererseits Machtinstrument in der Fabrik war und ist. Künstliche Intelligenz ist die vorerst letzte Innovation des digitalen Kapitalismus, mit der dieser seine weltweit dominierende Rolle in Ökonomie und Gesellschaft ausbauen, seine Geschäftsmodelle konsolidieren und sein Verwertungsmodell sichern will.

Alle drei Mechanismen der Kapitalverwertung – die Verwertung allgemeinen Wissens as a service, die Ausbeutung kostenloser Nutzerarbeit und perpetuierte Innovation als Quelle des Profits – finden sich im zeitgenössischen digitalen Kapitalismus realisiert. Vielfältige Formen der Verausgabung von Herz, Hirn und Hand jenseits der Form der Lohnarbeit führen zu Arbeitsprodukten, die für das Kapital nutzbar sind. Es erfolgt ein Zugriff auf das gesamte Leben als Ressource von Profit und die Aktionen und Reaktionen werden zurückgespeist ins Gesamtsystem.

Georg Jochum und Simon Schaupp

Die Steuerungswende

Zur Möglichkeit einer nachhaltigen und demokratischen Wirtschaftsplanung im digitalen Zeitalter

Die zentrale Stellung der Digitalisierung für den gegenwärtigen sozialen Wandel wird in politischen und wissenschaftlichen Debatten zunehmend anerkannt. Dabei wird jedoch regelmäßig eine Unvermeidlichkeitsdoktrin bemüht, die Digitalisierung als eine Art Naturgewalt erscheinen lässt, die quasi von außen über die Gesellschaft hereinbricht. Sie kann entweder begrüßt oder verteufelt, kaum jedoch politisch gestaltet werden. Und trotz der häufig beschworenen disruptiven Kraft der technologischen Entwicklung gilt es in der Regel als selbstverständlich, dass sich die Digitalisierung im Rahmen einer wachstumsorientierten kapitalistischen Ökonomie vollziehen und damit kein grundlegender Bruch mit der bisherigen Wirtschafts- und Gesellschaftsordnung erfolgen wird.

Diese Annahmen erscheinen uns angesichts der gegenwärtigen systemischen sozialen und ökologischen Krisen als problematisch. Obwohl Ausmaß und Dringlichkeit dieser Krisen wissenschaftlich hinreichend dokumentiert sind,[1] erweisen sich die Steuerungsmechanismen der kapitalistischen Ökonomie als unfähig, mit adäquaten Schritten zu reagieren. Wie zum Beispiel das Scheitern der Bemühungen um eine Energiewende zur Reduktion der weltweiten CO_2-Emissionen zeigt, hat diese Unfähigkeit ihren Grund nicht allein im Unwillen der verantwortlichen Entscheidungsträgerinnen. Stattdessen ist sie primär in den systemischen Wachstumszwängen des kapitalistischen Wirtschaftens selbst angelegt.

Im Folgenden skizzieren wir deshalb eine mögliche Umgangsweise mit dieser sozial-ökologischen Krise, die über diese Zwänge hinausweist. Konkret geht es uns um die Poten-

1 Will Steffen u. a.: Planetary Boundaries: Guiding Human Development on a Changing Planet, in: Science, Vol. 347 (2015), Nr. 6223, S. 1259855

ziale, die die rasante Entwicklung der digitalen Technologien für eine nachhaltige und demokratische Wirtschaftssteuerung bietet. Die digitale Steuerung eröffnet neue Möglichkeiten der Planung, die Probleme bisheriger nichtkapitalistischer Ökonomien, insbesondere deren Effizienz- und Demokratiedefizite, beheben könnte. So könnte die Güterproduktion direkt durch einen digitalen Abgleich menschlicher Bedürfnisse mit den verfügbaren Ressourcen gesteuert werden. Damit ließe sich einerseits die Ökologieblindheit der kapitalistischen Marktsteuerung beheben und andererseits eröffneten sich neue Horizonte einer Wirtschaftsdemokratie.

Diese Utopie stützt sich auf reale aktuelle Entwicklungen: In Zeiten von Big Data und eines sich immer weiter ausbreitenden »Überwachungskapitalismus«[2], welcher den Firmen ein umfassendes Wissen über die Bedürfnisse der Kunden gewährt (und deren intensivierte Manipulation ermöglicht), werden Marktmechanismen systematisch durch neue Formen einer kybernetischen Steuerung der Ökonomie abgelöst: Lieferketten, Arbeitsmärkte, Arbeitsprozesse und sogar Preise werden digital gesteuert. Zwar entsteht hierdurch keine neue zentrale Planungsinstanz, ebenso wenig entspricht aber dieser Kapitalismus der neoliberalen Fiktion von einer durch keinerlei Planung »getrübten« Regulierung durch den freien Markt. So gerät die »Steuerungskraftentwicklung« in zunehmenden Widerspruch mit den »Steuerungsverhältnissen«. Dieser Widerspruch führt keineswegs automatisch zur Überwindung der kapitalistischen Wirtschaftsordnung. Er liefert aber durchaus die objektiven Voraussetzungen für eine dezidiert politische Transformation, die wir als *Steuerungswende*[3] bezeichnen.

Historische und theoretische Hintergründe

Zu unseren Überlegungen hinsichtlich der Potenziale der digitalen Technologie für eine Neuorganisation der Gesellschaft

2 Shoshana Zuboff: Das Zeitalter des Überwachungskapitalismus, Frankfurt a. M. 2018.

3 Georg Jochum: Plus Ultra oder die Erfindung der Moderne. Zur Entgrenzung der okzidentalen Welt, Bielefeld 2017, S. 544.

wollen wir mit einer Reflexion der bisherigen technologischen Entwicklungen und den damit verbundenen Gesellschaftsformen hinführen.

Den untrennbaren Zusammenhang zwischen technologischer und gesellschaftlicher Entwicklung hat Karl Marx insbesondere in einer berühmten Stelle aus »Das Elend der Philosophie« deutlich gemacht:

»Die sozialen Verhältnisse sind eng verknüpft mit den Produktivkräften. Mit der Erwerbung neuer Produktivkräfte verändern die Menschen ihre Produktionsweise, und mit der Veränderung der Produktionsweise, der Art, ihren Lebensunterhalt zu gewinnen, verändern sie alle ihre gesellschaftlichen Verhältnisse. Die Handmühle ergibt eine Gesellschaft mit Feudalherren, die Dampfmühle eine Gesellschaft mit industriellen Kapitalisten.«[4]

Mit der Nennung von Handmühle bzw. Dampfmühle als Leittechnologien der unterschiedlichen historischen Epochen fokussierte Marx auf Produktions- und Arbeitsmittel, die durch eine spezifische Kombination mit der menschlichen Arbeitskraft eine jeweils andere Form der Aneignung der Natur ermöglichten. Mit dem Begriff der Produktion (von lat.: *pro-ducere* »hervorbringen«; lat.: *ducere* »ziehen, führen«)[5] wird auf das »herausführen«, »hervorbringen«, »herausziehen« von den in der Natur angelegten Potenzialen durch den Arbeitsprozess verwiesen, wie insbesondere im »Kapital« deutlich wird: »Der Prozess erlischt im Produkt. Sein Produkt ist ein Gebrauchswert, ein durch Formveränderung menschlichen Bedürfnissen angeeigneter Naturstoff.«[6] Wie wir im Folgenden argumentieren, kann die marxistische Theorie und insbesondere die These dass »auf einer gewissen Stufe ihrer Entwicklung [...] die materiellen Produktivkräfte der Gesellschaft in Widerspruch mit den vorhandenen Produktionsverhältnissen [geraten]«[7] auch

4 Karl Marx: Das Elend der Philosophie, in: Karl Marx/Friedrich Engels: Werke [MEW], Berlin 1956ff., Bd 4, S. 63–182, hier S. 130.

5 Dudenverlag: Das Herkunftswörterbuch, Mannheim 2000, S. 631.

6 Karl Marx: Das Kapital, Bd. 1, MEW, Bd. 23, S. 195.

7 Karl Marx: Zur Kritik der Politischen Ökonomie, in: MEW, Bd. 13, S. 3–160, hier S. 9.

aktuell zu einem tieferen Verständnis technisch-gesellschaftlicher Dynamiken und zur Erschließung von Potenzialen für einen tiefgreifenden politisch-ökonomischen Wandel beitragen. Allerdings halten wir hierfür eine analytisch-begriffliche Reformulierung für notwendig. Denn im Zentrum des in den letzten Jahren erfolgten technologischen Wandels infolge der sogenannten Digitalisierung steht letztlich nicht die Ergänzung und Ersetzung der körperlichen Arbeit durch die mechanische Produktivkraft von Maschinen, welche neue Formen der Naturaneignung ermöglichten, sondern vielmehr die Entwicklung von kybernetischen Technologien.

In Anknüpfung an Norbert Wiener, der das Wort Kybernetik aus dem griechischen κυβερνητικός (Steuermann) bildete,[8] sehen wir die kybernetischen Technologien als eine spezifische Form von Produktivkraft an, deren zentrale Eigenschaft die Fähigkeit zur Steuerung von mechanischen und sozialen Prozessen ist.

Aufgrund dieser Zentralität von Steuerung, Kontrolle und Regulierung werden wir im Folgenden diese Technologien nicht als Produktivkräfte, sondern als *Steuerungskräfte* bezeichnen. Wir wollen damit auf einen zentralen Unterschied zwischen der klassischen industriellen Revolution und der in den letzten Dekaden in den hochtechnisierten Gesellschaften im »kybernetischen Kapitalismus«[9] erfolgten cybertechnologischen Revolution verweisen.[10]

Wir gehen nun davon aus, dass die in der marxschen Theorie zentrale Annahme eines wachsenden Gegensatzes zwischen Produktivkraftentwicklung und Produktionsverhältnissen auf der Grundlage der skizzierten Reformulierung und vor dem Hintergrund aktueller Entwicklungen neu bestimmt

8 Norbert Wiener: Kybernetik. Regelung und Nachrichtenübertragung in Lebewesen und Maschine, Düsseldorf 1968, S. 32.

9 Tiqqun: Kybernetik und Revolte, Zürich 2007; Nick Dyer-Whiteford: Cyber-Proletariat. Global Labour in the Digital Vortex, London 2015; Simon Schaupp: Digitale Selbstüberwachung. Self-Tracking im kybernetischen Kapitalismus, Heidelberg 2016.

10 Die zweite Revolution löst dabei die erste in ihren Auswirkungen nicht ab, sondern überlagert diese. In der aktuellen sozial-ökologischen Krise verknüpfen sich die durch die fossilistisch-industrielle Moderne erzeugten negativen ökologischen Nebenfolgen der Naturaneignung mit negativen sozialen Folgen der digital-kybernetischen Revolution.

werden kann: Im Schoße des kybernetischen Kapitalismus haben sich die Steuerungskräfte so weit entwickelt, dass eine Überwindung der bisherigen kapitalistischen Steuerungsverhältnisse nicht nur möglich, sondern auch notwendig ist, um tiefgreifende sozial-ökologische Krisen zu vermeiden. Im Folgenden werden wir zunächst näher darlegen, was wir unter Steuerungskräften verstehen und sodann diskutieren, auf welchen Ebenen in den letzten Jahren sich eine tiefgreifende Entwicklung dieser Kräfte vollzogen hat.

Produktivkräfte und Steuerungskräfte

Marx postulierte im Vorwort zur »Kritik der Politischen Ökonomie«, dass sich der Gegensatz zwischen der Entwicklung der Produktivkräfte und den herrschenden Produktionsverhältnissen immer mehr zuspitzen würde und schließlich der Übergang zu einer sozialistischen Produktionsweise letztlich unvermeidbar sei.

»Die bürgerlichen Produktionsverhältnisse sind die letzte antagonistische Form des gesellschaftlichen Produktionsprozesses. [...] Die im Schoß der bürgerlichen Gesellschaft sich entwickelnden Produktivkräfte schaffen zugleich die materiellen Bedingungen zur Lösung dieses Antagonismus.«[11]

Im staatssozialistischen Marxismus-Leninismus wurden die marxschen Überlegungen dahingehend ausgedeutet, dass sich aus dem Widerspruch zwischen dem arbeitsteiligen, gesamtgesellschaftlichen Charakter der Produktion und der weiterhin privatwirtschaftlichen Verfügung über die sich entwickelnden Produktivkräfte eine zunehmende Ineffizienz der kapitalistischen Produktionsweise ergeben würde. Aufgrund des »Gesetz(es) der Übereinstimmung der Produktionsverhältnisse mit dem Charakter und dem Entwicklungsniveau der Produktivkräfte« würde so die Überwindung der widersprüchlichen kapitalistischen Produktionsweise unvermeidbar sein, indem »die Arbeiterklasse die politische Macht erobert«.[12]

11 MEW, Bd. 13, S. 10.

12 Akademie der Wissenschaften der UdSSR: Grundlagen der marxistisch-leninistischen Philosophie, Berlin 1972, S. 310.

Die Hoffnung auf eine gleichsam naturgesetzlich in der Produktivkraftentwicklung angelegte Tendenz einer Überwindung des Kapitalismus sollte sich als zu optimistisch erweisen. Der Versuch der Errichtung der sozialistischen Gesellschaft scheiterte neben anderen Faktoren im (nicht) realen Sozialismus langfristig auch an der Ineffizienz der planwirtschaftlichen Steuerung der Ökonomie. Der Triumph des neoliberalen Kapitalismus nach dem Zusammenbruch des Ostblocks führte dazu, dass sowohl der orthodoxe Marxismus wie auch alternative, heterodoxe Ausdeutungen der marxschen Theorie nur noch eine marginale Bedeutung besaßen. In den letzten Jahren lässt sich allerdings eine durch die Weiterentwicklung der digitalen Technologien und ihrer Anwendungen forcierte Renaissance von marxistisch inspirierten Konzepten diagnostizieren, die eine Überwindung des Kapitalismus aufgrund seiner Widersprüche für wahrscheinlich und möglich erachten. So schreibt Paul Mason in »Postkapitalismus«:

»Der wesentliche innere Widerspruch des modernen Kapitalismus ist der zwischen der Möglichkeit kostenloser, im Überfluss vorhandener Allmendeprodukte und einem System von Monopolen, Banken und Regierungen, die versuchen, ihre Kontrolle über die Macht und die Informationen aufrechtzuerhalten. Es tobt ein Krieg zwischen Netzwerk und Hierarchie.«[13]

Er weist damit aus unserer Sicht richtigerweise auf die Potenziale der digitalen Netzwerktechnologien für eine postkapitalistische Organisation von Produktion und Konsumtion hin. Allerdings erscheint es als verkürzt, wie Rifkin den »Überflusscharakter« von digital produzierten bzw. teilbaren Güter auf die gesamte Produktionssphäre zu übertragen und daher mit der digitalen Revolution den »Rückzug des Kapitalismus« sowie die Utopie einer »Überflusswirtschaft« und eines »nachhaltigen Füllhorns« zu verbinden.[14] Ein derartiger einfacher Produktivkraftoptimismus dürfte angesichts der durch die ökologische

13 Paul Mason: Postkapitalismus. Grundrisse einer kommenden Ökonomie, Berlin 2016, S. 196.

14 Jeremy Rifkin: Die Null-Grenzkosten-Gesellschaft. Das Internet der Dinge, kollaboratives Gemeingut und der Rückzug des Kapitalismus, Frankfurt a. M. 2014, S. 396,

Krise vermutlich noch zunehmenden materiell-energetischen Knappheiten als naiv anzusehen sein. Zudem vergisst er in technikdeterministischer Manier das inhärent politische Moment ökonomischer Transformationen. Wir plädieren daher dafür, über die Postulierung eines Widerspruchs zwischen Produktivkraftentwicklung und Produktionsverhältnissen, wie sie letztlich auch noch bei Mason und Rifkin erkennbar ist, hinauszugehen und die Frage nach den in den digital-kybernetischen Steuerungsmitteln angelegten Potenzialen für postkapitalistische Formen der Steuerung der Ökonomie explizit ins Zentrum der Analyse zu stellen. Notwendig erscheint uns dies nicht zuletzt angesichts der angedeuteten Steuerungsprobleme im (nicht) real existierenden Sozialismus und der dort erfolgten Herausbildung einer totalitären Herrschaftsform.

Unter Steuerungsmitteln verstehen wir dabei eine Vielfalt von Technologien, welche der Steuerung der Ökonomie und der Gesellschaft dienen können. Hierzu sind zum einen die politischen Steuerungsmechanismen im engeren Sinne zu zählen. Darüber hinaus sind aber insbesondere auch die Techniken der Arbeitssteuerung in den Betrieben als Steuerungsmittel anzusehen. Schließlich können auch Technologien wie die Schrift oder das Geld und ihre Anwendung als Herrschafts- und Steuerungsinstrumente hierzu gezählt werden.

Dabei teilen wir die habermassche Perspektive, dass »das kapitalistische Wirtschaftssystem [...] seine Entstehung einem neuen Mechanismus, dem Steuerungsmedium Geld [verdankt]«.[15] Dieses Steuerungsmedium gewann infolge der »Entbettung«[16] der Märkte eine zunehmende Dominanz über andere Steuerungsmittel. Politische Gegenbewegungen mit dem Ziel der Wiedereinbettung der Märkte führten zu einer gesellschaftlichen Regulierung und Begrenzung der Macht des Geldes. Insbesondere die fordistische Regulationsweise kann als ein derartiger Versuch der Wiedereinbettung

15 Jürgen Habermas: Theorie des kommunikativen Handelns, Bd. II, Frankfurt a. M. 1981, S. 255.

16 Karl Polanyi: The Great Transformation. Politische und ökonomische Ursprünge von Gesellschaften und Wirtschaftssystemen, Frankfurt a. M. 1978 [1944].

angesehen werden, der auf einem spezifischen Kompromiss beruhte: Ein politisch regulierter Kapitalismus entstand, der zwar die Rolle des Geldes als zentrales Steuerungsmittel unangetastet ließ, aber die Macht des Staates stärkte. Der Herausbildung der sogenannten postfordistischen Regulationsweise ist aus unsere Sicht als ein Übergang zu einer neoliberal-kybernetischen Steuerungsweise zu verstehen, welche den steuernden Einfluss des Staates wieder reduzierte und durch die Nutzung neuer kybernetischer Technologien und hierdurch ermöglichter neuer Formen der Arbeitssteuerung gekennzeichnet ist.[17]

Im Folgenden wollen wir zunächst die zentralen Charakteristika des kybernetischen Paradigmas darlegen und im Anschluss aufzeigen, dass es durchaus auch Versuche einer nichtkapitalistischen Form der Adaption des kybernetischen Denkens gegeben hat und auch heute Potenziale für eine emanzipative kybernetische Steuerungs- und Produktionsweise erkennbar werden.

Kybernetik – Steuerungswissenschaft zwischen Herrschaftswissen und Emanzipation

Als Begründer der Kybernetik im modernen Sinne gilt Norbert Wiener, der das neue Forschungsfeld als die »Wissenschaft von Kommunikation und Kontrolle«[18] definierte. Ihr Ziel war nichts weniger als die Entwicklung einer neuen Universalwissenschaft, mithilfe derer sich alle Systeme, lebend oder technisch, verstehen und am Ende auch steuern lassen sollten. In diesem Sinne besteht das kybernetische Denken wesentlich aus Modellen, Analogien und anderen abstrakten Repräsentationen, die komplexe Systeme interdisziplinär vergleichbar machen sollten. So wurde zum Beispiel das menschliche Gehirn als ein elektrischer Schaltkreis interpretiert.[19]

17 Eva-Maria Raffetseder/Simon Schaupp/Philipp Staab: Kybernetik und Kontrolle. Algorithmische Arbeitssteuerung und betriebliche Herrschaft, in: Prokla, Jg. 47 (2017), H. 187, S. 227–247.

18 Wiener: Kybernetik.

19 Ronald R. Kline: The Cybernetics Moment: Or Why We Call our Age the Information Age, Baltimore 2015.

Die kybernetische Theorie basiert auf dem Prinzip der Feedback-basierten Selbstorganisation. Dieses Konzept wurde ursprünglich aus Beobachtungen biologischer Systeme abgeleitet, die sich an Veränderungen in der Umgebung anpassen, anstatt zuerst einen kognitiven Plan oder hierarchische Anweisungen zu erstellen. Rückkopplungsschleifen sollen ein System in einen Zustand dynamischen Gleichgewichts versetzen, den Kybernetikerinnen als Homöostase bezeichnen.

Den Nukleus der kybernetischen Revolution bildeten die rasanten Fortschritte bei der Entwicklung von selbststeuernden und informationsverarbeitenden Technologien. Indem sich durch die Vernetzung der Computer das sogenannte Cyberspace (d. h. der durch kybernetische Maschinen erzeugte virtuelle Raum) herausbildete, trat die kybernetische Revolution in eine die gesamte Gesellschaft und insbesondere die Arbeitswelt transformierende Phase ein. Dabei erfolgte diese »Kybernetisierung von Arbeit«[20] in der »kybernetischen Moderne«[21] nicht allein infolge einer zunehmenden Verbreitung von Informations- und Kommunikationstechnologien in der Produktion. Entscheidend war zugleich, dass die durch die kybernetischen Technologien ermöglichten neuen Formen der flexibilisierten Produktion begleitet wurden von einer Kybernetisierung der menschlichen Subjektivität, die in diversen Formen der digitalen Selbstüberwachung ihren zentralen Ausdruck findet.[22] Die hierdurch ermöglichte Genese eines neoliberal-kybernetischen Kapitalismus in den letzten Jahrzehnten war aber keineswegs in der Kybernetik selbst angelegt, vielmehr ist die Kybernetik als politisch kontingent anzusehen.

Bereits die Gründer der Kybernetik waren bezüglich des Verhältnisses der kybernetischen Steuerung zur Marktwirtschaft unterschiedlicher Ansicht. Pioniere der Disziplin wie

20 Georg Jochum: Kybernetisierung von Arbeit – Zur Neuformierung der Arbeitssteuerung, in: Arbeits- und Industriesoziologische Studien, Jg. 6 (2013), Nr. 1, S. 25–48.

21 Jochum: Plus Ultra.

22 Schaupp: Digitale Selbstüberwachung.

Ross Ashby und John von Neumann stellten Überlegungen zur Zusammenführung von Kybernetik und Neoliberalismus an, die als Keimform der heutigen Ideologie des kybernetischen Kapitalismus verstanden werden können. Norbert Wiener argumentierte dagegen, dass die Akkumulationsdynamik des Kapitalismus einer gesellschaftlichen Homöostase im Sinne der Kybernetik widerspreche.[23] Stafford Beer, der Begründer der Managementkybernetik, konzipierte im sozialistischen Chile (1970–73) die Infrastruktur für eine kybernetische Wirtschaftsdemokratie.[24]

Die Traditionslinie einer marktorientierten Kybernetik sollte nach dem Zurückdrängen der stärker emanzipativ-sozial orientierten Strömungen in den 1970er-Jahren dominant werden. In Anlehnung an Boltanski und Chiapello[25] kann man davon sprechen, dass der Neoliberalismus die kybernetische Utopie adaptierte, indem er die damit verbundenen Hoffnungen auf eine emanzipative Steuerung der Gesellschaft verwarf und durch ihre Verbindung mit der neoliberalen Marktutopie in den neuen Geist des kybernetischen Kapitalismus verwandelte – der Putsch in Chile und die damit verbundene gewaltsame Zerstörung der Vision einer demokratisch-sozialistischen Kybernetik kann als exemplarisch für diese Transformation angesehen werden. Im Folgenden wird die Entwicklung des kybernetischen Kapitalismus in den letzten Jahrzehnten dargestellt und aufgezeigt, wie der Kapitalismus hierdurch zugleich Steuerungskräfte entwickelt, welche eine Ablösung des Marktprinzips möglich erscheinen lassen. Der kybernetische Kapitalismus entwickelte sich innerhalb des neoliberalen Systems, führt aber zugleich implizit zur Infragestellung dessen Axiomatik. Für die Apologeten des Neoliberalismus liegt die Überlegenheit der freien Marktwirtschaft in seiner Fähigkeit begründet, auf effiziente Weise komplexe Produk-

23 Wiener: Kybernetik, S. 191–202.

24 Simon Schaupp: Vergessene Horizonte. Der kybernetische Kapitalismus und seine Alternativen. In: Paul Buckermann/AnneKoppenburger/Simon Schaupp (Hrsg.): Kybernetik, Kapitalismus, Revolutionen. Emanzipatorische Perspektiven im technologischen Wandel, Münster 2017, S. 51–73.

25 Luc Boltanski/Ève Chiapello: Der neue Geist des Kapitalismus, Konstanz 2003.

tions- und Distributionssysteme steuern zu können. Hayek zufolge stoßen alle auf gezielter gesellschaftlicher Planung beruhende Formen der Steuerung der Ökonomie auf Grenzen des Wissens:

»Der Konflikt zwischen den Verfechtern der durch den Wettbewerb geschaffenen spontanen erweiterten Ordnung einerseits und denjenigen, die die vorsätzliche Gestaltung menschlicher Interaktion durch eine Zentralbehörde aufgrund kollektiver Verfügung über die Produktionsmittel fordern, andererseits geht zurück auf einen Tatsachenirrtum der zweiten Gruppe darüber, wie Wissen über diese Produktionsmittel erlangt und genutzt wird bzw. werden kann.«[26]

Letztlich würden es nur »Institutionen der Informationssammlung wie der Markt ermöglichen [...] verstreutes und unüberblickbares Wissen zu nutzen, um überindividuelle Muster zu bilden«.[27]

Die Annahme, dass alle alternativen Formen der Informationssammlung über Bedürfnisse und die darauf ausgerichtete Produktionssteuerung aufgrund der Komplexität des Wirtschaftsgeschehens sich als ineffizient erweisen würden, hatte zur Zeit der Niederschrift der Thesen Hayeks möglicherweise eine gewisse Plausibilität. Die Illusion, dass diese Form der marktvermittelten Informationsbeschaffung auch heute noch die einzige und wesentliche Form der Steuerung des Produktionsprozesses sei, sollte allerdings ad acta gelegt werden. Denn im gegenwärtigen kybernetischen Kapitalismus setzt sich, bei Fortbestehen der kapitalistischen Gewinnmaximierungslogik, eine grundlegend neue Form der Informationsbeschaffung und der darauf beruhenden Steuerung der Produktion und Distribution durch, welche mit der Ideologie der Überlegenheit der reinen Marktsteuerung nur noch wenig gemein hat.

26 Friedrich A. v. Hayek: Die verhängnisvolle Anmaßung. Die Irrtümer des Sozialismus, Tübingen 2011, S. 4.

27 Ebd. S. 13.

Digitale Kundenbeziehungen und globale Lieferketten

In den Sphären der Distribution und Konsumption ist eine weitreichende Informationssammlung sowohl über die globalen Lieferketten als auch über die einzelnen Kundinnen zu konstatieren. Ein Beispiel für eine auf solcher Informationsverarbeitung basierende avancierte kybernetische Wirtschaftsplanung ist, wie Frederic Jameson[28] darlegt, der Walmart-Konzern. Bereits Mitte der 2000er-Jahre registrierten die Rechenzentren von Walmart über 680 Millionen verschiedene Produkte pro Woche und über 20 Millionen Kundentransaktionen am Tag. Barcodescanner und Computersysteme in den Läden identifizieren jeden verkauften Artikel und speichern diese Informationen. Satellitentelekommunikationsverbindungen werden direkt von den Filialen an das zentrale Computersystem und von diesem System an die Computer der Lieferanten angeschlossen, um eine automatische Neubestellung zu ermöglichen. Die Anforderung einer individuellen Identifizierbarkeit aller Produkte brachte den Konzern zur Anwendung von RFID-Tags (Radio Frequency Identification) in allen Produkten. Damit werden Rohstoffe, Arbeiterinnen und Verbraucher innerhalb und außerhalb von Walmarts globalen Lieferketten nachverfolgbar. So kann die Ressourcen- und Güterlogistik direkt an den Konsum und theoretisch sogar an den Verschleiß der Güter im Verbrauch gekoppelt werden.

Noch weiter gehen in dieser Hinsicht freilich die Geschäftsmodelle von Onlineunternehmen wie Google, Amazon und Facebook, die auf der Sammlung von Nutzerdaten beruhen und welche eine gezielte digitale Werbung ermöglichen. Wie Zuboff argumentiert, ist das Ziel der Internetkonzerne nicht allein, Informationen über das Verhalten und die Bedürfnisse der Konsumentinnen zu gewinnen, sondern diese auch durch eine »instrumentäre Macht« zu formen, sodass im »Überwachungskapitalismus [...] die Produktionsmittel zunehmend komplexen und umfassenden Verhaltensmodifikationsmitteln untergeordnet« werden.[29]

28 Fredric Jameson: Valences of the Dialectic, London 2009, S. 420–425.

29 Zuboff: Überwachungskapitalismus, S. 23.

Bezüglich der Preisbildung vertraut Amazon beispielsweise keineswegs den Mechanismen von Angebot und Nachfrage. Stattdessen wird ein System des *dynamic pricing* eingesetzt, das jedem Kunden individuelle Preise anzeigt. Während Marktpreise immer das Resultat des Verhältnisses der aggregierten Nachfrage zum aggregierten Angebot sind, beruht das *dynamic pricing* auf Informationen über die einzelnen Kundinnen. Die Preisbildung wird zum Resultat eines Überwachungsprozesses. Bezeichnenderweise hat dieser Verstoß gegen das neoliberale Dogma einige Empörung ausgelöst.[30] Scheinbar dämmert auch den Ideologen des Neoliberalismus, dass die größten Konzerne der Welt bezüglich der Steuerung ihrer Wirtschaftsabläufe vollumfänglich der digitalen Datenverarbeitung den Vorzug gegenüber den Marktmechanismen von Angebot und Nachfrage geben. Digitale Technologie ermöglicht schlicht effizientere Informationen darüber, was wann zu welchem Zeitpunkt gebraucht wird, als es das Preissystem als einziges Informationsmedium des Marktes jemals leisten könnte.

Eine möglicherweise noch tief greifendere Transformation der kapitalistischen Produktionsweise deutet sich aktuell durch die Nutzung von Big Data in Verbindung mit Blockchains[31] und anderen kybernetischen Technologien an. Im Landwirtschaftssektor werden von Großkonzernen Daten über bisherige Ernteerträge oder Wetterinformationen ebenso gesammelt wie Informationen über die Kosten für Saatgut und Düngemittel und mittels Computeralgorithmen analysiert. Satelliten ermöglichen die Kartierung der bewirtschafteten Fläche und tragen zu einem Präzisionsackerbau und einem Smart Farming bei.[32] Blockchain-Technologien sind schließlich die Grundlagen für eine neue Form der Buchhaltung, welche eine sichere Speicherung und Kontrolle aller

30 Regine Kalka: Dynamic Pricing: Verspielt Amazon das Vertrauen seiner Kunden?, in: Absatzwirtschaft, 16.2.2016, unter: www.absatzwirtschaft.de/dynamic-pricing-verspielt-amazon-das-vertrauen-seiner-kunden-75271.

31 Eine kontinuierlich erweiterbare Liste von Datensätzen, die mittels kryptographischer Verfahren miteinander verkettet sind, was sie gegen Manipulation sichert.

32 Siehe den Beitrag von Franza Drechsel und Kristina Dietz in diesem Band.

Transaktionen entlang der Wertschöpfungs- und Lieferketten ermöglicht.

Kritikerinnen verweisen allerdings auf eine zunehmende Konzernmacht und eine Verdrängung von Kleinbauern infolge des Einsatzes dieser neuen Technologien.[33] Die Dominanz des Marktprinzips als Steuerungselement innerhalb einer auf Wachstum und Gewinnmaximierung ausgerichtete Ökonomie steht einer sozial und ökologisch verträglichen Nutzung der kybernetischen Technologien aktuell entgegen. Einige wenige Großkonzerne gewinnen die Kontrolle über ganze Lieferketten und das Marktgeschehen. Dabei entsteht ein kybernetischer Monopolkapitalismus, der der reinen Lehre vom freien Markt faktisch widerspricht.

Die für Menschen und Natur nachteilige Nutzung der neuen Steuerungstechnologien ist diesen aber nicht per se inhärent. Bereits heute werden Blockchain-Techniken verwendet, um den Handel mit aus Kriegsgebieten stammenden sogenannten Blutdiamanten zu verhindern oder um die Einhaltung von Sozial- und Umweltstandards beim Kobaltabbau zu gewährleisten. Hier zeigt sich, dass die Forderung nach sozialer und ökologischer Nachhaltigkeit zumindest in Teilbereichen zu einer Limitierung der Marktprinzipien führt – freilich innerhalb der kapitalistischen Ökonomie.

Zusammenfassend sei an dieser Stelle festgehalten, dass die Grundannahme der neoliberalen Ideologie, dass nur der Markt einen umfassenden Informationssammlungsprozess ermögliche, und die darauf beruhende »These, wir seien gezwungen, wegen seiner Überlegenheit in der Nutzung verstreuten Wissens den Kapitalismus zu erhalten«,[34] sich heute in Zeiten von Big Data als obsolet erweist. Der Kapitalismus entwickelt Steuerungskräfte, welche die immer schon ideologische Annahme einer Notwendigkeit des freien Marktes als zentraler Informationsbeschaffungs- und Steuerungsinstanz endgültig relativiert. Zugleich erfordert die ökologische

33 Pat Mooney: Blocking the chain. Konzernmacht und Big-Data-Plattformen im globalen Ernährungssystem, Berlin 2019, S. 30.

34 Hayek: Anmaßung, S. 4.

Krise eine die expansive Landnahmelogik des Kapitalismus begrenzende bzw. beendende Steuerung der Ökonomie. Die Steuerungskraftentwicklung gerät aktuell sowohl aufgrund der mit den neuen digitalen Technologien verbundenen Möglichkeiten wie auch aufgrund der ökologischen Erfordernisse in zunehmenden Widerspruch mit den kapitalistischen Steuerungsverhältnissen.

Vonnöten wird eine neue Form der gesellschaftlichen Nutzung der Steuerungskräfte, damit deren Potenziale erschlossen werden. Der unter dem Begriff Industrie 4.0 geführte technikdeterministische und marktorientierte Diskurs um die Zukunft der Arbeit blendet diese Steuerungsfragen allerdings eher aus und sieht politische Eingriffe in die Technikentwicklung vorwiegend für notwendig an, um Deutschland einen vorderen Rang im globalen Digitalisierungswettstreit zu sichern.

Dem wäre die Vision einer Nutzung der kybernetischen Technologien für eine Neuerfindung des Politischen und Ökonomischen entgegenzustellen. Erforderlich ist eine Steuerungswende, welche die neuen kybernetischen Steuerungstechnologien in den Dienst von Gesellschaft und Natur stellt. Anzustreben ist gleichsam eine neue Kybernetik der zweiten Ordnung im Sinne einer demokratischen Deliberation darüber, wie Steuerungstechnologien eingesetzt werden sollen.

Die Steuerungswende

Mit dem Begriff der Steuerungswende beschreiben wir die Utopie einer gesellschaftlichen Aneignung der entwickelten Steuerungskräfte, die eine Überwindung der sozial und ökologisch problematischen kapitalistischen Steuerungsverhältnisse ermöglicht.

In aktuellen Debatten um die sozial-ökologische Zukunft der Gesellschaft wird eine grundlegende Energiewende eingefordert, welche die sukzessive Ersetzung der die industriegesellschaftliche Moderne prägenden fossilen Energieformen durch alternative, erneuerbare Energieformen ermöglicht. In Analogie kann man von der Notwendigkeit einer Steuerungswende sprechen, infolge derer das die kapitalistische Moderne dominierende Steuerungsmedium Geld an Bedeutung verliert und zunehmend durch alternative Steuerungsformen ergänzt und ersetzt wird. Dies impliziert keineswegs eine Rückkehr zu staatszentrierten planwirtschaftlichen Steuerungsmodellen. Vielmehr kann an die nicht ausgeschöpften Potenziale der Kybernetik sowie an Debatten um gemeinschaftsbasierte Steuerungsformen angeknüpft werden. Elinor Ostrom[35] hat deutlich gemacht, dass gemeinschaftliche Regulierungsformen häufig zu einer effektiveren Ressourcenverwaltung beitragen als staatliche und marktliche Regulierungsformen.

Mit den neuen digitalen Technologien und Plattformen gehen Möglichkeiten einer Modernisierung und Ausweitung dieser gemeinschaftsbasierten Steuerungsformen einher. Allen voran die Möglichkeit, anstelle eines einzigen bürokratisch angeordneten Wirtschaftsplans eine Vielzahl von Plänen zur demokratischen Deliberation zu generieren. Eine zentrale Rolle könnten dabei Softwareagenten spielen, also Computerprogramme, die zu eigenständigem Verhalten fähig sind. In einer postkapitalistischen Gesellschaft wären diese von ihren rechenintensivsten Aufgaben wie dem Algo-Trading[36] befreit und könnten stattdessen dazu genutzt werden, automatisch riesige Mengen aggregierter ökonomischer Daten für demokratische Entscheidungen aufzubereiten. Mit ihnen ließen sich multiple Planoptionen einschließlich deren ökologischen und sozialen Auswirkungen berechnen und zur Abstimmung bereitstellen. Dabei könnten bestimmte Grundkonfigurationen – sozusagen das algorithmische Grundgesetz – voreingestellt werden, (z. B.: CO_2-Emissionen müssen in einem bestimmten Rahmen bleiben, die gesellschaftliche Arbeitszeit darf 30 Stunden pro Woche nicht überschreiten usw.). Diese Pläne könnten dann, wie Nick Dyer-Witheford fordert, auf in Gemeineigentum überführten Social-Media-Plattformen dis-

35 Elinor Ostrom: Governing the Commons: The Evolution of Institutions for Collective Action, Cambridge 1990.

36 Algo-Trading bezeichnet den automatischen Handel von Wertpapieren durch Computerprogramme.

kutiert und abgestimmt werden, wenn »Facebook, Twitter, Tumblr, Flickrr und andere Web-2.0-Plattformen nicht nur zu selbstverwalteten Betrieben ihrer Arbeiter (einschließlich ihrer unbezahlten Prosumer-Mitarbeiterinnen) werden, sondern auch zu Foren für die Planung: Gosplan[37] mit ›Tweets‹ und ›Likes‹«.[38] Damit wäre eine zentrale Planungsbehörde, die einen einzigen verbindlichen Plan erstellt und durchsetzt, endgültig obsolet.

Ausblick

Wie dargelegt, haben sich im Schoße des kybernetischen Kapitalismus die Steuerungsmittel so weit entwickelt, dass sie neue Formen des bedürfnisorientierten und demokratischen Wirtschaftens möglich machen. Zugleich wird angesichts der ökologischen Krise deutlich, dass die auf Expansion ausgerichtete Dynamik des Kapitalismus auf äußere Schranken stößt. Die Entwicklung neuer Formen der Governance der Ökonomie ist damit sowohl möglich wie auch notwendig.

Die Ablösung einer neoliberalen durch eine digital planwirtschaftliche Despotie ist dabei freilich nicht erstrebenswert – ebenso wenig wie die algorithmische Automatisierung von Entscheidungen über inhärent politische Fragen. Stattdessen könnten digitale Kommunikationsinfrastrukturen wie Social Media die technische Grundlage für eine radikaldemokratische Wirtschaftssteuerung bilden. Dabei gäbe es keine Notwendigkeit mehr für eine zentrale Planungsbehörde. Stattdessen könnten autonome Softwareagenten eine Vielzahl möglicher Pläne mitsamt deren ökologischen und sozialen Auswirkungen berechnen. Über diese Pläne könnte dann digital abgestimmt werden. Das wiederum würde die enormen Aufmerksamkeitskosten einer demokratischen Wirtschaftssteuerung (etwa mittels Arbeiterräten) drastisch reduzieren, sodass eine radikaldemokratische Deliberation über komplexe ökonomische Fragen materiell in den Bereich des Möglichen rückt.

37 Gosplan war die Planungsbehörde der Sowjetunion.

38 Nick Dyer-Witheford: Red Plenty Platforms, in: Culture Machine, Vol. 14 (2013), S. 1–27, hier S. 12.

Einhergehen könnte diese Steuerungswende auch mit einer grundlegenden gesellschaftlichen Neuorientierung im Sinne der Abkehr vom Ziel der Gewinnmaximierung, wie es im Zentrum des Steuerungsmediums Geld stand. Ermöglicht würden durch eine Orientierung am Gemeinwohl ein fundamentales Umsteuern und damit ein kybernetischer Kurswechsel hin zu einer sozial und ökologisch solidarischen Ökonomie. Ein solcher Kurswechsel wird jedoch nicht durch die Entwicklung der Steuerungskräfte selbst vollzogen, sondern bedarf einer politischen Bewegung.

Autorenverzeichnis

Florian Butollo ist Wissenschaftlicher Mitarbeiter am Wissenschaftszentrum Berlin für Sozialforschung und leitet die Forschungsgruppe »Arbeiten in hoch automatisierten digital-hybriden Prozessen« am Weizenbaum-Institut für die vernetzte Gesellschaft in Berlin. Zuletzt gab er gemeinsam mit Oliver Nachtwey heraus: Karl Marx. Kritik des Kapitalismus. Schriften zu Philosophie, Ökonomie, Politik und Soziologie, Berlin 2018.

Timo Daum ist Hochschuldozent und Autor. Zuletzt veröffentlichte er: Die Künstliche Intelligenz des Kapitals, Nautilus Flugschrift, Hamburg 2019.

Kristina Dietz ist Leiterin der Nachwuchsgruppe »Globaler Wandel – Lokale Konflikte? (GLOCON)« an der Freien Universität Berlin. Letzte Publikation: Direct Democracy in Mining Conflicts in Latin America: Mobilising against Colombia's La Colosa Project, in: *Canadian Journal of Development Studies*, 2018.

Franza Drechsel ist Projektmanagerin im Afrika-Referat der Rosa-Luxemburg-Stiftung. Zuletzt veröffentlichte sie zusammen mit Bettina Engels und Mirka Schäfer: »The Mines Makes Us Poor«. Large-scale Mining in Burkina Faso, *GLOCON Country Report*, Nr. 2, Berlin 2019.

Christine Gerber ist wissenschaftliche Mitarbeiterin und Doktorandin in der Forschungsgruppe »Globalisierung, Arbeit und Produktion« am Wissenschaftszentrum Berlin für Sozialforschung. Zuletzt veröffentlichte sie zusammen mit Martin Krzywdzinski: Arbeiten immer und überall? Entgrenzung von Arbeit am Beispiel von Crowdwork, in: Hans Hanau/Wenzel Matiaske (Hrsg.): Entgrenzung von Arbeitsverhältnissen, Baden-Baden 2019.

Felix Gnisa ist wissenschaftlicher Mitarbeiter am Bereich Arbeits-, Industrie- und Wirtschaftssoziologie der Universität Jena.

Frigga Haug ist Autorin, Redakteurin, Mitherausgeberin des »Historisch-kritischen Wörterbuchs des Marxismus«, der Zeitschrift *Das Argument* und als Rednerin unterwegs für marxistischen Feminismus. Zuletzt veröffentlichte sie: Selbstveränderung und Veränderung der Umstände, Hamburg 2018.

Georg Jochum ist wissenschaftlicher Mitarbeiter am Lehrstuhl für Wissenschaftssoziologie an der Technischen Universität München. Schwerpunkte seiner Forschung liegen im Bereich der Arbeits- und Techniksoziologie, der Nachhaltigkeitsforschung sowie der Kritik der Kolonialität. Letzte Veröffentlichung: Wie werden wir arbeiten? Die sozio-öko-technologische Transformation der Arbeitsgesellschaft, in: Smartopia. Geht Digitalisierung auch nachhaltig? politische ökologie, Bd. 155, München 2018.

Elena Louisa Lange ist wissenschaftliche Mitarbeiterin am Asien-Orient-Institut der Universität Zürich. Zuletzt veröffentlichte sie: The Proof is in the Pudding. On the Necessity of Presupposition in Marx's Critical Method, in: *Consecutio Rerum,* Nr. 5, 2019.

Christian Meyer ist Doktorand an der Friedrich-Schiller-Universität Jena und Stipendiat der Rosa-Luxemburg-Stiftung. Zuletzt veröffentlichte er: Ambivalenzen der Digitalisierung und gesellschaftliche Kräfteverhältnisse, in: *Ökologisches Wirtschaften,* 2017, Nr. 3.

Kim Moody arbeitet als Senior Research Fellow an der Universität von Hertfordshire und beschäftigt sich seit Langem mit

Fragen der Arbeiterbewegung. 1979 war er an der Gründung der Zeitschrift *Labor Notes* in den USA beteiligt, deren Redaktion er bis 2001 angehörte. Zuletzt publizierte er: On New Terrain: How Capital is Reshaping the Battleground of Class War, Chicago 2017.

Phoebe Moore ist Professorin für politische Ökonomie und Technologie an der School of Business der Universität von Leicester, Großbritannien. Zuletzt veröffentlichte sie: The Quantified Self in Precarity. Work, Technology and What Counts, London 2018.

Nadine Müller ist Referentin im ver.di-Bereich Innovation und Gute Arbeit, zuletzt veröffentlichte sie: Die nächste Gestaltungsherausforderung: Künstliche Intelligenz – WOZU, WAS und WIE sollen Algorithmen lernen?, in: *Zeitschrift Gute Arbeit*, April 2019.

Sabine Nuss ist Geschäftsführerin des Karl Dietz Verlags. Sie ist Kolumnistin von *OXI. Wirtschaft anders Denken* und gab zuletzt das Buch *Der ganz normale Betriebsunfall. Viermal Marx zur globalen Finanzkrise* heraus.

Sabine Pfeiffer ist Inhaberin des Lehrstuhls für Soziologie (Technik – Arbeit – Gesellschaft) am Nürnberg Campus of Technology der Friedrich-Alexander-Universität Erlangen-Nürnberg. Zuletzt veröffentlichte sie: Digitale Arbeitswelten und Arbeitsbeziehungen: What you see is what you get?, in: Industrielle Beziehungen, Sonderband Digitale Arbeitswelten und Arbeitsbeziehungen: Direkte und indirekte Effekte digitaler Technik, 2019.

Simon Schaupp arbeitet als Soziologe an der Universität Basel. Sein aktuelles Forschungsinteresse gilt den Machtwirkungen der Digitalisierung. Zusammen mit Anne Koppenburger und Paul Buckermann hat er herausgegeben: Kybernetik, Kapitalismus, Revolutionen. Emanzipatorische Perpektiven im technologischen Wandel, Münster 2017.

Dorothea Schmidt ist emeritierte Professorin für Wirtschafts- und Sozialgeschichte an der Hochschule für Wirtschaft und Recht Berlin. Sie veröffentlicht regelmäßig in der Zeitschrift *Prokla*, zuletzt »Mythen und Erfahrungen: die Einheit der deutschen Arbeiterklasse um 1900« in Heft 175, 2014.

Sebastian Sevignani habilitiert am Arbeitsbereich für theoretische und allgemeine Soziologie der Friedrich-Schiller-Universität Jena und ist Mitglied des Netzwerks Kritische Kommunikationswissenschaft, Zentrum für Emanzipatorische Technikforschung (ZET) und Vorstandsmitglied des gsis – the institute for a global sustainable information society. Zuletzt veröffentlichte er: Historisch-Materialistische Medien- und Kommunikationstheorie 2.0, in: *Maske und Kothurn*, Nr. 64, 2019.

Karsten Uhl ist Privatdozent und Wissenschaftlicher Mitarbeiter am Institut für Geschichte der Technischen Universität Darmstadt. Zusammen mit Nina Kleinöder und Stefan Müller gibt er heraus: Humanisierung der Arbeit. Aufbrüche und Konflikte in der rationalisierten Arbeitswelt des 20. Jahrhunderts, Bielefeld 2019.

Judy Wajcman ist Professorin für Soziologie an der London School of Economic in London und hat eine Gastprofessur am Oxford Internet Institute, wo sie sich mit politischen Fragen von Künstlicher Intelligenz, Robotik und Maschinenlernen beschäftigt. Sie gilt als eine der wichtigsten Vertreterinnen der feministischen Techniksoziologie. Veröffentlichung zusammen mit Nigel Dodd: The Sociology of Speed: Digital, Organizational, and Social Temporalities, Oxford 2017.